U0416915

华章经管

HZBOOKS | Economics Finance Business & Management

长牛

新时代股市运行逻辑

王德伦　李美岑　王亦奕　张媛　等著

图书在版编目（CIP）数据

长牛：新时代股市运行逻辑 / 王德伦等著 . -- 北京：机械工业出版社，2022.1
ISBN 978-7-111-69933-0

I. ①长… II. ①王… III. ①股票市场 – 基本知识 IV. ① F830.91

中国版本图书馆 CIP 数据核字（2022）第 000539 号

长牛：新时代股市运行逻辑

出版发行：机械工业出版社（北京市西城区百万庄大街 22 号 邮政编码：100037）

责任编辑：沈 悦　　责任校对：马荣敏

印 刷：北京市兆成印刷有限责任公司　　版 次：2022 年 1 月第 1 版第 1 次印刷

开 本：170mm×230mm 1/16　　印 张：25.25

书 号：ISBN 978-7-111-69933-0　　定 价：99.00 元

客服电话：（010）88361066 88379833 68326294　　投稿热线：（010）88379007

华章网站：www.hzbook.com　　读者信箱：hzjg@hzbook.com

版权所有 · 侵权必究
封底无防伪标均为盗版
本书法律顾问：北京大成律师事务所 韩光 / 邹晓东

推荐序一

此著成书之际正值中国资本市场而立之年。自1990年以来，中国资本市场从零开始，砥砺奋进，以短短30多年的时间，走过了欧美发达资本市场逾百年的发展历程。

回首过去，中国资本市场取得的成就举世瞩目，从沪深交易所的建立到国内首部《中华人民共和国证券法》（简称《证券法》）的颁布，从股权分置改革的成功到注册制时代的肇端，中国金融现代化征程上的每一座里程碑无不班班可考。

展望未来，中国资本市场正朝着建设金融强国的“中国梦”大步迈进，稳步扩大资本市场高水平双向开放、完善资本市场基础制度与法治体系、加强金融消费者教育和投资者权益保护等诸多政策靡不次第推出，全球资产配置中国市场的新局面指日可待。

当前中国经济由高速增长转向高质量发展，现代化经济体系建设、产业结构转型升级，以及金融供给侧结构性改革多头并举，共同助力中国股市回报率领跑全球，“全球最好的资产在中国、中国最好的资产在股市”的共识正在形成；当前中国正处在新一轮创新周期，科技、医药、制造三大新兴领域的发展日新月异，由此应运而生的投资机会也层出不穷，纷至沓来；当前中国居民生活殷阜驱动股市流动性稳定提升，同时投资者机构化的蔚然成风可确保股市理性高效行稳致远。所谓天时地利人和，三者俱尽，长牛之势，浩浩汤汤，中国权益资产的长牛启航已是势在必行。

行远必自迩，登高必自卑。时势虽已炳著，然则资产配置何去何从，历史机遇如何把握？波谲云诡的金融市场需要适势而变、与时俱进的独到眼光和审时度势、入木三分的洞悉能力。伫立在当下和未来之间，全书尽可能地对资本市场底层逻辑的深刻变化和未来运行趋势进行了清晰而完整的分析，以俾读者有所取资。全书基于中国国情、制度优势、资本市场变革，以及全球经济发展格局的多元分析视角，旨在传递一个清晰的信号：在经济结构转型的国内形势和日益全球化的国际形势下，作为构建“以国内大循环为主体、国内国际双循环相互促进”这一崭新发展格局的国之利器，中国股票市场必将迎来重大的发展机遇和史无前例的长牛时代。

此书出版之时亦正值兴业证券而立之年。30 多年前，初生的兴业证券踏上了与中国资本市场同呼吸共命运的雄关漫道。沧海横流方显英雄本色，30 多年来兴证人栉风沐雨，砥砺前行，将兴业证券从一家银行的证券营业部发展成为全国性的证券金融集团。君子藏器于身待时而动，作为资本市场重要参与者，兴业证券将紧紧把握时代机遇，践行金融中介机构的使命和责任，助力实体经济高质量发展，为大国崛起国家战略做出应有贡献，成为推动中国经济发展不可或缺的重要力量。

杨华辉

兴业证券股份有限公司董事长

2021 年 5 月

| 推 荐 序 二 |

我一直主张，认识中国股市和未来的前景，需要有大视野和大格局。也就是说，要有能力看到中国经济自身变化的大趋势。在此基础上，再思考这些大变局终将会产生哪些条件去造就中国股市的未来。不然的话，进行那些多如牛毛的浅表的分析是无法理解中国股市的现状和未来的。

确实，相对于中国经济30多年市场化进程中的高增长表现，股市的绩效却一直被广为诟病。作为一个新兴的资本市场，面对经济基本面和高速增长的格局，中国股市的表现为什么不尽如人意，自然也一直成为大家关注的焦点。

从欧美资本市场发展的历史上看问题，也从学理上看问题，就很容易懂得，资本市场可以说是一个相当高级的市场，不容易在短时期里建立起来。它的有效运作所需要的辅助条件和要求很多很高，比如需要能筛选优质的公司，需要有素质很高和心理强大的投资者，需要相当透明的信息，需要有效的监管，也需要一套维护效率的可执行的法律框架。所有这些都不可能一蹴而就，需要有足够的时间培养、演进和壮大。

但也要客观认识到这样一个现实，即中国经济实现高速增长的时期，是否一定具备了大量可以在资本市场创造价值的公司？我看并非如此。要知道，中国经济保持高速增长的大部分时期，尤其是进入21世纪之前的20多年，产出或生产率的增长源泉基本是出口部门和贸易部门，主体是加工出口的那些小规模的工厂。应该说，大多数情况下它们还只是代工的工厂，不是真正意义上的现代公司，也没有现代公司的治理结构，当然也不具备在资本市场融资和股票发行所需要的那些准入条件。而且，这些加工出口活动比较密集的区域主要就是长三角地区，因为这些地方与中国香港或日本、韩国有较多的联系，也因为在这些地方，商业型的人力资本的积累水平几百年来就比较高。那里的企业家们基本习惯于依赖民间的非正规金融和社会关系支持生产活动。

也因为这个原因，在股市最早的十多年里，能够符合入市条件的公司绝大多数还是国有企业，但大多数国有企业的成长性并不理想，难以符合投资者的长期期望。这是中国股市在相当一段时期所隐藏的一个基本悖论。

不过，市场总是在试错中长进和演化升级的。同时，这个过程也受到一些外部条件的影响，只是要等待条件成熟的时机。设想一下，当中国经济高速增长的源泉主要来自部门结构比重变化引起的要素再配置提高的时候，即便没有一批现代公司出现，经济的整体生产率也会提高，但这主要表现为不断提升的配置效率，而不是技术效率和技术进步。在这种情况下，货币政策、利率、汇率、房地产及整个经济的资产部门的规模等在相当一段时间里还没那么重要，经济的增长还主要集中在结构变化推动的大趋势上。

等经济进一步发展到了增长要更多依赖技术效率和技术进步的阶段，我们才发现，那些创造价值的公司变得越来越重要起来，从而公司的价值才可能在资本市场找到体现的机会。也只有到了那个阶段，家庭及个人的投资和理财机会才能到来。这个时候，我们完成了经济的货币化进程，支撑宏观经济平衡的基本框架搭建起来，货币政策、利率、汇率、资本流动、房地产及资产配置部门等，开始互动起来并对资本市场产生重要的影响。

只有在这样的框架里，我们才能很好地评价和研究股市的表现和未来。兴业证券旗下的兴业证券资产管理有限公司首席经济学家王德伦和他的研究团队基于这样的宏大叙事逻辑，长期坚持对中国股市的信心和乐观展望，他们相信这是伟大的时代，伟大的时代一定会诞生更多伟大的公司和催生伟大的市场，他们预见未来中国的股市一定会保持以确定性溢价、成长性溢价、龙头溢价为特征的“股市长牛”。

他们对这一判断和预测的基础分析体现在这样几个方面，简单地说，第一，随着中国经济继续保持增长，经济增长率不断向潜在增长率靠拢，传统行业将面临大规模整合和优化，必将产生大量的行业龙头或头部公司；第二，在全球金融危机之后，全球已经进入低（负）利率时代，必将长期抬高股市投资的相对价值；第三，未来10年中国正在形成金融市场开放的巨大红利；第四，中国正在进入新一轮科技创新的长周期，在制造、民生和科技产业等领域催生大量的有价值的公司；第五，中国巨大的养老金需求将成为股市的压舱石并推动长期牛市形成；第六，股市的制度改进。本书作者认为，综合这些方面的分析与讨论，完全可以说，未来最好的资产一定是在中国。

我发现，除了技术层面可以讨论之外，几乎难以反驳他们在这本书中的叙事逻辑。我们其实也没有必要纠缠于技术层面，最重要的是看到趋势和趋势演变的方向。正因为这个原因，我愿意为本书的出版作序，向读者推荐它。

据我所知，王德伦和他的团队相当年轻，大都拥有清华、复旦、上海财大及国外大学的学位，有功力，也有很好的基础。王德伦本人也连续多年多次被业内知名主流奖项和评选机构（如新财富、金牛奖、水晶球、第一财经、上证报、金麒麟、21世纪等）评为中国“最佳策略分析师”。他们已经著有《投资核心资产：在股市长牛中实现超额收益》《牛市简史：A股五次大牛市的运行逻辑》等，本书显然延续了之前的分析框架和逻辑，一以贯之，值得称赞。

当然，我希望本书不仅对思考中国股市的未来前景有帮助，也能为那些对中国经济和金融的未来感兴趣的读者提供一个基于资本市场和财富配置的视角。

经济学家，复旦大学文科资深教授、经济学院院长

2021年7月4日

前言

30年岁月如梭，30年弹指一挥间，三十而立的A股正呈现出一片新景象，步入长牛。

最初和投资者朋友提到“长牛”的时候，总有人问我们，长牛大盘能涨到几千点，还是一万点？我们认为，不能再用过去的老眼光来简单地看待我们未来的股市，具体的大盘点位并不重要，如果A股投资者能够获得平均每年10%的收益率，持续时间能够超过10年、20年或者更久，那就是股市的“长牛”了。也许某些年份收益率更高一些，个别年份收益率低一些，但几乎每年都有不错的结构性机会，专业勤勉的机构投资者总能获得“还不错”的回报，这样就是很好的市场了。美股作为过去百年全球收益率最高的大类资产，其年平均收益率也只有6%～7%左右。

“牛短熊长”、羡慕“别人家”的股票市场等是很多普通A股投资者的直观感受和想法。其实，过去30多年，中国股票市场表现并不差，上证指数有60%的时间收益为正，而标普500指数也只不过有70%的时间可以取得正收益，纳斯达克指数则有近75%的时间收益率为正。但是，A股的“体验感”不如“别人家”的股市。从收益率角度来看，截至2020年底，上证指数仅有2年左右连续取得正收益，第三年就出现了20%～30%的下跌。与此形成鲜明对比的如美股，较少出现年度级别的单边趋势下跌，仅仅在月度或季度的快速调整后，就会逐步创出新高。从制度层面看，过去30多年，资本市场运行对大多数投资者而言是新鲜的事物，制度建设也是一个逐步认知、完善的过程。比如股权分置改革出台之初，市场也曾非常担心，但后续随着认知逐步完善，从更长远角度考量，这项改革也成为2005～2007年大牛市很重要的催化剂。从上市公司层面看，过去30多年，由于中国宏观经济处于一个快速发展、赶超的阶段，上市公司是逐步伴随着经济发展慢慢成长起来的，以前优秀的上市公司相对较少，但现在A股上市公司从1000家发展到现在的4000多家，A股在逐步变化，为投资者提供更多的选择，也为打破“牛短熊长”的格局提供了更多可能性。

现在中国的发展阶段类似于20世纪80年代的美国所处的阶段，那时的美股处于之后40年长牛的起点。具体而言，20世纪80年代美国经济增速换挡，GDP增速中枢由70年代后期的4.7%降至80年代初期的1.3%，居民消费支出占GDP的比重由80年代初的60%提升至90年代初的64%，美股在70年代基本横盘震荡，而80年代开始至21世纪初，除1987年第四季度外，几乎一路上涨。2003年至今，除金融危机和新冠疫情外，美股也是稳步上行，可以说20世纪80年代初是美股长牛的起点。与之相类似，当前中国经济也正在由高速增长转为高质量增长，产业结构由传统走向新兴，居民消费、科技创新在经济发展中的重要性提升，过去10年上证指数也是震荡格局。以历史知今朝，当前我们正处于与美股40年牛市类似的起点，可以说A股长牛正在路上。

我们想强调的与众不同的一点是，在过往的研究观点和市场交流中，我们从来不用“慢牛”来形容未来的股票市场，我们认为A股很难有慢牛，但是会有长牛。这两者并不矛盾，从市场形态来区分，慢牛是由一连串“小阳线”组合构成的缓慢趋势，稳定向上，类似美股走势。长牛是不断涨涨跌跌，进二退一，甚至进三退二，在大波动中前行，但是如果看底部连线或者中枢值的话，趋势也是长期向上的。这种特点是由我们的投资者结构、股市发展阶段等综合性因素导致的，其改变不是一朝一夕的，因而随着这些基础性因素的逐步改变，行情会走得很长。

站在股市新时代起点，面对全球百年未有之变局，我国资本市场很多基础性的变化已经在缓慢发生。以信息披露为核心的注册制、沪深港通、加入MSCI、全球低利率（负利率）、新一轮技术创新周期、养老金等“长钱”入市、居民存款搬家、“房住不炒”等正在潜移默化地影响着我国人民的资产配置方向和股市走向。

从2015年到2020年的6年间，随着金融开放的脚步，沪港通、深港通开放，A股纳入MSCI、富时罗素等国际指数，外资等全球配置的资金正在加速进入中国各个领域，如股票市场、债券市场等，也对人民币升值起到了推动作用。它们的进入为我们传统的投资体系与框架带来了怎样的变化和深远影响?

从2010年到2020年的11年间,全球进入了低利率甚至负利率时代,我们需要再审视、重定义资产配置。“房住不炒”、资管新规、银行理财子公司成立等说明中国自身的变化也在加速。面对这样的变局,资产配置何去何从?如何把握新的机遇与浪潮?

从1990年到2020年的31年间,中国资本市场一步一个脚印,逐步摸索出了符合中国国情和中国特色的制度体系。从《证券法》的再次修订,到注册制、回购、再融资、退市等制度日趋完善,中国资本市场被置于“牵一发而动全身”的前所未有的重要地位。

从1978年到2020年的40余年间,随着改革开放一步一个脚印,中国从GDP全球排名第10,仅仅3679亿元,如今成为全球仅次于美国的第二大经济体,GDP超过100万亿元。40多年间,一批批优秀的中国公司,逐步从小变大,由大变强,走向世界。越来越多的优秀公司成长为股市中的“核心资产”,给投资者提供了分享成长红利的绝佳机会。

展望未来,这40多年间的变化正在以星星之火,为我国资本市场、股票市场的发展注入燎原之势。我们应该重视起来,从全球国别配置,大类资产,中国产业、行业格局变化,居民、养老金、外资和机构化资金,制度变革角度看,A股有望形成长牛的格局,传统估值体系也将被颠覆,迎来确定性溢价、成长性溢价、龙头溢价时代。

伟大的国家孕育伟大的公司,伟大的公司构建伟大的市场,伟大的市场诞生伟大的投资者。在经济开放与金融开放下的中国,消费、科技、周期、制造、金融领域竞争发展出许多核心资产,可以说,全球最好的资产在中国,中国最好的资产在股票市场。20世纪的巴菲特、彼得·林奇们诞生在美国,21世纪的巴菲特、彼得·林奇们在中国。过去20年,影响个人财富最大的因素是拥有房子的多少,未来20年乃至更久,影响财富最大的因素可能就是拥有权益资产的多少。各位投资者应拥抱权益时代,享受权益时代长牛!

具体而言,这些变化将如何影响市场,为什么会带来我们正在经历的这轮长牛?

本书第1章和第2章主要从全球视角分析全球每一轮国别配置的转换,以及中国在金融开放的制度红利下股票市场的变化,讨论如何引领长牛,为什么全球最好的资产在中国股票市场。第 3 章从大类资产配置视角，面对新的低利率环境，对权益资产与房地产、黄金、债券、大宗商品等大类资产做了全方位的比较分析。我们认为低利率时代抵御通胀、保值增值最佳的选择是配置权益资产。第 4 章和第 5 章主要从产业角度进行分析，对传统产业而言，在经济转型过程中，随着行业格局优化，一批批龙头公司开始凸显。同时，在新兴产业中我们正处在新一轮科技创新周期中，传统与新兴、机会与机遇，将使得可供投资者选择的投资范围越来越广，也为大家提供了诸多行业与公司层面的支撑。

在第 6 章到第 8 章中，我们重点关注了资金注入市场给长牛带来的变化。我们将股市增量资金的来源进一步细分为三个维度，分别是居民、以养老金为代表的长钱、外资，并分别描述它们的特点和进入 A 股的进程，以及对未来 A 股长牛的作用。在第 9 章中，我们将这些增量资金叠加市场机构化的力量，分析机构化和长钱入市会给长牛带来哪些方面的深刻影响。

第 10 章主要从近 30 多年中国股票市场制度变迁、《证券法》的修订说起，全方位阐述为什么制度变化与完善有利于中长期提升市场的估值中枢，并对长牛起到最根本的支撑作用。

最后两章（第 11 章和第 12 章）则主要从中国股市长牛所具备的特征，以及对传统估值体系的影响方面，着眼于为投资者理解长牛和未来的趋势提供一些思考。

本书立足于当下资本市场，对其底层逻辑的深刻变化做出剖析，并对其未来运行趋势做出整体性展望。对具体投资机会感兴趣的读者可以参考我们已经出版的《投资核心资产：在股市长牛中实现超额收益》一书，对中国股票市场运行特征、市场趋势以及分析框架和历史案例感兴趣的朋友可以参考我们已经出版的《牛市简史：A 股五次大牛市的运行逻辑》一书。

感谢参与撰写本书的所有成员：李美岑、王亦奕、张媛、张兆、张勋、张日升、李家俊、杨震宇。正是大家的共同努力、勤奋研究才使得研究成果以更好的面貌展现出来。

|目　　录|

| 导　论 |

众里寻他千百度，蓦然回首，权益资产却在灯火阑珊处

投资既要向前看，买入对未来的贴现，也要向后看，回首来时路。过去的规律或许仍然适用，或许隐藏了未被识别的变局信息，我们总能在其中找到些蛛丝马迹。本章致力于回首不同大类资产在历史长河中的表现，翻阅历史旧账。我们横向对比了大类资产的收益和风险，在各类资产中，一线城市房地产的稳定性最好且长期收益率相对较高，但考虑到“六个荷包”的负担，一线城市房地产难以成为大多数人的最佳投资选择。权益投资虽然风险相对较高，但收益也较为可观，且可通过组合投资的方式分散风险，大多数股票型基金100元起购的低门槛相对房地产而言用户体验明显占优，即使购买1手A股股价较高的公司贵州茅台也不超过30万元，更不必说多数优质公司股价仍在百元左右。考虑到投资门槛、风险收益比，一番寻觅之后，权益资产却在灯火阑珊处。

中国资产回报率，股票领跑

考虑中国的大类资产，主要包括股票、债券、房地产和大宗商品（黄

金等），图 0-1 和图 0-2 分别描述了 2005 年以来大类资产的名义和实际总回报，总回报考虑了股票分红和票息的再投资。[⊖]我们分别选取了中证全指净收益指数、中债总财富指数、国家统计局房价及以人民币计价的黄金作为四类资产（股票、债券、房地产、黄金）的代表，时间区间选择 2005 年 1 月～ 2020 年 12 月，数据频率有月度及年度频率。从回报率来看，回报率由高到低依次为：股票 > 上海房价 > 全国房价 > 黄金 > 债券。

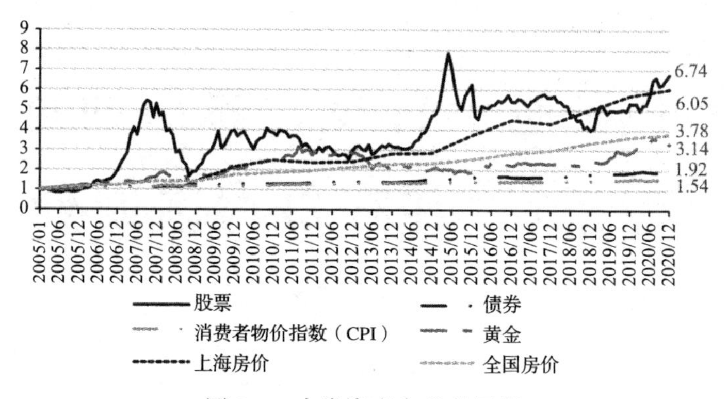

图 0-1　大类资产名义总回报

资料来源：Wind，CEIC，兴业证券经济与金融研究院。

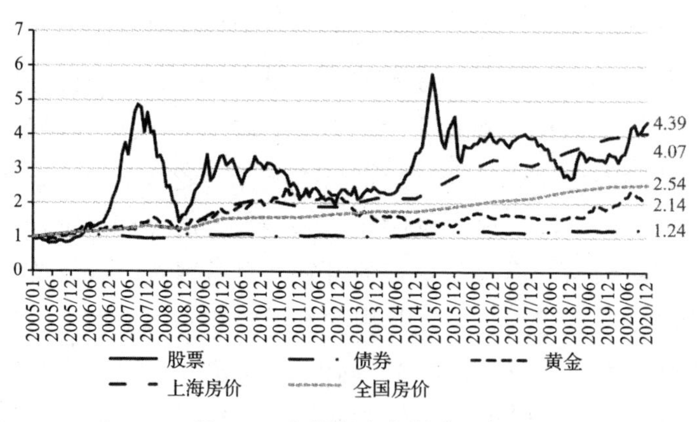

图 0-2　大类资产实际总回报

资料来源：Wind，CEIC，兴业证券经济与金融研究院。

⊖ 选择 2005 年以来的数据主要原因有以下两点：第一，国家统计局房价数据从 2005 年初开始才比较完善；第二，2005 年之后，A 股的制度、法规开始逐步完善，如 2005 ～ 2006 年实施股权分置改革，极大地增加了股票的流动性，2005 年之后的整体交易环境与之前存在较大差异。综合上述两点，我们将数据起始时间选择在 2005 年初。

由于大部分人用来投资的资产通常不会另做他用，投资收益也会用来进行再投资，故此处我们使用考虑收益再投资的相关指数。其中，中证全指净收益指数考虑了样本股税后现金红利的再投资收益，与使用频率最高的上证指数等价格指数相比，该指数在分红派息时不会自然回落，是考虑了分红和再投资的股票市场财富积累指数；中债总财富指数也考虑了票息的再投资，是债券市场的财富积累指数。

A 股 2005 ～ 2020 年的名义回报率（复合增速）高达 13.57%，实际回报率高达 10.37%，既是全市场回报最高的资产，也是波动率最高的资产。如图 0-3 所示，我们以代表价值和成长的两个指数（即沪深 300 和创业板指）的走势，来对 A 股进行整体刻画，意在说明持有 A 股，虽有“上上下下的感觉”，但坚持长期持有也可获得非常丰厚的回报。A 股超过 13% 的复合增速与大家觉得自己在股票市场中很难赚到钱的印象明显不符。

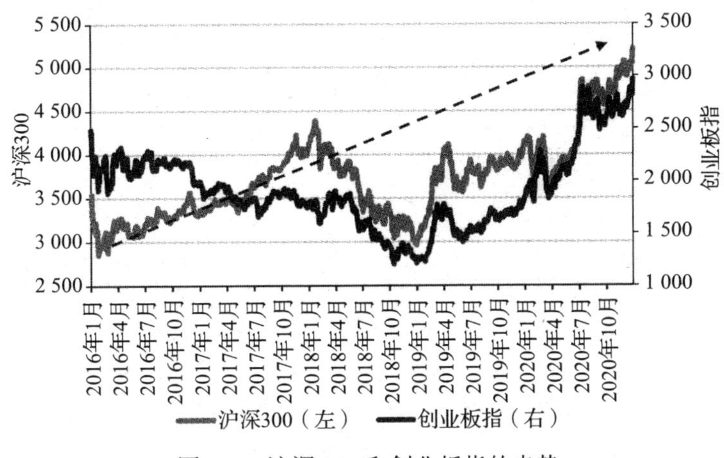

图 0-3　沪深 300 和创业板指的走势

资料来源：Wind，兴业证券经济与金融研究院。

当然，如果投资者能够识别市场的高峰期和波谷期，那么其收益和风险会比“购买并持有”策略的收益更高。只是几乎没有投资者能做到这一点。中证全指净收益指数在过去的 15 年翻了 6.7 倍，中小板综指涨幅超过 12 倍。A 股从不缺乏机会。

增速可观且回撤低、波动小，投资一线城市的房子是较优策略，但投资门槛高。以上海为代表，上海房价的名义增速达 12.75%，实际增速达

10.15%，远高于美股长期收益率6.83%，并且，除春节因素扰动外，一线城市的房价几乎不调整。[㊀]同期全国平均房价名义增速9.26%，实际增速6.66%。然而，上海平均房价1平方米近4万元，真正有投资价值的房产更是在1平方米10万元以上，以三口之家最低居住面积60平方米计算，投资门槛在600万以上，远超普通家庭的可投资资金范围。[㊁]

房地产、存款和股票是广大居民资产配置最重要的方向，房地产占中国家庭财富比重接近60%，存款占20%，理财和股票约10%，因此，如图0-4所示，资金在房地产市场和股票市场之间有明显的跷跷板效应，房价见顶（见底）领先股票市场见底（见顶）约8个月。

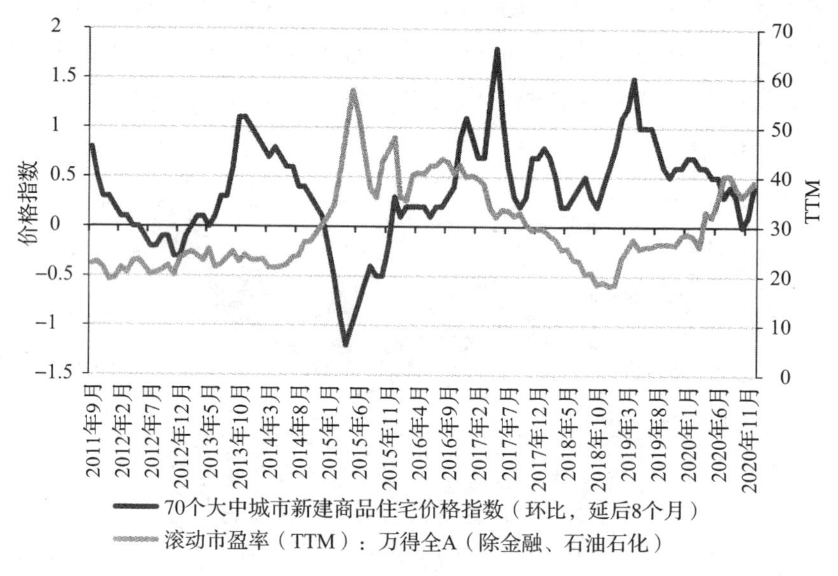

图 0-4　跷跷板效应

资料来源：Wind，兴业证券经济与金融研究院。

㊀ 选择上海作为一线房产的考虑主要有以下三点：第一，上海户口在一线城市的可获得性强于北京、弱于广深，从户口的角度考虑，上海房产投资的硬性门槛相对中庸；第二，上海整体的发展趋势在时间范围内具有较好的连贯性，深圳近年来在各项政策支持下发展提速明显，以上海为参考可以使数据相对平滑；第三，与广州相比，上海一线城市的性质更加突出，对周边城市的带动作用明显。

㊁ 从应付日常生活必需的角度考虑，一个家庭不会将全部资金用来投资，此处使用可投资资金范围小于家庭全部资产，即使是以全部资产考虑，上海有投资价值的房产也远超普通家庭的承受范围。

黄金的名义回报率为 8.29%，实际回报率 5.21%，收益略低于全国房地产。黄金在过去 15 年的涨幅主要依靠 2003 ～ 2007 年消费需求的扩张（商品属性）、2007 ～ 2012 年避险情绪（货币属性）的抬升，以及 2020 年新冠肺炎疫情后全球大放水导致的美元大幅走弱。①黄金商品属性的爆炸期已经结束，②黄金已经丧失了通货支付功能，政府也较难主动给自己上枷锁，重回定黄金为锚的时代。黄金的货币属性已经趋于弱化，并不适合长期持有。未来黄金的投资机会更多应从交易性避险属性层面寻找，类似日元和瑞士法郎，在经济危机和地缘政治危机抬头时买入，在危机化解时卖出。

如图 0-5 所示，债券回报与物价（CPI）持平，剔除通胀后在大部分时期内几乎无显著正收益。国内债券市场表现较弱，2005 ～ 2013 年底，回报基本被物价的上涨所侵蚀；2014 年初起，受益于银行间市场资金面总体宽松及市场利率持续下行的推动，债券市场开启“牛市”格局，回报背离通胀向上，2014 ～ 2019 年的牛市格局下，债券名义年回报率 6.59%，实际年回报率 3.80%。

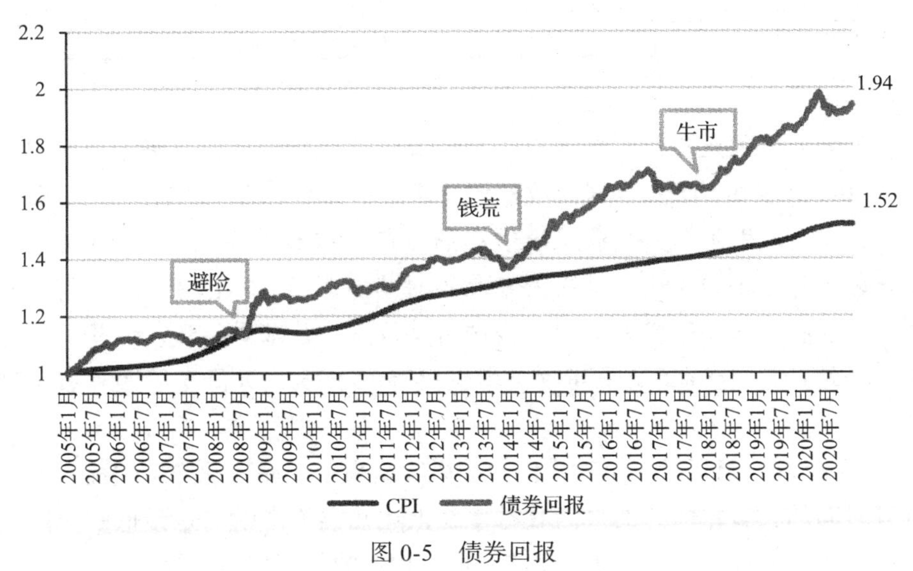

图 0-5　债券回报

资料来源：Wind，兴业证券经济与金融研究院。

大类资产风险和收益比较：权益资产风险收益性价比高。

用传统的波动率指标衡量风险并不够客观，波动有“向上的波动”，有

“向下的波动”，对投资者而言，“向上的波动”反倒是件好事情，怕的是“向下的波动”。因此，我们考虑“最坏的情况”作为对风险的衡量，即观察各类资产在不同持有期内可能的最低和最高收益率（见表 0-1 和表 0-2）。

表 0-1 各类资产在不同持有期内可能的最低收益率（2005 ～ 2020 年 12 月）

	1 个月	3 个月	6 个月	1 年	2 年	3 年	5 年	7 年	9 年	10 年
股票	−25.90%	−42.82%	−57.97%	−68.72%	−41.03%	−36.28%	−49.03%	−32.31%	−0.86%	0.53%
股票型基金	−22.24%	−31.74%	−45.15%	−57.81%	−30.99%	−29.43%	−40.46%	−21.80%	1.26%	1.95%
债券	−1.92%	−3.24%	−4.16%	−3.38%	−0.21%	1.20%	1.62%	2.87%	2.60%	2.75%
黄金	−14.92%	−23.96%	−27.20%	−29.31%	−33.40%	−39.76%	−30.39%	−28.43%	−9.77%	1.03%
上海房地产				−5.07%	−2.94%	3.91%	5.83%	8.23%	9.72%	9.32%

资料来源：Wind，CEIC，兴业证券经济与金融研究院整理与测算。

表 0-2 各类资产在不同持有期内可能的最高收益率（2005 ～ 2020 年 12 月）

	1 个月	3 个月	6 个月	1 年	2 年	3 年	5 年	7 年	9 年	10 年
股票	2 140.28%	562.43%	499.86%	268.88%	149.64%	74.17%	36.37%	20.97%	22.09%	25.17%
股票型基金	774.57%	424.01%	288.28%	219.34%	134.68%	72.99%	35.10%	20.87%	20.13%	24.05%
债券	57.77%	40.46%	27.32%	14.89%	9.03%	7.63%	5.14%	5.18%	4.63%	4.39%
黄金	337.19%	129.36%	86.62%	51.74%	31.15%	32.06%	18.84%	18.30%	11.47%	8.67%
上海房地产				52.36%	32.70%	20.66%	16.50%	14.94%	13.55%	13.92%

资料来源：Wind，CEIC，兴业证券经济与金融研究院整理与测算。

随着时间的延长，大部分资产的最低收益率和最高收益率差距在缩小（见表 0-1 和表 0-2），符合风险收益比长期回归基本面的大逻辑。分类如下。

1）上海房地产几乎是风险最小的资产，持有上海房地产 10 年最低年化收益率也有 9.32%，甚至好于持有债券或黄金 10 年的最高年化收益率，这与我们普遍感受到的“一线城市房价压力”基本一致。但是，持有上海房地产超过 10 年的最高收益率也仅有 13.92%，远低于股票和股票型基金。

2）持有时间超过 3 年时，债券的风险略高于上海房地产，然而，无论持有时间的长短，债券的最高收益率在上述几类资产中均是最低的，因此债券更适合于防守，对财富积累和保值、增值的作用相对有限。

3）黄金的最低收益率与权益资产在各自对应的时间段内接近，但其最高收益率又远低于权益资产，黄金可能不是最具性价比的投资工具。

4）股票短期风险极大，长期较安全，随着持有期限的增加，风险明显降低，持有时间达到10年时，股票最低的年化收益率大于0。如果买入的是股票型基金，则持有时间达到9年时，最低的年化收益率也会大于1%。当然，大部分投资者对风险的忍受时间不会达到9年或10年这么长，如果只是随机地买入股票，短期再卖出，仍然需要承担较大风险。

一种减小短期风险、提高收益的方法是合理选择基金，将资金交给具有更多知识经验的专业人士进行投资，取得收益性和风险之间的相对平衡。从上面的图表也可以看出，无论持有时间的长短，股票型基金的最低收益率均高于股票。基金购买的是一揽子股票，分散化投资的方式自然会降低风险。此外，基金经理对公司的了解程度通常远高于普通投资者，他们选择的股票即使收益不是最高的，也可保证风险相对较小，确保最低收益率的下限处于相对安全的区间。

权益资产短期收益率受外部冲击影响较大，而长期收益率则更多是基本面的真实反映。如图0-6所示，TOP30基金经理表现大幅好于大盘，近几年逐渐呈现出机构抱团股领涨股票市场的趋势，主要是由于存量经济下，资金追逐基本面优质个股，而基金经理在判断个股长期基本面方面的能力强于普通投资者，机构抱团实质是核心资产牛市的具体体现。[⊖]

TOP30基金经理之所以能够取得远好于指数的表现，正是由于其对核心资产的配置比例较高，这也与我们在《投资核心资产：在股票市场长牛中实现超额收益》一书中的观点不谋而合。核心资产是中国各个行业及细分领域内具备核心竞争力的龙头公司，财务指标优秀，治理稳健。具体而言：核心资产的第一层次要求是具有核心竞争力，能够适应中国经济从高速增长转向高质量增长的新形势，在行业优胜劣汰中胜出，实现强者恒强，盈利能力有保障甚至持续成长。核心资产的第二层次要求是具有和全球同业龙头对标的能力。从更高的层次看核心资产，需要在全球范围内对标研究同业龙头。核心资产的第三层次要求是不能局限于某些行业或大小市值。

⊖ 我们选择市场上管理规模TOP30的基金经理，将他们的资产收益率重新构造一个指数，即TOP30基金经理指数。数据范围选择过去13年主要的考虑是，截止2020年12月，这些TOP30基金经理中大多数担任基金经理的时间晚于2007年，有两人及以上共同执业的最早时间从2007年初起，距离2020年12月底正好13年。

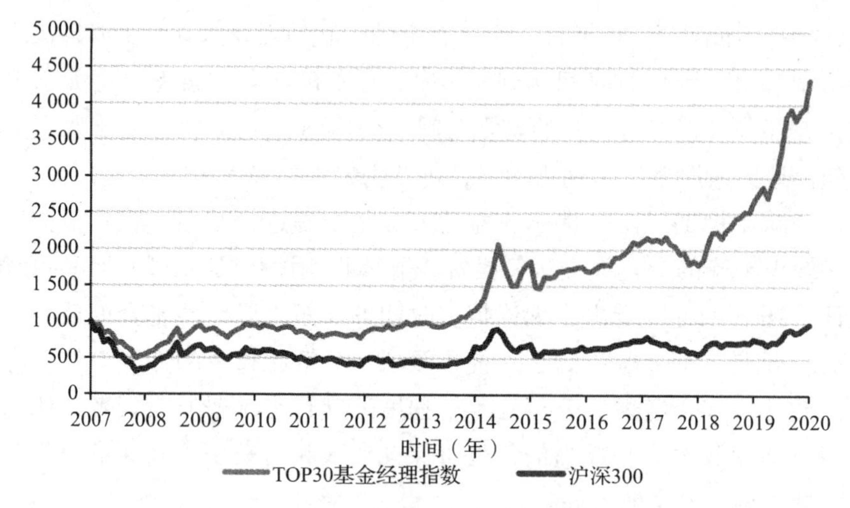

图 0-6 TOP30 基金经理表现大幅好于大盘

资料来源：Wind，兴业证券经济与金融研究院。

美国 200 年历史，股票领跑回报率榜单

如图 0-7 所示，观察美国过去 200 余年大类资产的实际回报率，股票的总回报率要明显优于其他资产。股票以复利计算的年实际回报率为 6.83%，这意味着投资于股票市场的货币购买力平价每 10 年翻一番，其中，股票分红贡献了近一半的比例。更不可思议的是，股票不仅回报率远远高于其他资产，其长期稳定性也优于其他资产。这里的总回报指的是资产的所有回报，包括将利息、股利和资本利得等再次投资于该类资产所产生的累计收益。

从长周期来看，让投资者闻风丧胆的 1929 年大萧条和 1987 年股灾，在股票回报曲线上也只是不起眼的小浪花，在长期上扬的趋势面前显得微不足道；即使在当时最高点时买入股票，购买并持有超过 20 年，股票回报也能跑赢通胀。尽管经济、社会和政治环境发生了很大改变，股票年实际回报率始终稳定在 6.83% 附近，也就是说，按照股票市值比例构建组合，投资者花费 1 美元购买股票组合，并将投资所得再投资于股票，1 美元在 70 年后的购买力平价为 100 美元，200 年后的购买力平价为 5.5 万美元。

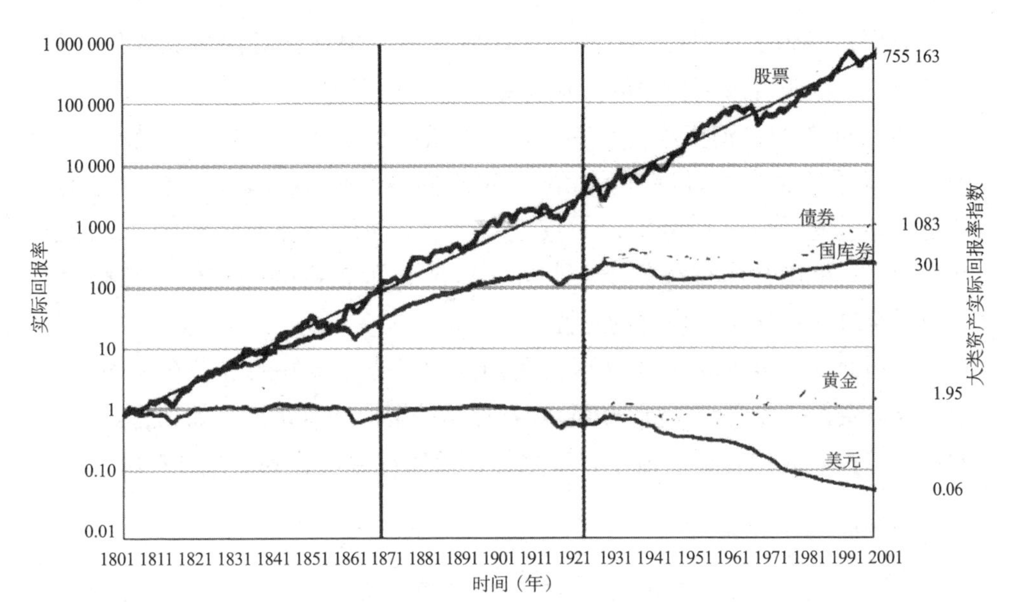

图 0-7 美国大类资产的实际回报率（1801 ～ 2001 年）

资料来源：《股市长线法宝》，兴业证券经济与金融研究院。

但几乎没有人可以等待这么长的时间，如果我们把时间跨度精细化，股票回报短期波动十分明显，不过也具备均值回归的现象，美国股票市场总回报率如表 0-3 所示，1982 ～ 1999 年的大牛市刚好弥补了 1966 ～ 1981 年的损失。

表 0-3 美国股票市场总回报率

时间		名义总回报率	实际总回报率	物价指数增长率
三阶段	1802 ～ 2006 年	8.3	6.8	1.4
	1802 ～ 1870 年（农业社会 – 工业经济）	7.1	7.0	0.1
	1871 ～ 1925 年（新兴市场 – 经济强国）	7.2	6.6	0.6
	1926 ～ 2006 年	10.1	6.8	3.0
战后各阶段	1946 ～ 2006 年（放弃金本位后）	11.2	6.9	4.0
	1946 ～ 1965 年（通货膨胀）	13.1	10.0	2.8
	1966 ～ 1981 年（恶性通胀）	6.6	−0.4	7.0
	1982 ～ 1999 年（大牛市）	17.3	13.6	3.3
	1985 ～ 2006 年	12.4	8.4	3.0

资料来源：《股市长线法宝》，兴业证券经济与金融研究院。

债券为投资者提供了 3.47% 的年实际回报率和更低的波动率，其收益率比股票市场低 3% 左右也是符合金融常识的。但从债券回报曲线的二阶走势来看，固收资产回报率的下跌趋势是十分明显的。

1933 年美国取消金本位制后，黄金和美元的走势才开始出现背离，美国多年货币的超发使得持有美元的回报率实际是低于购买力平价增速的；黄金价格与通货膨胀趋势大体一致，实际收益曲线围绕 1 上下波动，直至 20 世纪 70 年代开始持续位于 1 上方，这反映了布雷顿森林体系瓦解后，人们对全球货币体系不稳定的担忧。

一番理论与实际的探索之后，我们发现，全球最好的资产在中国，其中，权益资产是投资门槛低、风险收益比高的资产配置优选，而权益资产中的核心资产是我们众里寻他千百度之后，再度探寻所找到的最佳投资之策。

| 第 1 章 |

全球最好的资产在中国

外资的持续流入带来了 21 世纪前 10 年新兴市场国家股票市场和债券市场的繁荣发展：2001 ～ 2010 年，MSCI 新兴市场指数累计上涨 245%，上证指数上涨 35%，而标普 500 却下跌近 5%。后金融危机时代，在高质量的企业盈利和长时间宽松货币政策的驱动下，美股开始领涨全球：2011 ～ 2020 年，标普 500 累计上涨约 200%，纳斯达克指数上涨近 400%，同时期上证指数上涨 24%，深证成指仅上涨 16%。

伴随着中国资本市场的开放，A 股进入而立之年，我们对传统资产配置框架和策略研究框架，进行了深入的思考与探索。在全球资本流动越来越频繁的今天，我们将国别配置纳入研究框架体系中，这逐步成为我们资产配置中首要考虑的问题。从国别配置看，全球最好的资产在中国，它也是我们看好 A 股长牛最重要的原因之一。

首先，目前中国的 10 年期国债收益率在主要经济体中是相对较高的，在 3% 以上，美国为 1.6% 左右，部分国家甚至进入负利率时代。低利率将成为“新常态”，相对较高的国债收益率使得未来国内利率政策向下仍有较大调整空间。其次，高质量的企业利润增长依托于高质量的经济增长，过去20年中国经济高速增长，未来10年中国将进入经济高质量增长时代，这一点从“十四五”规划淡化数量指标，更加强调发展质量也可看出。大批优质企业将从充分的市场竞争中脱颖而出，持续盈利增长，为股价上涨提供动力源泉。最后，外资流入A股还处于起步阶段，未来10年，中国的经济发展质量和相对较高的利率在全球独一无二，对外资的吸引力将更高，源源不断流入的外资将为A股提供稳定的增量资金来源。

为什么我们认为未来10年全球最好的资产在中国？通过梳理总结过去20年国别配置的经验，我们从中国经济本身吸引力、政策力度，再到与美股相关性角度等方面阐述了未来全球最好的资产在中国的结论，为后面章节论述A股长牛奠定总基调。

1.1 50年来国别资产配置的历史经验

1.1.1 国别配置十年一轮回

都说天下没有免费的午餐，但诺贝尔经济学奖获得者、现代投资组合之父马科维茨曾说“资产配置是投资市场上唯一免费的午餐”。因为合理的资产配置可以在承担相同风险的情况下获得更高的收益，从而为投资者带来价值。资产配置方式主要包括四大类型，除了常见的行业配置、风格配置、大类资产配置之外，还包括级别更高的国别配置。行业配置的主要任务是挑选出未来一段时间内将产生较高超额收益的行业，风格配置则是在大盘/小盘、成长/价值等方面进行权衡，大类资产配置主要考虑投资组合在股票、债券、现金、商品、衍生品和另类投资等金融资产间的分配，国别配置考虑的问题则是投资组合中不同国家或地区资产的配置比例。比如作为一个国际投资者，需要考虑自己的投资组合投资于发达市场和新兴市场的比例是多少，发达市场是投资美国、欧洲还是日本，新兴市场是投资韩国、印度还是中国。

在我们通常的认知和投资实践中，不同的投资者会根据自身的需求对资产进行不同类型的配置，较为常见的是大类资产配置、风格配置和行业配置，如保险机构、社保基金等注重安全性与流动性，因此主要关注对不同类别资产的配置，公募基金的目标是超越业绩基准获得超额收益，因而主要关注对风格和行业的配置。但我们在这里需要厘清的第一个重要概念便是，从全球经验来看，国别配置的级别和重要性均高于大类资产配置、风格配置和行业配置，而这是此前经常被国内投资者所忽视的一点。尤其是伴随着我国金融开放的红利不断加速增加，在国内资本市场与全球资本市场联系越发紧密的背景下，国别配置应当成为投资者在进行资产配置过程中，需要首要考虑的问题。最近的一些现象也可以印证这一点，国内基金经理和个人投资者在投资过程中逐渐有意识地开始思考一系列问题，比如要不要增加对港股、美股、中概股的投资？投资比例如何？这正说明国别配置在资产配置中的地位将会越来越重要。

从全球资产国别配置的视角来看，全球资金呈现出10年左右一轮回的鲜明特征（见图1-1）。从历史经验来看，强势美元周期中发达市场表现强于新兴市场，而在弱美元周期中则刚好相反。20世纪70年代布雷顿森林体系解体，以美元为中心的国际货币体系瓦解，全球金融市场资本流动进入了一个新的时代。①20世纪80年代末到90年代中期，美国和欧洲的发达国家出现产业外迁，直接受益者便是亚洲的新兴市场，亚洲四小龙、亚洲四小虎在这一时期飞速发展，它们利用发达国家向发展中国家和地区转移劳动密集型产业的机会，利用本地廉价而良好的劳动力优势，吸引外资大量流入。②20世纪90年代中期到21世纪初，美国“信息高速公路”计划开启第三次产业革命，信息技术产业飞速发展，美元重新进入升值通道，以美国为首的发达市场明显跑赢新兴市场。③2000年“科网泡沫”破灭后，一直到2008年全球金融危机爆发前，得益于这一时期贸易全球化的背景，新兴市场经济快速发展，全球价值链分工体系重构，使得新兴市场基本面增速更快，相对发达市场具备更具吸引力，资金流向以金砖国家为代表的新兴市场，美元进入弱周期。④2009～2019年，金融危机以后全球避险情绪高涨，美国经济强势复苏，欧洲和日本则进入零利率和负利率时代，美元指数走强，叠加移动互联网和先进制造业两大产业潮流，助推全球资金回流美国，MSCI发达市场指数跑赢MSCI新兴市场指数，美国指数跑赢MSCI发达市场指数。

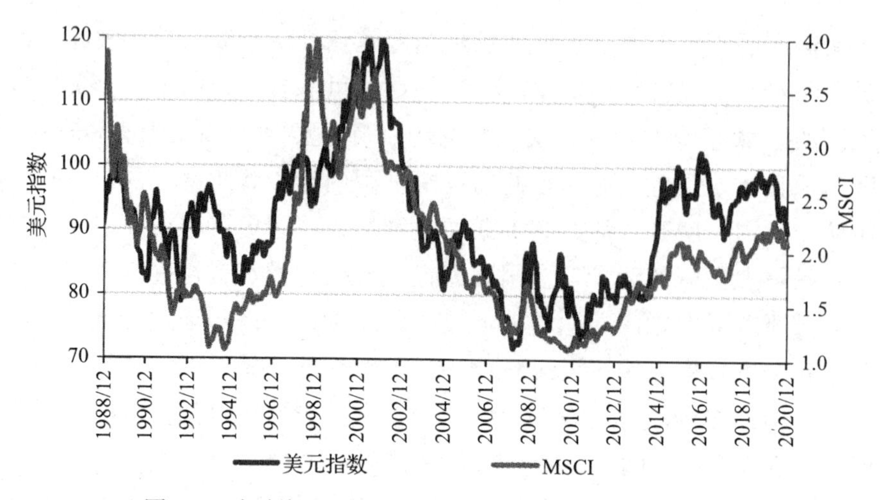

图 1-1　全球资金呈现出每 10 年左右一轮回的鲜明特征

资料来源：Wind，兴业证券经济与金融研究院。

1.1.2　2000 ～ 2010 年，新兴市场优于发达市场

从国别配置 10 年轮回的角度出发，首先我们来回顾距离现在最近的一次新兴市场崛起和发展的历史。新兴市场没有一个严格统一的定义，指的是市场经济体制逐步完善、经济发展速度较高、市场发展潜力较大的市场。2000 年互联网泡沫破灭后，美国的科技投资进入低谷，驱动美国经济高速发展的动力消失，从此美国的“新经济时代”宣告终结。全球进入新的时代，经济全球化的脚步不断加速，以金砖国家为代表的发展中国家和地区在融入世界经济的过程中获得了巨大的发展机遇。2003 ～ 2007 年间，随着美元逐渐走弱和新兴市场的崛起，全球资金配置开始从发达市场流向新兴市场，也给已经实现一定程度经济和金融市场开放的新兴市场带来了巨大的红利。

2000 年之后，新兴市场经济开始腾飞，金砖五国初露锋芒。从数据表现来看，2000 ～ 2009 年间，发展中国家和地区经济累计增长率达到了 75%，而全球整体增长率仅 32%，发达国家仅为 20%。金砖五国国内生产总值在全球经济中的比重每年上升大约一个百分点，根据国际货币基金组织（IMF）估算，2000 ～ 2009 年世界经济比重中，发展中国家和地区占比从 23.6% 上升至 33.6%，在国际经济中的地位越发凸显。

2001 年，美国高盛公司首席策略师吉姆 · 奥尼尔首次将金砖四国这

一概念带入到公众视野，由此来特指具备较高增长潜力的四个发展中大国——巴西、俄罗斯、印度、中国。随着2010年南非作为正式成员加入，金砖四国由此演变为金砖五国。依靠着资源禀赋优势，新兴市场承接了产业迁移。新兴市场国家的发展历史、政治经济制度、文化和意识形态都存在不同程度的差异，经济发展特点也各不相同。以金砖五国为例，中国、俄罗斯、印度、巴西、南非分别被称为“世界工厂”“世界加油站”“世界办公室”“世界原料基地”和“非洲的门户和桥头堡”。虽然存在着各种各样的差异，但是凭借辽阔的国土面积、丰富的自然资源、巨大的人口红利及自由的国际贸易，金砖五国在21世纪头十年中创造了举世瞩目的经济奇迹，经济规模逐步扩大，经济实力显著提升。以2010年不变价美元计算，2000年金砖五国GDP总额为5.9万亿美元，2009年达到10.9万亿美元，十年间GDP几乎翻了一番。相比之下同一期间，代表发达经济体的经合组织，GDP总额仅增长了19%。如图1-2所示，金砖五国占世界GDP的比重也在不断提升，2000年金砖五国GDP总额占世界GDP的比例仅为12%，2009年达到17%，增长了41.67%。

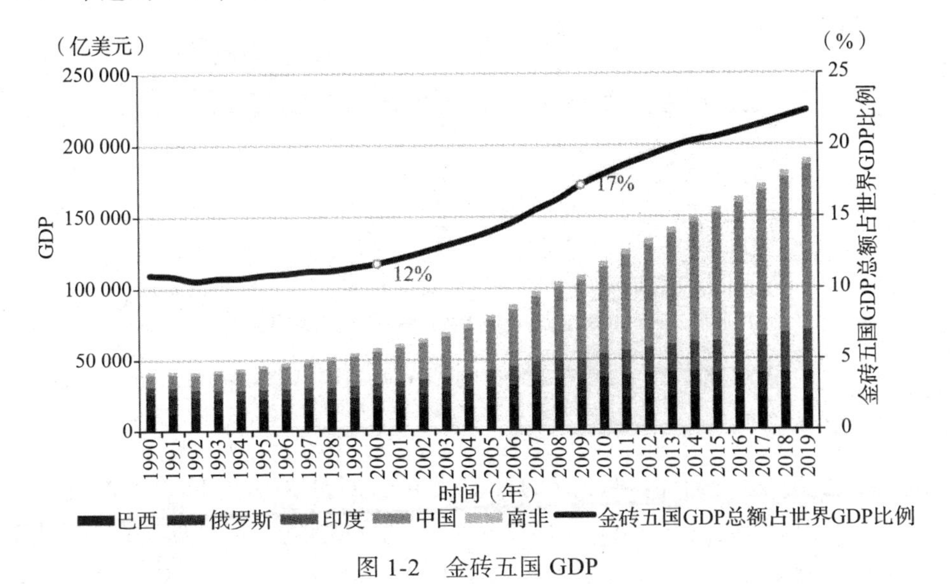

图1-2 金砖五国GDP

资料来源：世界银行，兴业证券经济与金融研究院。

在经济全球化的大背景下，商品、服务、资本、技术、人才在全球范围内得以自由流动，形成全球统一的市场。新兴市场在充分参与国际贸易的同时，也通过金融账户的开放吸引了全球投资者的资金，新兴市场成为全球资产配置高地。经济的飞速增长叠加外资的不断流入，在2003 ～ 2007 年间新兴市场经历了一轮大牛市。其间 MSCI 发达市场指数累计涨幅仅 100% 左右，而 MSCI 新兴市场指数累计涨幅超过 320%（见图 1-3）。新兴市场中金砖五国的表现显得尤为突出，巴西、俄罗斯、印度、中国、南非的股票市场在 2003 ～ 2007 年间累计涨幅分别为 878%、467%、599%、505% 与 228%（见图 1-3）。新兴市场的债券市场也表现亮眼，2003 ～ 2007 年间，彭博巴克莱新兴市场债券指数上涨超过 80%，同期美国和欧洲市场的债券指数涨幅仅 20% 左右（见图 1-4）。与此同时，美元指数从 100 一路走弱至 75 下方。

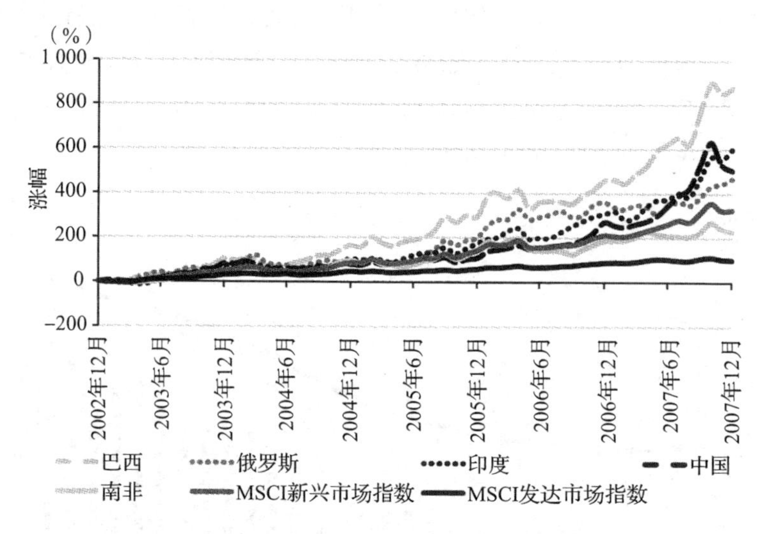

图 1-3　2003 ～ 2007 年新兴市场股票市场涨幅

资料来源：Wind，兴业证券经济与金融研究院。

在这期间，一个值得注意的现象是外资对新兴市场核心资产的“抢夺”。中国台湾地区在 1990 年时就开启了 QFII 制度，但彼时 QFII 的设立和运行均受到诸多方面的限制。1996 年起，中国台湾地区从 QFII 资格、QFII 额度、市值权重限制、投资范围、外汇管制等方面，不断放开外资直接参与股票市场的限制。在金融市场开放的大门打开之后，外资积极入场，锁定其被低估的核心资产。如图 1-5 所示，2001 ～ 2008 年，台积电股价从每股 78 元跌到每股 44 元，跌幅超过 40%，估值下跌 16%，EPS 下跌 32%，贡献了 70% 的跌幅。但在此期间外资持股比例从 40% 附近升至 70% 以上，随后一直处于 70% ～ 80% 的水平。2009 ～ 2020 年，台积电股价从每股 44 元涨至每股 530 元，上涨接近 11 倍，PE 上涨 130%，EPS 上涨超过 4 倍，贡献了 2/3 的涨幅。

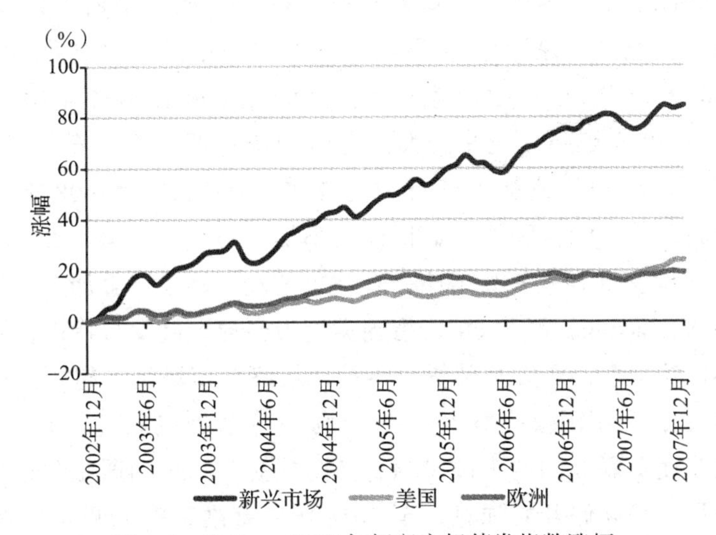

图 1-4 2003 ～ 2007 年新兴市场债券指数涨幅

资料来源：Bloomberg，兴业证券经济与金融研究院。

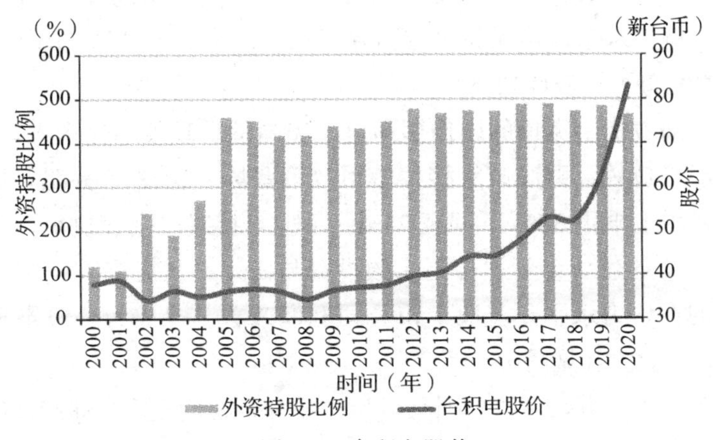

图 1-5 台积电股价

资料来源：Bloomberg，兴业证券经济与金融研究院。

1.1.3 2010～2020年，发达市场优于新兴市场，美国更优

回顾了21世纪的第一个十年之后，我们再来看21世纪的第二个十年。2009年全球经济开始从金融危机中复苏，美国股票市场在随后的十年间走出了涨幅高达三倍的长牛。2009～2019年间，美国实际GDP累计增长约22%，领跑全球主要经济体。这一增长水平仅落后于中国（129%）、印度（105%）、韩国（40%）、澳大利亚（32%），比几乎所有的主要发达国家都高，甚至高于剔除中印后的世界平均增长水平（21%），相比之下2009～2019年间欧元区GDP累计增长仅9%，OECD国家仅18%。

2009～2019年间，美联储大部分时间维持低利率和宽松货币政策，为美国股票市场的估值提供了有力的支撑。在2007～2008年的全球金融危机期间，美联储将联邦基金目标利率从5.25%下调至0.25%。一直到2015年，美国基准利率一直维持在0.25%的宽松水平，叠加3次量化宽松（Quantitative Easing，简称QE，指国家货币当局大量发行货币，并通过购买各类中长期国债，加大基础货币供给，最终对市场注入超额流动性资金的货币政策），十年国债收益率也从3.5%下行至2%附近。2015年底，美国领先复苏使美联储的两大政策目标（充分就业和长期通胀预期稳定）逐渐得到满足，美联储开始加息，至2018年底基准利率上调至2.5%，同期日本和欧洲却因为经济不景气进入负利率和零利率时代。2019年，全球经济增速停滞，贸易保护主义肆虐，叠加多重不确定性因素，阴霾笼罩着美国和全球经济的未来，美联储决定另寻高策，10年来首次发布了降息政策，7年来首度发布了扩表计划。

另外，随着货币宽松的副作用渐显，美国货币政策率先进入紧缩跑道，为了应对经济疲软，财政政策接棒货币政策登场。2018年特朗普税改开始实施，企业税上限由35%下调至21%，不但直接减轻企业税负，大幅推升税后利润，而且激励企业进行更多的投资与研发，从而提升美国高端制造业在全球的竞争力水平。美股上市公司利润改善，也成为美股走出十年长牛的重要因素之一（见图1-6）。

2010年左右，移动互联网时代开启，成为金融危机后全球产业层面最具标志性意义的事件。2008年苹果发布了第一款支持3G网络的iPhone，2010年更加具有划时代意义的iPhone 4诞生。更重要的是，2011年初4G网络正

式在美国国内实现商用，开启了移动互联网时代。以脸书（Facebook）、苹果（Apple）、亚马逊（Amazon）、奈飞（Netflix）、谷歌（Google）为代表的5家公司（简称“FAANG”），利润总额从170亿美元提升至1200亿美元，占标普500成分股利润总额比例从3%提升至超过10%。

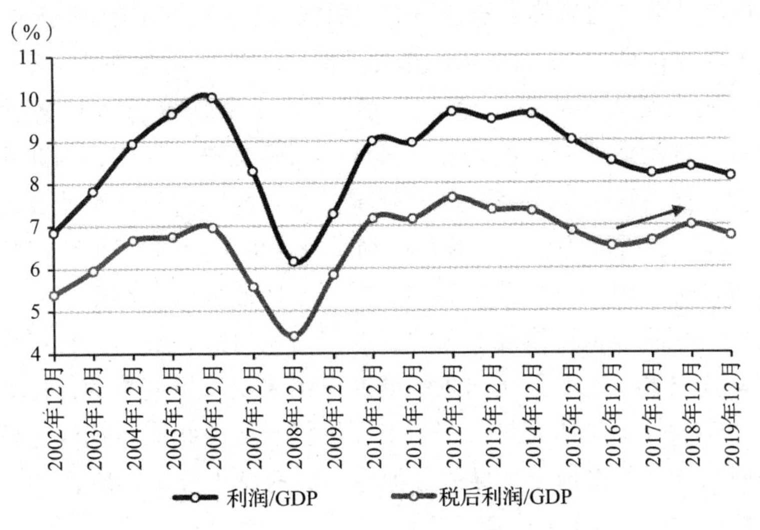

图 1-6 美股上市公司利润改善

资料来源：CEIC，兴业证券经济与金融研究院。

FAANG在行业中的利润占比也出现了明显的提升趋势。2009～2019年，美股可选消费、信息技术、电信服务行业利润整体增长4倍，行业内除FAANG的其他公司利润整体增长3.4倍，而FAANG的利润则增长了7倍，行业利润占比从16%提升至26%。2009～2019年间，少数几家龙头公司、核心资产成为美股不断上涨的发动机，仅FAANG这5家新兴的移动互联网公司加上老牌信息技术产业龙头微软公司，几乎贡献了标普500每年涨幅的30%。

美国高端技术水平全球领先，不断进步。除了移动互联网之外，先进制造业也是支撑美股十年长牛的重要因素之一。从制造业结构来看，美国在高端技术产品出口占比、工人人均产出方面国际领先。2011年高端技术产品占美国制造业出口的46%，2014年提升至58%，中端+高端技术产品合计出口占比86%，工人人均产出超过10万美元。相比之下，2014年中国中端+高端技术产品出口占比仅65%，工人人均产出仅2.5万美元。从R&D支出规模、占GDP比重、研究人员数量综合来看，美国的优势地位突出，并在继续进步。2016年美国R&D支出达到4700亿美元，占GDP比例接近3%，每百万人口R&D人员数量达到4000名。相比之下2017年中国R&D支出2000亿美元，占GDP比例为2.1%，每百万人口R&D人员数量1200名。

美国制造业中也有许多被忽视的美股核心资产。我们在这里选取军工、机械、半导体领域的12家公司，作为美国先进制造业的典型代表。需要指出的是，先进制造业的概念绝不仅局限于这3个领域和这12家公司，只是目前对先进制造业的内涵和外延尚缺乏明确统一的界定，因此我们选择这3个研发投入大、技术壁垒高的领域，作为我们对先进制造业的一种考察视角。以军工领域为例，其背后凝结了极高的科学研发和工业制造水平，而且国防是每个国家，尤其是美国、中国这样的大国，都不遗余力去发展的领域，因此能够直接体现一国的工业实力。另外，我们日常工作生活中的许多科技成果，也都是从国防领域的应用演变发展而来的，比如移动通信技术、GPS等。具体而言，在军工和机械领域，我们各选取全球前三中来自美国的公司，再加上半导体各细分领域的龙头公司，最后得到以下12家代表性公司（见表1-1）。

表1-1 美国军工、机械、半导体领域的12家代表性公司

领域	公司	介绍
军工	波音	世界最大的飞机制造商、世界第二大军火巨头，产品包括F15、F18战斗机、AH64武装直升机、B1轰炸机
	洛克希德马丁	世界第一大军火巨头，产品包括F22战斗机、三叉戟导弹、萨德系统
	诺斯罗普·格鲁曼	世界第三大军火巨头，产品包括B2轰炸机、火控雷达、陆基中程防御系统
机械	卡特彼勒	世界最大的工程机械制造商
	迪尔	世界第三大工程机械制造商、美国第二大工程机械制造商
半导体	英特尔	全球最大CPU厂商，市场份额超过60%
	AMD	几乎包揽英特尔剩余的市场，市场份额接近40%
	英伟达	全球最大独立显卡厂商，市场份额约70%
	博通	全球无线通信芯片市场占有率达70%
	美光	全球第三大内存芯片厂商，市场份额约25%
	德州仪器	全球最大模拟IC供应商，市场份额约18%是第二名的2倍
	应用材料	全球最大半导体设备商，市场份额约25%

资料来源：兴业证券经济与金融研究院整理。

这些行业龙头不但本身在技术方面具备领先优势，而且在研究和开发方面持续保持高强度投入，叠加先进制造领域本身具有重资产、高壁垒的特性，优势地位不断巩固，甚至继续蚕食剩余市场份额，在全球市场里形成品牌垄断。2009 年波音等 5 家军工机械公司利润总额 77 亿美元，占当年工业行业利润的 26%，2018 年这 5 家公司仍然保持龙头优势地位，利润总额增长 2.5 倍达到 273 亿美元，行业利润占比提升至 29%。来自信息技术各个细分领域的 7 家龙头公司，十年间利润总额从 38 亿美元增长至 605 亿美元，增长了 15 倍，龙头优势地位更加坚固，行业利润占比从 8% 提升至 30%。

全球资金回流，美元资产全面受益。2009 ～ 2019 年是全球资金从新兴市场转向发达市场的十年，有超过 3 万亿美元的外资通过直接投资的方式进入美国，另有约 6000 亿美元、4.5 万亿美元的外资分别进入美国的股票、债券市场。从美国股票市场的投资者结构也可以看出，外资持股市值占比在金融危机后出现了明显提升，从 10% 附近提升至 15%（见图 1-7）。

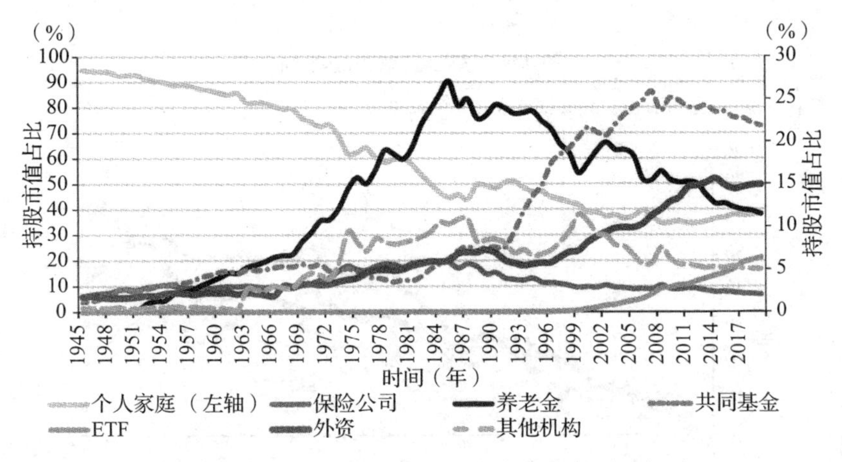

图 1-7　美国股票市场外资持股市值占比明显提升

资料来源：美联储，兴业证券经济与金融研究院。

2009 ～ 2019 年期间，强劲的经济增长、宽松的货币政策、有效的税收改革、成长的移动互联网和先进制造业产业，伴随着全球资金的回流，使美国股票市场经历了长达 10 年、涨幅高达 3 倍的一轮长牛（见图

1-8）。其间美国股票市场表现远好于全球主要股票市场，成为全球资产配置所追捧的高地。全球资金回流，不仅助推美股长牛，美元资产也全面受益。如图 1-9 所示，美国债券表现明显好于亚太地区和全球整体水平，2009 ～ 2020 年实现超过 60% 的收益率。如图 1-10 所示，美元指数趋势上行，从 80 升至 100；美国房地产市场也一片景气，房价涨幅接近 70%。

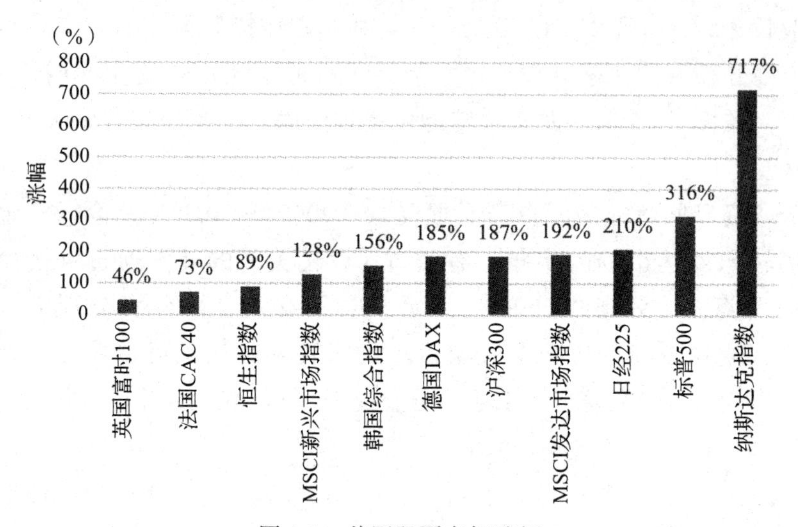

图 1-8 美国股票市场涨幅

资料来源：Bloomberg，兴业证券经济与金融研究院。

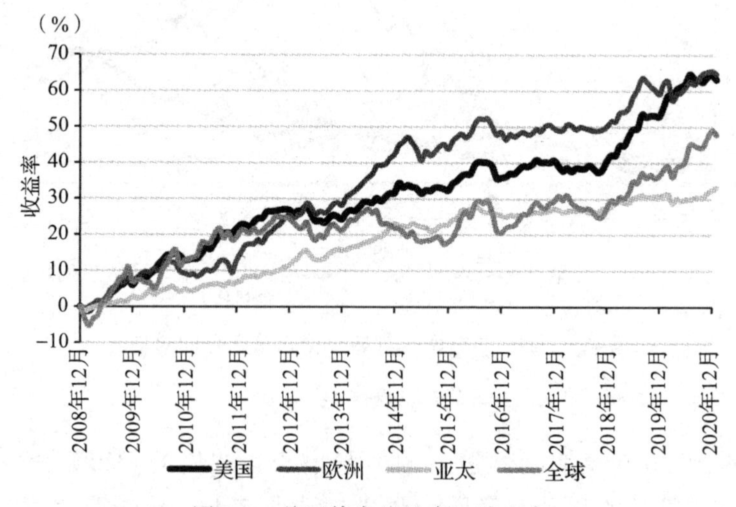

图 1-9 美国债券收益率一路走高

资料来源：Bloomberg，兴业证券经济与金融研究院。

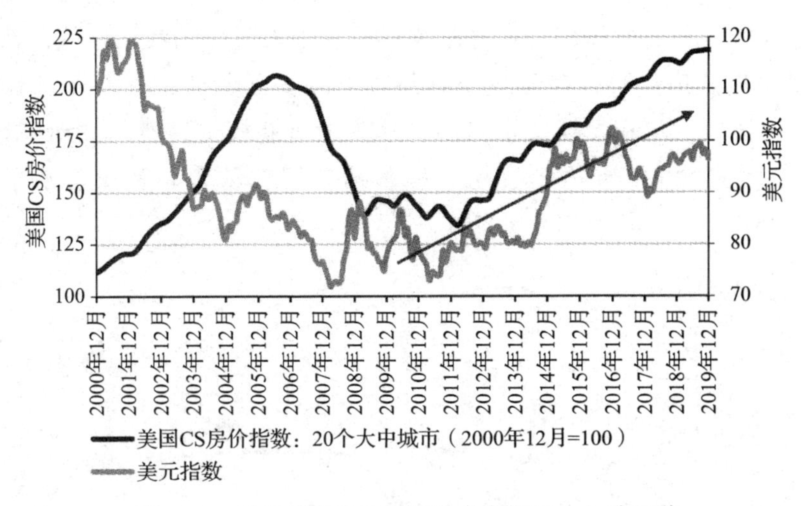

图 1-10 美元指数和美国房地产市场进入上升通道

资料来源：Wind，兴业证券经济与金融研究院。

1.2 国别配置的当前特点

1.2.1 美国资产配置高位推动国别配置轮转

全球金融危机后已有十年，全球资金集中配置美国资产，美元、美股、美债均已被推升至高位，另外美国经济基本面也开始出现动荡。2017 年美国经济增长就已经开始显现乏力的态势，但仍然凭借提前透支的财政政策和减税计划暂时渡过难关。2019 年以来美国经济再次出现衰退迹象，就业情况有所恶化，美联储随即结束加息进入了降息周期，希望由此来缓解此前加息过快所导致的经济增长的放缓。2020 年的新冠肺炎疫情又给美国经济当头一棒，2020 年美国 GDP 缩减 3.5%。新冠肺炎疫情在重创美国经济的同时，进一步加剧了美国的社会不平等问题，长期性失业恐将显著增加。在经济衰退周期与短期新冠肺炎疫情冲击的双重作用下，美国经济将长期面临着增长乏力的风险。

如图 1-11 所示，在疫情的影响下，美联储实行了史上最大规模的货币政策，总资产规模相比于疫情前几乎扩大了一倍。超常规的货币政策，叠加前期提前透支的财政政策，使得美国不得不面对低利率、庞大的预算与贸易逆差所带来的副作用，并且压缩了美国未来可能的政策空间，造成美元出现明显贬值趋势，美债规模持续飙升，美国股票市场在不断创下历史新高的同时，累积了巨大的风险。从芝加哥期权交易所的波动率指数[⊖]来看，进入2020年后美股波动率显著抬升，市场波动和风险水平持续加剧。

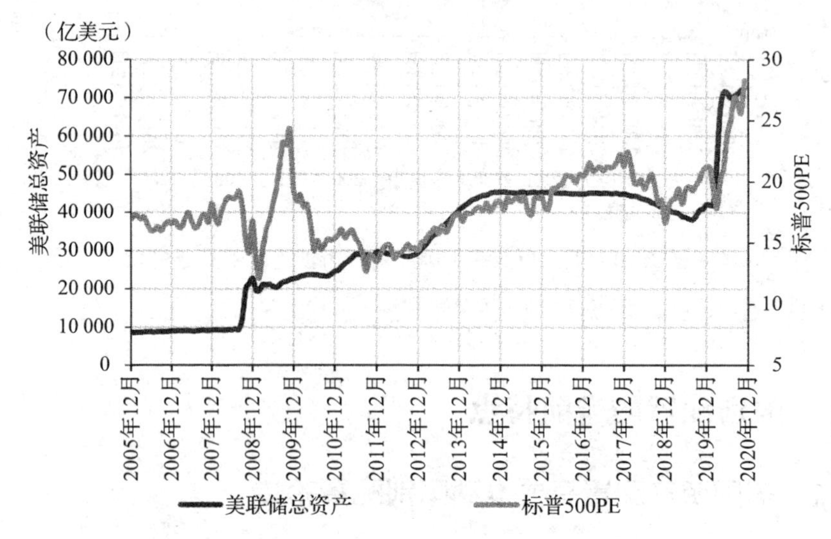

图 1-11　疫情后美联储总资产规模几乎扩张了一倍

资料来源：美联储，Wind，兴业证券经济与金融研究院。

以史为鉴，我们先来回顾美国此前实施弱势美元战略的前因后果。20世纪80年代初，美国采取了“宽财政、紧货币”的政策组合来治理“滞胀”，取得了一定成效，但也给美国经济带来了严重问题。尤其是美联储通过高利率政策压低货币供给，抑制通货膨胀，这一举措使得大量外资流入美国，美元不断走强，叠加日本、德国等国家制造业的强势崛起，美国在全球的竞争力下滑，GDP占全球比重由1970年的35.6%下降至25.5%，贸易赤字恶化。针对这种情况，1985年美国与日德英法签订了“广场协议”，一致同意通过国际“协作干预”，稳步有序推动日元对美元升值。伴随美元贬值，美国相对竞争力有所回升，以电子产业为代表的先进制造业竞争力

⊖ 又称“恐慌指数”，通过衡量标普500期权的隐含波动率，以代表未来30天市场波动率的期望值。

明显提升，计算机和电子产品高速发展，计算机和电子产品工业生产指数同比增速在 1997 年高达 33.4%。

2000 年美国科网泡沫破灭，经济受到重创，GDP 增速由 1999 年的 4.8% 下降至 2001 年的 1.0%，失业率不断攀升。从 2002 年起美国再度出现财政赤字，经常项目逆差占 GDP 比重在 2002 年之后加速上升。同时，能与美元分庭抗礼的欧元崛起。1999 年 1 月 1 日，欧元以 1 欧元兑 1.18 美元的比值登场，初期表现疲软，在 2002 年之后步入升轨，逐步成为国际硬通货。2002 年美元进入贬值周期，2003 年之后，美国外商直接投资净流入大幅上升，计算机和电子产品工业生产指数同比增速由负大幅转正为 14.8%。

展望未来数年或是新一轮美元贬值周期，新兴市场值得期待。首先，弱势美元政策是大势所趋，美国未来数年大概率会实行积极财政政策，财政赤字有望进一步高企，财政赤字进一步货币化。其次，2020 年美联储、欧洲央行和日本央行均实行大幅宽松，资产规模较年初分别扩张 71%、44% 和 19%，其中美联储资产扩张的规模最大，各央行货币政策扩张程度的不同，给美元指数带来了明显的下行压力；考虑到美元指数中欧元权重约占 57%，欧元成为影响美元指数最重要的因素，长期以来成员间的不信任阻碍了欧盟一体化的推进，也间接造就了欧元的十年弱势，2020 年疫情反而成为欧盟一体化推进的动力，欧盟在疫情时达成 7500 亿欧元的《欧盟复苏基金》计划，以共同举债、财政赠款的方式援助受疫情冲击严重的成员，疫情考验之后美国或面对更加团结的欧盟和更加强势的欧元。最后，根据历史经验，当美元步入走弱的趋势之后，新兴市场股票市场相对发达市场的表现更好，资金流向新兴市场，有利于新兴市场优质资产的价值重估，新兴市场的股票市场、债券市场、房地产市场等将全面受益。

1.2.2 全球负利率 +“大放水”，追逐“好资产”

根据国际金融协会的预测，全球债务规模在 2019 年底达到约 255 万亿美元，是全球 GDP 的 3.2 倍。全球范围高企的债务存量，使得利息的正常支付成为巨大的负担，无风险利率趋势上行容易触发债务危机。2008 年金融危机后，主要发达国家政策利率触及零利率下限。当债务杠杆扩大至一定水平后，为了避免新增财富无法偿还利息，出现“明斯基时刻”，货币政策无法转向。日本在1999年实施零利率政策后，政策利率持续保持在0附近，2016年后至今则一直处在负利率的环境下。欧洲央行2016年将基准利率降至0后，也一直维持零利率的货币政策至今。

综合来看，全球高债务、负利率环境难以打破，需要寻找“好资产”。欧洲和日本早已进入零利率和负利率时代，美国目前联邦基金目标利率仅0.25%，几乎为“零利率”的水平。2020年新冠肺炎疫情期间，美国10年期国债收益率一度下探至0.52%，美联储前主席格林斯潘针对美国国债市场的潜在惊人走势发出了警告，他说30年期美国国债的收益率可能会变为负值，加入全球超过17万亿美元负收益率债券的行列。2020年新冠肺炎疫情不但加剧了全球供需的不平衡，而且使得各经济体意识到部分供应链断裂对国家安全的威胁，可能使得大国在资源配置上更聚焦安全性，降低对效率的要求。就当前这一轮周期来看，美国居民资产负债表高度依赖股票市场，企业资金链高度依赖信用债，而当前两者都高度依赖政策宽松。因此一旦股票市场或信用债市场出现大幅波动，为避免传导至实体经济，政策很难趋严甚至很可能进一步放松。那么在这种持续负利率的环境下，便有大量资金需要寻找“好资产”，重新进行配置。

2019年起，欧洲重新开启了量化宽松政策。2019年9月12日欧洲央行引入分层存款制度（为削弱负利率的副作用）的同时，重启了第二轮量化宽松，下调了TLTRO Ⅲ（The third targeted longer-term refinancing operations，第三轮定向长期再融资操作，定向的含义是指向家庭和非金融企业，更具体地讲是实体经济，欧洲央行推出TLTRO的目的是鼓励银行向家庭和非金融企业放贷）利率，并且自11月1日起每月以200亿欧元的规模重新开始购买资产。如图1-12所示，为应对新冠肺炎疫情对经济的冲击，美联储和欧洲央行资产负债表迅速扩张，欧洲央行2020年3月18日晚宣布7500亿欧元紧急资产购买计划（PEPP），直至疫情危机结束，但不迟于2020年底。2021年1月21日，欧洲央行表示将依据资产购买计划每月购债200亿欧元；将重新投资到期的PEPP债券，至少持续至2023年底；PEPP将至少持续至2022年3月底；PEPP规模将保持在1.85万亿欧元不变；将通过定向TLTRO提供足够流动性。

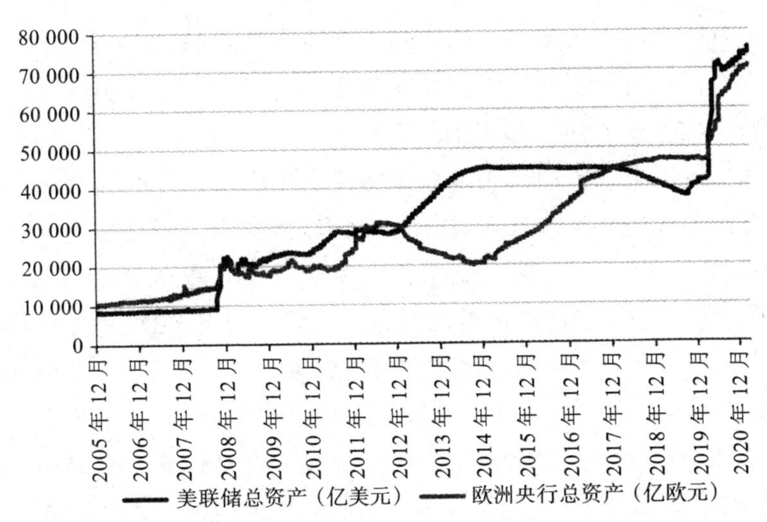

图 1-12 新冠肺炎疫情后美联储和欧洲央行资产负债表迅速扩张

资料来源：Wind，兴业证券经济与金融研究院。

美国也“不甘示弱”。2020 年 3 月 20 日，美联储宣布将市政债券纳入资产购买计划，此前美联储的资产购买计划仅限于美国国债和抵押贷款支持债券。3 月 23 日，美联储宣布开启无上限量化宽松操作，美联储资产负债表总规模从 2020 年 2 月的 4.2 万亿美元增加到 2020 年底的 7.2 万亿美元。2020 年 12 月，美联储主席鲍威尔表示“美联储可以扩大资产购买计划以进一步支持经济，我们将在相当长的一段时间内继续支持经济，就业市场要回到今年早些时候的水平还需要一段时间”。从历史经验来看，全球金融危机后，零利率叠加量化宽松政策，使得欧洲成为全球资本市场的“水龙头”，大量资金涌向以美国为首的市场，追逐更高的收益率。2020 年随着美国重新加入货币政策大放水的行列，在美元资产高位震荡的背景下，美国和欧洲央行的宽松政策利于全球资金进一步配置新兴市场，尤其是涌入宏观经济具备韧性，资本市场质地优良的投资价值洼地，中国将在新兴市场国家中脱颖而出。

1.3 中国资产未来大有可为

1.3.1 经济体量全球第二，新兴市场龙头

随着发达经济体的持续衰退，全球经济增长的重心正日益转向新兴经

济体，尤其是中国。事实上，作为一个影响力越来越大的新兴经济体，在当前这次全球经济权力转移的过程中起到了主导作用，以美国和中国为两大核心的“G2”格局进一步巩固。

改革开放以来，中国经济实现了持续高速增长，GDP 在全球中的占比不断攀升，尤其是步入 2000 年之后，中国经济实力不断增强的同时国际地位显著提高。1978 ～ 2008 年缔造了长达 30 年的“中国奇迹”。2008 年全球金融危机后，中国经济迅速走出阴霾，直至 2014 年 GDP 增速始终保持在 10% 之上。2014 年以后中国经济增速有所放缓，也及时进行了供给侧改革并推进经济产业结构调整，目前 GDP 增速维持在 5% 的平稳增长水平。纵观 2009 ～ 2020 年，我国 GDP 从 30 万亿元又增长了 2 倍多，突破 100 万亿元大关。2010 年，我国 GDP 赶超日本，跃居成为全球第二大经济体，2020 年我国 GDP 达到日本的三倍，占全球 GDP 比例达到 17% 的水平。苏联在巅峰时期 GDP 仅有美国的 40%，1995 年日本经济泡沫巅峰时期 GDP 达到美国的 69.6%，而 2020 年我国 GDP 达到美国的 70.3%，成为百年来第一个 GDP 达到美国 7 成以上的国家。由此看来，我国 GDP 追赶甚至超越美国指日可待。

对比新兴市场国家来看，我国 GDP 远超过其他新兴市场国家，在质量方面也明显更胜一筹。我国同其他新兴市场国家在起步上相似，起步较晚，且初始体量都很低。但是我国 GDP 实现了持续高速增长，成为新兴市场的领头羊。更重要的是，我国在经济发展的过程中，及时进行了经济结构调整和产业升级，经济质量明显更好。亚洲四小龙、亚洲四小虎、金砖国家等曾经炙手可热的概念逐渐钝化，许多新兴市场国家未能跨越中等收入陷阱，依靠资源禀赋、人口红利吃饭，经济增速和质量每况愈下。

2020 年新冠肺炎疫情席卷全球，截至 2020 年底全球累计确诊病例超过 8300 万例，累计死亡病例超过 180 万例。突如其来的新冠肺炎疫情对原本已经十分脆弱的世界经济造成了重大打击，全球经济走势的不确定性增大。面对严峻的疫情形势，各国政府态度迥异，最终造成了各国经济复苏表现的差异。我国由于制度优势，通过快速的政府行动、科学的防疫措施，在疫情初期就实现了有效的控制，截至 2020 年底我国累计确诊病例 8 万余例，累计死亡病例 4000 余例。相比之下，仅 3 亿人口的美国，2020 年底时累计确诊超过 2000 万例，累计死亡超过 35 万例，当日新增确诊病例多天突破 20 万例。如图 1-13 所示，得益于制度优势，中国经济快速进入了复苏期，复工复产有序推进，经济生产和社会生活迅速恢复运行，成为 2020 年全球主要经济体中唯一实现正增长的国家。部分国家在疫情初期淡化新冠病毒的威胁，防控疫情行动迟缓，使得疫情至今无法得到有效的控制，疫情反复肆虐成为常态，严重拖累经济复苏进程，付出了高昂的代价。疫情给新兴市场国家尤其是资源出口型国家造成了较大的冲击，秘鲁、印度尼西亚、墨西哥、阿根廷等国家的经常项目与资本项目出现双恶化，主权债务风险增加，危机一触即发。

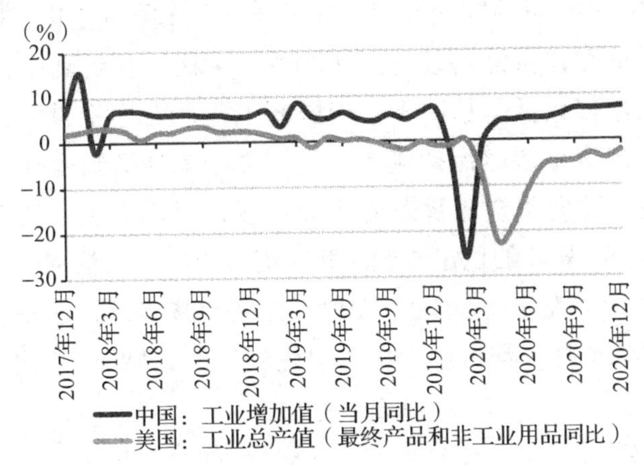

图 1-13 新冠肺炎疫情后中国经济快速进入了复苏期

资料来源：Wind，兴业证券经济与金融研究院。

疫情不但改变了全球经济格局，也改变了中美两国的“三观”。中国观美国——美国不再是“灯塔国”，美国国内的诸多弊端在疫情危机面前暴露无遗。在疫情防控中，美国的响应强度和防控力度均较低，没有在第一时间对疫情做到最有效的控制，防控意识薄弱、制度保障缺失，民众对政府的不信任也持续发酵。最终美国确诊人数超过 2000 万例，死亡人数超过 35 万人，民众生活和经济发展都受到了极大影响。美国观中国——中国不再是“落后”与“无能”的代名词。在疫情复苏中，中国充分展示出了实力和魄力：果断采取措施限制人口流动，降低疫情传播速度，十几天便建起 1000 张床位的火神山医院、1600 张床位的雷神山医院，又一次创造中国奇迹；统一调配医疗物资和医务人员，使得疫情在短短两三个月内就得到了有效的控制，并且积极地向全世界分享抗疫经验和物资支持。中国观中国——中国采取一系列有力且正确的举措，最先最快有效遏制住了疫情的发展，最先积极安全地开展复工复产，既做到了充分保障人民的健康生命安全，又带领人民努力恢复经济运转，成了全世界疫情防控最有力的国家，在国际上肩负起大国责任，提供医疗物资，贯彻人类命运共同体，这让我们更加自信。

新冠肺炎疫情后全球主要股指涨跌幅如图 1-14 所示，2020 年 A 股市场的表现打败了“大放水”的美股，北向资金流入超过 2000 亿元。从 2020 年全年看，A 股创业板指以约 65% 的涨幅在全球主要股指中拔得头筹，而动用了一系列超常规货币宽松政策，甚至开启了无限量量化宽松的美国，标普 500 和纳斯达克指数涨幅仅分别为 16%、44%。在受到疫情影响，全球资金整体风险偏好较低的情况下，中国复工复产有序推进，经济率先进入复苏阶段，北向资金依然保持流入。尽管 2 ～ 3 月受到境外市场美元流动性危机的影响，北向资金短暂撤出 A 股市场，但随着美元流动性危机的缓解，以及我国经济复苏的稳定预期，北向资金再次加大流入，最终全年仍然累计流入超过 2000 亿元。无论是 A 股亮眼的市场表现，还是北向资金“用脚投票”做出的选择，都可以看出中国优质资产彰显出了韧性与丰厚潜力。

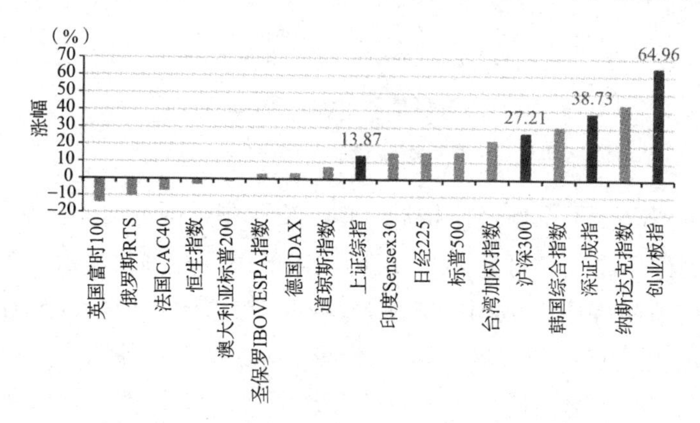

图 1-14　新冠肺炎疫情后全球主要股指涨跌幅

资料来源：Wind，兴业证券经济与金融研究院。

前疫情时代，土耳其、南非、巴西、印度尼西亚等国家由于具有相近的经济发展水平与市场发展潜力，因而在全球资产配置中一般被统一视为新兴经济体。而在后疫情时代，新兴市场国家之间经济发展的分化程度显著增大，一些新兴经济体将长期笼罩在疫情的阴霾之下。在疫情长期无法得到控制的情况下，新兴市场劳动参与率、就业率将持续恶化，这将严重阻碍供给的有效恢复与消费需求的提升。同时，由于大部分新兴经济体都属于出口导向型，疫情所导致的资源和大宗商品价格的波动叠加全球价值链在疫情之后的调整，都会使一些新兴经济体更加脆弱。

反观中国，在政府强有力的控制下，新冠肺炎疫情得到了全面控制，中国经济率先走出了疫情阴霾。2020 年中国 GDP 超过百万亿元，全年实现了 2.3% 的增长，中国经济成为拉动全球经济复苏的重要引擎。在疫情之下，中国经济表现出了强大的韧性，这既得益于中国独特的制度优势，也得益于中国经济发展模式的转型升级。在未来，中国相较于其他新兴市场的优势将更加明显，传统上新兴市场的金砖五国将转变为以中国为核心的“一块金子 + 四块砖”，新兴市场中最好的便是中国。

1.3.2 开放之门越来越大，全球资金聚焦中国

2000 年之后，“开放”是中国实现 20 年腾飞的主要关键词。2001 年中国加入 WTO，经常账户迎来更大程度的开放，迎来第一轮“开放的红利”，中国在成为“世界工厂”的同时，完成了对资本和技术的积累。2015 年开始，我们的金融账户开始加速开放，这是我们的第二轮“开放的红利”。

虽然中国经济体量大，但是股票市场外资配置比例低。从外资持股市值占比这一指标来看，我国股票市场的外资发展程度仍然相对较低，长期来看仍有数倍乃至十倍的空间。我国是世界第二大经济体，GDP 几乎为第三大经济体日本的 3 倍，约占全球 GDP 的 17%，占 G20 国家 GDP 的比例达到 20%，A 股市场对于国际投资者的配置价值远不及现在所体现出来的程度。美股市场中外资持股市值占比超过 15%，日韩股票市场中外资持股市值占比超过 30%，而目前 A 股市场中外资持股市值占 A 股流通市值仅 5% 左右，长期来看 A 股市场中的外资规模至少还有 3 ～ 5 倍，多则达到十倍的潜力空间。

A 股正在进行改革创新，股票市场制度越来越健全和完善，这将提升外资对中国资产的关注度。尤其是新《证券法》的实施及注册制的推出，有望为市场引入新鲜血液，有助于将优质的创新型企业留在国内资本市场，并且突出市场的优胜劣汰功能。随着这些优质创新型企业发展壮大，国内

投资者也有望充分地享受到这些优质企业的发展红利，对市场形成正反馈，帮助资本市场实现长期健康发展。

除此之外，A 股资产有符合全球组合多市场配置策略的优势，中国股票市场与其他金融市场相关系数低，配置中国是优选项。对于全球投资者而言，中国资产可提供独特的分散化收益。中国经济增长主要取决于国内需求，经济基本面与其他国家的相关性相对较低。如图 1-15 所示，从全球范围来看，美国股票市场与欧洲股票市场的相关系数较高，而与亚太地区的相关系数较低，其中又与 A 股市场的相关系数最低。因此作为全球配置的资金，在区域配置的组合里增加 A 股资产的权重，便有办法在保持收益率不变的情况下降低资产的波动率，从而有效提升投资组合的夏普比率（投资组合的超额收益除以投资组合超额收益的标准差，夏普比率越高则承受每单位风险所获得的超额收益越高），体现出全球组合多市场配置策略的优势。

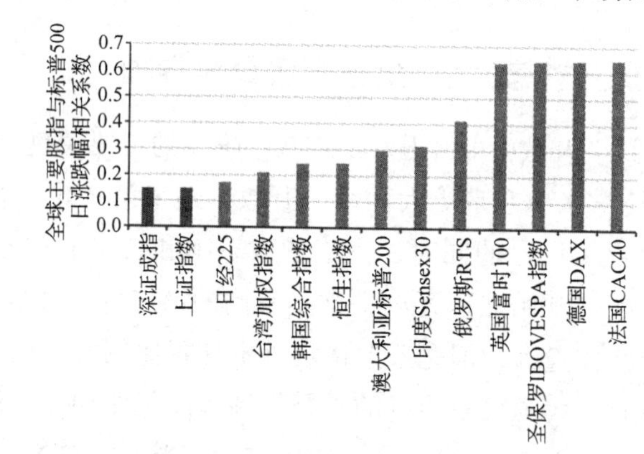

图 1-15　美国股票市场与 A 股市场的相关系数最低

资料来源：Wind，兴业证券经济与金融研究院。

1.3.3　一批优质企业孕育投资沃土

未来十年中国经济转型升级的步伐将会加快，经济发展的质量将进一步提升，中国企业的全球竞争力与创新水平将会迈上新的台阶。2020 年位于世界五百强的中国企业数量首次位居第一，不可否认在未来中国将崛起一批具有世界影响力的企业。在全球众多的金融资产中，中国股票市场拥有较高的成长性与独立性，备受国际资本的关注。我们在 2018 年 11 月发布的《重构创新大时代——2019 年年度策略》里面明确提出，金融危机后十年来，全球资产配置美国，当前美国经济、美元、美股、美债上行通道行至尾声，全球资本面临再配置，中国的优质资产最具吸引力；中国经济体量全球第二，能够容纳大体量资金。随着中国金融市场改革步入深水区，金融账户将逐步开放，在未来十年的弱美元周期中，全球资本将会更多地配置中国市场，中国股票、债券、人民币、房地产等好资产都将大有可为（中国股票、债券表现见图 1-16）。我们前瞻性的观点也得到了现实世界的不断验证，2019 ～ 2020 年，沪深 300 累计上涨约 73%，创业板指累计上涨约 137%，中债指数上涨约 8%，房地产平均价格上涨约 7%，人民币汇率升值 3.6%（中国房地产、人民币表现见图 1-17）。

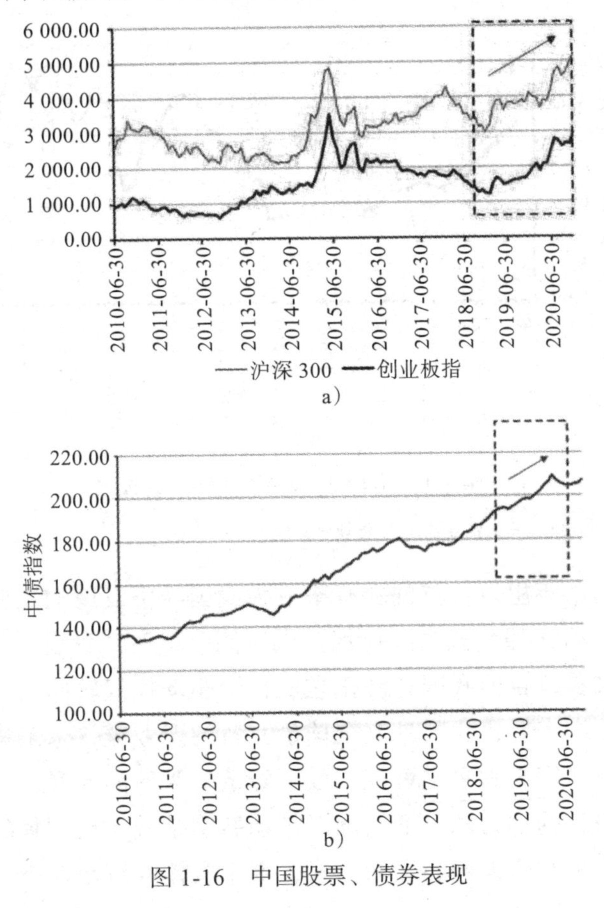

图 1-16 中国股票、债券表现

资料来源：Wind，兴业证券经济与金融研究院。

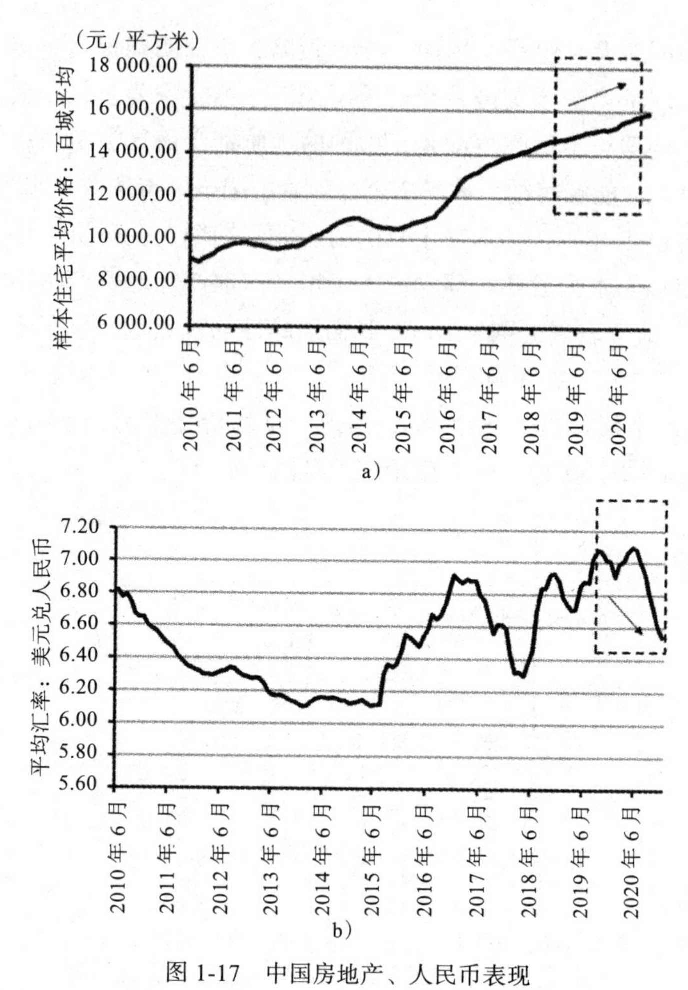

图 1-17 中国房地产、人民币表现

资料来源：Wind，兴业证券经济与金融研究院。

在未来的十年里，科技创新有望成为我国经济发展的主要驱动力，龙头公司领航驱动A股“长牛”行情。供给侧改革后，我国产业结构得到了很大程度的改善，目前我国经济正在从投资驱动模式转向消费和创新驱动模式。从供给端来看，我国具有全球最完备的产业链，未来将继续着力于实现关键高技术突破和自主可控；数字经济作为新的要素，有望成为中国中长期经济增长的动力源，不仅可以带动新型基础建设、释放经济增长潜力，更重要的是改变人们的生活方式，催生实体经济新业态。从需求端来看，1978 ~ 2020 年间，我国城镇化率从 18% 提升至约 60%，平均每年提升一个百分点，相比于美国、欧洲等发达国家和地区 80% 左右的城镇化率，我国未来二十年甚至三十年仍有广阔的市场需求存在。另外，科技创新为居民消费提供了更加广阔和多样的选择，充分激发了城镇和农村居民的消费潜力，如果进行有效的“需求侧管理”，居民消费有望成为 GDP “三驾马车”中的中流砥柱。在这个过程中，从产业和公司的层面来看，国内各个行业集中度持续提升，竞争格局持续优化，龙头公司在市场地位、研发投入、技术和成本等方面的优势不断扩大，未来将引领 A 股“长牛”行情，相关领域具备广阔的投资前景（见图 1-18）。

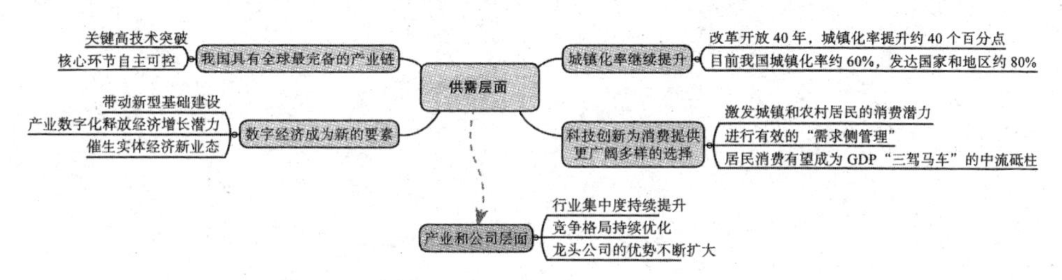

图 1-18　龙头公司未来引领 A 股“长牛”行情

资料来源：兴业证券经济与金融研究院。

第 2 章

开放的红利

改革开放，是中国实现过去 40 年经济腾飞奇迹的关键词。新时代下资本市场的改革与开放，更是未来 A 股走出“长牛”的坚实基础，A 股也是对内制度改革和对外开放政策的双重受益者。我们在前一章系统性论述了全球最好的资产在中国，本章着力于从资本市场开放和政策开放的角度，为读者展示在全球资本逐步配置中国的过程中，便利的投资渠道和友好的政策支持对中国资产起到的积极推动作用。

中国的开放历程，正在经历从经常账户开放拓展到资本账户开放这一重要阶段。2001 年中国加入 WTO，我们迎来第一轮经常账户开放的红利，第一轮红利使得中国在过去 20 年时间，经济实现快速发展，成为全球第二大经济体。资本账户的开放从 2015 年开始，从“8 · 11”汇改、沪港通开通，到 2017 年深港通开通，2018 年债券通开通，再到 A 股被纳入 MSCI 等，中国资产可投资的便利性、全方面性已进入一个新的平台和阶段，境外机构投资者投资中国从“投资无门”到“大门敞开”。

站在建党 100 周年这个时点上展望未来，我们正以充足的制度自信，展现出更加积极的开放姿态。开放红利会对金融行业、实体产业、宏观经济产生全方位影响。资本市场不仅将在这个过程中直接受益，而且将在金融服务实体，间接融资向直接融资模式转变的过程，以及促进产业转型升级、高质量发展中扮演更重要的角色。

本章我们通过分析几个主要经济体在金融开放的过程中，股票市场和金融市场发生的变化，具体阐述开放会带来何种红利，对各类资产又会产生怎样的影响，从制度角度全方位分析 A 股长牛的基础。

2.1 金融开放奠定美国资本市场繁荣基础

2.1.1 20 世纪 70 年代国债开放是美元国际化的关键一环

第一次世界大战前，全球主要经济体在贸易中选择的通用货币是英镑。主要经济体互相之间的信任基于英镑与黄金的自由兑换。但是随着一战爆发，英国整体金融市场处于瘫痪、崩溃状态，这种情况下，英格兰银行被迫叫停金本位制度，降低了全球对于英镑的信心，也动摇了英镑的国际地位。一战与第二次世界大战期间，全球处于货币体系重建期，处于金本位货币体系恢复期，整体较为混乱与平淡，全球并没有很快建立一个新的货币体系。

1945 年全球黄金储备分布如图 2-1 所示，二战后，美国拥有的黄金占全球约 63%，于是布雷顿森林体系在美国的主导下建立了，黄金和各种货币兑换间插入美元，形成了金汇兑本位制度。在该体系下，美元和黄金挂钩，其他货币与美元挂钩，各个国家可以用 35 美元向美联储要求兑换 1 盎司[⊖]黄金，为战后 1945 ～ 1965 年的全球大增长奠定了货币基础。同时，针对欧洲复苏的马歇尔计划和日本复苏的道奇计划，在一定程度拉动了全球经济增长，助力美元取代英镑成为主要储备货币。

布雷顿森林体系确立美元 – 金本位制后，美元原本应该适时跟进，替代英镑担当起国际货币的角色，但是由于美国国际收支、国内预算双赤字，不得不采取资本管制行动，限制资本外流，造成全球金融市场上美元短缺，直接影响到了国际支付体系。在这种背景下，欧洲美元市场应运而生。

⊖ 1 盎司 = 28.35 克。

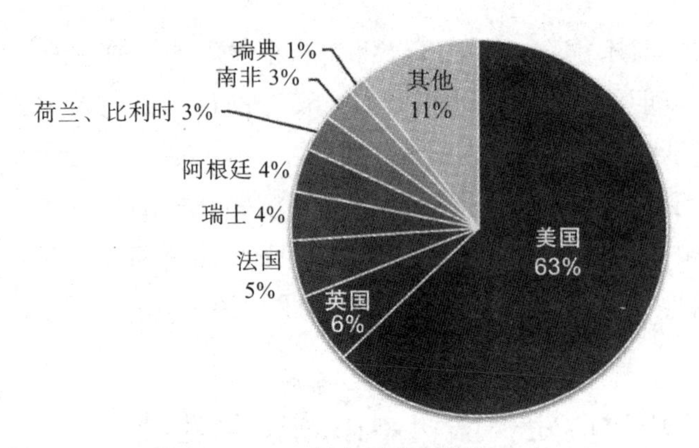

图 2-1 1945 年全球黄金储备分布

资料来源：世界黄金协会，兴业证券经济与金融研究院。

欧洲美元（Eurodollar）是存放在美国以外的银行，不受美国相关法规限制的美元存款或贷款。这种存贷款业务起源于欧洲。1958 年，部分欧洲国家放松外汇管制，为欧洲美元市场发展起到了重要铺垫作用。自 20 世纪 60 年代中期到 70 年代末，美国和欧洲国家均对外国人借贷本国的货币进行了较为严格的管制，从而促进了欧洲美元市场的发展。整个 20 世纪 60 年代，欧洲利率高于美国，再加上美国的"Q 条例"与存款准备金制度，而欧洲美元业务无相关限制，欧洲美元市场规模逐步开始增加。

1971 年 8 月 15 日，美国前总统尼克松宣布，美元跟黄金脱钩，美国单方面改变了二战以来的国际货币机制，促进了欧洲美元市场快速增长（见图 2-2）。除此之外，欧洲美元的一个重要来源是美国对外收支逆差，即石油输出国的美元大量流入欧洲美元市场。

欧洲美元最典型的案例，是 20 世纪 60 年代意大利高速公路局在战后恢复经济阶段，从基础设施入手，考虑模仿美国建立铺设一条南北高速公路。这样的计划需要大规模资金，而当时的意大利政府提供资金支持较为困难。与此同时，欧洲银行家将目光投向了欧洲美元市场，考虑依靠相关机制把欧洲美元市场的资金利用、循环起来，为经济发展和融资提供支持。在这样的背景下，意大利的这条高速公路开始在欧洲美元市场试水。

欧洲美元市场的兴起代表着金融全球化的开启。这也意味着国际贸易逐步从贸易转向金融，形成贸易和金融双轮驱动的新模式。

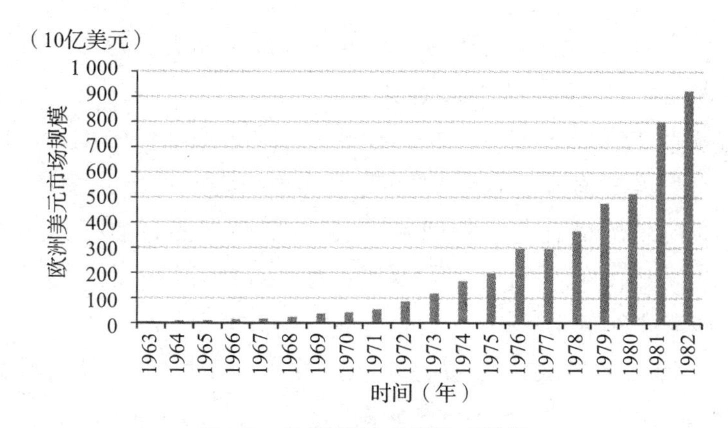

图 2-2 欧洲美元市场快速增长

资料来源：BIS，兴业证券经济与金融研究院。

欧洲美元市场给欧洲经济发展带来了大量廉价、便宜、高流动性、低风险的美元。美国在此基础上也进一步加速了其金融市场，如债券、股票、衍生品、大宗商品等开放的步伐。

从美国国债市场来看，主要包括非流通国债、国库券、中长期国债三个市场。对于美国而言，在非流通国债市场首先接纳了从境外回流美国的美元。其次，美元过剩的流动性局面打开了国库券市场。最后，中长期国债市场在采用相关政策引导石油美元投资美国上保持稳定。

对于美国非流通国债市场而言，主要是在美国国内经济处于较失衡的状态，通过美元的回流和全球流动性的回收，改善美国流动性的问题。所以美国大约在三个不同时期开放了其非流通国债市场。其一，"卡特债券"；其二，向工业化国家发行美元计价的债券；其三、对拉美国家发行美元计价的国债。

对于国库券市场，主要有三个阶段，海外机构持有美国国库券流通额的比重超过了 30%。一次是 20 世纪 70 年代，一次是在 2008 年的"金融海啸"。

二战后的马歇尔计划本是基于欧洲的美元短缺而以美元注资海外的，但由于美元与黄金的兑换受制于固定比价，而美元本身的发行不受约束，加之 20 世纪 70 年代美国政府放松财政纪律和贸易盈余萎缩，境外美元形成过剩的局面。如何在全球范围回笼美元，成为当时的难题。

相比于前面非流通国债市场的开放和国库券市场的开放，中长期国债市场的开放其实源于美国政府的主动推动，以帮助美国建立石油美元信用体系，确保美元的全球主要货币地位。

布雷顿森林体系崩溃后，黄金与美元脱钩，加之各国汇率由固定走向浮动，持有美元的海外主体难以将美元价值锚定并稳定持续地获得利益。海外美元难寻价值栖息地，特别是始于 1973 年末的石油美元洪流。20 世纪 70 年代，美国政府设计了中长期国债市场开放计划，以美国国债作为价值担保，回流海外美元。

总结来看，美国国债市场的渐进开放经历不同的阶段。美国债券市场在 20 世纪 70 年代逐渐开放（如图 2-3 所示）。20 世纪 60 年代货币强势的国家发现自己积累了大量的美元，实际上就是拥有一种对于美国的债权，其价值实现要么通过从美国进口商品，要么通过兑换黄金。但那些货币走强的国家往往伴随工业崛起，其对进口商品的需求并不大，而黄金又十分有限。美国在这一阶段开始开放非流通国债市场，海外美元开始回流。1971 年，美国的货币市场基金得益于"Q 条例"对银行存款利率的管制。外国官方存放在美国银行的存款开始大量以短期国债形式存在，在 20 世纪 70 年代初期形成涌入式的快速回流。同一时期，石油美元追求购买更安全的外国资产，在美国政府的引导下开始进入中长期国债市场，令美国获益。

图 2-3　美国债券市场在 20 世纪 70 年代逐步开放

资料来源：美国财政部，兴业证券经济与金融研究院。

2.1.2 大体量的债券、股票、衍生品市场与美元国际化形成正循环

如图 2-4 所示，美国债务规模增长较平稳，2018 年比 2010 年上升 31%，目前美国债务规模远高于其他国家和地区。2018 年，政府债占比最高，为 50%，非金融债增长幅度最大，2018 年比 2010 年上升 59%。

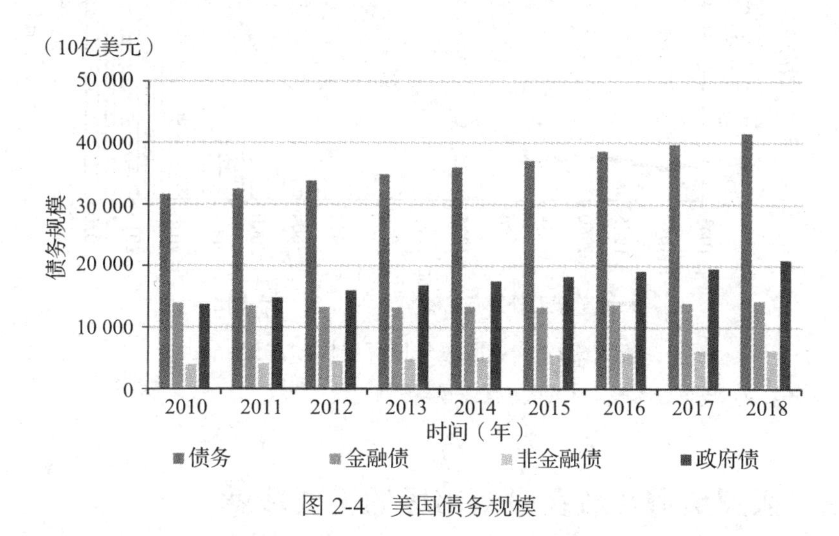

图 2-4 美国债务规模

资料来源：BIS，兴业证券经济与金融研究院。

二战结束后，欧洲满目疮痍，而美国在马歇尔计划的引导下经济开始腾飞，创造了有史以来最强劲的扩张之一。1954 年 9 月，美国股票市场攀升至 1929 年大萧条之前的峰值。20 世纪 60 年代，婴儿潮带来的人口红利推动美国经济繁荣，股票市场继续稳定上行。在这样的背景之下，全球投资者的资金开始不断流入美国股票市场，美股海外持有规模和占比不断提升（见图 2-5）。

其实，除了传统的债券、股票以外，衍生品市场也是美国实现美元国际化的重要载体，美国的衍生品市场规模巨大。根据美国期货业协会的数据，2018 年美国场内衍生品持仓合约数占全世界的比值为 40% 左右，美国场外衍生品名义本金占全世界的比值为 32%。根据 HIS Global Insight 的数据，衍生品占海外持有美国资产价值的 10%，海外投资者持有规模相当可观的美国衍生品产品。

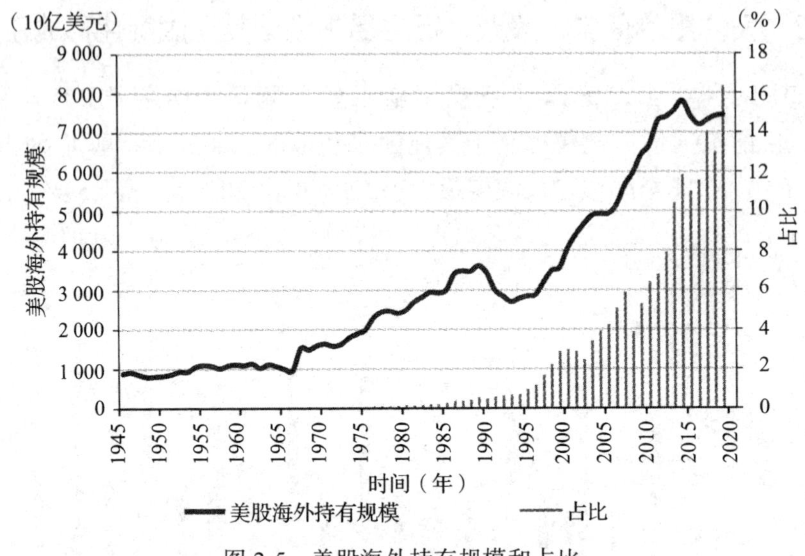

图 2-5 美股海外持有规模和占比

资料来源：美国财政部，兴业证券经济与金融研究院。

2.2 亚洲金融开放在股票市场的主要成就

2.2.1 韩国金融开放，实现两轮牛市行情

与中国经济外向型的经济发展模式相似，20 世纪 60 年代以来韩国就开始通过优惠措施刺激出口，由此拉动经济增长。随着韩国自身产业结构不断完善，国际竞争能力不断提升，韩国政府开始不断开放金融市场，通过不断吸引外资进一步扶持国内企业。经过数十年的发展，韩国证券交易所的交易规模与市值已经进入世界 10 强，是全球换手率最高的市场之一。中国的金融开放思路与韩国基本相近，因此回顾韩国金融市场的渐进开放过程对于理解中国金融开放有着启示性的意义。

20 世纪 90 年代韩国开放资本市场主要背景：①经济增长由高速增长切换至稳定阶段；②贸易开放红利耗尽，经常账户出现赤字；③重视直接融资渠道；④赤字财政成为常态，有逆转赤字财政的客观要求。

韩国金融开放措施包括汇率逐渐市场化，资本账户和利率管制逐渐放松（见图 2-6）。20 世纪 90 年代韩国进一步放开资本项管制，1992 年韩国

股票市场正式向外国投资者开放了直接投资，外资大量流入。同年，韩国实施第七个经济开发五年计划，包括行政改革、产业改革和金融体制改革。

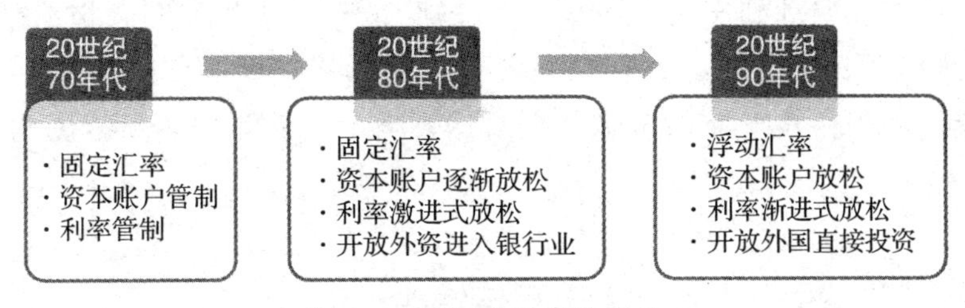

图 2-6　韩国金融开放措施

资料来源：Wind，兴业证券经济与金融研究院。

从韩国对外开放的经常项目和金融项目变化来看，在 1992 年和 1998 年均出现经常项目差额逐渐下降和金融项目差额逐渐扩张的趋势，在这一背景下，外资逐渐流入韩国股票市场，成为驱动牛市的重要因素。金融开放大趋势下，外资在大部分时间内净流入韩国股票市场，成为重要驱动力量（韩国金融开放过程见图 2-7）。

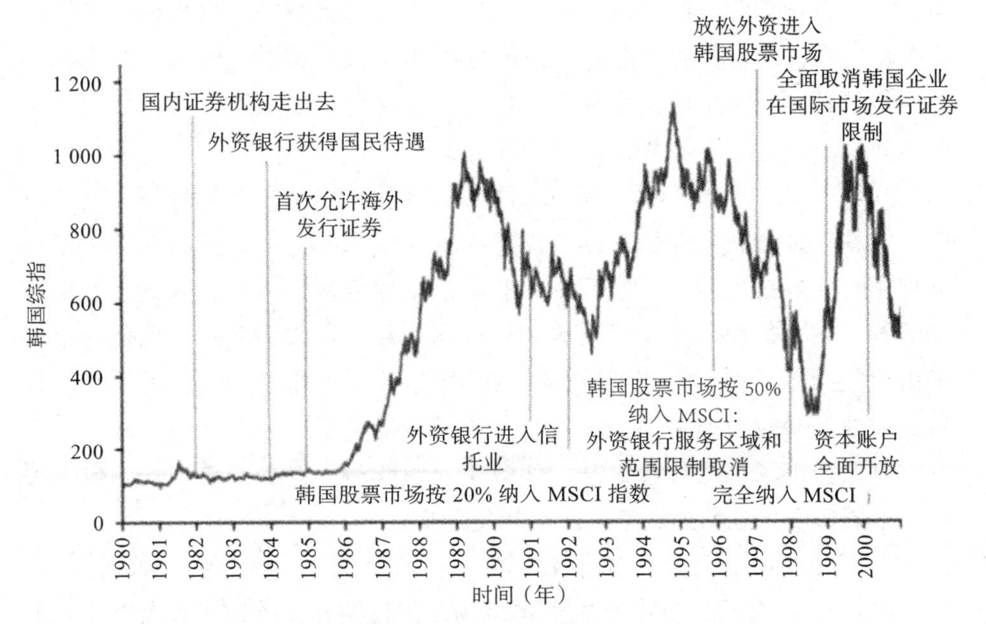

图 2-7　韩国金融开放过程

资料来源：Wind，兴业证券经济与金融研究院。

从开放的阶段来看：

阶段1：韩国金融开放初期。1992年韩国股票市场按20%纳入MSCI，外资流入驱动开放红利牛市，1992年8月到1994年11月韩国综指上涨112%。

阶段2：完全开放。1998年韩国股票市场按100%纳入MSCI，经济转型背景下韩国科技产业与全球共振，1998年10月到1999年7月韩国综指上涨152%。

2.2.2 日本对外开放，8年翻倍慢牛

在亚洲，日本开始金融开放的时间相对较早，并且在不同的历史阶段经历了不同的金融开放程度。20世纪70年代中期，经济增长进入稳定期的日本面临扩大金融开放的客观需要，具体来看，固定汇率转变为浮动汇率，资本账户和利率管制逐渐放松，融资渠道开始重视直接投资。

传统意义上来看，其实大家对日本更直观的印象在于1990年左右的那一轮货币宽松条件下的泡沫。但是在20世纪70年代中后期和80年代初期，日本进行了资本市场的开放，也迎来了一轮典型的长牛行情。在这轮长牛行情中，我们看到日本龙头公司的ROE在逐步提升，经营质量大幅上升，使得日本这轮牛市走得健康、持久。从这个角度来看，我们分析日本金融开放，也能为A股提供更多借鉴与思考。

开始于1977年的日本利率市场化是日本金融开放的标志性事件。二战后，日本从国债利率开始，逐步推行银行间市场、存贷市场的利率市场化进程（见图2-8）。在这个过程中，利率市场化进程经历了从大到小、从定到活等一系列过程，才完成开放和市场化改革。存款利率的市场化则经过了由大额到小额、由定期到活期、由利率本身到存款付利条件的过程。日本的开放经验对当前中国资本市场开放具备借鉴价值，适度地开放资本市场，可以让市场享受货币提升、外资流入的红利。但在开放过程中也需要把握松紧适度，避免由此带来的泡沫化危险。

日本开放后的日经225涨幅翻倍，领跑全球（见图2-9）。20世纪70年代中期到80年代中期的日本资本市场自由化期间，股票市场受益于日元升值、外资持续流入，从1975年到1982年出现慢牛行情，其间日经225

收涨109%，股票市场收益率高于美国、德国、韩国等国家主要股指。

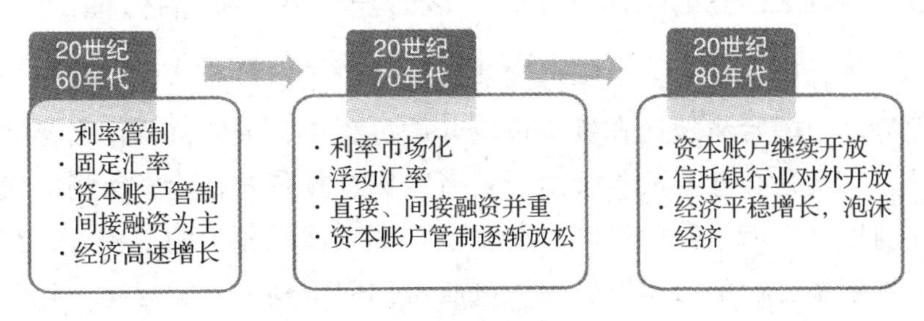

图 2-8　日本利率市场化进程

资料来源：兴业证券经济与金融研究院整理。

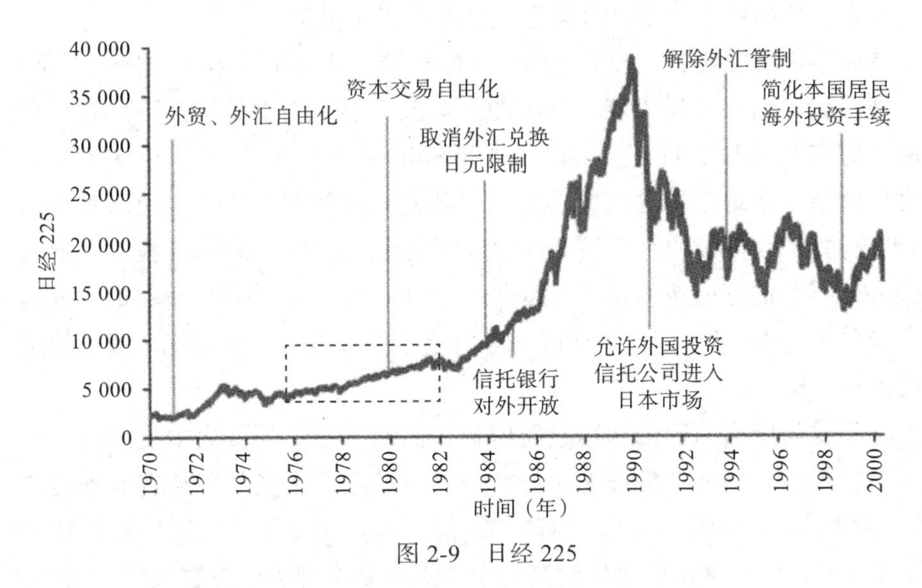

图 2-9　日经225

资料来源：Wind，兴业证券经济与金融研究院。

日本开放后，企业ROE提升体现了直接融资的好处。1975～1980年期间，日本利率快速下行，同时企业杠杆率顶部回落，也就是说在这一段期间内，货币宽松并未使企业加杠杆，反而是随着日元升值，外资流入股票市场带来的慢牛行情，刺激企业从银行间接融资转向直接融资，企业ROE出现较明显改善。2013～2018年，中国降息、降准，整体利率维持下行趋势，供给侧改革和去杠杆导致企业降低杠杆率。展望未来，间接融资向直接融资转变有助于中国实现上市公司ROE提升。

2.2.3 中国台湾股票市场开放，核心资产走出数倍行情

相比于韩国、日本，中国台湾地区的产业相对较少，电子和化工产业是其优势。中国台湾地区在资本市场开放过程中，最值得我们借鉴和思考的事件，其实是金融开放将会给投资者结构、投资者行为、市场的表现带来哪些与以往有所不同的影响。台积电是半导体产业中的佼佼者，在中国台湾资本市场开放的过程下，台积电股份如何得到了外资青睐，外资如何购买，又如何将其定价权牢牢地把握在手中？

从这个角度出发，我们分析中国台湾地区的资本市场开放，相比于韩国、日本，从相对更为微观的视角，为A股提供借鉴。

从股票市场配置看，投资中国台湾的外资主要集中于电子和化工产业。而且外资偏好新兴市场中流动性高的大盘股，参与集中度极高，具有马太效应，盯着优质核心资产买。Huang 和 Shiu 早在 2009 年学术论文中，就指出外资参与本地市场的高度集中度。其绘制出外资参与中国台湾市场的“不平等曲线”，当年的水平是七成的外资集中于 20% 的标的。我们把纳入 Vanguard 指数的标的认为是“优质资产”，时至今日，外资中仍有近六成集中于榜单上前 10 只中国台湾地区交易所上市的证券，外资对优质资产的定价权可见一斑。

外资参与度高的标的超额收益明显。简而言之，外资集中度高的股票表现明显优于集中度低的股票，即“新兴市场股票市场外国持有的本地效应”。我们仍以中国台湾地区为例，自加入 MSCI 以来，台湾加权指数上涨了 1.81%，但外资持股比例较高的十多只股票全都大幅跑赢大盘。其中，台积电的外资持股比例为 77.53%，年化收益率高达 19.19%。

从外资配置中国台湾市场的情况来看，外资持股比例较高时，对当地市场影响巨大，台湾加权指数的走势与外资持股比例表现出极强的相关性，并且外资在龙头股中的持股比例持续上升。以台积电为例，台湾科技第一股台积电被境外机构投资者持续超买（见图 2-10），市值不断创下新高，有“台湾基金跑不赢指数，指数跑不赢台积电”的怪相出现。同期，台湾加权指数上涨 60%，台积电上涨 500%。

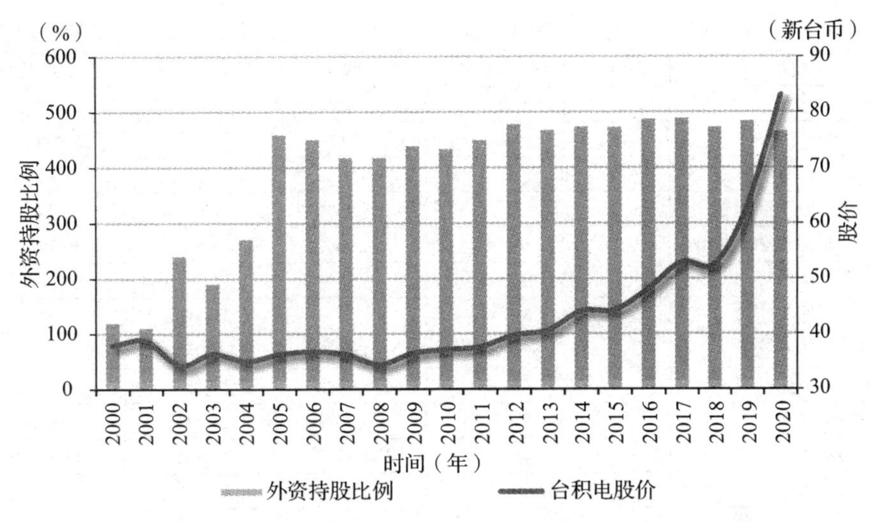

图 2-10　台积电被境外机构投资者持续超买

资料来源：Wind，兴业证券经济与金融研究院。

2.2.4　印度金融改革开放，股票市场 20 年 14 倍长牛

印度自 1991 年开放经济、1992 年开启金融自由化改革以来，印度 Sensex30[⊖]从 1999 ～ 2019 年的 20 年时间里，综合考虑收益与风险后的收益风险比（收益风险比是指年化收益率除以年化波动率）为 56.84%，在全球重要股指排名第一。但这主要发生在 2000 年之后，印度 Sensex30 从 2002 年 3000 点增长至 2019 年 6 月份近 40 000 点的高点，这段时间正好印度是世界上增长率最快的国家之一（2002 年至今，印度 GDP 不变价同比增速为 6.91%，略低于同期中国的 9.22%），在全球重要股指排名第一。印度 Sensex30 从印度 1992 年实行自由化改革迄今涨幅为 14 倍，我们从 1999 年开始进行统计发现，印度 Sensex30 在 20 年间涨幅高达 11 倍，仅次于俄罗斯 RTS 和巴西 IBOVESPA 指数（分别上涨 20.9 倍和 14 倍）。但是考虑不同国家和地区市场波动存在较明显差异，同时对收益与风险加以综合考虑后，我们发现印度 Sensex30 的收益风险比明显高于其他国家和地区（见表 2-1）。这表明在过去 20 年间印度股票市场表现明显优于其他国家和地区重要股指。

⊖　即标准普尔孟买交易所敏感指数。

表 2-1　1999 ～ 2019 年印度 Sensex30 指数等 16 个国家和地区股指的收益风险比

股指	1999 ～ 2019 年涨跌幅	年化收益率	年化波动率	收益风险比
印度 Sensex30 指数	1 114.84%	13.34%	23.47%	56.84%
巴西 IBOVESPA 指数	1 413.39%	14.60%	29.80%	48.98%
俄罗斯 RTS 指数	2 094.58%	16.75%	36.54%	45.85%
美国道琼斯工业指数	188.46%	5.46%	17.99%	30.34%
澳大利亚标普 200 指数	149.06%	4.68%	15.53%	30.14%
韩国综合指数	255.25%	6.56%	24.58%	26.70%
美国纳斯达克指数	265.03%	6.71%	25.48%	26.33%
美国标普 500 指数	138.53%	4.46%	19.05%	23.39%
中国香港恒生指数	167.88%	5.07%	23.45%	21.60%
中国深证成指	209.78%	5.83%	28.23%	20.67%
德国 DAX 指数	137.34%	4.43%	23.50%	18.85%
中国上证指数	150.09%	4.70%	24.97%	18.84%
中国台湾加权指数	64.36%	2.52%	21.73%	11.61%
日本日经 225 指数	52.34%	2.13%	23.63%	9.03%
法国 CAC40 指数	35.92%	1.55%	22.71%	6.83%
英国富时 100	25.91%	1.16%	18.58%	6.26%

注：数据从 1999 年起，截至 2019 年 8 月 2 日。

资料来源：Wind，兴业证券经济与金融研究院整理。

对外开放和外资流入是推动印度股票市场长牛的重要估值驱动力。

印度经济主要受国内消费驱动，但是自由化后印度贸易份额快速增长，许多印度公司向全球出口商品，并且在证券交易所上市筹集资金，来自国外的公司收入逐渐增长。此外随着印度经济扩大对外开放，印度作为一个封闭经济体的产品和价格差异逐渐缩小，因此这些公司的市场表现逐渐受到全球经济发展影响。这一逻辑在 2008 年全球金融危机中表现较为突出。从股票市场维度来看，印度对外开放进程促进了股票市场走牛，特别是在 1992 年之后对外开放深化阶段（放松外汇管理体制和资本出入境制度）之后（见图 2-11）。

1992 年是印度金融开放的起点，允许外资投资印度股票和债券市场；1993 年，外国证券公司获准在印度营业；1997 年，印度将外资参股本国证券机构比例从 24% 提高到 30%，且外资被允许投资印度境内股权衍生工具。

外资流入对印度股票市场产生了深刻影响。印度股票市场对外开放程度较高，外国机构投资者是印度市场上规模最大的机构投资者。考虑到外国机构投资者在印度投资波动较大，我们推断外国机构投资者投资印度权益资产。我们发现2003年之后，外资购买印度权益资产与印度Sensex30 PE之间存在较为同向的关系，这表明外资流入在一定程度上对印度股票市场估值体系产生了较为显著的影响。我们发现在全球经济危机之前，2003年印度Sensex30 PE在12倍时，外资持续买入印度权益资产，一直持续到2007年末印度Sensex30 PE 27.6倍。之后随着全球经济危机爆发，外资快速流出印度股票市场，但是在2018年11月印度Sensex30 PE低至11.6倍时，外资再次大力买入。在之后时间区间内，我们发现印度Sensex30 PE在15～20倍区间时，外资会保持较为活跃的买入态势，在PE超过20倍之后，外资的投资波动性会大大增强。

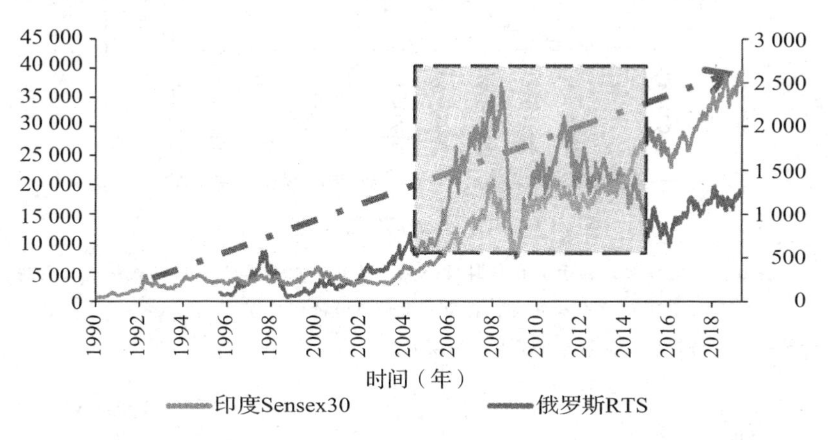

图2-11　印度对外开放进程促进了股票市场走牛

资料来源：Wind，谢世清，周庆余《发展中国家资本账户开放的国际经验与借鉴》，兴业证券经济与金融研究院整理。

关于外汇汇率，卢比对美元长期呈贬值趋势，主要是因为经常账目赤字（见图2-12）。这些问题无法彻底解决，与印度政府对于卢比贬值管控无力也有所关联。然而，在卢比长期贬值的情况下，外国机构投资者仍然继续追加在印度的股权投资，说明即使在贬值压力巨大的环境下，国际资金仍看好印度市场的长期发展前景。

中印两国均为新兴市场中经济高速增长国家，印度能够在长达十几年时间内走出长牛行情，中国可借鉴的方面如下。一方面，伴随着高速经济增长，优秀上市公司盈利能够持续增长，这是长牛的核心驱动因素；另一方面，市场制度不断变革，上市公司受严格监管，盈利质量高且稳定增长，扩大开放、外资流入后将逐渐成为估值重要驱动力之一，本币长期贬值未必会改变外资持续增持权益资产的信心，2014 年后汇率波动并未影响外资持续流入中国 A 股市场（见图 2-13）。

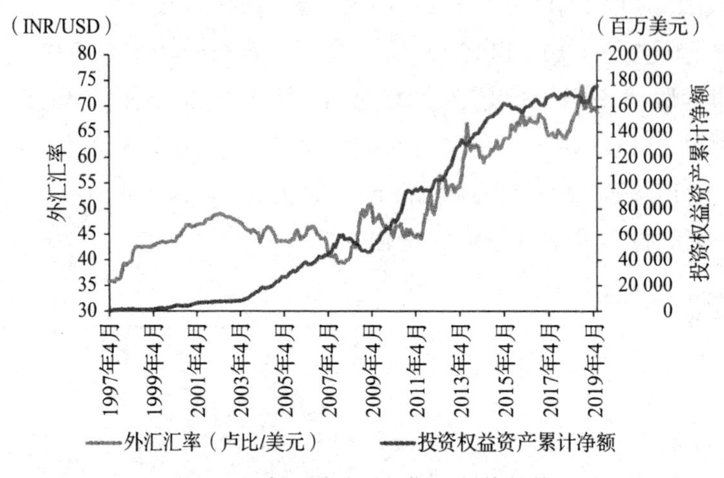

图 2-12　卢比对美元长期呈贬值趋势

注：在数据采集方面，由于受数据时段限制，为统一时间和更直观有效地进行数据分析比较，我们将 1997 年作为基点，将原有累计值做清空处理。

资料来源：CEIC，兴业证券经济与金融研究院。

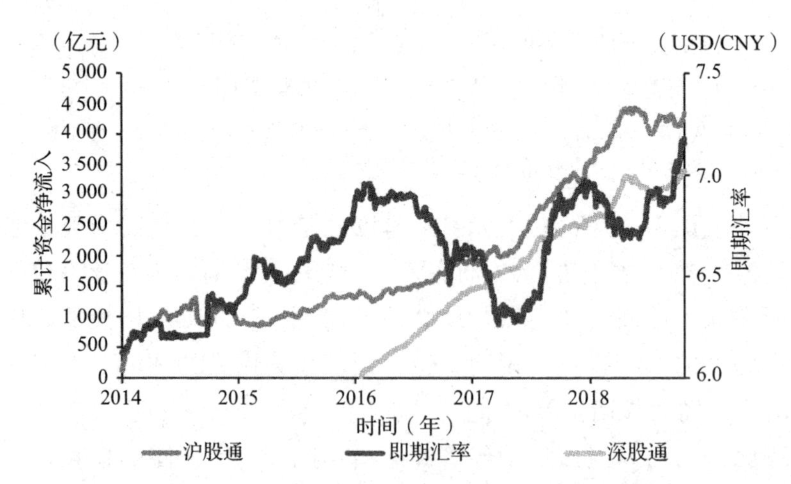

图 2-13　2014 年后汇率波动并未影响外资持续流入中国 A 股市场

资料来源：CEIC，兴业证券经济与金融研究院整理。

2.3 借鉴巴西、南非、俄罗斯的金融开放经验

从发展中国家和地区情况来看，在宏观经济环境良好、外汇储备充足、前期进行金融改革，且采取部分开放的条件下，更容易释放长期慢牛的开放红利。

从中国之外的其他金砖国家市值最大的30家公司外资持股比例来看，无论是印度、巴西、南非还是俄罗斯，都是同一个结果，就是外资持股比例非常高，一半以上的外资持股比例在50%左右，而对平均每个经济体而言，只有10%左右公司的外资持股比例能够超过10%。所以我们需要在这轮开放红利中，牢牢把握核心资产的定价权。

我们再看一下，巴西的优势产业是矿产。俄罗斯优势产业主要是石油、天然气、矿产和银行，国家经济体的行业结构非常单一。但是印度就好很多，除了矿产和银行之外，消费、生物、汽车、金融等都是其优势产业。

中国作为全球产业链最完备的国家，又是人口与消费大国，未来核心资产将遍及各个领域。在整个开放过程中，我们能够享受到许多红利。

从人口来看，印度产业丰富是因为印度是人口大国，中国人口比印度还要多，所以未来我们在消费里面的核心资产会远多于它。从工业上来看，中国拥有全世界最完备、完整的工业体系，从螺丝钉、飞机、高科技产品，到制造这些产品的产品和机器，所以未来我们会在更多的制造领域、产业链及其环节上诞生出优质的核心资产，数量也远远高于印度。

我们的经济体很大，所以未来会有一批聚焦型的公司。迈克尔·波特的三大竞争战略之一是聚焦于某个行业或者某个地区，比如海螺水泥，不需要生产工艺全世界第一，只要在中国这个区域里面做好就可以，再比如上海机场，所以我国会有很多聚焦化的龙头公司。

为了更好地了解外资持有金砖国家核心资产的情况，我们将各个金砖国家主要股指的成分股按权重进行排名，统计外资持股比例。可以发现，指数权重占比高的股票外资的参与程度一般也高，外资明显偏好核心资产。境外投资者参与金砖国家市场的程度也非常高，核心资产的外资持股比例一般都大于50%。

巴西股票市场中采掘、能源与金融业占主导地位，外资也深度地参与

了这些行业中的核心资产（巴西核心资产的外资持股比例见表 2-2）。巴西淡水河谷公司是世界第一大铁矿石生产和出口商，是巴西股指中权重最大的股票，其外资持股比例达到了 68.53%。外资还在巴西的商业银行、保险公司中广泛布局，拥有较高的持股比例。巴西的零售业中也能看到外资活跃的身影，外资持股拉美最大的饮料公司 AMBEV 有限公司的比例超过 80%。

表 2-2 巴西核心资产的外资持股比例

名称	指数内权重（%）	指数内排名	外资持股比例（%）	GICS
巴西淡水河谷公司	0.53	17	68.53	金属与采矿
巴西石油公司	0.49	20	9.47	石油、天然气与消费
Banco Itau Holding Financeir	0.47	22	0.96	商业银行
巴西布拉德斯科银行股份公司	0.47	23	13.06	商业银行
AMBEV 有限公司	0.36	34	85.24	饮料
B3 SA - Brasil Bolsa Balcao	0.32	42	81.87	资本市场
Investimentos Itau 股份公司	0.29	46	77.24	商业银行
巴西银行股份公司	0.28	50	18.70	商业银行
Lojas Renner 公司	0.16	105	83.37	多样化零售
Suzano Papel e Celulose 股份	0.13	127	39.15	纸类与林业产品
Ultrapar Participacoes 公司	0.12	143	60.35	石油、天然气与消费
Rumo 股份公司	0.11	165	53.30	公路与铁路
巴西银行 Seguridade Participa	0.10	172	18.97	保险
巴西电信公司	0.09	197	45.24	综合电信业务
巴西桑坦德银行股份公司	0.08	218	99.85	商业银行
Kroton 教育公司	0.08	227	85.76	综合消费者服务
Lojas Americanas 公司	0.08	228	27.54	多样化零售
Localiza Rent a Car 股份公司	0.08	238	77.88	公路与铁路
Cia de Concessoes Rodoviaria	0.08	239	41.83	交通基本设施
IRB 巴西再保险股份公司	0.07	251	30.77	保险
Klabin 股份公司	0.07	271	88.98	容器与包装
WEG 股份公司	0.07	275	27.30	机械制造
JBS 股份公司	0.07	282	28.16	食品
Raia Drogasil SA	0.07	285	79.13	食品与主要日用品零售
Equatorial Energia SA	0.07	288	43.13	电力公用事业
Cielo 股份公司	0.06	312	31.65	信息技术服务
Magazine Luiza SA	0.06	316	24.55	多样化零售
Gerdau 股份公司	0.06	325	0.73	金属与采矿
BRF 股份公司	0.06	341	55.48	食品
Hypera 股份公司	0.06	350	89.66	制药

资料来源：Bloomberg，兴业证券经济与金融研究院整理。

南非股票市场权重股的行业分布较为分散，但外资的参与程度非常高，大部分南非核心资产的外资持股比例高于 50%（见表 2-3）。南非最大的权重股纳斯派斯有限公司是一家世界领先的跨国传媒集团，其外资持股比例达到了 64%。非洲最大的银行标准银行集团有限公司的外资持股比例也有 59%。南非的金属与采矿业也受到外资的青睐，前 50 大权重股中的平均外资持股比例达到 60%，外资是南非采掘业的主要股东。

表 2-3 南非核心资产的外资持股比例

名称	指数内权重（%）	指数内排名	外资持股比例（%）	GICS
纳斯派斯有限公司	1.77	5	63.53	网络营销与直销零售
标准银行集团有限公司	0.33	40	58.95	商业银行
沙索有限公司	0.30	45	54.00	化学制品
第一兰特有限公司	0.29	48	80.65	综合金融服务
MTN 集团有限公司	0.21	77	65.41	无线电信业务
桑勒姆有限公司	0.19	82	57.67	保险
南非联合银行集团有限公司	0.17	95	78.97	商业银行
Old Mutual Ltd	0.15	107	34.58	保险
莱利银行集团有限公司	0.15	108	42.38	商业银行
让幕果有限公司	0.14	111	56.82	综合金融服务
Bid 公司	0.13	129	75.11	食品与主要日用品零售
AngloGold Ashanti 有限公司	0.11	163	82.23	金属与采矿
沃达康集团有限公司	0.10	177	93.43	无线电信业务
莱特购控股有限公司	0.10	185	68.38	食品与主要日用品零售
Growthpoint 地产有限公司	0.10	186	44.10	权益型房地产投资信托
Capitec 银行控股有限公司	0.09	192	44.37	商业银行
必得维斯特集团有限公司	0.09	208	69.31	工业集团企业
RMB 控股有限公司	0.08	222	30.77	综合金融服务
Redefine 房地产有限公司	0.08	243	53.03	权益型房地产投资信托
Discovery 有限公司	0.07	248	79.82	保险
Mr Price 集团有限公司	0.07	263	0.00	专营零售
阿斯彭医药保健控股有限公司	0.07	292	47.42	制药
南非 Woolworths 控股有限公司	0.06	317	60.40	多样化零售
Sappi 有限公司	0.06	326	48.49	纸类与林业产品
金田有限公司	0.06	327	78.84	金属与采矿
英美铂业有限公司	0.06	329	92.48	金属与采矿
盟迪有限公司	0.06	330	72.61	纸类与林业产品

（续）

名称	指数内权重（%）	指数内排名	外资持股比例（%）	GICS
Clicks 集团有限公司	0.06	335	77.66	食品与主要日用品零售
虎牌有限公司	0.06	338	71.32	食品
SPAR 集团有限公司	0.06	343	60.11	食品与主要日用品零售

资料来源：Bloomberg，兴业证券经济与金融研究院整理。

印度股票市场中信息技术服务、消费行业占主导地位，而外资也在这一些领域里积极布局（印度核心资产的外资持股比例见表 2-4）。外资在印度主要的软件与咨询服务公司中都持有着一定股份，外资持股印度 Infosys 科技有限公司、塔塔咨询服务有限公司及 HCL 科技有限公司的比例分别为 71.82%、10.81% 与 22.05%。消费行业也是外资聚集的主要板块，印度市值较大的汽车、日用品、烟草公司中外资都有较高的持股比例。

表 2-4　印度核心资产的外资持股比例

名称	指数内权重（%）	指数内排名	外资持股比例（%）	GICS
印度瑞来斯实业公司	1.03	10	22.94	石油、天然气与消费
印度房产开发融资公司	0.87	13	79.83	互助储蓄银行与抵押信贷
Infosys 科技有限公司	0.75	14	71.82	信息技术服务
塔塔咨询服务有限公司	0.48	21	10.81	信息技术服务
Axis 银行有限公司	0.34	37	95.24	商业银行
Hindustan Unilever 有限公司	0.34	39	92.37	居家用品
Maruti Suzuki 印度有限公司	0.23	67	90.26	汽车
ITC 有限公司	0.22	74	51.46	烟草
HCL 科技有限公司	0.15	110	22.05	信息技术服务
BAJAJ 金融有限公司	0.12	134	16.08	消费信贷
印度石油天然气有限公司	0.12	144	3.97	石油、天然气与消费
Larsen & Toubro 有限公司	0.12	146	37.34	建筑与工程
太阳药业有限公司	0.12	149	25.76	制药
马亨德拉有限公司	0.11	158	43.49	汽车
亚洲涂料有限公司	0.11	161	37.41	化学制品
Bharti Airtel 有限公司	0.10	176	29.33	无线电信业务
马辛德拉技术有限公司	0.10	180	34.89	信息技术服务
Yes 银行有限公司	0.09	195	58.74	商业银行
泰坦公司	0.09	199	17.07	纺织品、服装与奢侈品

（续）

名称	指数内权重（%）	指数内排名	外资持股比例（%）	GICS
巴拉特石油公司	0.09	203	10.87	石油、天然气与消费
Ultratech Cement 有限公司	0.09	206	17.21	建筑材料
JSW 钢铁有限公司	0.09	207	33.39	独立电力生产商与能源
印度国家银行有限公司	0.08	214	5.48	商业银行
印度煤炭有限公司	0.08	231	3.97	石油、天然气与消费
印度石油有限公司	0.08	232	4.09	石油、天然气与消费
UPL 有限公司	0.08	236	50.39	化学制品
Bharti Infratel 有限公司	0.07	256	42.40	综合电信业务
Wipro 有限公司	0.07	260	11.96	信息技术服务
Hero Motorcorp 有限公司	0.07	261	53.79	汽车
Eicher Motors 有限公司	0.07	262	31.78	汽车

资料来源：Bloomberg，兴业证券经济与金融研究院整理。

俄罗斯股票市场的权重股行业分布较为单一，主要集中于石油天然气与采掘板块，外资是其中主要的参与者之一（俄罗斯核心资产的外资持股比例见表2-5）。俄罗斯前50大权重股中有14家公司属于石油、天然气行业，其中有9家公司的外资持股比例超过90%；前50大权重股中属于金属与采矿行业的公司也达到了11家，其中9家公司的外资持股比例超过90%，可以说俄罗斯充分利用了外资来开发自身的石油与矿物资源。

表2-5　俄罗斯核心资产的外资持股比例

名称	指数内权重（%）	指数内排名	外资持股比例（%）	GICS
俄罗斯联邦商业储蓄银行公开股	0.61	16	17.20	商业银行
卢克石油公司	0.42	25	99.70	石油、天然气与消费
俄罗斯天然气工业公司	0.25	60	8.61	石油、天然气与消费
鞑靼石油公司	0.23	69	68.15	石油、天然气与消费
诺瓦泰克公司	0.18	93	91.76	石油、天然气与消费
诺里尔斯克镍业公司	0.11	162	89.17	金属与采矿
俄罗斯石油公司	0.09	205	44.64	石油、天然气与消费
Transneft 公开合股公司	0.08	233	96.60	石油、天然气与消费
埃罗莎公司	0.07	270	0.00	金属与采矿
谢韦尔钢铁公司	0.05	398	99.80	金属与采矿
俄罗斯外贸银行公众股份公司	0.04	442	23.61	商业银行

（续）

名称	指数内权重（%）	指数内排名	外资持股比例（%）	GICS
莫斯科联合交易所	0.04	445	57.13	资本市场
苏尔古特石油天然气公司	0.04	485	99.50	石油、天然气与消费
新利佩茨克钢铁公司	0.04	493	99.89	金属与采矿
Inter RAO UES 公开合股公司	0.04	535	13.96	电力公用事业
Polyus 公开合股公司	0.03	615	99.73	金属与采矿
PhosAgro 公开合股公司	0.03	617	36.64	化学制品
Rostelecom 公司	0.02	749	5.41	综合电信业务
马格尼托哥尔斯克钢铁股份公司	0.02	831	99.92	金属与采矿
俄罗斯水电公司	0.02	953	13.03	电力公用事业
Safmar Financial Investment	0.01	1019	99.99	消费信贷
西斯特能源公司	0.01	1081	99.85	无线电信业务
M Video 公司	0.01	1277	31.79	专营零售
巴什石油公司	0.01	1294	1.19	石油、天然气与消费
Raspadskaya 公司	0.01	1353	5.16	金属与采矿

资料来源：Bloomberg，兴业证券经济与金融研究院整理。

2.4 中国股票、债券、外汇等资产有望受益于金融开放

2.4.1 金融开放拥抱优质股票市场核心资产

从 2001 年正式加入 WTO 以来，中国便积极地参与到世界贸易当中，逐渐成为世界经济增长的重要引擎。经常账户的开放使得中国企业能够充分发挥成本的比较优势，快速占据世界市场份额，出口成为拉动中国经济增长最重要的动力之一，并积累了大量外汇储备。可以说，21 世纪之初中国经常账户的开放为经济的腾飞创造了第一轮红利。

如今，中国已经告别了经济高速增长阶段，庞大的经济体量已经无法再适应粗放型的发展模式，中国已经进入经济发展的新常态当中。随着中国逐渐迈入老龄化社会，人口红利将不再成为中国竞争的最主要优势。未来，中国经济的中高速增长将会更加依靠高效的投资与技术的进步，从而实现经济结构的优化与升级。

境外投资者作为全球金融市场最为重要的参与者之一，可以为中国企

业提供先进的技术支持、管理理念与公司治理模式。在国内企业已经实现自立根深的情况下，引入境外投资者将更好地赋能中国企业，从而实现企业竞争力的进一步提升。与此同时，提高金融开放水平还将有助于实现中国国际收支均衡发展与人民币汇率的稳定。

2015 年，从外汇、股票，再到债券，金融开放开始加速，但实质性超预期加速发生自 2017 年（见图 2-14）。随着沪股通的全面开放，北上资金大举流入，债券市场开放程度全面提速。未来，中国将在金融开放的道路上行稳致远，中国经济将迎来资本账户开放下的第二轮红利。

图 2-14 金融开放加速

资料来源：兴业证券经济与金融研究院。

中国正在迎来新一轮的金融大开放。兴业证券策略团队 2019 年中期策略报告《开放的红利》正是因为前瞻性地把握了这一大趋势，再次引领全市场未来研究的方向。深刻理解金融开放，需要从两个角度入手：其一，从国内来看，这是四十年来增长动力的再一次变迁。改革开放四十年，其中前二十年主要的制度红利来自改革，从 1978 年农村改革到 1998 年城市国企改革，驱动了经济快速增长，后二十年主要的红利来自开放，尤其是 2001 年加入 WTO，外向型经济模式确立，出口驱动经济再次腾飞，超过英国、日本，成为世界第二大经济体。随着红利逐步释放，中美出现贸易摩擦，出口红利释放基本接近尾声。不过，我们出口红利只释放了一半，主要集中在经常账户的开放带来的商品市场大繁荣，展望新时代，人民币加入 SDR、沪港通、深港通、A 股纳入 MSCI、债券通、沪伦通、QFII 放开额度限制……第二轮开放的红利将集中在金融市场，资本账户开放已经开始。开放的红利需要从四个层面来理解：股票市场—金融市场—产业—整体经济，都将发生深远的变化。这个过程不仅会使资本市场受益，也将在金融服务实体、间接融资模式向直接融资模式转变的过程，促进产业转型升级、经济高质量发展中扮演更重要的角色。中国需要与世界经济产生更多的连接与交融，未来经济发展的前途在开放。

结论 1：金融大开放往往都会伴随一波股票市场长牛。我们考察了与我国类似的诸多经历了从金融不开放到金融开放这一转变的发达经济体与新兴经济体，发现金融大开放往往都伴随一波长期牛市，其中日本涨了 7 年，指数翻番；印度涨了 30 年，指数涨了十倍！虽然每个经济体都有着各自不同的经济环境或财政货币政策，我们无法一一剥离这些不同因素对股票市场的影响（例如金融开放时利率下降，同样可能是形成牛市的原因之一），但是从国际视野考察各经济体开放的共性，能够带给我们与以往聚焦于国内政策不同的启发。

结论 2：股票大牛市往往“与我无关”，核心资产“肥水外流”，本土投资者没有充分享受到。虽然金融开放带来了大牛市，但是非常令人惊讶和惋惜的是，这些经济体中大部分的核心资产都被外资“买走了”。例如印度、巴西、南非、俄罗斯等排名前 50 大市值的公司，竟然有近九成的公司外资持股比例超过 10%，接近一半数量的公司外资持股比例约在 50%！就连发达市场也不例外，韩国三星 90% 在外资手上，日本东芝 70%、日产汽车 60% 竟然也在外资手上！再想想我们前面举的台积电的案例。

结论 3：中国股票市场有特殊性，控制权不会旁落，但边际定价权容易被外资拿走。毫无疑问，A 股绝不会像印度、巴西、南非、俄罗斯等“金砖弟兄们”那样，被外资拿走绝大多数优质核心公司的控制权。最主要的原因在于我们拥有体制优势，大部分优质公司都是央企和国企，国家牢牢把握着公司的控制权。但是，凡事都有两面性，国有股大部分可以被认为是实质上的“非流通股”，为了保持公有制的主体地位，还要考虑国有资产流失等问题，国有股不会随便卖的。那么，实质上的流通股或自由流通股就很少了，外资就不需要像南非那样买到总股本的 70% ～ 80% 才能拿走定价权，只需要买入总股本的 20% ～ 30%，可能就持有超过 50% 的流通股了，边际定价权容易旁落。

结论 4：中国核心资产数量会比大家想象的更多。从金砖四国的核心资产分布来看，行业非常集中，基本上不是矿产就是金融，这是其本国经济结构单一导致的。其中印度稍微多样一点，还包括了少量的消费公司及信息软件公司，这是由于印度是人口和软件大国。毫无疑问，中国经济结构的丰富性远高于这些国家。①人口数量全球前列，决定了我们会有更多的消费品行业的核心资产；②工业门类全球第一，有独一无二的完整工业和科研体系，决定了我们会拥有更多科技成长类、工业制造类的核心资产；③经济总量全球第二，决定了我们会拥有更多区域类、细分领域、聚焦化类型的核心资产。印度、巴西、南非、俄罗斯各自大约有 50 ～ 100 家核心资产，我们认为中国目前约有 300 家核心资产，未来随着科技成长类“大创新”龙头公司逐步长大，可能会拥有 500 家左右核心资产。

结论 5：全球资产荒时代，中国核心资产属于全球稀缺的好资产，我们要抓紧抢资产。全球几十万亿美元（几百万亿元人民币）的资产处在“负利率”区间，负利率本质上就是流动性泛滥，全球陷入资产荒，中国优质资产对于全球资金而言都具备强大的吸引力，股票市场和利率债市场都会迎来繁荣期！十年没涨，仍然处在 3000 点附近的中国股票市场，其中的核心资产还没有被外资“分割完毕”，对全球而言非常稀缺！即使按照 300 家左右核心资产、10 万亿元左右市值计算，流通市值可能有 3 万亿～ 4 万亿元，对标巨量境外资金和国内机构资金，都将面临一轮系统性的重估！我们确实要抓紧抢核心资产！

2.4.2 港股优质资产是中国金融开放的受益者

中国的核心资产并不仅仅简单指内地的 A 股，香港股票市场也有众多优秀的中国公司。港股中的好公司也是中国优质资产，也有核心资产。无论是通过港股通南下配置港股的内地投资者，还是境外资金，都在一定程度上受益于金融开放，也会进一步推进我们金融开放的步伐。

中国香港作为亚太最为重要的金融中心之一，国际资金可以自由流动，是全球资金配置中国资产最为理想的市场。大量内地公司也正是看中香港发达的金融市场而选择在香港上市，随着中国金融开放水平不断提高，国际投资者将会不断增配香港市场中的优质中国资产。

港股公司盈利与内地关联紧密，剔除金融业、博彩业的个股后，目前港股票市值前 30 的公司，整体来看 2019 年营收的近 85% 来自内地，这还是在没有计算阿里和百威的基础上得来的（见表 2-6）。

表 2-6 港股公司盈利与内地关联紧密

证券名称	行业	市值（亿港元）	内地营收占比	证券名称	行业	市值（亿港元）	内地营收占比
腾讯控股	信息技术	56 358	96%	阿里健康	医疗保健	2 765	96%
阿里巴巴 -SW	可选消费	54 298	无数据	银河娱乐	可选消费	2 673	4%
美团 -W	可选消费	15 659	100%	港铁公司	工业	2 593	4%
中国移动	电信服务	9 613	90%	华润置地	房地产	2 510	100%
京东集团 -SW	电信服务	9 001	100%	碧桂园	房地产	2 314	100%
网易 -S	可选消费	4 899	100%	农夫山泉	日常消费	2 276	100%
小米集团 -W	信息技术	4 507	56%	吉利汽车	可选消费	2 267	95%
中国海洋石油	能源	3 907	65%	中国恒大	房地产	2 215	100%
百威亚太	日常消费	3 642	无数据	长和	工业	2 192	10%
药明生物	医疗保健	3 402	35%	香港中华煤气	公用事业	2 143	72%
新鸿基地产	房地产	3 086	8%	恒大汽车	医疗保健	2 138	98%
海底捞	可选消费	2 981	90%	申洲国际	可选消费	2 115	31%
龙湖集团	房地产	2 980	100%	瀚森制药	医疗保健	2 027	100%
安踏体育	可选消费	2 974	100%	中国海外发展	房地产	2 003	98%
思摩尔国际	可选消费	2 822	21%	百济神州	医疗保健	1 983	52%

注：市值截至 2020 年 11 月 20 日。

资料来源：Wind，兴业证券经济与金融研究院。

2019 ～ 2020 年，港股整体市值结构已经发生质变，当前已实现向以科技、医药、新消费为主导的转型。未来随着更多的新经济龙头公司进入恒生指数，港股将进入新核心资产驱动新时代。港股科技行业市值占比由 2019 年第一季度末 18.6% 上升至 2020 年第二季度 35%，居于首位；可选消费 15%，必需消费和医疗保健均约为 7%；金融占比从 2019 年第一季度末 37.1% 降至 2020 年第二季度末 16.6%，8 月 14 日已经下降至 15.1%。在美国限制中概股发展的背景下，港交所大胆创新，对中概股企业抛出橄榄枝。除了美团、阿里、小米、京东、网易等，港股还有可能陆续迎来蚂蚁金服、字节跳动、滴滴出行等中国互联网行业的龙头公司。中概股的持续回归和独角兽企业的上市，将使港股加快以科技类企业为代表的新核心资产为主导的改革步伐。

回顾历史，2015 ～ 2019 年，每年南向资金净流入规模分别为 2100 亿、2900 亿、700 亿、2200 亿元。2020 年第三季度内地公募基金的港股投资规模增加了 1500 亿元，粗略估测 2021 年南向资金中来自公募基金的部分大约占 30%，剩余 70% 则由保险资金、私募基金及散户贡献。目前公募基金的港股投资规模达到 2400 亿元，距离目前港股投资规模上限 6300 亿元还有较大空间。因此考虑到未来港股基本面向好、新经济成分提升、估值具备吸引力，目前公募基金配置港股的仓位比例不高（见图 2-15）。

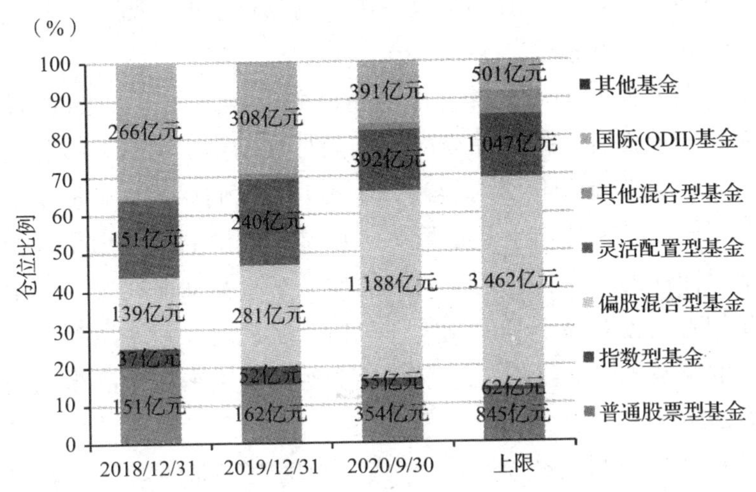

图 2-15　公募基金配置港股的仓位比例不高

资料来源：Wind，兴业证券经济与金融研究院。

2.4.3　外汇、债券、衍生品等也是金融开放受益对象

一个开放活跃的金融市场就能够为各类境外投资者提供与自身收益与风险偏好相匹配的金融产品。因此，为了能够更好地吸引外资，中国不仅在股票市场实现了开放，还在外汇、债券、衍生品市场逐步放松管制，使得全球投资者在共享中国发展红利的同时能够实现更好的资产配置和风险管控。随着中国金融市场全面开放的步伐逐步推进，境外投资者的市场参与程度将不断提高，未来中国股票、债券、外汇、衍生品市场的规模将持续扩大，相关资产将持续受益。

除股票市场外，中国债券市场首先迎来了开放。过去中国只允许 QFII/RQFII 在获准审批的额度内投资银行间债券市场。2015 年，中国人民银行首次允许境外各类型的金融机构通过中国银行间债券市场进行投资，并且可以根据自身具体情况灵活交易，中国人民银行不会进行干预。2017 年，中

国人民银行和香港金管局正式推出“债券通”，“债券通”简化了交易流程，降低了交易成本，让境外投资者投资中国债券市场没有了制度方面的障碍。

中国债券市场对外开放程度持续扩大使得国际投资者有机会可以优化自身资产配置，从而不断提升中国债券市场的国际影响力。中国债券市场目前已经被纳入全球三大债券指数当中，国际被动配置型资金将更多地参与到中国债券市场当中。

除了股票和债券市场之外，衍生品市场也是一个非常大的蓝海市场，对于未来的开放而言，衍生品市场现在还处在初期。MSCI 纳入 A 股比例提到 20% 后，未来要到什么时候进一步提升？我们认为这就需要衍生品市场的配套，所以未来的衍生品市场一定也是大规模的，无论是股指期权期货，还是对冲性的产品，包括交割的周期、互联互动曲线等。衍生品市场开放让我们可以去对冲个股的风险，包括金融风险、汇率风险等，有非常多可以做的事情，以下我们总结了本轮金融开放以来衍生品市场的开放历程（见图 2-16）。

根据 OECD 数据，截至 2018 年底，中国银行业的对外开放程度在新兴市场中较低，落后于金砖国家中的南非和俄罗斯；中国保险业的对外开放程度更低，落后于南非、巴西和俄罗斯。

金融开放：内外金融市场双向开放有助于降低不同行业融资成本差异。

从金融机构竞争优势分析来看，外资金融机构在国际市场有竞争优势，内资金融机构在国内市场有竞争优势。

从当前中国企业融资需求来看，对于商业银行而言，在国际市场融资成本更低。对于房地产行业而言，在国内市场融资成本相对较低，因此金融市场开放有助于降低不同行业在国内外融资的成本差异，企业将会有成本更低的融资机会。

2.4.4 金融开放加速促进产业升级与经济转型

回顾历史，加入 WTO 在为中国带来更多发展机遇的同时，也给中国的一些产业带来了严峻的挑战。入世所带来的关税降低使得外国大量低价商品得以进入中国市场，当时人们普遍担忧这将给中国的幼稚产业带来巨大冲击。

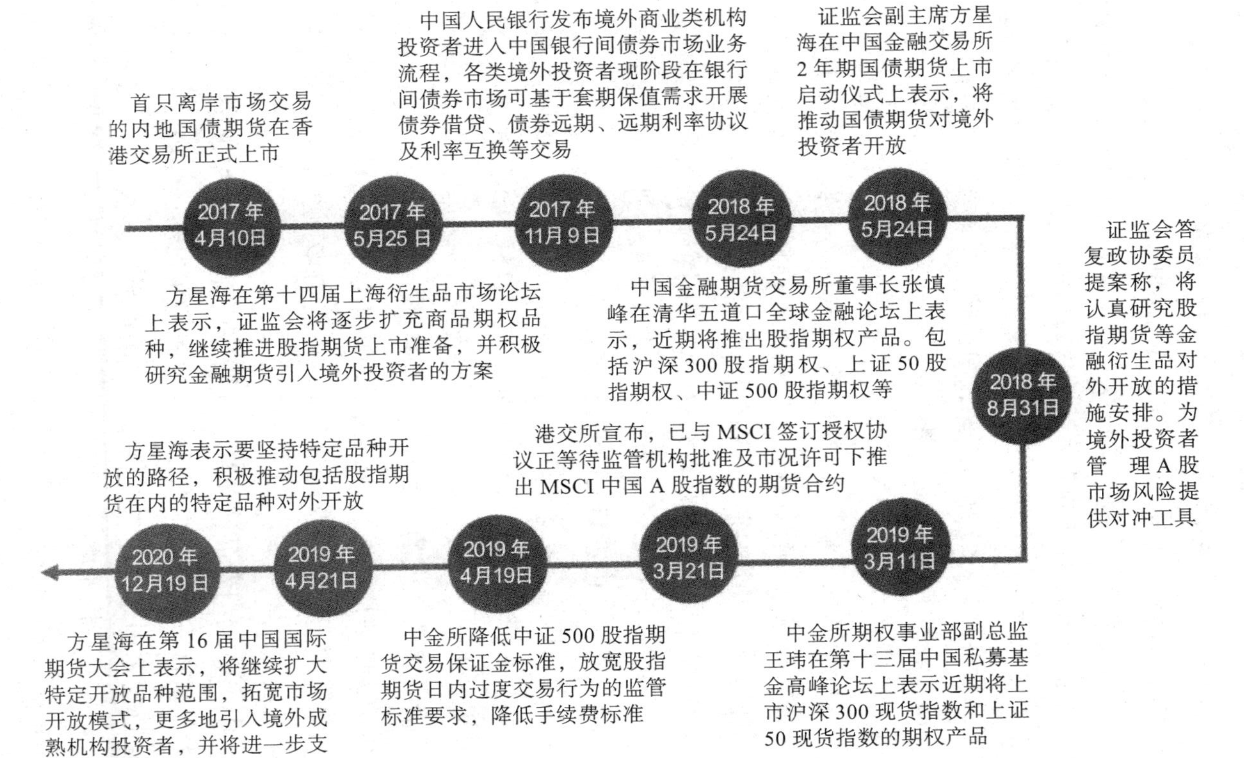

图 2-16　本轮金融开放以来衍生品市场的开放历程

资料来源：兴业证券经济与金融研究院。

立足当下，再回望21世纪中国经济的腾飞，我们可以发现开放并不是洪水猛兽。通过合理地引入外国竞争者，并依靠自身不断的资本与技术积累，如今中国制造业已经充分融入世界经济当中，并且不断迈向全球中高端价值链。

从开放和不同行业参与全球生产程度分析，过去几十年的追赶和发展，使得中国拥有完整且先进的制造业体系。与其他国家相比，中国在产业结构的完整度上首屈一指。从全球投入产出表来看，目前中国绝大部分制造业行业规模都处于全球第一。相对美国，中国部分行业参与全球分工的程度仍有上升空间，表明中国存在进一步开放的客观需求。

从经济来看，实现经济高质量发展、产业升级、技术进步这些目标的关键都是开放。经济开放之后，无论是我们的专利还是科技创新实力都突飞猛进。就像任正非说的一样，我们不需要谁把谁打趴下，而是一起爬到山顶以后共同拥抱，给人类未来文明和科技做出更大的贡献。

2020年，《财富》世界500强排行榜中，中国企业的数量首次超过美国，位列第一。如今，中国已经成长出一大批优秀的企业，它们都处于世界领先水平，正在成为“中国制造”的新代名词。

中国优质企业营收稳步提升，如图2-17所示。三一重工凭借自身雄厚的技术积淀与境外扩张，如今已经跻身全球工程机械三强，并且在亚洲多个国家市占率排名第一；成立于计划经济时代的万华化学，曾面临着破产风险，如今凭借着管理模式的转变与自主创新能力的提升，不断打破国外垄断，MDI产量全球占比已经达到24%；格力电器从一家默默无闻的小工厂，通过优秀的质量控制与科技创新，如今已成为多项技术达到全球领先水平的世界一流企业。

入世以来中国电子消费品产业从一开始直接引进国外先进产品，到引进外资与技术开始自主制造，如今已经成为我国实现制造强国目标的重要基础支撑，正快步迈向全球最大、行业最强的世界一流水平。以手机为代表的消费电子产业实现快速增长（见图2-18），一大标志就是形成了一批具有世界竞争力的自主品牌企业。智能手机领域一直以来都被外国企业所垄断，随着华为、OPPO、小米等手机企业在境外市场飞速崛起，外国企业的市场占有率逐步下降。如今中国手机不再只是高性价比的代名词，而是世界消费者所青睐的产品。

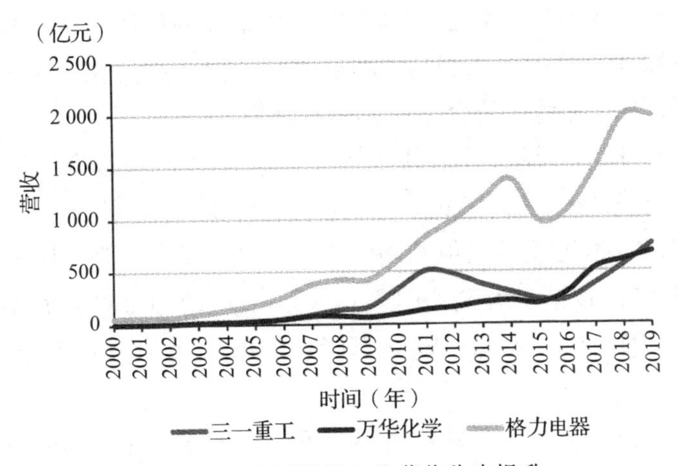

图 2-17 中国优质企业营收稳步提升

资料来源：Wind，兴业证券经济与金融研究院整理。

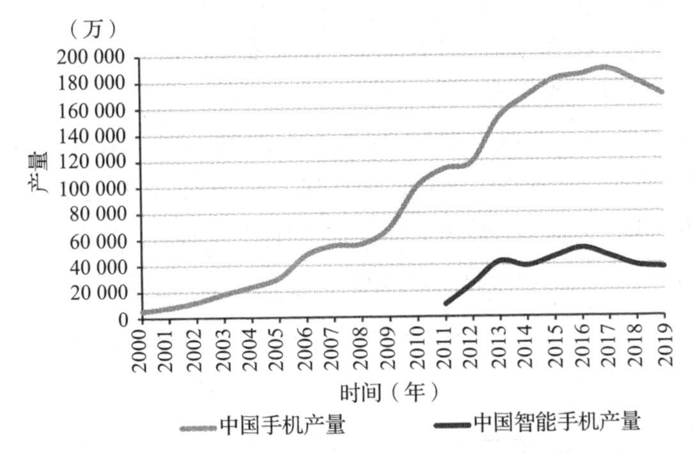

图 2-18 以手机为代表的消费电子产业实现快速增长

资料来源：Wind，兴业证券经济与金融研究院整理。

进入新的发展阶段，汽车行业取消外资持股比例限制将会刺激自主品牌充分参与市场竞争。从汽车行业当前情况来看，龙头公司收入和投资收益主要源于合资联营，自主品牌处于弱势地位。2018 年我国取消专用车、新能源汽车外资持股比例限制；2020 年取消商用车外资持股比例限制；2022 年将取消乘用车外资持股比例限制，同时取消合资企业不超过两家的限制。通过 5 年过渡期，我国汽车行业将全部取消限制。

向前展望，未来外资将会寻求中国市场企业的控股地位，本土龙头公司通过合资联营获得的收入和利润将会大幅下降，同时在市场竞争进一步加剧环境下，自主品牌也将会出现进一步分化。

金融开放引领的经济开放体现为工业增加值占比逐渐下降，服务业增加值占比逐渐上升。20 世纪 70 年代中期到 20 世纪 80 年代中期日本金融开放期间，日本工业增加值 GDP 占比从 40% 逐渐下降，服务业增加值 GDP 占比从 55% 逐渐上升到 60%。1990 年前后韩国金融开放期间，韩国工业增加值 GDP 占比从 40% 逐渐下降，服务业增加值 GDP 占比从 50% 上升到 55%。

相对日本和韩国，在金融开放环境下，中国服务业增加值仍有进一步提升的空间，从而推动中国经济进一步发展。当前中国工业增加值 GDP 占比为 40.46%，服务业增加值 GDP 占比为 51.63%。由于日本、韩国金融开放期间工业增加值逐渐回落，服务业增加值占比逐渐上升，我们认为在金融开放环境下，中国很可能会出现类似的服务业增加值占比逐渐提高的产业结构升级的经济开放趋势。

如图 2-19 所示，经济开放是推动产业结构升级和技术进步的关键：①从 1992 年邓小平南方谈话开始，中国第三产业对 GDP 贡献率持续提高，到 2018 年对 GDP 贡献率达到 61.3%；②中国加入 WTO 之后，申请 PCT 专利数量出现快速提升，这表明在开放环境下中国技术进步速度有较大提高。

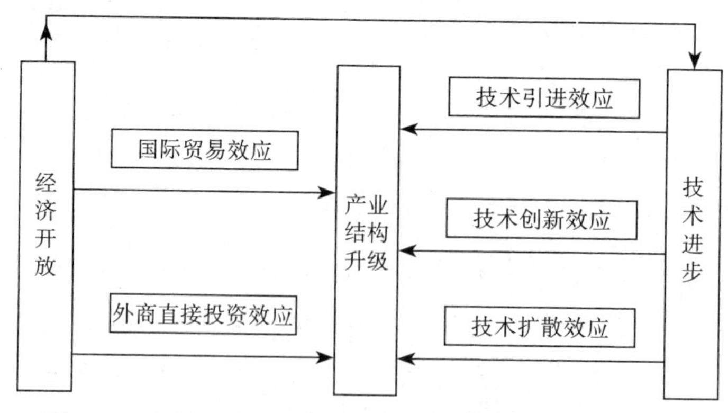

图 2-19 经济开放是推动产业结构升级和技术进步的关键

资料来源：王兆萍、马婧，《“中等收入陷阱”视角下经济开放、技术进步与产业结构升级——基于国际经验的比较》，《产经评论》2017 年第 4 期，兴业证券经济与金融研究院整理。

| 第3章 |

股票是低利率时代资产配置的优选项

国别配置后，我们将目光聚焦于大类资产配置中。我们当前面临全球MMT（现代货币体系）、低利率、负利率等新时期资产配置的大背景。在此环境下，我们应该如何让资产保值增值？哪些资产有望在中长期保持更好的收益率？这是本章我们重点考虑的问题。

前面两章，我们从国别配置和开放红利两个角度，全方位阐述了未来一个阶段从全球来看，中国资产将是很重要的收益来源。本章将进一步从宏观大环境的视角说明低利率下，权益资产是最具投资价值的资产，层层递进地推演出A股长牛的外部和宏观条件。具体而言，本章将从全球经济低利率表现入手，讨论低利率环境背后的经济、人口及政策因素，并探讨未来低利率环境下宏观环境变化、估值体系重构和高收益机会等因素对权益资产的影响，进而推论出未来权益资产长期的配置优势。

3.1 低利率环境的三大成因

3.1.1 持续“放水”

美国货币政策是推动全球利率下行进入历史低水平的最直接作用力，

可以分为四个阶段来看（见图 3-1）。

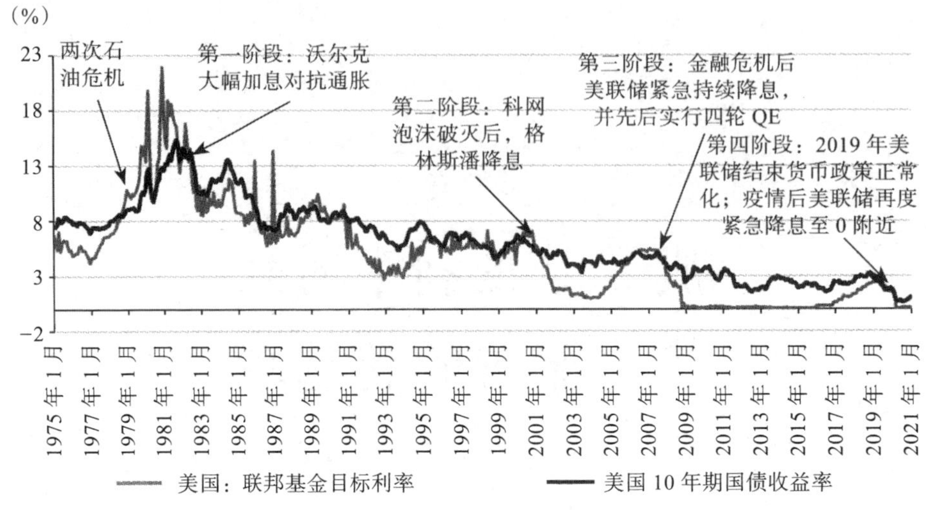

图 3-1　1981 年以来美国货币政策的四个阶段

资料来源：Wind，兴业证券经济与金融研究院整理。

第一阶段：1980 年高通胀和美联储加息令美债收益率冲高至历史最高水平，此后却开启了利率趋势性下行通道。20 世纪 70 年代全球经历了两次石油危机，导致全球经济剧烈波动，美国经济因为高通胀苦不堪言。1979 年沃尔克临危受命，就任美联储主席后，将解决通胀问题置于货币政策目标的首位，持续大幅加息。紧缩政策在助力 10 年期美债收益率冲高至历史最高水平（1981 年 9 月 30 日的 15.84%）的同时，也成功扭转了通胀居高不下的局面。在通胀率快速回落后，美国市场利率迎来历史性拐点。虽然此后美联储货币政策历经多轮收缩和扩张周期，但利率已经不可阻挡地进入趋势性下行通道中。

第二阶段：2000 年科网泡沫破灭后，格林斯潘主导降息推动利率进一步打开下行空间。2000 年科网泡沫破灭后，为了重振美国经济，格林斯潘领导下的美联储连续降息，2004 年美国联邦基金利率一度下探至 1%，联邦基金利率被下调至史无前例的低水平。在此期间，欧元区和英国纷纷跟进降息，仅英国于 2003 年提前开始了加息。

第三阶段：2007 年至金融危机后美联储实行了四轮 QE，联邦基金利率降至0附近。2004～2006年由于经济出现过热迹象，通胀率抬头，美联储再度恢复加息。其间英国、欧元区和日本均先后同样加息。2007年后美联储再度大幅降息，并成为金融危机的根源之一。金融危机发生后，各国纷纷采取紧急措施。美联储货币政策以提振就业率、稳定金融系统秩序为目标，采取非常规货币政策工具。从2007年到2012年，美联储实行了四轮QE，一方面将基准利率降到0附近，另一方面还通过扭曲操作和扩大国债购买规模，推动长端利率大幅下行。英国、欧元区和日本纷纷将基准利率降至历史最低水平，从而奠定了如今全球利率低水平的基础。

第四阶段：疫情发生后美联储恢复零利率政策。伴随经济逐步复苏，2017年美联储启动货币正常化进程，英国央行亦小幅加息。进入2019年，为了稳定就业率，美联储再度开始降息。2020年新冠肺炎疫情发生后，美联储采取紧急措施以稳定市场流动性，全球央行再度实施零利率或负利率政策。全球长短端利率就此进入史无前例的低水平。

低利率是MMT理论指导下的央行货币政策的必然结果。MMT理论发源于20世纪70年代，但直到2008年金融危机后才被人们注意。MMT理论认为税收才是货币发行的基础，政府只有通过收税才能让市场认可货币，并对货币产生需求（支付税收）。在需求不足的情况下，政府需要进行大规模支出弥补社会需求的缺口，以使社会不会因为需求缺口而形成通缩和萧条。在这一过程中，财政与货币可以同步无限量地扩张与宽松，即财政赤字货币化，而不必过于在意赤字率的问题，以达到单纯降息无法实现的刺激效果。可以说，在MMT理论指导下，央行货币政策的终点就必然是超低利率。

在实际操作层面，各国央行明显开始较多地借鉴MMT理论。以2020年新冠肺炎疫情为例，2020年3月，为了避免疫情期间需求崩塌造成市场危机，美联储加快降息步伐，直接将基准利率降至0附近，并实行0准备金率，表态将实行无限制量化宽松。针对企业和居民部门需求不足和收入下降的问题，美联储创设多种非常规货币政策工具，比如商业票据融资机制（CPFF）、定期资产支持证券贷款工具（TALF）、一级市场公司信贷工具（PMCCF）、二级市场公司信贷工具（SMCCF）和薪资保护计划便利工具（PPPLF）等。由此，美联储资产负债表规模达到了历史偏高水平，占美国GDP比例超过了30%（见图3-2）。

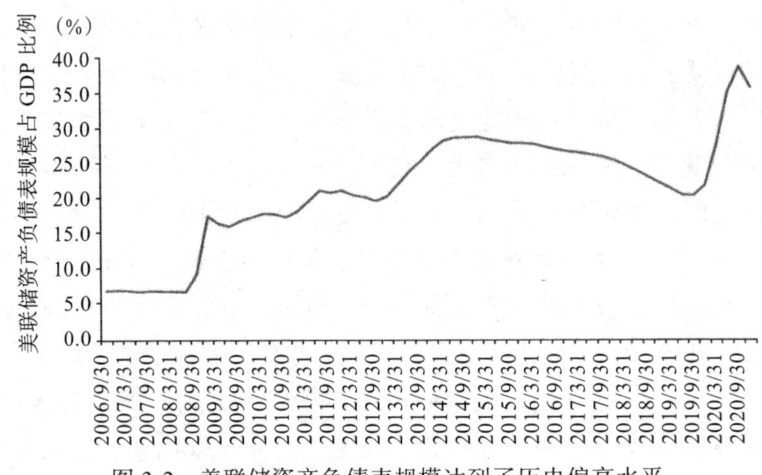

图 3-2　美联储资产负债表规模达到了历史偏高水平

资料来源：Wind，兴业证券经济与金融研究院整理。

高赤字意味着政府财务费用压力升高。2004 年至金融危机前，美国联邦政府支出中利息净额占 GDP 比例由 1.3% 升高至 1.7%；2008 年金融危机后，美联储的宽松操作引导联邦政府支出中利息净额占 GDP 比例持续回落至 2015 年的 1.2%，但随后由于负债规模不断扩大，占比再度回升。截至 2019 年末，美国联邦支出中利息净额占 GDP 比例为 1.8%，突破了 2007 年的高位（见图 3-3）。

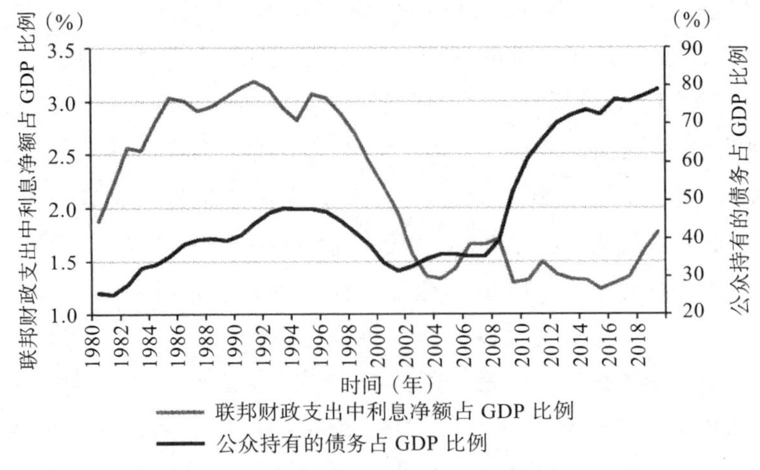

图 3-3　美国联邦支出中利息净额占 GDP 比例

资料来源：Wind，兴业证券经济与金融研究院整理。

当前全球不同程度地面临着高额的偿债和付息压力，且全球经济增速将长期处于低位，各国存在着不同程度的偿付危机，即很可能要面对“还不起利息”的窘境。这就决定了各国政府从主观上没有推动利率回归正常化的动力，反而会强化 MMT 理论下的政策导向，以避免触发新一轮债务危机，令此前全球经济复苏的努力付诸东流。

3.1.2 老龄化趋势

虽然货币政策是推动利率下行的直接原因，经济增长决定了利率中枢易下难上，但是货币政策的放松和经济增速的下降在过去都反复出现过，难以完全解释当前持续的低利率环境。全球老龄化是当前及未来全球需要面对的共同问题，这也是导致利率中枢显著下降的深层次原因。

当前全球老龄化水平已经超过 9%，老龄化是全球需要面临的挑战。二战后随着经济恢复和科技发展，人类平均寿命延长，同时经济繁荣却令总体生育意愿开始下降，导致老龄化程度不断提高。国际通用标准下，65 岁以上人口占比达到 7% 以上就可称为老龄化社会；65 岁以上人口占比达到 14% 以上就可称为老龄社会；65 岁以上人口占比达到 21% 以上就可称为超老龄社会。因此按照这一标准，2002 年全球已经进入老龄化社会阶段；2019 年末，全球 65 岁以上人口占比首次突破 9%（见图 3-4）。未来随着年龄结构的代际效应不断放大，全球人口的年龄结构将会加速老化。

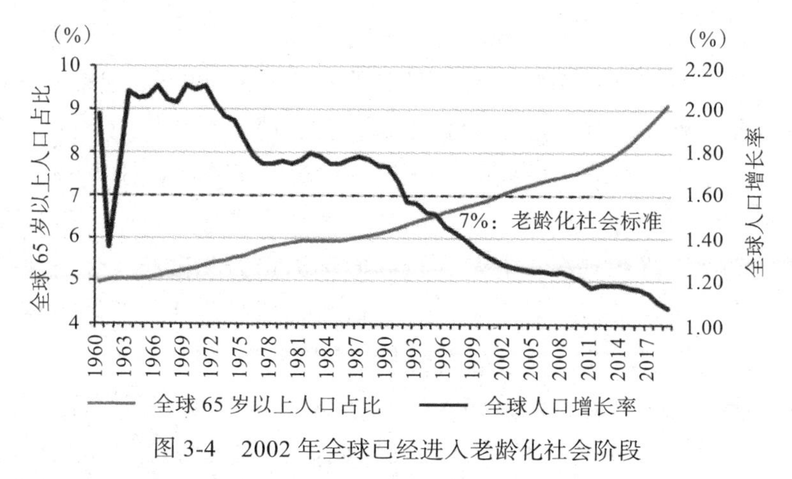

图 3-4　2002 年全球已经进入老龄化社会阶段

资料来源：Wind，兴业证券经济与金融研究院整理。

全球老龄化发展制约全球经济表现。当前老龄化问题制约着全球经济的表现，高收入国家或地区老龄化形势最为严峻，放大了全球老龄化对全球经济表现的影响。从2019年的截面数据来看，全球经济最为发达的东亚和欧美国家或地区，老龄化程度最高。2019年已经达到超老龄社会的国家包括日本（老龄人口占比28%）、意大利（老龄人口占比23%）、葡萄牙（老龄人口占比22%）和德国（老龄人口占比21%）等，瑞典、丹麦、西班牙、荷兰和英国等国家则处于超老龄社会的边缘，美国、澳大利亚、韩国、中国香港等国家和地区已经处于老龄社会阶段，中国内地、新加坡、阿根廷、巴西等正处于由老龄化社会向老龄社会过渡的阶段（见图3-5）。

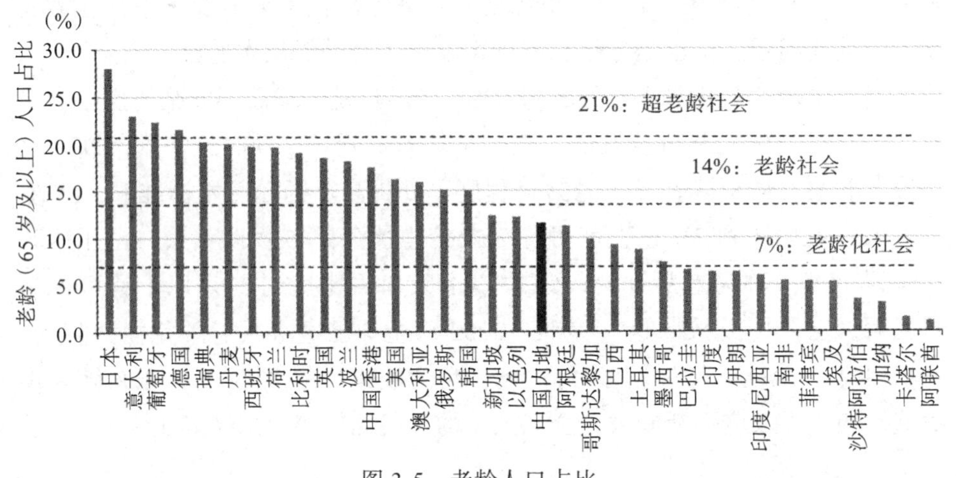

图3-5 老龄人口占比

老龄化程度与低利率水平有着显著的相关性。老龄化发展对利率中枢水平构成掣肘作用。除了上述老龄化对经济表现出制约作用，间接造成利率水平下降之外，老龄化还会通过以下几个方面直接推动利率下行。首先，老年人口增加，会降低单位人口产出率及生产要素使用效率，造成衡量资金成本的利率下降；其次，老龄人口倾向于消费而非生产，会引起融资需求下降，利率较易下行；最后，老龄人口增长会导致社会整体储蓄意愿上升，资金供给大于需求，进而造成利率更容易下降。

利用美国等共15个国家65岁及以上人口占比与10年期国债收益率数据进行截面数据拟合，结果显示国家老龄化程度与国债收益率水平呈显著负相关关系，即老龄化越严重的国家，长期国债收益率水平越低（见

图 3-6）。人口老龄化决定了未来城市化的潜能、资源禀赋的利用效率及经济增长潜能，对利率水平产生了显著的制约作用。

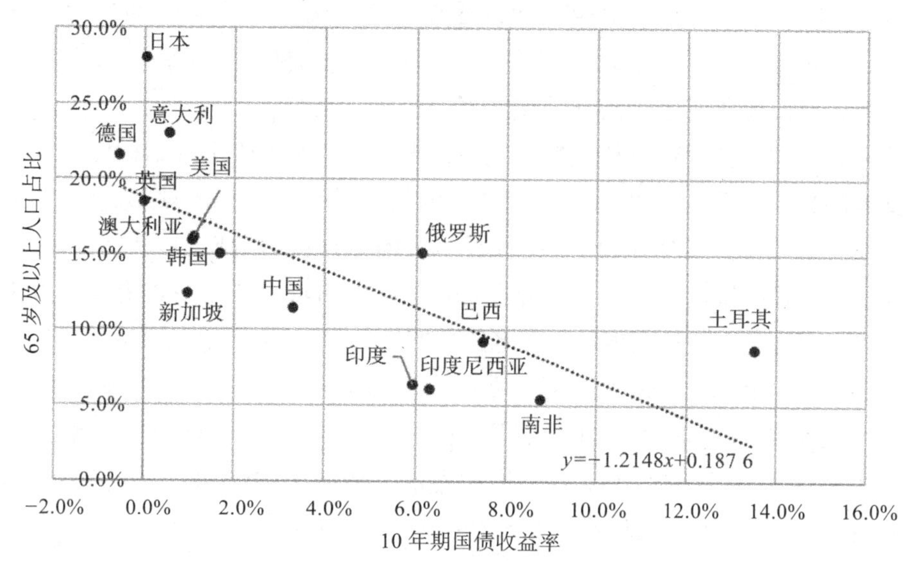

图 3-6 老龄化程度与长期国债收益率水平呈负相关关系

资料来源：Wind，兴业证券经济与金融研究院整理。

全球老龄化将会是一个长期的过程。首先，全球大多数国家和地区总和生育率低于世代更替率水平，未来人口老龄化情况将持续恶化。截至 2018 年末，在我们所考察的 26 个国家和地区中，总和生育率低于世代更替率的国家和地区达到 18 个，占比为 69%（见图 3-7）。

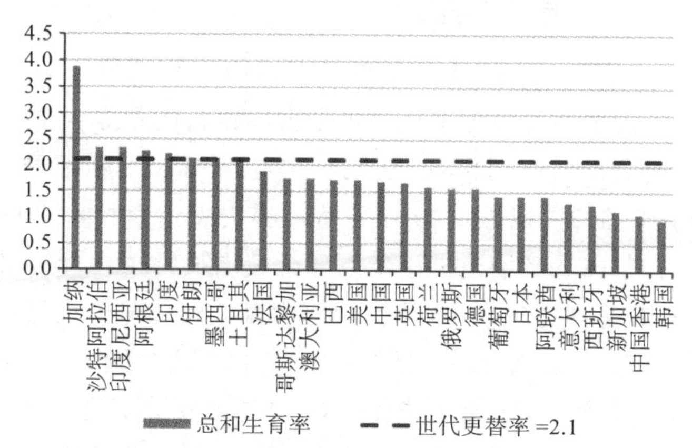

图 3-7 部分国家和地区总和生育率低于世代更替率

资料来源：Wind，兴业证券经济与金融研究院整理。

其次，从全球人口年龄结构来看，截至2018年末，65岁及以上人口占比持续扩张，已经从1990年的6.16%扩张至2019年的9.10%；同时0～14岁年龄人口占比由32.8%萎缩至25.6%。随着时间的推移，当45～55岁的人口陆续步入老年，总和生育率偏低将导致年轻人口占比继续下降，可以想象未来老龄化程度将加速，且不可逆。

最后，中东亦呈现老龄化发展趋势，未来全球将很难出现结构性逆老龄化发展的机会。目前阿联酋、卡塔尔等国的老龄化程度尚不明显，两国65岁及以上人口占比仅分别为1.5%和1.2%。但是阿拉伯世界的人口增长率在金融危机后开始快速下行，2017年已经不足2%，同时65岁及以上人口占比已经快速攀升至历史最高值。因此老龄化问题是全球将共同面对的挑战。

《世界人口展望（2019年修订版）》预计到2050年，全世界每6人中，就有1人年龄在65岁及以上；在欧洲和北美，每4人中就有1人年龄在65岁及以上；80岁及以上人口将增长两倍，即从2019年的1.43亿人增至2050年的4.26亿人。全球经济将经历漫长的老龄化时期。

当前全球各主要国家和地区均不同程度地面对老龄化的挑战，其中发达国家和地区老龄化程度尤为严重，其他国家和地区面临老龄化程度逐步加深的问题。无论是从数量关系，还是从老龄化对未来全球需求增长和经济增速表现的抑制作用来看，老龄化均意味着未来长期利率中枢难以获得再度上行机会，低利率将成为未来经济常态。

3.1.3 全球经济增长动力不足

除了政策因素之外，经济表现亦内生性地驱动利率下行。2008年金融危机后，全球经济增速显著下行，根据世界银行的数据，全球实际GDP增速下降至2.3%，美国、日本、欧元区等经济增速不断下降，OECD实际GDP增速更是在2%以下。2020年新冠肺炎疫情直接对全球经济产生显著负面冲击，各国经济增速进一步下降至负增长，2020年全球重要经济体中仅中国GDP达到2.3%的增速，其他国家全年均显现负增长。根据世界银行预测，2021年和2022年全球实际GDP增速分别为4.0%和3.8%；IMF预测从2021年到2025年全球实际GDP增速将分别为5.15%、4.19%、3.84%、3.63%和3.52%，全球经济增速趋势性下行（见图3-8）。

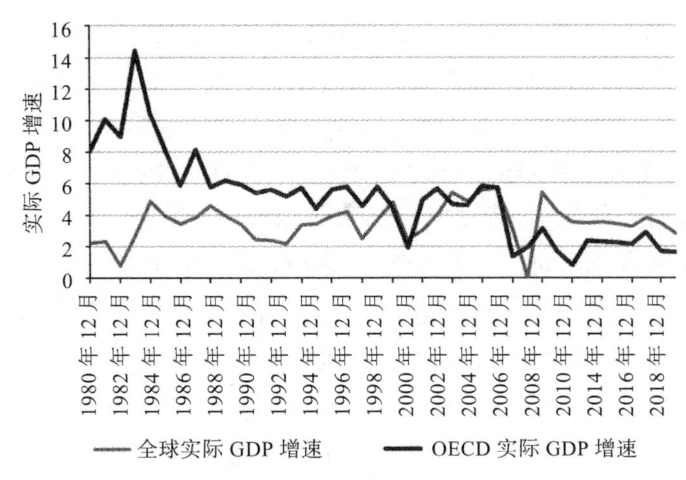

图 3-8 全球经济增速趋势性下行

资料来源：Wind，兴业证券经济与金融研究院整理。

贫富差距加大，全球经济低增长的情况将会持续。贫富差距越来越成为困扰全球各国国家治理的难题。美国、中国和俄罗斯等大国前 10% 收入人群的收入份额与后 50% 收入人群的收入份额之差持续扩张（见图 3-9），表明全球财富正在向少数人集中。贫富差距过大会导致全球消费倾向下降，有效市场规模增长放缓，引起需求不足；并且贫富差距过大带来的政治经济不稳定性问题会增加经济运行的成本，进一步降低全球经济增速表现及长期利率水平。

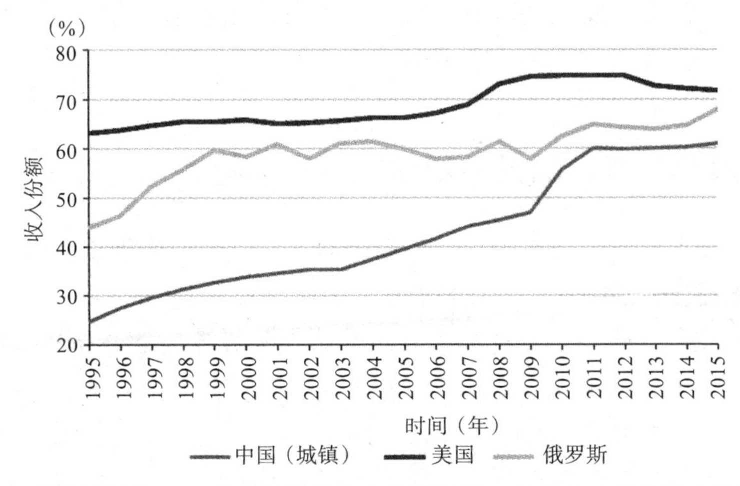

图 3-9 部分国家前 10% 收入人群的收入份额与后 50% 收入人群的收入份额之差

资料来源：Wind，兴业证券经济与金融研究院整理。

从长期来看，缺乏重大、主导科技突破也是造成当前经济增速和利率表现的重要原因。从历史上来看，人类从第一次工业革命至今，共经历了五次科技革命。每次科技革命都伴随着人类生产力的跃迁、新市场的开拓和新投资的发现，并重塑世界经济形态，必然带动全球经济表现的长周期上行，从而增大利率波动。

当前全球科技周期处于1990年以来的互联网和通信科技产业发展周期内，只是在技术形态上发生更迭，如1990年开始出现互联网技术的勃兴，直到2000年科网泡沫破灭；2001～2009年，手机的兴起与普及；2010年至今，智能手机和移动互联网的普及。在这30多年中，世界经济走过了从新经济繁荣到“大缓和”时代，再到金融危机后低增长的不同阶段。

本轮科技周期的动能持续释放，但MMT理论指导下的负债驱动型经济很难形成需求复苏动力，只能维持金融危机或者疫情后的低增长和低需求，无法从根本上解决需求问题。只有出现新一轮长周期的科技周期，全球才可能重新回到需求显著波动的经济周期当中，从而支持利率出现趋势性回升。

目前新一轮科技周期有迹可循。如新一代信息技术、5G产业链、新能源汽车等新兴产业蓬勃发展。未来随着新技术应用场景的不断丰富，生活和生产方式将出现更多的变化。未来有望通过新技术对于生产要素使用的整合、效率的提高实现经济增速的再度抬升。与之相伴随的，利率有望摆脱历史底部区域的“陷阱”，重新获得上行动力。

3.2 股票是资产配置中长期收益率领跑者

近年来可以明显观察到，伴随利率的下行，债券价格节节攀升，目前处于历史高位；低利率的环境有助于权益资产估值提升，表现为美股长牛和A股结构性牛市；大宗商品表现更多依赖于库存周期波动和事件驱动；而房地产市场虽然延续上行趋势，但也经历了从普涨到分化的过程；比特币异军突起，为大类资产配置提供新的借鉴等。在这一过程中可以看到低利率通过其所隐含的宽货币、低增长与低通胀因素，直接或间接地对不同资产价格施加着影响。而如前所述，可以预见未来全球将持续处于低利率环境中。因此需要重点从低利率角度研究未来不同资产的价格表现。

3.2.1 2009 ～ 2020 年，股票年化收益率 10% 以上

如前所述，金融危机后全球央行的持续 QE、经济增速中枢下移、全球老龄化加速等是低利率环境形成的重要背景因素。从 2009 ～ 2020 年主要大类资产年化收益率来看（见图 3-10），权益资产表现明显强于债券、商品和现金，弹性较好的板块平均收益甚至会超过房地产。比如，其间美股三大股指表现包揽前三名，其中排名第一的纳斯达克指数总收益达到了 7 倍以上，年化收益率接近 20%，远远超过其他资产；创业板指年化收益率达到了 10.8%，是美股股指之外表现最好的资产；再次分别为上证基金指数、铜及房屋平均销售价格涨幅；基金指数涨幅居前亦反映了权益资产表现较为突出；能够直接受益于利率下行的债券资产整体表现甚至劣于上证综指；大宗商品表现基本与 CPI 相当，表现出比较明显的通胀敏感度；美元指数、英镑等外汇年化收益排名最末，现金（1 年期国债收益率）收益率亦靠后，“大放水”时代现金资产明显不具备优势。

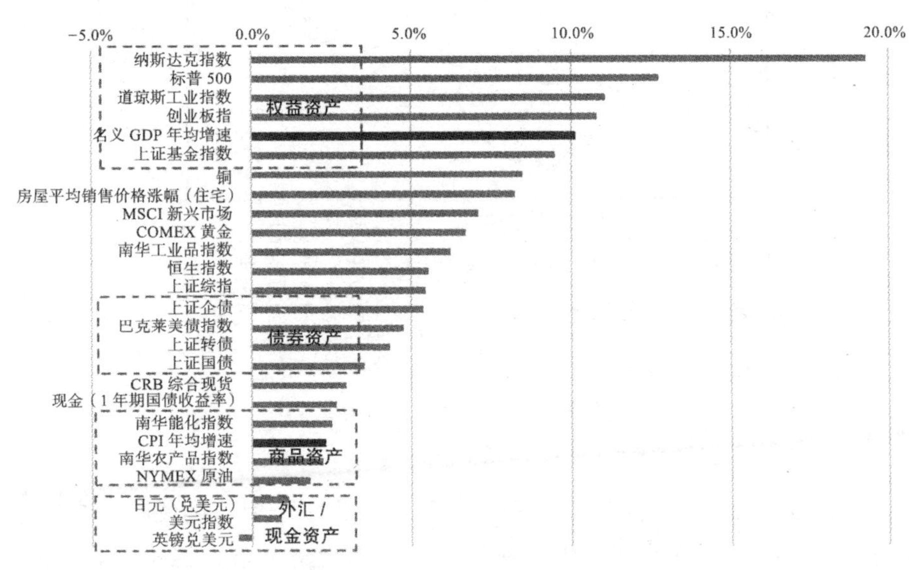

图 3-10 2009 ～ 2020 年主要大类资产年化收益率

资料来源：Wind，兴业证券经济与金融研究院整理。

3.2.2 2009 ～ 2020 年，债券年化收益率 3% ～ 5%

全球 QE 格局下债券市场维持强势，且国内债券市场机会多于国际债券市场。从政策角度来看，无论是全球货币政策宽松，还是国内意图推动企业融资成本下降，未来债券收益率都将继续处于低位，债券市场运行将维持强势。从内外债券市场比较来看，当前国内 10 年期国债收益率尚在 3% 以上，美国 10 年期国债收益率快速回升后仅 1.34%，国内债券收益率下行空间要明显大于美债。并且欧洲、美国、日本基准利率普遍已经降至 0% 或负值，政策空间非常有限。而我国仍然有择时施行降息降准的空间。应该说，国内债券市场未来收益空间明显大于国际债券市场。在中美利差持续走阔的背景下，随着债券通开放，境外资金明显增加了对国内债券的配置力度。截至 2021 年 1 月，债券通境外持有量已经达到 3.5 万亿元（见图 3-11）。

图 3-11 债券通境外持有量

资料来源：Wind，兴业证券经济与金融研究院整理。

低利率环境意味着债券市场将以长期机会为主，但短期风险不容忽视。如前所述，人口、政策和经济增速等多方因素决定了未来将长期处于低利率环境，因此就长周期来看，债券市场机会仍然比较多。但是短期而言，债券市场存在以下几个方面的隐忧。

1）阶段性经济复苏及超预期通胀会推动收益率上行。虽然我们认为长期来看全球经济将处于低增长、低通胀环境中，但是不排除在阶段性经济复苏背景下，出现前期流动性泛滥造成的通胀短期抬升。这就会对债券市场形成持续性扰动（美国10年期国债收益率见图3-12）。

图3-12　美国10年期国债收益率

资料来源：Wind，兴业证券经济与金融研究院整理。

2）未来如果违约预期增加，信用风险溢价可能会经历一轮上升过程，令债券资产价值缩水。低利率环境下整体市场风险偏好提升，且部分高风险项目的潜在风险被低估，市场的风险溢价存在被低估的可能。一旦经济或市场环境发生变化，尤其是企业经营风险不断暴露，会通过抬高信用风险溢价令债券资产承压。如进入2018年以来信用债违约规模持续扩张，2017年开始企业债信用利差持续攀升，市场所需的风险补偿明显上升，带动债券市场走熊（见图3-13）。伴随新冠肺炎疫情背景下不确定性的持续释放，2020年信用债违约规模再次冲高。如果未来美联储货币政策发生边际转向，可能会引起前期被宽松货币政策所掩盖的企业风险集中暴露，企业债信用利差可能会再次走阔，对债券市场构成冲击。

3）随着资管新规落地，理财产品面临着全面整顿，打破刚兑、期限匹配、理财产品净值化管理，都势必会降低原有模式下的套利空间，倒逼产品去配置收益更高的资产，从而降低债券资产的长期配置需求。债券托管量同比增速于2017年金融强监管后显著下降，在保险公司资金运用余额中，债券投资占比下行至历史最低水平（见图 3-14）。

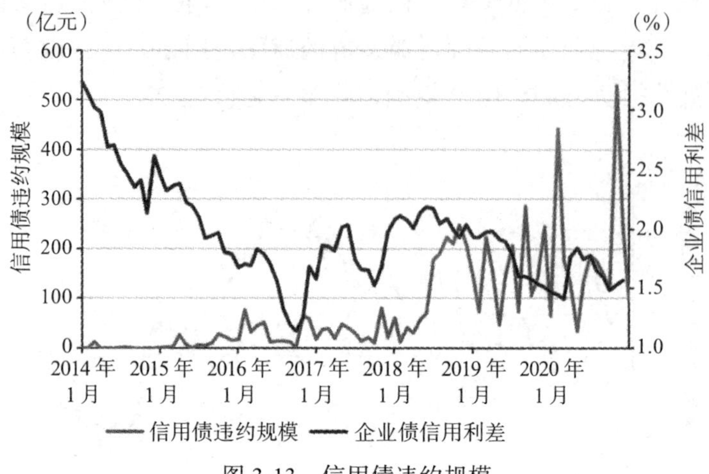

图 3-13　信用债违约规模

资料来源：Wind，兴业证券经济与金融研究院整理。

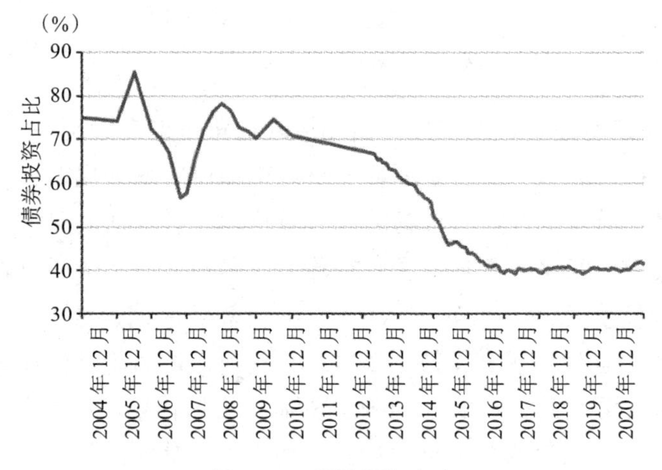

图 3-14　债券投资占比

资料来源：Wind，兴业证券经济与金融研究院整理。

债券市场未来盈利预期低于股票市场。低利率、低增长和长期低通胀的环境有利于债券资产维持强势表现。但如前所述，债券资产因为价格偏高，收益率向上弹性高于向下弹性，未来盈利预期低于股票资产，配置价值较股票资产较低。从不同投资范畴的基金表现来看，股票型基金指数明显表现出比债券型基金更高的向上弹性，近年收益水平明显超过债券型基金；2020 年在基金份额大幅扩张的时期，债券型基金份额出现回落，基金份额扩张主要集中于股票型基金（见图 3-15）。随着基金赚钱效应的强化，未来股票基金份额将加速扩张，社会资金将进一步涌入股票市场。

图 3-15　基金份额

资料来源：Wind，兴业证券经济与金融研究院整理。

由于低利率环境下债券收益率整体偏低，债券资产整体价格偏高。但是伴随内外利差走阔，债券市场对外开放不断加快，可以看到境外资金倾向于配置国内债券市场，因为国内债券收益率水平明显高于美国债券收益率，利率进一步下行空间较大，国内债券市场存在着结构性利好。但是考虑到通胀复苏、收益率历史分位数较低及违约预期上升等因素的联合作用，当前债券收益率向上弹性高于向下弹性，未来长期来看股票市场配置价值高于债券市场。

3.2.3 “房住不炒”，房地产投资属性下降

房地产市场将从全面、大幅、持续上涨的“黄金时代”，进入局部、小幅、间断上涨的“白银时代”。1998 年“房改”之后，国内出现商品房市场。伴随 2001 年加入 WTO，中国城镇化大幕拉开，房地产资产得到再重估。2008 年金融危机后，在央行流动性宽松和低利率的鼓励下，全球房地产市

场在短暂调整后迎来更具持续性繁荣期。这段时期内，除了巴西外，日本、美国、欧元区和中国的房价指数均继续上行（见图 3-16）。尤其是 2016 年从一线城市到四线城市，房地产市场均全面、大幅和持续上涨，成为表现最为令人瞩目的资产。但是经过这 20 多年发展，市场上涨斜率正在下降，房地产市场正逐步从“黄金时代”过渡到“白银时代”。

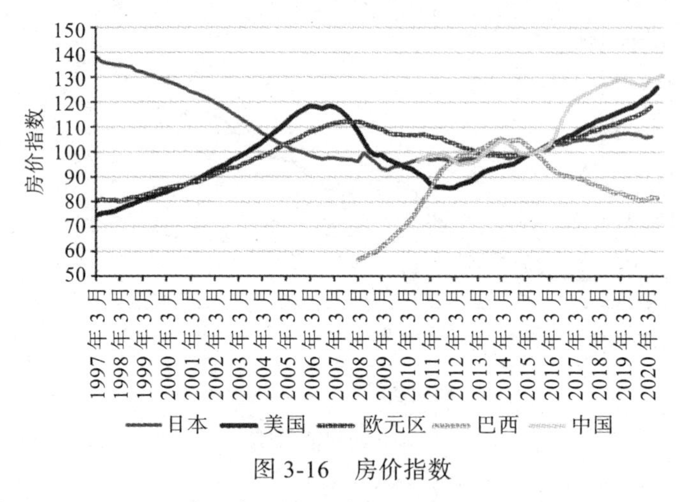

图 3-16　房价指数

资料来源：Wind，兴业证券经济与金融研究院整理。

2012 年以后全球进入城市化减速的阶段，未来城市人口增速下降的影响将越来越明显。城市化带来的置业需求是房价上涨的直接动力之一。2008 年金融危机后，全球城市化正在逐步放缓脚步。前述老龄化因素共同推动全球城市人口增长率下降。除了老龄化以外，城市化边际成本快速上升也导致生活成本占比激增，传统产业投资回报率下降等也是城市化出现乏力、速度下降的重要原因。城市化速度放缓就意味着在生育率下降的背景下，城市人口增长率将加快下降，从而对于房地产需求及结构性变化产生深刻影响（见图 3-17）。

房地产市场将进入以结构性为特征的“白银时代”，一线城市房价更为坚挺。我国房地产一直是大众资产配置的重点。但是从房价指数与租赁价格指数比值表现来看，一二线城市均呈现出房价指数相对租赁价格指数上涨更快的势头，2020 年一二线城市二手房房价租金比均已经超过国际标准租售比上限，房地产资产估值明显偏高（见图 3-18）。同时 2017 年以来，商业住房贷款余额和个人住房贷款余额同比增速持续回落，房地产对社会资金的吸引力和杠杆效应正在减退。中国人民银行2020年第四季度货币政策执行报告中也表示，我国居民部门债务风险总体可控，但宏观空间已不大。新冠肺炎疫情后一线城市相对其他地区房价指数增长更快，区间分化的累积效应越来越明显。未来资金将优先选择配置产业结构较高，人才、资金汇聚效应最为显著的一线城市，房地产普涨时代一去不复返。

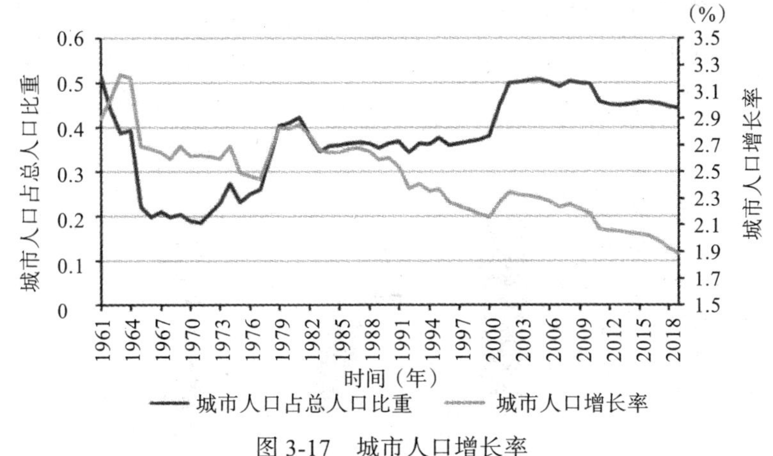

图3-17　城市人口增长率

资料来源：Wind，兴业证券经济与金融研究院整理。

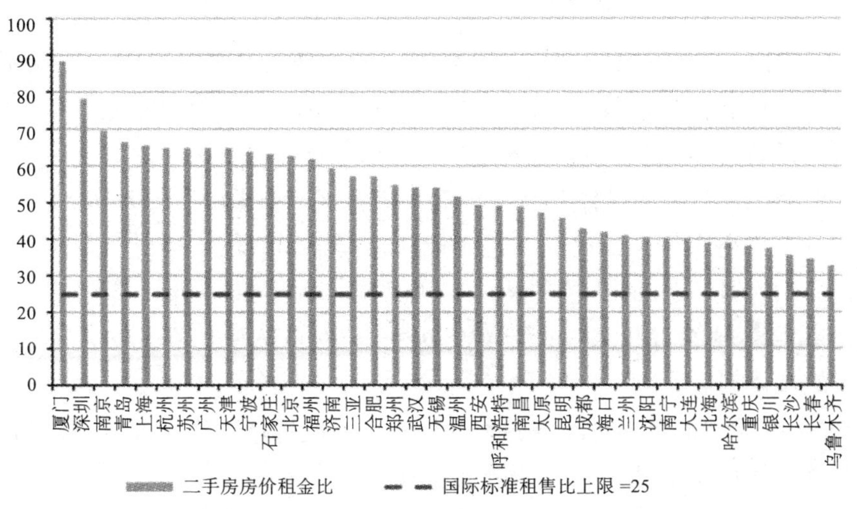

图3-18　2020年一二线城市二手房房价租金比

资料来源：Wind，兴业证券经济与金融研究院整理。

二三线城市房地产市场将出现结构性分化。结构性分化特征将在二三线城市更为显著。我们认为未来房地产市场结构性特征主要体现在以下几个方面。

1）拥有区域经济中心地位的传统强二线城市。如南京、成都、杭州、武汉、西安和长沙等城市，都是省会甚至是区域经济中心城市，其经济发展中表现出显著的首位效应，在已有的区域发展基础之上，对周边人才、资金和政策资源具有较强吸引力。从目前二三线城市房价收入比来看，二线城市的房价收入比仅是一线城市的一半，房地产市场发展潜力更大（见图 3-19）。

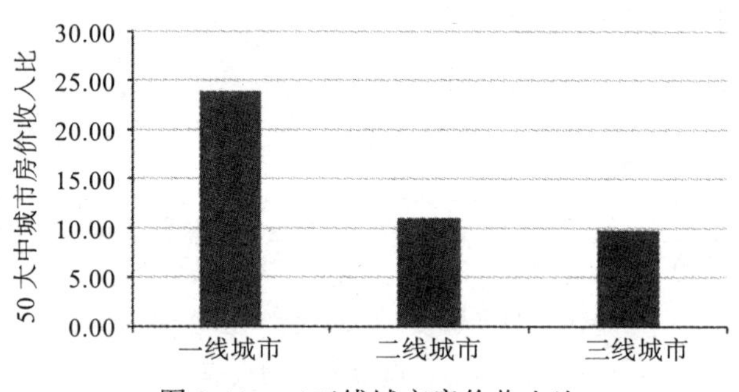

图 3-19　二三线城市房价收入比

资料来源：Wind，兴业证券经济与金融研究院整理。

2）拥有产业升级、人口流入和经济增长潜力多重优势的新二线城市。在一线城市和传统二线城市之外，近年来我国涌现出如合肥等一批新二线城市，具备产业升级、人口净流入等多方面城市发展条件的红利。除此以外，合肥积极引进半导体、新能源汽车等新兴产业企业，如京东方、长鑫、兆易创新和蔚来等，不仅令上述企业获得资金和政策支持，实现跨越式发展，同时令地方产业快速升级，实现双赢。截至 2019 年，合肥第三产业 GDP 占比达到 60%，第三产业对 GDP 增长的贡献率达到 57%，已经成为城市的支柱产业。

3）一线城市两小时经济圈里的城市。一线城市周边的经济圈内的城市将享受一线城市房地产的价值外溢。如嘉兴、东莞、佛山等城市位于一线城市的两小时经济圈内，与一线城市产业关联度较高，核心城市的辐射效应较为显著，便于实现区域资源共享，提高整体竞争力。

4）区域经济发展战略中受益最为明显的城市。当前国家制定的一系列重大区域发展战略将成为未来我国重要的经济发展支点，具有潜在的巨大价值提升空间。如粤港澳大湾区、长三角经济一体化等重大区域经济发展战略将为我国提供未来新的经济增长极。而其中受益于上述发展战略最为显著的二三四线城市无疑将成为新的经济增长高地，以及未来房地产的热门市场。

综上所述，我们认为房地产作为一个大众广泛参与的投资品种，投资门槛正在逐步抬高，增值潜力正在下降，未来将进入一个结构化投资的阶段。房地产相对股票的配置优势正在逐步降低。

3.2.4 大宗商品周期性机会为主

大宗商品行情的阶段性和周期性属性决定了其高回报机会少于股票资产。虽然目前大宗商品具备需求复苏、低库存及低利率下相对于付息资产的优势，但长期来看，我们认为大宗商品潜在的盈利空间仍然会小于股票，主要原因在于以下几点。

1）未来持续的老龄化、低增长，中国经济进入工业化后期，以及全球能源结构变迁等因素限制了未来大宗商品周期的上限水平。如前所述，未来全球老龄化趋势难以改变，决定了全球经济低增长和低利率的长期性特征，限制了长期大宗商品需求端表现。此外，随着技术进步，当前单位经济产出所需的能耗正在下降，新能源技术不断成熟，客观上也降低了未来全球经济对原油的依赖度，从而进一步限制了长周期内大宗商品需求的顶部位置。

同时，中国经济经过数十年的高速发展，已经步入工业化后期。工业化发展阶段的划分标准主要包括以美元计的人均 GDP、三产结构、城镇化率等多个维度（见表 3-1）。从主要指标变化来看，2008 年我国人均 GDP 首次突破 3000 美元（按 2005 年美元计价）大关，正式迈入工业化中期阶段；2015 年我国人均 GDP 突破 6000 美元大关，迈入工业化后期（见图 3-20）按照三产结构变化标准来看，我国已经于 2009 年实现第一产业 GDP 占比不足 10%，且保持第二产业占比领先，意味着按照产业结构标准我国已经进入工业化后期；2012 年，我国第三产业占比超过第二产业。按照城镇化率来看，2019 年末我国城镇化率突破 60%。因此，综合来看我国已经进入工业化后期，向后工业化阶段迈进。意味着经济发展方式转变，经济结构升级进入新的阶段，会导致由于大规模投资需求对大宗商品产生的消耗将逐步减少。

表 3-1　工业化发展阶段的划分标准

基本指标	工业化发展阶段				
	前工业化阶段	工业化初期	工业化中期	工业化后期	后工业化阶段
人均 GDP（经济发展水平）	827 ～ 1 654	1 654 ～ 3 308	3 308 ～ 6 615	6 615 ～ 12 398	12 398 及以上
三产结构（其中 A 代表第一产业、I 代表第二产业、S 代表第三产业）	A>I	A>20%，A<I	A<20%，I>S	A<10%，I>S	A<10%，I<S
制造业增加值占总商品增加值比重（工业结构）	20% 及以下	20% ～ 40%	40% ～ 50%	50% ～ 60%	60% 及以上
城镇化率（空间结构）	30% 及以下	30% ～ 50%	50% ～ 60%	60% ～ 75%	75% 及以上
第一产业就业人员占比（就业结构）	60% 及以上	45% ～ 60%	30% ～ 45%	10% ～ 30%	10% 及以下

资料来源：《中国地区工业化进程的综合评价和特征分析》，兴业证券经济与金融研究院整理。

此外，我国还是大宗商品消费量的主力军。从主要大宗商品消费量在全球占比来看，2019 年，中国石油消费量占全世界比重为 14.5%，煤炭消费量占全球总消费量的 51.7%，粗钢表观消费量占比为 50.0%，成品钢表观消费量占比为 51.4%，精炼铜消费量占比为 53.7%，黄金消费量占比为 39.7%（为工业需求和投资需求，2018 年数据）。不过中国工业化进程和产业结构的优化会减少对大宗商品的需求，从而大幅降低大宗商品的需求规模。

除了工业化进程因素之外，我国已经明确将于 2030 年实现碳达峰，力争 2060 年实现碳中和。美国、英国和日本等均明确了碳中和的时间表。未来在全球能源革命背景下，全球将加快退出既有的生产方式，中上游原材料需求下降速度可能会超出预期。从这个意义上来说，未来大宗商品全球需求规模将呈现长期低速增长态势，未来大宗商品周期的顶部位置或将低于过去经验值，大宗商品周期性高回报空间收窄。

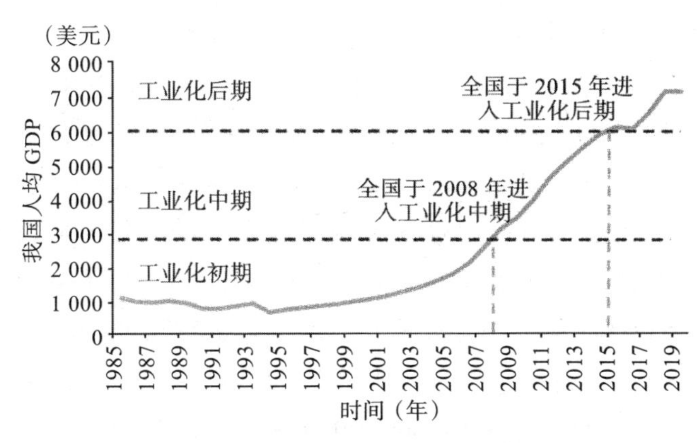

图 3-20 我国迈入工业化后期

资料来源：Wind，兴业证券经济与金融研究院整理。

2）从长期来看大宗商品价格的周期性运动决定了其长期收益难以超越股票市场“长牛”的复利回报，全球能源结构变迁也进一步限制了大宗商品价格的周期性涨幅。由于大宗商品周期性特征较为显著，其长期收益会受限于周期性运行规律。从美国市场经验来看，在金融危机后美股“长牛”期间，代表食品、家畜、油脂、工业原料和有色金属的国际大宗商品指数累计涨幅显著低于道琼斯工业指数、纳斯达克指数等（见图 3-21）。因此一旦股票市场进入“长牛”状态，其复利回报将显著超过大宗商品。

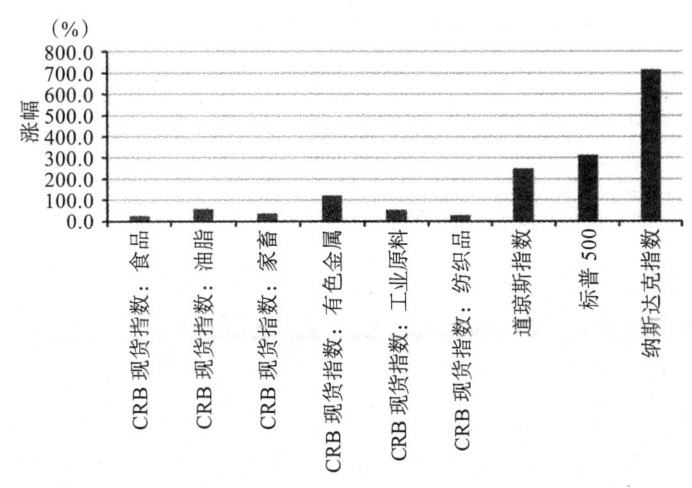

图 3-21 大宗商品指数累计涨幅（2009 ～ 2020 年）

资料来源：Wind，兴业证券经济与金融研究院整理。

3）新技术、新商业模式、新业态令产业链的利润向技术端、需求端集中，上游利润占比逐步下降，未来产业链的利润分配格局对中下游核心制造企业更为有利（见图 3-22）。以新能源汽车为例，其产业链可以分为三大段，分别是整车企业、动力系统企业、上游原材料企业。其中利润率最高的是生产隔膜、正极材料、电池等具备高技术含量产品的企业，而整车企业的利润是最低的。随着未来重视“硬核技术”，通过技术撬动需求在产业发展中越来越重要，具备产业链核心技术企业的议价能力亦较高，产业链的利润将向关键技术领域集中。因此大宗商品价格上涨只能反映供需总规模波动的影响，无法反映技术、利润分配格局的深刻变化。只有相应的股票资产可以反映技术路线的变化，使我们共享新兴企业的成长成果。

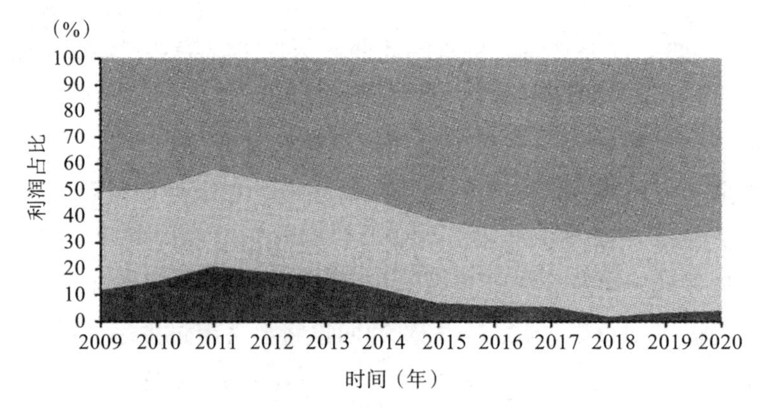

图 3-22 上游利润占比逐步下降

资料来源：Wind，兴业证券经济与金融研究院整理。

从长周期表现来看，大宗商品不适合长线“买入持有”策略，大宗商品价格的周期性运动决定其长期收益有限，显著低于股票市场“长牛”带来的复利回报，同时，未来低增长、老龄化及全球能源结构优化等因素决定下一轮大宗商品周期的顶点位置将低于过去。未来新经济业态的发展将使得产业链的利润分配倾向于核心技术环节和企业，在产业景气度上升阶段，股票市场回报弹性也将高于原料商品端。

3.2.5 现金“难为王”

“现金为王”存在于滞胀时期，其所需的流动性溢价及实际利率提升的条件在未来很难出现。“现金为王”的说法主要来自美林时钟，其认为当经济进入滞胀期后，企业回报率下降，多数资产收益显著下降，债券配置价值虽然逐步超越股票，但是高通胀阶段债券价格易下难上；此时市场上“保本”比“收益”重要，资产卖出压力急剧升高，于是资产的流动性补偿需求随之快速提升，享有最高流动性溢价的现金资产成为唯一受到追捧的资产；当经济逐步走出滞胀，进入衰退甚至出现通缩时，实际利率和现金回报率进一步提升，现金成为阶段性最佳资产。

但是从全球经济长期低利率角度出发，由于极度宽松的货币政策，市场流动性整体较为充裕，资本市场交投活跃（除了新冠肺炎疫情刚发生时，市场高度紧张，曾一度导致流动性枯竭和集体卖出），全球市场流动性溢价始终处于较低的水平，近 20 年来美国市场以大盘股和小盘股价差为代表的流动性溢价更是显著下行，如图 3-23 所示。此外，低利率、低增长决定了长期实际利率偏低，尤其 2018 年以来美国国债实际收益率显著下行，如图 3-24 所示。且在 MMT 理论指导下经济很难进入衰退状态，“现金为王”的经济条件再难出现。因此，从理论上来看，未来并不支持出现“现金为王”的资产配置现象。

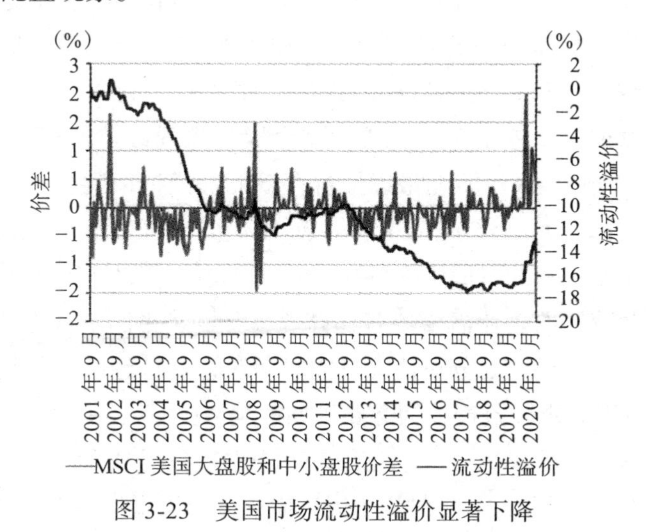

图 3-23 美国市场流动性溢价显著下降

资料来源：Wind，兴业证券经济与金融研究院整理。

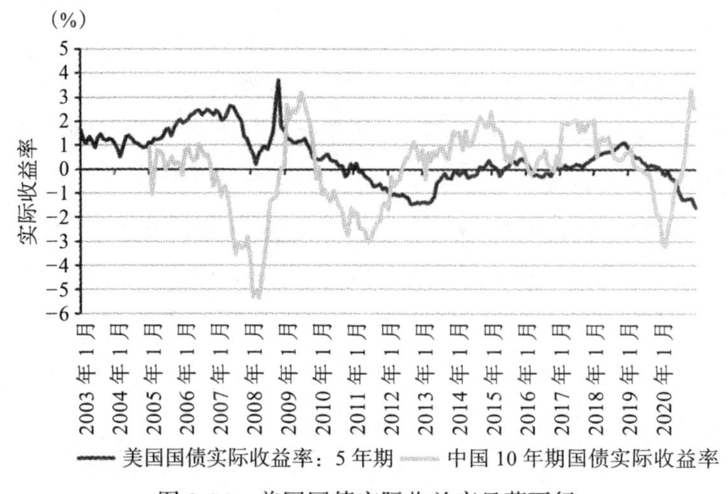

图 3-24　美国国债实际收益率显著下行

资料来源：Wind，兴业证券经济与金融研究院整理。

低利率推升的资产盛宴下，未来现金会是表现最差的资产。现金的持有形式主要为货币类金融产品和银行存款。持有现金回报率虽然稳健，但是过低，经不起通胀的稀释。如前所述，从金融危机各国央行大放水后，几乎所有资产的价格都在上涨。其中如果按照逐年 1 年期国债收益率复利计算，2009 年至今现金资产总收益为 36%，勉强战胜同期 32% 的累计通胀率，远远不如权益资产的收益。并且从长期来看，未来我国利率还有进一步下行空间，短端利率中枢很难获得明显提升。低利率环境会令现金长期无法战胜通胀，持有现金会造成实际资产的损失。而债券、股票、商品和房地产等资产还会继续迎来不同程度的上涨，现金成为表现最差的资产。如 20 世纪 70 ～ 80 年代的“万元户”如果以银行存款的形式持币到现在，即便加上利息大约不过三四万元的样子；20 世纪 90 年代的“百万富翁”如果同样持币到现在，可能连一套北京或上海的房子都买不起，资产缩水非常严重。

杠杆经营特征的企业需要持有部分现金。虽然我们不认为未来是配置现金资产的良机，但对于部分对流动性需求较高，杠杆经营特征较为突出的行业来说，持有部分现金资产较为必要。如截至 2019 年，家电、国防军工、食品饮料、计算机等板块货币资金在总资产中占比位居 A 股一级行业前列（见图 3-25）。这部分行业为了应付资金周转需求，应当保持一定的现金头寸。

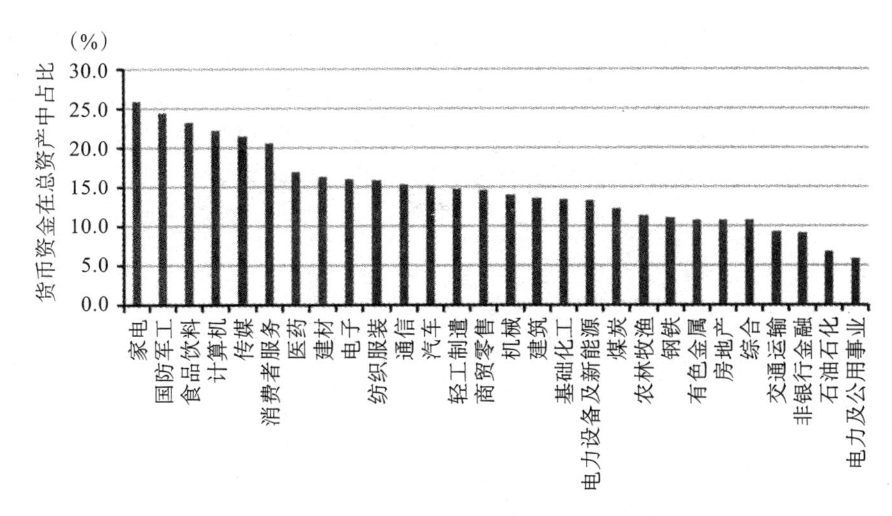

图 3-25　一级行业货币资金在总资产中占比

资料来源：Wind，兴业证券经济与金融研究院整理。

长周期内现金资产无法战胜股票资产。如前所述，部分具备杠杆经营特征行业的企业存在着现金头寸的需求，并自有一套现金管理模式；而对于普通民众和其他机构投资者而言，低利率和持久宽松货币政策预期下，未来流动性溢价、实际利率和政策环境决定了“现金为王”很难出现，且现金收益受到现金类金融产品回报率下降、持续温和通胀率侵蚀等因素影响，长期来看很难战胜股票资产。

3.3　中国股票是全球股票配置中的必选项

低利率环境下，资金寻求高回报的机会越发稀少。综合各方面因素发展来看，只有股票市场才能继续满足资金的高回报需求。A股也将在这一过程中迎来属于自己的时代。

3.3.1　低利率环境，股票市场估值有望持续提升

低利率造成净息差收窄，投资回报率下降，“资产荒”成为普遍现象。低利率政策造成净息差收窄成为全球共有的现象，主要表现为贷款利率与存款利率之间差距不断收窄（见图 3-26），以银行为代表的利率敏感性行业盈利压力增大。大量资金不得不去追逐高收益、高风险资产，以获取高风

险溢价收益，以维持盈利水平。在国内，以理财产品、余额宝和信托为代表的资产收益率近年来逐步下降（见图 3-27）。随着资管新规的落地，理财产品净值化管理将更进一步推动居民资产配置“去无风险化”，国内呈现出一定的“资产荒”现象，迫切需要寻找新的资产配置高地。

图 3-26　全球净息差不断收窄

资料来源：Wind，兴业证券经济与金融研究院整理。

图 3-27　居民传统配置资产收益率

资料来源：Wind，兴业证券经济与金融研究院整理。

资金不得不去追逐高风险溢价以弥补过低回报率的影响。从理论上来说，宽松的流动性会造成单位投资产出的下降，这是生产要素的边际生产率递减规律所决定的。如果用 IMF 公布的投资率的倒数代表单位投资产出，可以看到 2008 年金融危机前，发达国家的单位投资产出曾一度冲高，但随着

QE带来的流动性放水，单位投资产出持续下降；新兴经济体单位投资产出更是在亚洲金融危机以后便开启下行，这与新兴经济体追求规模经济导致资金利用效率下降有关（见图3-28和图3-29）。利率等于资本的边际产出，因此投资回报率下降也是低利率的基本面因素。较低的实体经济回报率和低利率令资金不得不去追逐高风险资产（美国商业银行中股票占比见图3-30）。尤其是对于银行来说，低利率造成的低息差，导致银行利润空间大幅收窄，银行资金需要选择承担与其自身风险管理能力不相称的高风险资产。

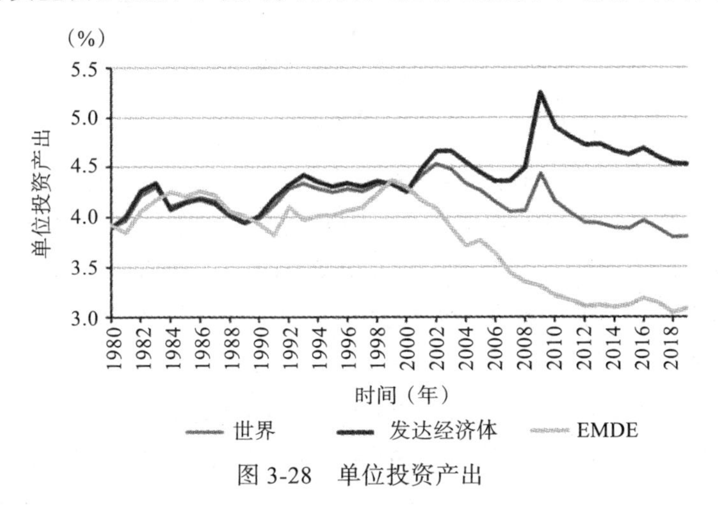

图3-28 单位投资产出

资料来源：Wind，兴业证券经济与金融研究院整理。

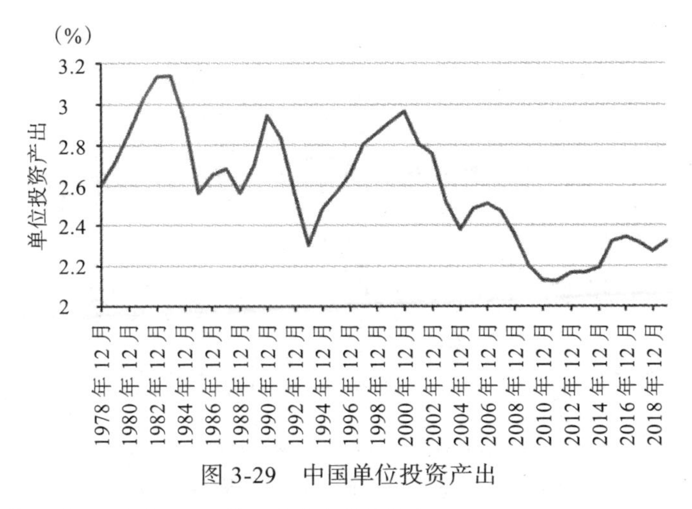

图3-29 中国单位投资产出

资料来源：Wind，兴业证券经济与金融研究院整理。

图 3-30 美国商业银行中股票占比

资料来源：Wind，兴业证券经济与金融研究院整理。

只有股票市场可以通过结构性行情提供较为稳定的回报率。在低利率促成的“资产荒”时代，大宗商品、债券收益率预期均有所下降的情况下，是否还能获得稳定的高回报率成了全球共同关心的事情。从国内外资产及行业表现来看，美股的标普 500 信息技术行业 2017 年、2019 年和 2020 年均贡献了 30% 以上的回报率（见图 3-31）；在国内市场方面，大宗商品指数和债券指数表现较为低迷，波动较为剧烈（见图 3-32）。因此未来在低利率环境中，股票市场几乎是可以为资金提供高回报率的唯一选择。

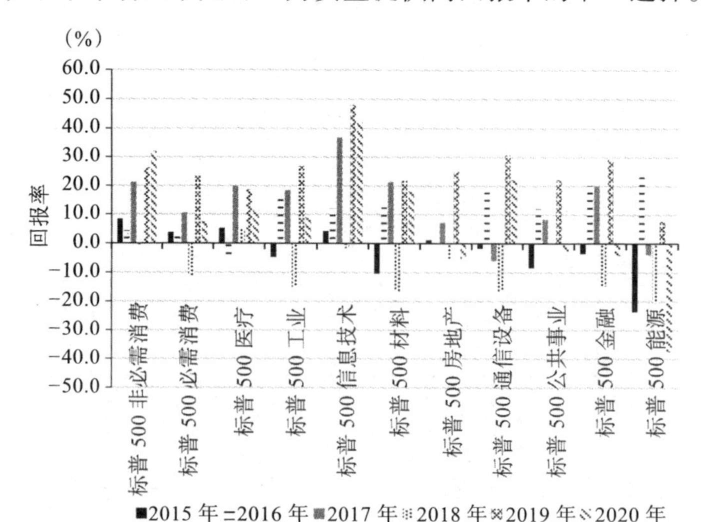

图 3-31 信息技术行业可以提供稳定高回报

资料来源：Wind，兴业证券经济与金融研究院整理。

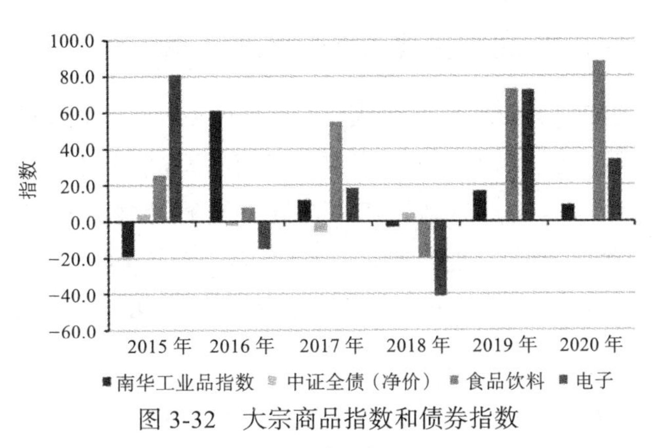

图 3-32　大宗商品指数和债券指数

资料来源：Wind，兴业证券经济与金融研究院整理。

长期低利率的预期令资金倾向于配置权益资产获得高增长红利。从资产收益原理角度来看，固收资产可获得企业盈利中的固定部分，而权益资产可以分享企业增长的红利。如前所述，低利率环境下，固收资产的配置价值正在下降，资金倾向于去追逐权益资产。以加拿大养老金（CPPIB）为例。金融危机以后，加拿大养老金明显增加对包括海外发达市场股权和海外新兴市场股权在内的权益资产的配置比例。其中海外发达市场股权配置比例由 2007 年的 40% 提升至 2018 年的 46.5%，海外新兴市场股权配置比例由 2009 年的 4.4% 提升至 2019 年的 13.2%，同时债券和货币市场证券投资比例由 2014 年高峰期的 28% 逐步下降至 2019 年 22%。正因如此，CPPIB 在过去十年的年收益率均值为 11.4%，权益资产配置比例提升贡献显著（见图 3-33）。

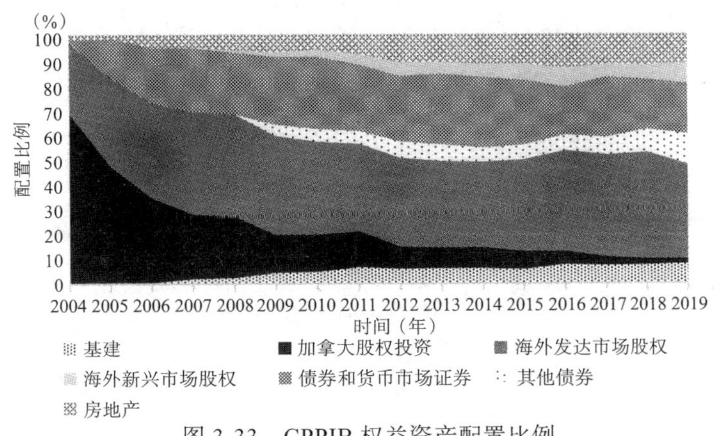

图 3-33　CPPIB 权益资产配置比例

资料来源：CPPIB 年报，兴业证券经济与金融研究院整理。

3.3.2 中国经济中高增长让股票市场拥有盈利支撑之本

目前我国 GDP 总量在占全球总额 20% 的水平，是当之无愧的经济大国。

对标发达国家，我国经济无论在体量还是增速上都是一大亮点。在体量上，自 2000 年以来，我国 GDP 总量不断赶超发达国家，在 2010 年 GDP 总量赶超日本，成为世界第二大经济体。在增速上，我国 GDP 始终遥遥领先发达国家，尤其是在 2005 ～ 2012 年间，GDP 增速接近 20%，为发达国家增速的 2 倍多（见图 3-34）。

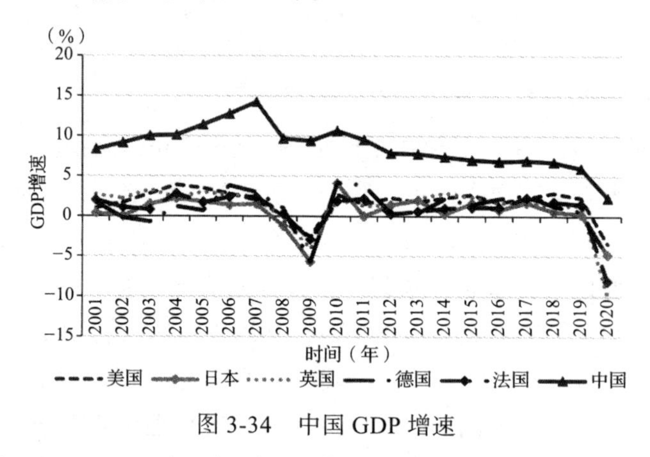

图 3-34 中国 GDP 增速

资料来源：Wind，兴业证券经济与金融研究院整理。

自 2000 年以来，我国 GDP 实现高速增长，增长为初始的 12 倍多，远超其他新兴市场，且差距越来越大，向发达国家看齐（见图 3-35）。

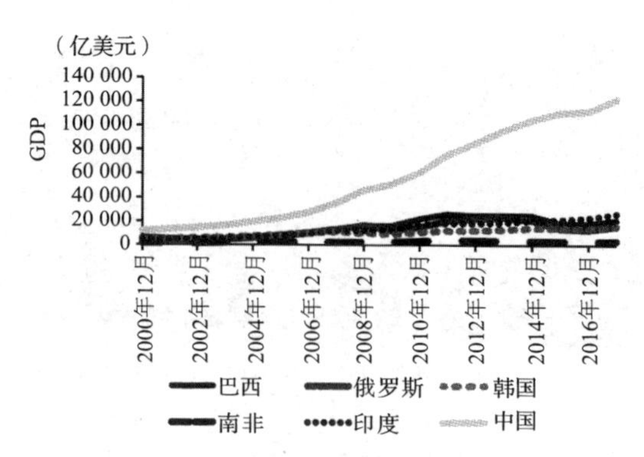

图 3-35 中国和新兴市场 GDP 对比

资料来源：Wind，兴业证券经济与金融研究院整理。

3.3.3 低利率让“偏债”资金加速股票化进程

股息率与债券收益率之差收窄的同时，意味着高股息率在低利率环境下优势更加凸显。高股息率还因为三个方面的原因在未来值得继续关注。

首先，全球主要国家和地区股票市场股息率均超过当前长期国债收益率，股票市场的高股息具有一定吸引力。从全球范围来看，英国富时 100、澳大利亚标普 200、德国 DAX、中国台湾加权指数等享有较高的股息率，分别为 3.25%、2.65%、2.56% 和 2.53%，对应的 10 年期国债（政府公债）收益率分别为 0%、1.56%、−0.33% 和 0.30%，股息率显著超过长期国债（政府公债）收益率；美国道琼斯工业指数、中国香港恒生指数、法国 CAC40 等亦如此。全球重要指数中仅巴西圣保罗 IBOVESPA 指数、印度 Sensex30 和美国纳斯达克指数股息率低于国债收益率（见图 3-36）。主要原因在于巴西和印度属于“高利率”国家。因此从全球角度来看，在低利率环境下，当前配置股票的收益会超过配置债券，资金可以通过股息分享低利率下企业成长创造的价值。

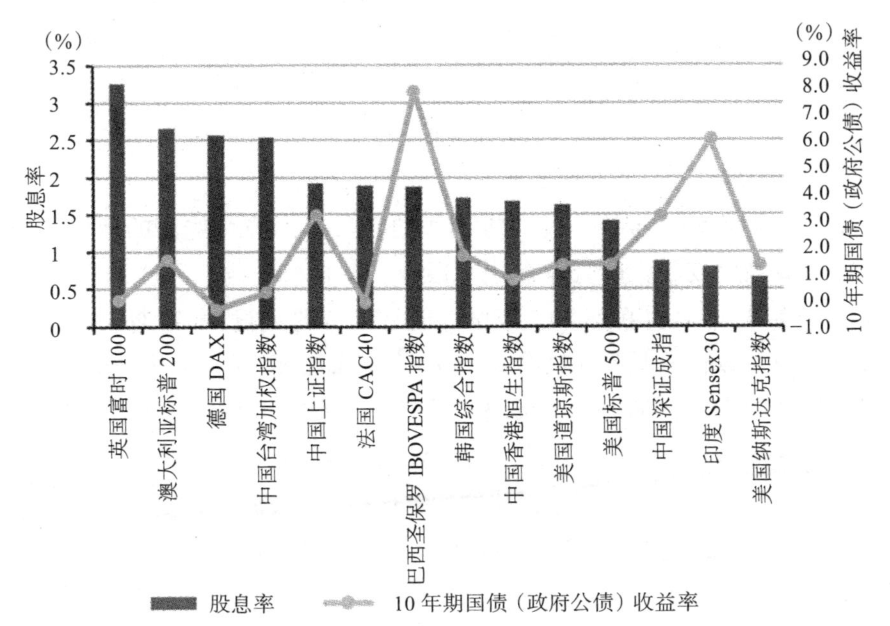

图 3-36　一些国家和地区股息率低于当地国债（政府公债）收益率

资料来源：Wind，兴业证券经济与金融研究院整理。

其次，当前 A 股整体股息率处于历史中性水平，A 股高股息资产稀缺性增加。从 A 股表现来看，当前 A 股股息率自 2018 年 2 月以后持续回落，当前处于过去十年的历史均值附近，股息率水平偏中性（见图 3-37）。这或许与近年来成长企业占比扩大，企业整体分红意愿下降有关。因此，其中的高股息资产更加显得稀缺，尤其是在市场偏向弱势震荡时，高股息资产显得更为重要。

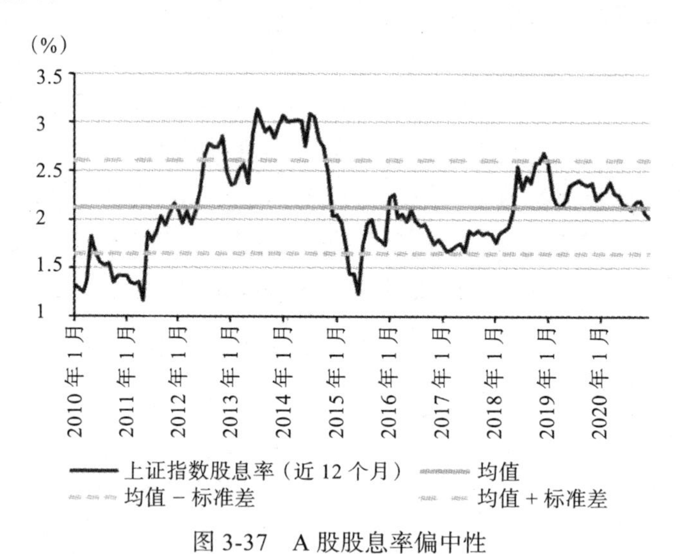

图 3-37　A 股股息率偏中性

资料来源：Wind，兴业证券经济与金融研究院整理。

最后，配置型资金资产配置方向倾向于具有高股息优势的板块。当前 A 股中高股息比较集中的行业板块为银行、煤炭和房地产，过去 12 个月股息率分别为 4.13%、4.09% 和 3.78%，也是仅有的超过 10 年期国债收益率（3.26%）的一级行业板块（见图 3-38）。因此配置型资金会格外关注银行、煤炭和地产的表现，加大对该板块优质资产的配置比例。比如截至 2020 年三季报，保险资金在银行、煤炭和房地产三个板块上的配置比例合计约为 60.1%；而在 2010 年底，三大板块的配置比例仅为 26.3%，配置比例提升非常明显。除了高股息本身的吸引力之外，新会计准则的施行也增加了资金对于高股息资产的需求。根据新的会计准则，从 2019 年起，全部 A 股上市公司均需要实行新会计准则。新会计准则下的以公允价值计量且其变动计入其他综合收益的金融资产，公允价值不再影响利润表。此前持有大量权益资产的企业可能会增加对高股息率标的的配置，并将其划为以公允价值计量且其变动计入其他综合收益的金融资产，以此来减少新准则对报表利润的影响。

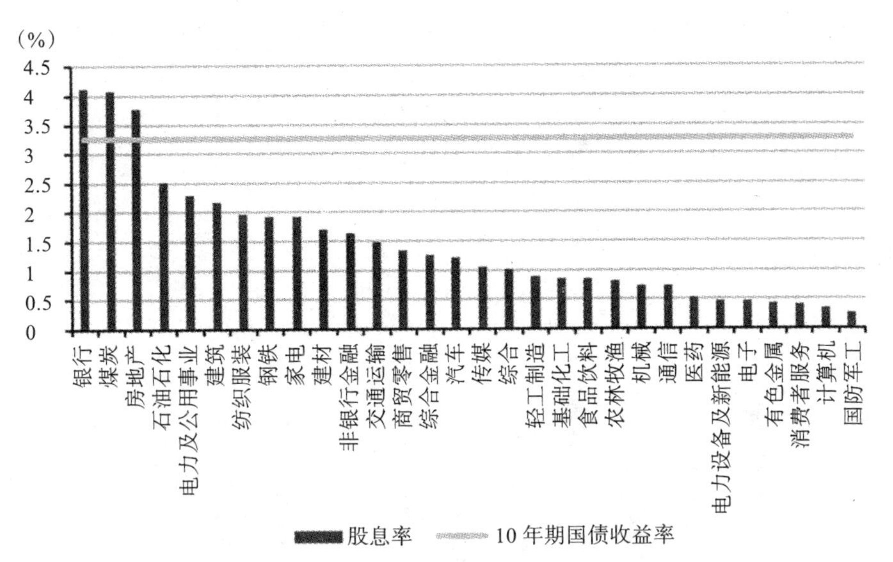

图 3-38　银行、煤炭和房地产股息率超过国债收益率

资料来源：Wind，兴业证券经济与金融研究院整理。

高股息资产形成的原因主要如下。

一方面，制度鼓励分红。2019 年 10 月发布的《国务院关于进一步提高上市公司质量的意见》提出，鼓励上市公司通过现金分红、股份回购等方式回报投资者，切实履行社会责任；“十四五”规划纲要指出，多渠道增加城乡居民财产性收入，提高农民土地增值收益分享比例，完善上市公司分红制度，创新更多适应家庭财富管理需求的金融产品；2020 年 3 月正式施行的新《证券法》进一步明确，上市公司应当在章程中明确分配现金红利的具体安排和决策程序，依法保障股东的资产收益权；上市公司当年税后利润在弥补亏损及提取法定公积金后有盈余的，应当按照公司章程的规定分配现金红利。因此从制度安排角度来看，未来 A 股制度将鼓励企业分红，引导企业做好现金分红，丰富中小股民的收益渠道等。

另一方面，很多行业步入成熟期，竞争格局相对稳定，分红意愿加强。A 股上市公司 2019 年资本性开支增速较 2018 年有所回落。其中有部分原因是 A 股上市公司中部分已经成为行业龙头公司，结束高成长阶段进入平稳成熟期，资本性开支意愿下降，分红意愿上升。从 2009 ～ 2019 年可以看到，A 股上市公司中分红比率在 30% 以上的数量和占比均同步上升，2019 年分红比率在 30% 以上的数量超过了 1600 家，占比接近 35%（见图 3-39）。2020 年年报显示这一势头依然没有减弱。截至 4 月 6 日，1204 家 A 股上市公司已披露年报，1042 家拟进行现金分红，分红金额超过万亿元。拟分红上市公司在已披露年报的上市公司中，占比近九成；其中，有 639 家上市公司现金分红占净利润的比例不小于 30%，在分红上市公司中占到 61.3%。

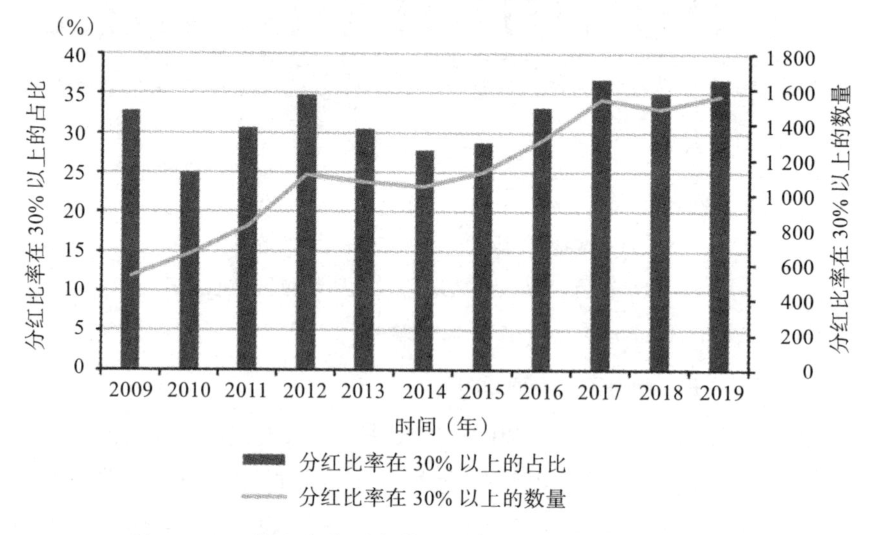

图 3-39 A 股上市公司高分红比率的数量和占比持续上升

资料来源：Wind，兴业证券经济与金融研究院整理。

| 第4章 |

传统行业格局优化，股票市场盈利稳定性提升

在前几章中，我们探讨了从不同国家、不同资产角度的对比下，A股的吸引力在快速上升。回到市场本身来看，实质上A股近年来也逐步呈现了一系列深刻的变化，尤其是2016年以来，“核心资产”的概念开始深入人心，贵州茅台、恒瑞医药、格力电器等一系列行业龙头近年来也为投资者带来了巨大的回报，市场过去对高弹性的小盘股的偏好，也逐步转向具有确定性、核心竞争优势的头部公司。是什么造成这种投资风格的变化？我们认为本质上与中国经济周期有关，过去经济高速增长，业绩和股价弹性更高的小市值“黑马”容易脱颖而出，能够给市场带来惊喜；而当前中国经济正在经历一轮广泛而深刻的变革，整体经济的周期性大波动在下降，货币政策等大幅度刺激与收缩也在减少，行业内的分化远大于行业之间的分化，各领域中的“白马”开始与行业整体趋势相独立，“分蛋糕”时代将长期享受格局优化的红利。此外，产业制度，尤其是股票市场和资本市场的制度变革将更加倾斜龙头公司，立足主业的核心资产将获得更多制度红利；投资机构、投资理念在外资的冲击与引领下将发生深刻变化，进一步引发估值体系的彻底颠覆，“短钱”的博弈思维将逐渐被“长钱”的配置思

维所替代。多重因素共同作用下，我们看到近几年以龙头公司为代表的核心资产进入了一轮独立牛市。

如果我们放眼海外，以美国、日本为代表的成熟经济体实际上早在20世纪80年代已出现这样的情况，卡特彼勒、丰田等公司在经济增速放缓的背景下，不断抢占市场份额做大自身的“蛋糕”，企业盈利也随着市占率的提升不断改善，支撑着股价一路向上，给投资者带来了可观的收益。因此我们可以大胆地做出预测，A股核心资产的独立牛市还未结束，也将引领A股走出长牛。本章，我们将结合海内外案例，从产业和股票市场的角度来探讨龙头公司会对A股产生哪些深远的影响。

4.1 经济结构转型，行业龙头优势峥嵘渐露

改革开放以来，投资对我国经济持久高速增长起到了非常重要的作用。然而，以投资驱动的粗放式发展方式带来了杠杆率迅速攀升等一系列的问题，经济转型升级的需求日渐迫切。2015年底，中央经济工作会议提出供给侧改革、“三去一降一补”五大任务。在调结构、去杠杆、出清传统过剩产业的过程中，增速换挡难以避免，目前我国GDP增速已经回落到1997～1998年和2008～2009年两轮经济见底时的区间（见图4-1）。

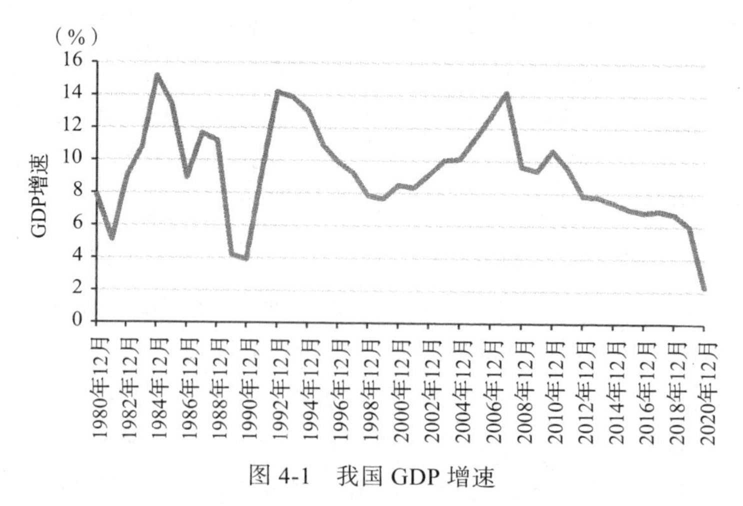

图4-1　我国GDP增速

资料来源：Wind，兴业证券经济与金融研究院整理。

随着近几年一系列的改革行为的深入推进，以周期行业为代表的传统行业加速出清，行业基本面有了较大改观，从而带动了整体 GDP 增速逐渐企稳。未来，随着经济结构调整的稳步推进，GDP 增速可能仍会在一段时间内维持低波动状态。

过去几年经济的下滑期其实伴随着产能的加速出清，行业集中度的不断提升。根据产业经济学理论，在高集中度行业中，低效的企业将被淘汰，而龙头公司将依托规模经济效应与高进入壁垒，获取更高的经济效益，甚至能够逆势扩张产能，用低成本产能取代高成本产能的市场份额，或者在行业底部不断并购扩张。未来随着行业基本面企稳，龙头公司将拥有更强的定价能力，从而盈利有望出现更大的改善。以周期行业为例，海螺水泥、三一重工等龙头公司在过去数年市占率不断上升，同时行业内其他资质一般的企业则债务高企，难以获得银行信贷支持，未来即使产品价格反弹也可能没有足够能力复产或者新建产能。除了传统行业，消费升级、移动互联等新趋势，新技术的普及同样为新经济龙头公司带来了弯道超车的机会。

因此，在经济进入稳态、加速出清、优胜劣汰的新阶段，龙头公司一方面通过行业整合可以不断提升市占率，定价权更强，进而带来研发能力和效率提升；另一方面，可以比行业多数企业更容易获得银行、财政或其他融资渠道的支持，吸引人才。长期来看，龙头公司将拥有更强的竞争力，进而推动盈利持续改善，并由此形成良性循环。

行业格局改善也促使资金导向转变为“价值投资”，推动龙头公司价值持续重估。随着经济增速放缓，资金更为偏好盈利前景更加确定，股息率和分红意愿更高的行业龙头，新经济龙头公司随着地位逐步稳固，也受到市场的认可。如表 4-1 所示，A 股机构持股市值前 30 家公司，既包括传统周期行业龙头（海螺水泥）、消费行业龙头（格力电器）、金融行业龙头（招商银行），也包括新经济龙头公司（立讯精密、宁德时代等）。随着银行、保险等机构资金加大对优质股权的投资，行业龙头将迎来持续的价值重估。在中国经济转型新阶段，各个行业估值和盈利匹配度高行业的龙头公司都有望成为核心资产，并走出独立牛市。

表 4-1　A 股机构持股市值前 30 家公司（截至 2020 年 6 月）

代码	名称	机构持股市值（亿元）	占流通股比例（%）	EPS（TTM）	PE（TTM）
600519.SH	贵州茅台	14 781.12	80.43	35.49	69.32
601398.SH	工商银行	12 901.48	96.09	0.81	6.46
601288.SH	农业银行	9 365.22	94.23	0.56	5.75
601988.SH	中国银行	7 090.16	96.67	0.59	5.48
601857.SH	中国石油	6 545.86	96.48	0.10	42.81
601628.SH	中国人寿	5 545.45	97.87	1.69	20.93
000858.SZ	五粮液	5 144.46	79.20	5.00	68.89
600036.SH	招商银行	4 490.84	64.56	3.66	15.09
600276.SH	恒瑞医药	3 826.95	78.29	1.10	95.82
600900.SH	长江电力	3 716.93	89.20	1.05	18.96
600028.SH	中国石化	3 499.36	93.66	0.31	13.99
601318.SH	中国平安	2 845.46	36.79	7.83	10.76
603288.SH	海天味业	2 722.43	67.54	1.88	101.73
000333.SZ	美的集团	2 653.27	64.71	3.54	27.69
002475.SZ	立讯精密	2 563.06	71.56	0.93	53.80
601888.SH	中国中免	2 450.54	81.48	1.84	201.85
600000.SH	浦发银行	2 295.65	77.21	1.88	5.82
601088.SH	中国神华	2 156.14	91.05	2.00	9.07
002352.SZ	顺丰控股	2 049.70	85.51	1.55	74.56
000001.SZ	平安银行	1 855.04	74.68	1.49	16.00
002415.SZ	海康威视	1 763.25	71.77	1.37	44.93
600104.SH	上汽集团	1 740.57	87.69	1.84	12.14
000002.SZ	万科 A	1 622.70	63.90	3.49	8.56
601998.SH	中信银行	1 580.35	96.18	0.90	5.88
601166.SH	兴业银行	1 579.57	51.03	3.02	8.84
600585.SH	海螺水泥	1 519.27	71.79	6.51	8.40
601668.SH	中国建筑	1 463.25	74.36	1.03	4.86
000651.SZ	格力电器	1 460.10	43.23	2.71	22.55
601601.SH	中国太保	1 390.89	75.05	2.54	16.63
300750.SZ	宁德时代	1 326.36	62.07	1.91	202.72

资料来源：Wind，兴业证券经济与金融研究院整理。

4.2　全球主要行业格局优化的经验借鉴

我们发现以美国、日本为代表的发达市场在 20 世纪末和 21 世纪初都经历了行业增速放缓、龙头公司市占率提升的过程，从而改善了企业盈利的情况。市场格局从“分蛋糕”到“抢蛋糕”的改变，导致大多数中小企业被淘汰，存活下来的企业成功演绎了“Winner-Take-All”，最终成了投资者心中的“香饽饽”。我们从诸多案例中选取了制造、周期、消费、金融、科技成长等多个行业大类的典型细分子行业与大家分享（见表 4-2）。

表 4-2　行业大类的典型细分子行业

行业大类	典型的细分子行业
制造	工程机械、化工、汽车等
周期	有色金属、煤炭、钢铁、交运等
消费	医药、食品饮料、零售、家电、农业等
金融	银行、证券、保险等
科技成长	电子、通信、计算机、传媒等

资料来源：兴业证券经济与金融研究院整理。

4.2.1　制造行业：从“大”到“伟大”

纵观欧洲、美国、日本等发达国家和地区，它们的制造业均已经过高速成长到增速放缓的过程。头部公司凭借规模效应带来的低成本，减缓景气度下行对业绩的冲击；同时依托雄厚的资本，进行地域扩张与业务扩张，获得新的增长点，并通过高额研发投入，保持技术领先。与龙头公司相比，中小企业在资本、成本、技术方面的差距日渐扩大，最终被时代的洪流所淹没。

制造行业代表之一：工程机械行业

工程机械行业的格局优化过程，有两大特点。①通过全球化进行市场扩张：工程机械企业的发展，初期离不开本土市场高景气的拉动，但随着本土市场从增量转向存量竞争，像卡特彼勒这类行业龙头，凭借着体量优势、遍布全世界的经销商网络等，开始走向全球化，开拓新的业务增长点，也进一步拉开和非龙头公司的差距。②把握技术拐点提高壁垒：工程机械行业面临着动力技术变革、智能化变革带来的多次技术拐点，掌握先进技术的企业能够持续降本增效，进而成为行业先行者，并且不断持续扩大自身的技术优势，维持头部地位。

卡特彼勒印证了全球化 + 把握技术拐点的龙头公司成长逻辑。二战后，卡特彼勒依托美国基建、房地产的旺盛需求，迅速崛起。在 20 世纪 80 年代，全球工程机械需求中心经历了欧美→日本→中国的转移，日本、中国的工程机械企业相继崛起，并对欧美传统工程机械龙头公司的经营带来冲击。对内，卡特彼勒发挥规模效应降成本，对外，为了熨平本土周期波动，卡特彼勒开始向全球扩张。卡特彼勒的体量优势，使其能够承受全球建厂的巨额投资，而在全球建立的经销商网络，更是其扩张的坚实助力，卡特彼勒的代理商遍布 182 个国家和地区，且与公司之间的代理关系保持在 40 年以上，形成难以复制的竞争优势。参与全球化竞争时，卡特彼勒甚至能够发挥对美国政府的影响力，在 20 世纪 80 年代小松崛起，企图“围剿”卡特彼勒时，卡特彼勒参与了对美国政府的游说，推动“广场协议”的签订，借日元升值打压小松的出口业务。当前，卡特彼勒的全球市场份额比小松高出 5% 左右（2010 年全球工程机械企业榜单 TOP10 见表 4-3），领先优势稳固。而众多德国工程机械企业，如 O&K、Hanomag、Demag 等，由于体量、经销商布局、政治影响力等均逊于卡特彼勒，面对本土市场的景气度下滑，全球化扩张的成效不足，只能被并购或退出市场。

表 4-3　2020 年全球工程机械企业榜单 TOP10

排名	公司名称	工程机械销售额（百万美元）	市场份额（%）
1	卡特彼勒	32 882	16.20
2	小松	23 298	11.50
3	约翰迪尔	11 220	5.50
4	徐工集团	11 162	5.50
5	三一重工	10 956	5.40
6	沃尔沃	9 381	4.60
7	日立建机	8 989	4.40
8	利勃海尔	8 665	4.20
9	斗山	6 689	3.30
10	中联重科	6 270	3.10

资料来源：YellowTables，兴业证券经济与金融研究院整理。

及时把握技术拐点，也让卡特彼勒形成研发投入增长与体量扩张的正向循环。如表 4-4 所示，20 世纪 30 年代，卡特彼勒因柴油发动机和履带式拖拉机兴起；20 世纪 50 ～ 70 年代，卡特彼勒因掌握最先进的发动机技术而快速形成了自己的一批忠实“粉丝”；20 世纪 80 年代，卡特彼勒和小松在液压技术上竞逐。当前，工程机械行业开始进入智能化时代，参与者几乎处于同一起跑线上，但卡特彼勒能够承担更大规模的研发资金，2020 年投入的研发费用为 14.15 亿美元，是第二名小松（7.1 亿美元）的近 2 倍。

表 4-4　卡特彼勒始终引领行业发展变革

时间	20 世纪 30 年代	20 世纪 50 ～ 80 年代	20 世纪 80 年代	当前
所处阶段	工程机械起步阶段	推土机时代，发动机技术为主导	挖掘机时代，液压技术为主导	智能化时代
卡特彼勒动向	引发柴油机革命	领先发动机技术，广泛运用于产品	追赶液压技术	发展物联网、自控技术

资料来源：兴业证券经济与金融研究院整理。

受益于头部资源集中化优势，卡特彼勒的经营质量持续提升，ROE 从 1988 年的 16% 上升到当前的 20%，远高于排名第二名小松的 8.58%。业绩持续释放，成为卡特彼勒股价上行的主要动力。1993 ～ 2020 年，卡特彼勒的股价由 11.13 美元上升到 182.02 美元，涨幅高达 15 倍，超过同期标普 500 的 12 倍涨幅（见图 4-2）。

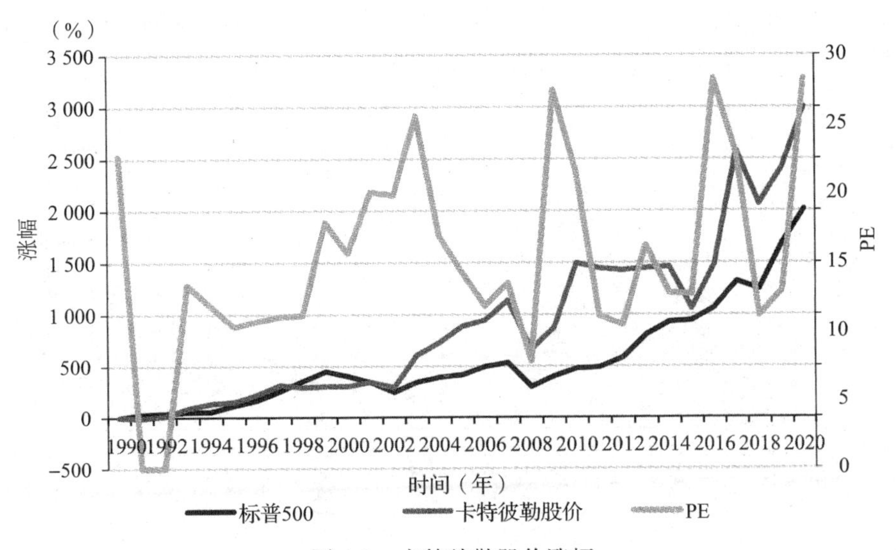

图 4-2　卡特彼勒股价涨幅

注：此处标普 500 为包含了分红再投资的指数，卡特彼勒股价也经过复权处理。

资料来源：Bloomberg，兴业证券经济与金融研究院整理。

4.2.2 周期行业：凤凰浴火

周期行业的发展与经济密切相关：经济高速增长的背景下，行业粗放式扩张，参与者都有“蛋糕”可分；随着经济增速放缓，行业格局也从“分蛋糕”变为“抢蛋糕”，中上游不良企业逐渐退出，而龙头公司凭借低成本优势、相对健康的资产负债表和充足的资本，反而能够逆势扩张产能，在行业底部不断并购扩张，将中小企业的市场份额蚕食殆尽。

周期行业代表之一：房地产行业

美国房地产行业周期属性显著，表现出明显的“低谷—繁荣—泡沫—收缩—重组”特征。在20世纪90年代，美国房地产行业平稳成长。但自2001年互联网泡沫破灭后，为刺激经济，美联储连续13次降息。宽松货币政策作用下，过剩的流动性使美国房地产市场飞速膨胀，新开工房屋套数与房价指数在2006年中期均达到阶段性峰值（见图4-3）。然而，出于对通货膨胀的担忧，美联储自2004年6月起连续17次加息，基准利率的上升击破了美国房地产市场的泡沫，房价跳水—房贷违约—房地产企业资金链断裂的恶性循环形成，次贷危机爆发，并迅速蔓延成国际经济危机。2007年后，美国房地产行业进入下行周期。

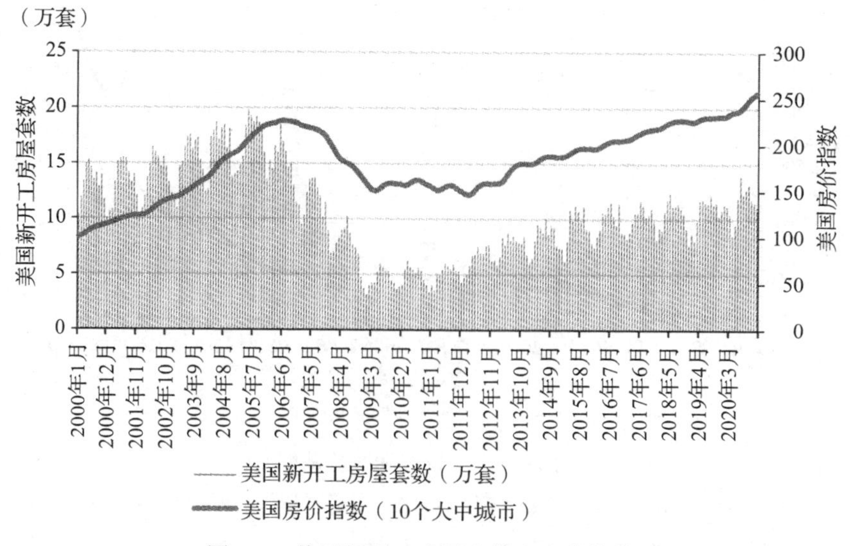

图 4-3 美国新开工房屋套数和房价指数

资料来源：Wind，兴业证券经济与金融研究院整理。

次贷危机对房地产行业的资金链安全带来考验。从经营特性来看，房地产行业本就呈现出开发周期长、前期土地购置投入大的特点，体量大、融资成本低、偿债能力优的行业龙头更能承受项目开发带来的资金压力。在次贷危机中，债务风险向房地产行业蔓延，但偿债能力更优的龙头公司实现了“大而不倒”。将美国三大房地产商霍顿、莱纳和普尔特与其他房地产商相对比，可以看出三大房地产商的资产负债率常年低于其他房地产商，2005 ～ 2020 年，三大房地产商的资产负债率均值为 35%，而其他房地产商为 41%，龙头房企的抗风险能力凸显（见图 4-4）。

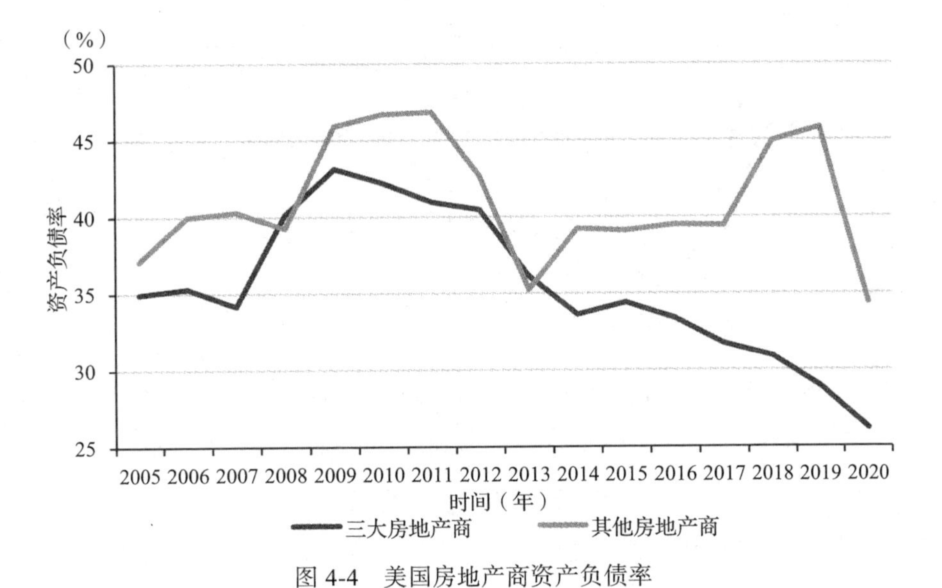

图 4-4　美国房地产商资产负债率

资料来源：Bloomberg，兴业证券经济与金融研究院整理。

2006 ～ 2007 年，营收 TOP5 和非 TOP5 的房企 ROE 均值分别从 24.46%、0.88% 下降到 −14.71%、−30.87%。此后在金融危机的冲击下，TOP5 和非 TOP5 房企均出现不同程度的亏损，但危机过后，头部公司的经营快速恢复：2011 年，TOP5 房企的 ROE 均值回升至 17.34%，但非 TOP5 房企的 ROE 均值却依然为负（见图 4-5）。非龙头房企仍在危机中苦苦挣扎时，市场的低迷期却成就了龙头房企的逆势扩张。以三大房地产商之一的普尔特为例，去杠杆及资金成本优势减小了次贷危机对普尔特的冲击，市场细分战略更使普尔特进一步分散风险。在行业低谷的 2008 年，普尔特抓住机会，以31亿美元的低价收购了全美第二大房地产公司——桑达克斯，体量进一步扩大。随着集中度的提高，普尔特的业绩也出现了“质变”，公司ROE自2013年的0.09%一路上升至2019年的16.5%，超过莱纳（14.23%）与霍顿（15.54%），领跑美国TOP3房地产商。普尔特的股票市场表现同样卓越。1987～2020年，普尔特的股价从0.79美元上升到42.99美元，涨幅高达52倍，远高于同期标普500的25倍涨幅。

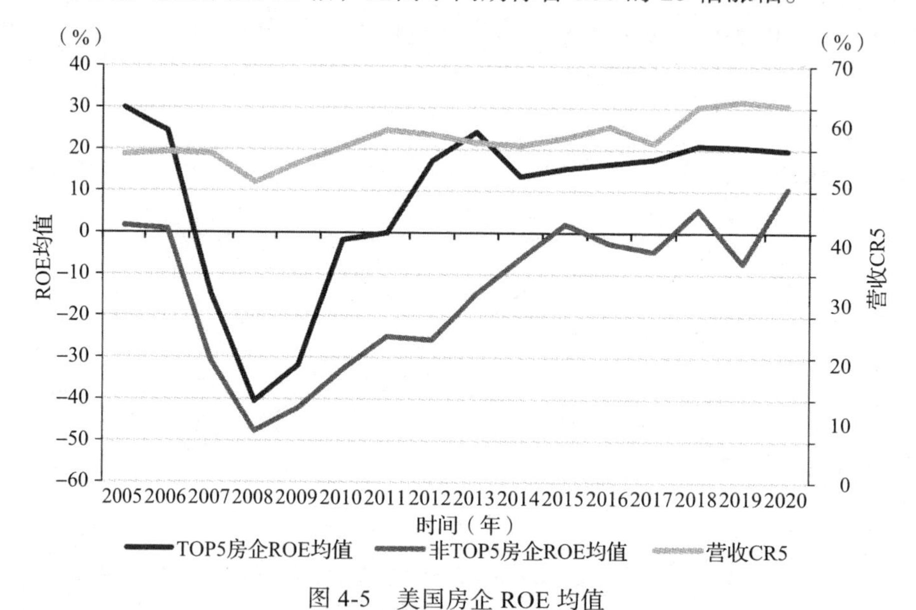

图4-5 美国房企ROE均值

资料来源：Bloomberg，兴业证券经济与金融研究院整理。

4.2.3 消费行业：消费革命带来机遇

尽管是弱周期行业，但消费行业也不可避免地受到宏观经济影响，社会环境的改变，如消费升级趋势、社会潮流变迁和政策法规出台，同样会影响消费品的下游需求。适应能力较弱的中小企业逐步被边缘化，龙头公司依托品牌、渠道、技术等“护城河”，则享有行业格局优化的红利。

消费行业代表之一：调味品行业

作为日本调味品的最大子行业，酱油业的市场竞争激烈。酱油是居民必选的日常消费品，其消费总量受国内经济增长、居民人均收入、人口等因素的制约。战后高速增长期，日本酱油消费量也迅速上升，1956年出货量便已突破0.1亿升，人均消费量超过11升。20世纪90年代，受经济不景气影响，日本家庭可支配收入增速1992年后长期在0%上下浮动，进入“低欲望社会”，酱油消费量也受到压制。1987～2007年间，日本家庭的普通酱油支出从3200日元下降至2200日元，在调味品支出中的占比从10%下降到6%。

在饮食西方化、健康化、简便化趋势的影响下，日本酱油也迎来了消费升级，以功能性酱油为代表的高端酱油开始挤占普通酱油的市场。与普通酱油的市场萎缩相反，在调味品支出中，功能性酱油的支出从2300日元上升至3800日元，在调味品支出中的占比从7%上升至11%。在消费升级趋势下，品牌、渠道占优的酱油业龙头公司优势持续扩大。2019年，日本酱油业市占率前五的龙头包括龟甲万（40.9%）、雅玛吉（17.5%）、Yamasa（10.4%）、味滋康（6.9%）和东丸（4.4%），龟甲万遥遥领先（见图4-6）。

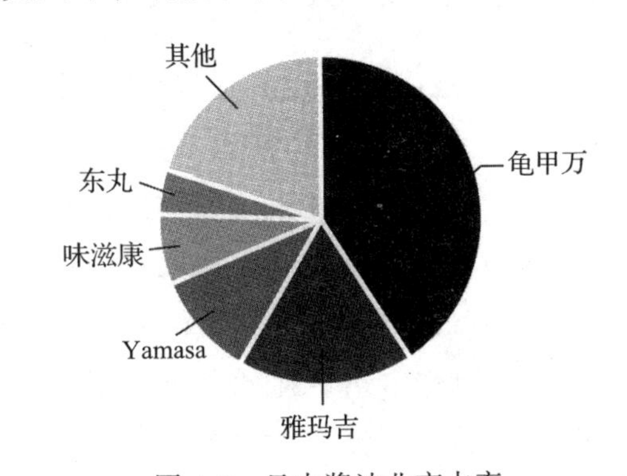

图4-6　日本酱油业市占率

资料来源：Wind，兴业证券经济与金融研究院整理。

龟甲万拥有数百年的品牌积淀，构建了独一无二的竞争壁垒。在19世纪，龟甲万酱油就得到幕府的高度认可，并在世博会上夺得酱油类最高奖，从此声名鹊起。二战结束时，日本国内物资匮乏，众多中小酱油厂家转而生产化学合成的酱油，以节省成本，而龟甲万则坚持使用古法酿造酱油，品牌美誉度持续提升。随着龟甲万成为高端酱油的代名词，龟甲万引领了多轮酱油业的消费升级趋势（见表4-5），如20世纪90年代推出纯大豆酱油，2010年前后推出生榨酱油等。其他厂商只能做趋势的跟随者，与龟甲万的距离持续拉大。优质的产品为龟甲万的品牌价值提升奠定基础，龟甲万凭借资本优势持续进行大额研发投资，为新产品的推出蓄力，加固品牌护城河。与另外两家酱油业上市公司丘比、可果美相比，2020年龟甲万的毛利率达到39%，而丘比和可果美的毛利率分别为23%和36%，一定程度上体现了龟甲万的品牌优势。

表 4-5 日本酱油业消费升级趋势

	引领者	详情
第一次消费升级	纯大豆酱油	20 世纪 90 年代以前，日本大豆产量低且进口成本高，大多数酱油产品的原料是脱脂大豆，随着健康观念推广，1989 ～ 1990 年本土酱油中大豆原料比重从 2% 上升至 10%，纯大豆酱油产量迎来爆发式增长
第二次消费升级	有机酱油	1996 年，日本掀起有机种植潮流，并逐步扩展至食品加工领域。有机酱油认证量 2002 年时为 1600 吨，2006 年时为 6700 吨，之后稳定在 6000 吨水平
第三次消费升级	生榨酱油	随着日本消费者人均可支配收入的增长，2011 年起，更高端的生榨酱油在日本家庭中开始更多地被使用。2011 年以来，生榨酱油在家庭渠道中占比从 6% 提升至 23%，2015 年销售额是 2011 年的 3.6 倍，已逐步成为主流细分产品

资料来源：兴业证券经济与金融研究院整理。

酱油的主营渠道为批发卖场和餐饮渠道。在批发卖场，由于商品陈列空间有限，卖家优先选择畅销产品，有品牌优势加持的龟甲万受到青睐。在餐饮渠道，龟甲万积极开展营销活动，包括举办烹饪比赛、成立烹饪教室、制作食谱、在黄金时段播出广告等，多样化营销活动的背后是行业领先的营销开支。2020 年，龟甲万的营销开支达到 10 亿美元，而比丘、可果美当年的营销开支分别为 1.17 和 1.04 亿美元，远远低于龟甲万（见图 4-7）。在品牌优势和高额销售费用的加持下，龟甲万的渠道优势也在持续巩固。

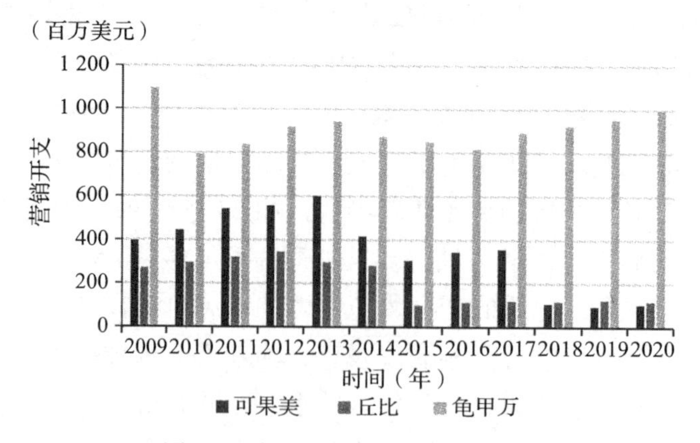

图 4-7 龟甲万营销开支领先同行

资料来源：Bloomberg，兴业证券经济与金融研究院整理。

龟甲万稳坐日本酱油业头把交椅，经营质量持续上升，1993～2019年，龟甲万的ROE从5.86%上升到10.12%。公司的股票市场表现也非同凡响，从1992年的5.29美元上升到42.43美元，涨幅达到7倍（见图4-8）。

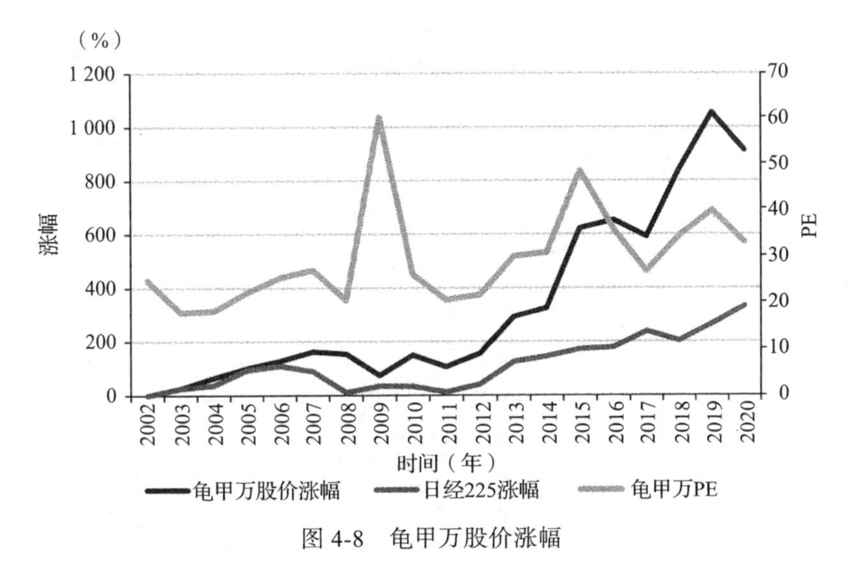

图4-8 龟甲万股价涨幅

资料来源：Bloomberg，兴业证券经济与金融研究院整理。

4.2.4 金融行业："大而不倒"

经济危机、政策变革等外部冲击下，资产质量差、创新能力不足、抗风险能力低的中小企业纷纷退出市场，金融行业也不例外。而金融龙头公司凭借自身充足的资本金、强抗风险能力、低杠杆率等优势，能够在外部冲击下发挥多元化业务布局的优势，"剩者为王"。

金融行业代表之一：银行

银行是"大而不倒"的典范，头部公司凭借资本优势有更强的能力进行经营创新。以利率市场化改革为例，20世纪70年代，美国走向利率市场化改革，中小银行由于创新能力差，过分依赖传统存款业务，最终走向破产或被兼并重组（美国银行业并购浪潮见表4-6）。1987～1996年间，资产规模小于1亿、1亿～10亿、10亿～100亿美元的银行分别减少6173、168、108家，但以富国银行为代表的大型银行趁机进行业务创新，比如转向社区银行业务，以减小利率波动的冲击。在中小银行纷纷倒闭时，同期资产规模在 100 亿～ 2500 亿美元的银行反而增加了 32 家，行业集中度快速上行。

表 4-6 美国银行业并购浪潮

并购浪潮	时间	并购方	被并购方
第一次并购浪潮（20 世纪 20 ～ 70 年代）	1930 年	大通国民银行	公平信托
	1954 年	化学银行	谷物交易所银行信托
	1955 年	纽约国民城市银行	纽约第一国民银行
	1961 年	制造业者信托	汉诺威银行
第二次并购浪潮（20 世纪 80 年代）	1983 年	美洲银行	Seafirst 银行
	1984 年	大通曼哈顿	林肯第一银行
	1985 年	波士顿银行	殖民银行
	1986 年	君主金融公司	郊区银行
	1987 年	纽约化学公司	克萨斯商业银行
	1988 年	纽约银行	欧文银行
	1989 年	太平洋证券	内华达州国民银行
第三次并购浪潮（20 世纪 90 年代）	1990 年	中部州金融公司	第一宾夕法尼亚州银行
	1991 年	Fleet/Norstar 金融集团	新英格兰银行
	1992 年	美洲银行	太平洋证券
	1993 年	第一银行系统	科罗拉多国民银行
	1994 年	Society 公司	Key 公司
	1995 年	化学银行	大通曼哈顿公司
	1996 年	韦尔斯法戈公司	第一洲际银行
	1997 年	第一联盟公司	Signet 银行
	1998 年	阳光信托银行	Crestar 金融公司
	1999 年	Fleet 金融公司	波士顿银行
第四次并购浪潮（21 世纪初）	2000 年	大通曼哈顿公司	JP 摩根公司
	2002 年	花旗集团	金星银行
	2003 年	BBT 公司	第一维吉尼亚银行
	2004 年	JP 摩根大通	第一银行
	2005 年	PNC 银行	Riggs 银行
	2006 年	第一资本金融公司	北方 Fork 银行
	2007 年	市民银行	共和银行
	2008 年	美国银行	美林

资料来源：兴业证券经济与金融研究院整理。

次贷危机再一次使银行业展现了“剩者为王”的特点。次贷危机中，受房产泡沫破裂波及，银行不良资产激增，而美国四大行（摩根大通、美国银行、花旗集团和富国银行）的债务负担显著低于同业。2009 年四大行的杠杆率均值为 11.01%，但其他银行的杠杆率均值为 13.36%。尽管四大行也受到次贷危机的影响，比如金融衍生品交易给花旗集团带来巨亏，但由于业务的多元化，诸如传统的信贷业务能起到对冲风险的作用。2009 年，四大行的净息差均值为 3.68%，其他银行的净息差均值则为 3.52%，信贷业务反而在危机中成为龙头银行的有力支撑。抗风险能力较强、经营稳健的龙头银行能更快走出危机泥潭，四大行和其他同业银行的 ROE 在 2009 年分别为 −1.31% 和 −10.48%，而在 2010 年，四大行的 ROE 率先转正，回升到 3.71%，而其他银行的 ROE 仍始终在 −10% 左右（见图 4-9）。

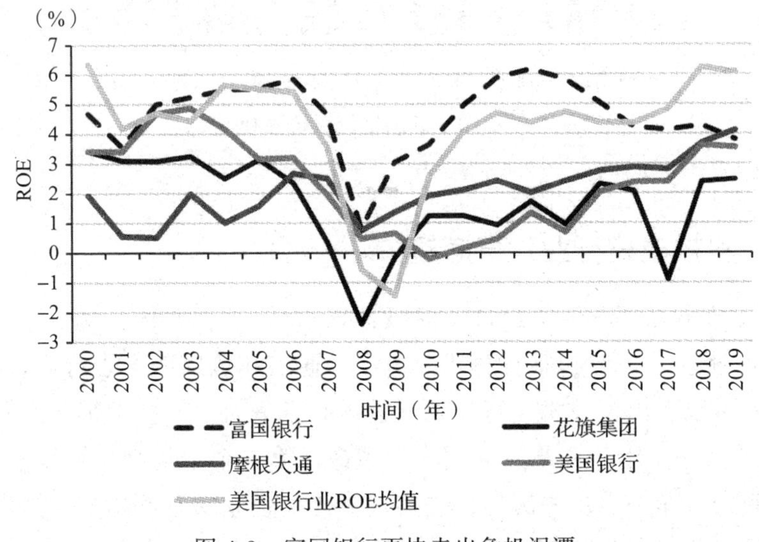

图 4-9　富国银行更快走出危机泥潭

资料来源：Bloomberg，兴业证券经济与金融研究院整理。

在大行中，富国银行更是成为率先复苏并扩张的代表，与激进的花旗集团不同，富国银行不跟风进行金融衍生品交易，又有社区银行业务充分分散风险，在行业低谷的 2009 年，ROE 率先回升到 3.05%，还实现了对美联银行的并购，总资产由 2007 年的 5754.42 亿美元暴增到 2008 年的 13 096.39 亿元，此后长期处于美国银行业市值第一。富国银行跃居美国四大行之首后，经营质量持续优化。2008 ～ 2020 年，富国银行的 ROE 从 4.66% 上升到 10.89%。富国银行在资本市场同样有卓越表现，股价由 1996 年的 5.65 美元上升到 2019 年的 51.56 美元，涨幅达到 8 倍（见图 4-10）。

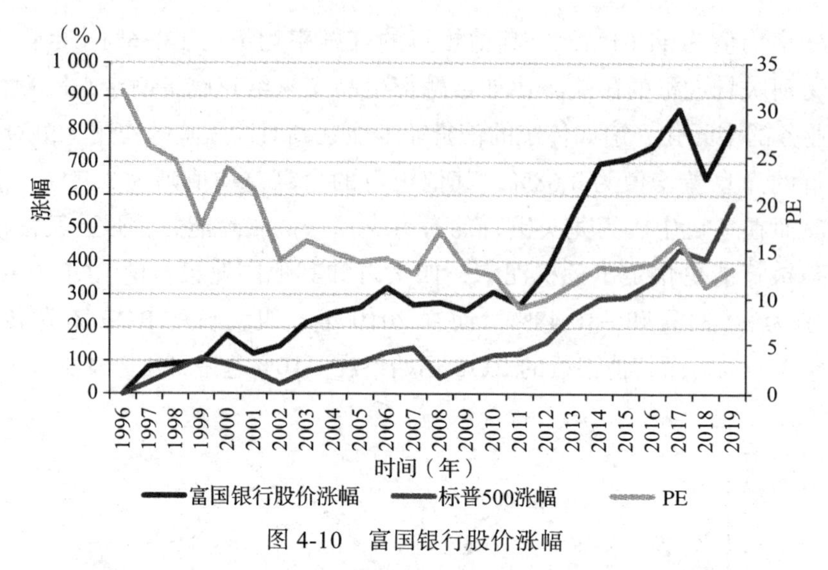

图 4-10 富国银行股价涨幅

资料来源：Bloomberg，兴业证券经济与金融研究院整理。

4.2.5 科技成长行业：弯道超车

科技成长行业，即 TMT（科技：Technology，媒体：Media，通信：Telecom）板块，一般包括计算机、电子、通信和传媒四个子行业。我们从名字上就可以看出，技术是行业发展的核心竞争力。新技术带来产业革命，21 世纪的第一个十年迎来互联网产业革命，第二个十年则是智能手机产业革命，新经济龙头也从中诞生，并实现对传统企业的弯道超车。技术壁垒、资本壁垒和客户资源壁垒，又使科技龙头实现强者恒强。

科技成长行业代表之一：消费电子

诺基亚被苹果超越是消费电子领域中通过技术实现弯道超车的典型案例。固守塞班系统的诺基亚因转型缓慢而错失了抢占市场份额的良机，而苹果通过 iPhone 系列引领了智能手机产业革命。在以 iPhone 为代表的各项革命性新产品推动下，2010 ～ 2020 年，苹果营收占美股信息技术板块的比例由 5.76% 增长到 14.84%，自 2012 年以来长期保持第一。

究其根本，生态 + 创新能力 + 现金流是成就苹果行业头部位置的驱动力。生态方面，与 Windows 和 Android 不同的是，macOS 和 iOS 具有封闭性。这一性质不仅提高了系统的稳定性和流畅度，而且增加了消费者的黏性，形成了用户体验和用户忠诚度间的正向强化循环。创新能力方面，苹果的成功来自软硬件的协同创新，而创新则离不开大量的研发投入，2020财年，苹果的研发开支高达187.5亿美元，小型科技企业难以望其项背。现金流方面，截至2020财年，苹果的自由现金流量达到733.65亿美元，充足的现金流使苹果几乎有能力应对行业随时可能出现的激变，如收购可能对其业务造成威胁的新技术。我们将2010年视为苹果引领智能手机产业革命的起点，10年间苹果的ROE从35.28%上升到73.69%，股价则从10.44美元上升到112.28美元，涨幅接近10倍（见图4-11）。

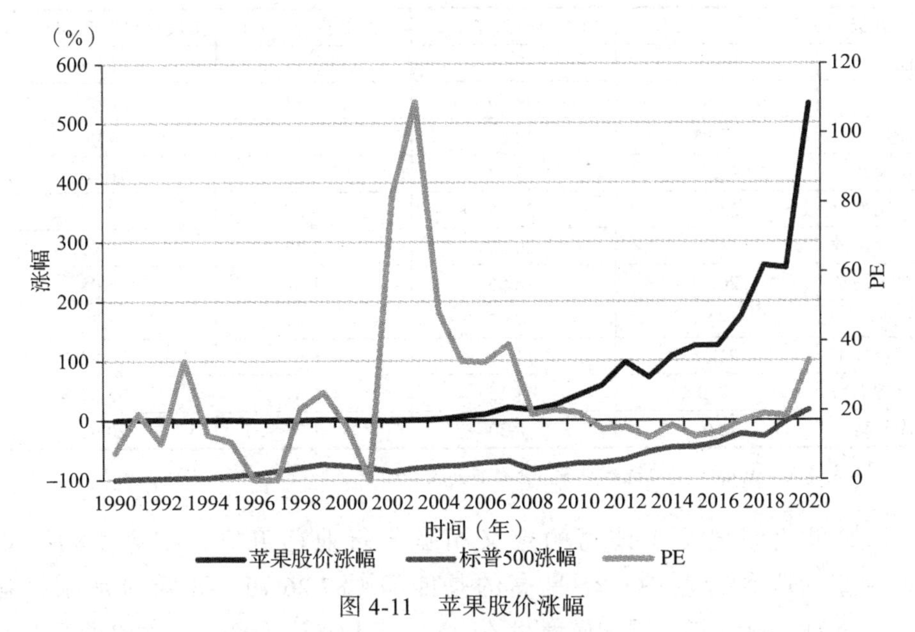

图4-11　苹果股价涨幅

资料来源：Bloomberg，兴业证券经济与金融研究院整理。

4.3　行业盈利更加集中化、龙头化

从境外市场的经验来看，行业龙头能够通过市占率的优势来获得业绩上的持续改善，同时市场对其的认可也使得这些龙头公司在估值上得到确定性溢价，最终走出独立于市场的牛市行情。与境外市场类似，中国A股市场近年来在多个行业中均呈现集中度提高的趋势，头部公司也强者恒强。我们在后文中着重探讨A股各行业头部趋势的驱动因素。

先让我们来看一下GICS下营收的CR2[⊖]。如表4-7所示，从整体来看，2019年A股各行业CR2最低为原材料的8.32%，最高为能源的79.02%；强周期行业的CR2处于较高水平，能源、金融、房地产的CR2均超过30%。从变动趋势来看，2015年以来CR2上行的行业包括：金融（+24.97%）、医疗保健（+1.49%）、日常消费（+1.89%），多行业出现龙头公司市占率抬升的现象。A股医疗保健、信息技术、日常消费、原材料行业的CR2仍然低于美股，龙头公司市占率仍有提升的空间。

表4-7 A股各行业CR2

GICS	2015年CR2（%）	2019年CR2（%）	CR2变化（%）	美股2019年CR2(%)
能源	82.18	79.02	−3.17	25.68
金融	19.91	44.88	24.97	16.45
通信	53.98	42.86	−11.13	27.04
房地产	34.77	33.54	−1.23	16.70
公用事业	23.43	21.55	−1.87	14.32
医疗保健	18.74	20.23	1.49	20.40
可选消费	20.26	18.56	−1.69	15.08
工业	19.84	17.93	−1.91	8.72
信息技术	21.11	14.57	−6.54	20.82
日常消费	9.26	11.15	1.89	35.84
原材料	10.06	8.32	−1.75	20.92

资料来源：Wind，兴业证券经济与金融研究院整理。

如果我们把龙头公司的定义拓宽至行业前五家，如表4-8所示，2019年A股各行业中CR5最高的是能源（87.26%），最低的是原材料（15.86%）。2019年，周期属性强的能源、房地产、金融、公用事业行业的CR5已经超过40%，科技类的通信行业CR5也接近50%。从变动趋势来看，在2015～2019年间，A股的金融、可选消费、医疗保健、日常消费行业的CR5分别抬升了23.66%、1.66%、0.49%、1.53%。通过CR5可以更清楚地看到，无论是传统的周期行业，还是金融、消费、科技行业，头部公司的集中程度都已到一定水平。但和美股相比，A股的通信、医疗保健、信息技术、日常消费和原材料行业的集中度还有大幅上升的空间。

⊖ 即前行业两大公司的集中度。

表 4-8 A 股各行业 CR5

行业	2015 年 CR5（%）	2019 年 CR5（%）	CR5 变化（%）	美股 2019 年 CR5（%）
能源	88.91	87.26	−1.65	47.27
房地产	51.54	51.53	−0.02	26.17
通信	59.54	49.45	−10.09	51.84
金融	23.04	46.70	23.66	30.41
公用事业	41.72	40.12	−1.60	28.00
工业	36.28	31.71	−4.57	18.23
可选消费	28.79	30.45	1.66	28.43
医疗保健	27.27	27.77	0.49	43.54
信息技术	30.75	23.43	−7.32	33.61
日常消费	20.51	22.04	1.53	53.20
原材料	18.44	15.86	−2.58	42.04

资料来源：Wind，兴业证券经济与金融研究院整理。

4.3.1 制造行业：中国“智造”崛起

过去我国的制造行业在全球化的红利下，实现了自身的成长与蜕变。但随着我国经济发展降至中低速，行业的景气程度也不可避免地受到冲击。此外，一系列外部冲击也加速了行业的出清。2015 年以来，供给侧改革、环保整治等的开展，淘汰了大批落后无效产能，此后中美贸易摩擦、新冠肺炎疫情等“黑天鹅”迫使大部分行业中的“吊车尾”掉队。以工程机械行业为例，挥别“城镇化 + 四万亿”的黄金时代后，我国下游需求增速从过去的 50% 一路降至当前的 20%。其他如汽车制造行业，甚至出现需求同比负增长的情形。制造行业从增量转向存量竞争，但相对于中小企业来说，头部公司仍然保持着领先的扩张能力，一方面能够充分利用体量优势带来的规模效应，厚增利润；另一方面可以通过持续研发投入，提升经营效率，优化工艺技术和开发差异化产品。

1. 规模效应

制造行业具备明显的规模效应特征，随着产量上升，固定成本被摊薄，实现降本控费。如高空作业平台生产商浙江鼎力，目前年产能超过四万台，其间费用率也逐步降至 10% 以下，而同业竞争对手星邦智能的年产能不超过一万台，其间费用率接近 15%。规模效应作用下，浙江鼎力经营持续优化，ROE 在 2015 ～ 2019 年从 19.63% 提升到 23.89%，也在股票市场中获得了资金的偏爱，获得了接近 2 倍涨幅，高于同期沪深 300 的 19.83%（见图 4-12）。

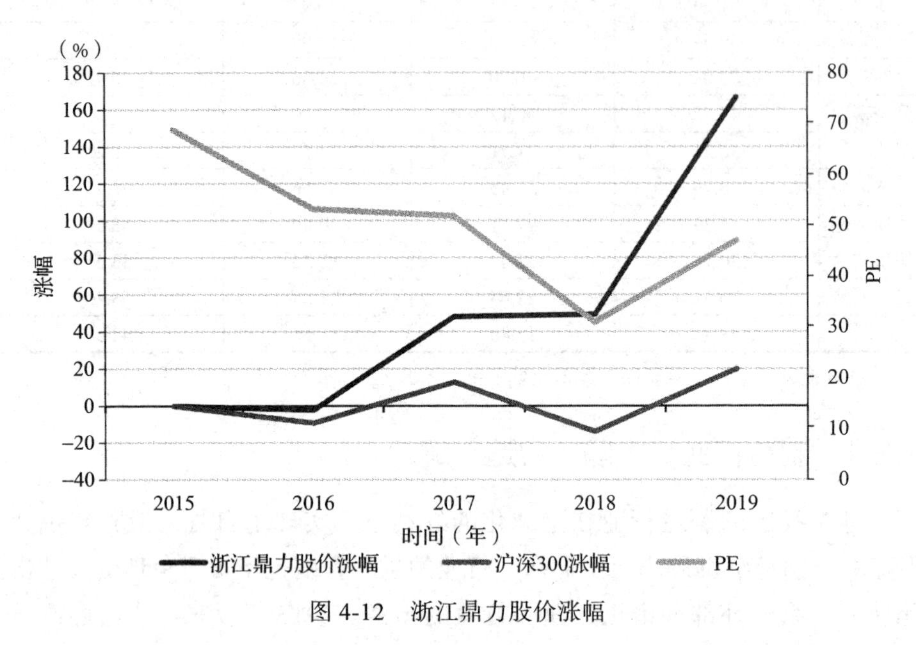

图 4-12　浙江鼎力股价涨幅

资料来源：Wind，兴业证券经济与金融研究院整理。

2. 智能化转型

生产工艺的升级也能够帮助传统制造行业降本增效。以三一重工为例，2013 年以来，公司投入了大规模研发支出来打造智能化工厂，致力于压缩生产周期、提高产能。2019 年，三一重工 2019 年研发支出合计高达 47 亿元，而徐工机械和中联重科的研发支出分别为 24 亿元和 20 亿元，远远低于三一重工。

随着智能化推进，三一重工经营优势进一步扩大。2007 年，三一重工和中联重科的 ROE 分别为 33.95%、36.75%，而在 2020 年，三一重工的 ROE 仍处于 27.28% 的高位，中联重科的 ROE 却已降至 15.58%。盈利能力提升是三一重工股价向上的主要动力，公司股价也由 2007 年的每股 6.83 元上升到 2020 年的每股 34.98 元，累计涨幅 4.1 倍，高于沪深 300 的 −26.18%，超额收益显著（见图 4-13）。

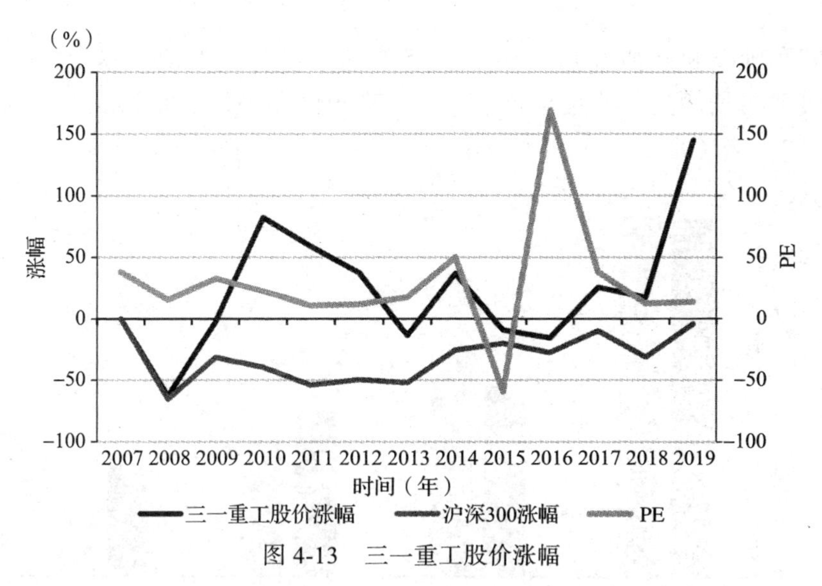

图 4-13　三一重工股价涨幅

资料来源：Wind，兴业证券经济与金融研究院整理。

4.3.2　周期行业：供给侧改革优化行业格局

2015 年底，传统的周期行业如煤炭、钢铁、水泥等成为出清落后产能的重点行业。其中，环保整治使大批不达标的企业被淘汰关停。由于满足新的环保要求需要技术升级或购买排污许可证等，在一定程度上也抬高了行业壁垒。头部公司能够借助自身的资本实力和技术升级来满足监管要求，但大部分中小企业因自身体量小，无力承担额外的资本投入，被迫出清或被整合。因此，我们可以看到周期行业近年来在供给侧改革的背景下，一批头部公司通过规模效应、一体化发展模式、研发优势等因素形成了自己的“护城河”。

1. 规模效应

国内大部分周期行业处于成熟期，垄断竞争的行业格局相对明确。供给侧改革加深了规模效应的优势。以海螺水泥为例，公司通过“吃下”一些中小企业进行产能扩张，压低单位生产成本。如图 4-14 所示，2019 年，海螺水泥的吨成本仅为 178.56 元，远低于行业平均水平 208.01 元，吨成本优势使海螺水泥获得了高水平的吨毛利和吨净利，具备领先行业的盈利能力。2019 年海螺水泥吨毛利为 157.89 元，吨净利为 104.76 元，而行业平均吨毛利和吨净利分别为131.40元和65.27元。自供给侧改革以来，海螺水泥在股票市场的累计回报接近3倍，远高于同期沪深300 19.83%的涨幅。

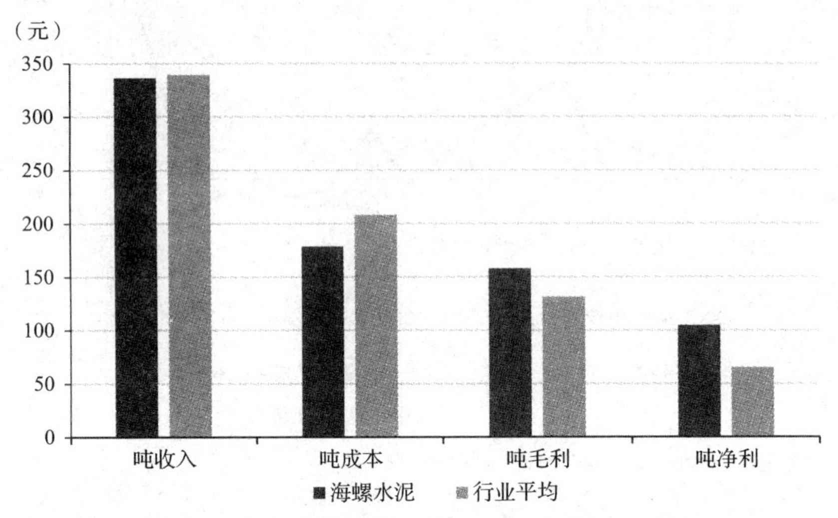

图4-14 吨成本优势使海螺水泥具备领先行业的盈利能力

资料来源：Wind，兴业证券经济与金融研究院整理。

2. 一体化商业模式

一体化商业模式也是周期行业龙头公司成长的核心动力。一体化战略是指企业依托在产品、技术和市场上的优势地位，将与其有紧密关系的经营活动纳入经营体系中，构建经营联合体活动。通过采取一体化战略，企业能够获取多种竞争优势：①减少负外部性交易行为，节约交易成本；②控制稀缺资源；③保证生产质量；④实现更大程度的范围经济。以有色行业为例，赣锋锂业早期曾受制于上游锂资源的供给瓶颈，但2018年起，赣锋锂业收购了SQM的锂湖、青海锂矿等上游锂资源，当前该公司的权益锂资源接近2000万吨LCE，已拥有强大资源优势。赣锋锂业产业链已囊括上游的锂矿资源、中游锂盐生产和下游的锂电池，各业务板块间协同作用，不仅压低了成本，也减少了锂价涨跌造成的盈利波动。而如雅化集团、天华超净等二线锂盐厂商，尚未实现上游锂资源自有。当上游锂资源供给出现波动时，如2020年西澳的Altura矿山破产重组，二线锂盐厂商的原料供给便会出现缺口，无法保障生产。一体化商业模式能保障龙头公司地位，赣锋锂业的ROE也从2010年的5.97%上升到2020年的9.57%，自2010年以来股价累计上涨近6倍，远高于同期沪深300的58.08%（见图4-15）。

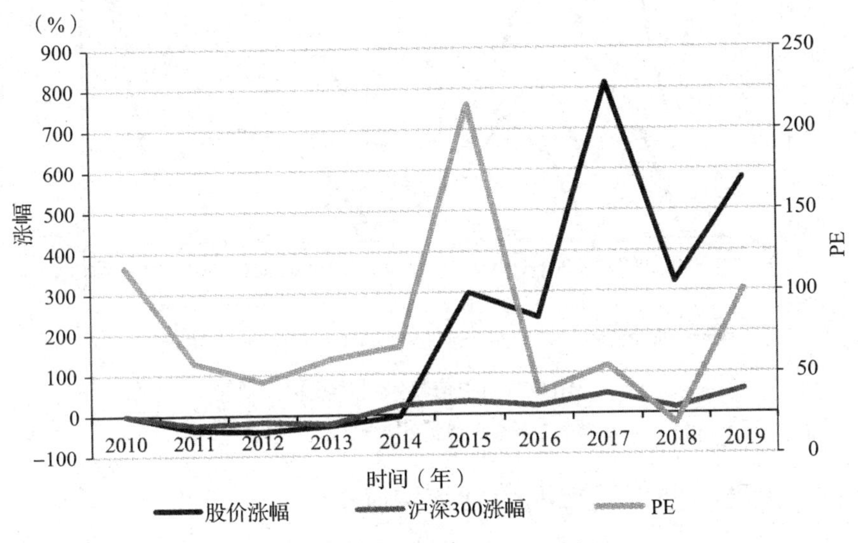

图4-15 赣锋锂业的股价涨幅

资料来源：Wind，兴业证券经济与金融研究院整理。

3. 研发赋能

研发赋能让龙头公司的竞争优势进一步扩大。以特钢行业为例，与普钢相比，特钢成分复杂多变，制备工艺要求高，具有较高的技术门槛，要求企业持续进行研发投入。中信特钢2020年的研发投入为27亿元，领先太钢不锈（22亿元）、沙钢股份（5亿元）等。高额研发投入下，中信特钢成功实现大量特殊钢材的国产替代，如2200MP级超高强度弹簧钢丝、4000MPa级超高强度帘线钢等，稳固龙头公司地位。截至2019年，中信特钢营收达到726亿元，ROE从2004年的3.08%提升到21.34%，高于太钢不锈（6.63%）和沙钢股份（10.64%）等。2005～2019年，中信特钢股价累计上行724.37%，远高于同期沪深300的466.11%涨幅。究其原因，盈利能力增长是中信特钢股价上行的主要动力，其净利润提升2098.72%（见图4-16）。

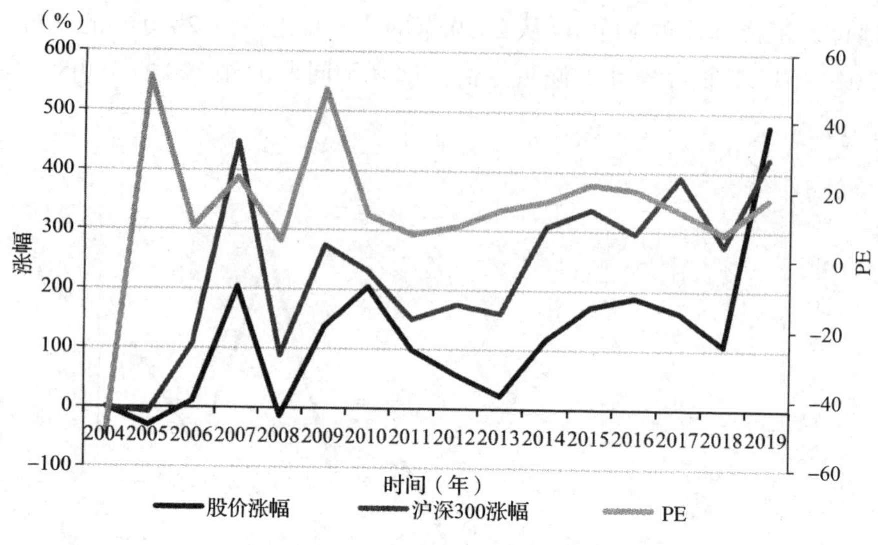

图 4-16 中信特钢股价涨幅

资料来源：Wind，兴业证券经济与金融研究院整理。

4.3.3 消费行业：品牌渠道共筑护城河

随着人均可支配收入的增加，消费升级的需求对消费行业提出了新的挑战。目前，消费行业的发展已从渗透率阶段过渡到市占率阶段，从渠道扩张进入到品类提升阶段。部分企业在通过渠道扩张实现增长后，逐渐意识到品牌的重要性，品牌影响力大的企业能够占据市场大多数份额。但是企业之间的核心竞争力不在于品牌的优劣，而在于企业的产品创新能力，优质的产品或服务才能保证企业在行业竞争中争取到更多的市场份额。在这个阶段，具有渠道和品牌优势的行业龙头会继续做大做强，抢占更多市场份额，行业集中度不断提升。消费行业各细分行业内的龙头公司经历多年的市场拼杀，绝大多数第一梯队、第二梯队甚至第三梯队已经基本成型，前几名龙头公司的座次已经基本显现，如白酒领域中的贵州茅台、五粮液、泸州老窖，家电中的格力、美的，调味品中的海天味业，零售中的永辉超市，医药中的恒瑞，乳制品、肉制品、百货店、农业、男装、女装等领域也都有各自领先的品牌公司，颠覆传统行业座次的新进入者很难颠覆行业既有格局。

1. 品牌渠道力

白酒、调味品、超市、酒店等代表性消费行业，早期的发展主要依靠产量或服务供给的增长。企业产能的提升，进一步推动渠道扩容。如在调味品行业中，海天味业等老牌调味品龙头公司依靠产能优势，实现从区域到全国的营销渠道扩张。在消费升级趋势下，品牌影响力强大的企业将更有可能成长为行业龙头。如贵州茅台凭借着对“茅台酒”高端定位的坚守，对直营渠道的深耕，从白酒行业中脱颖而出。贵州茅台在 2019 年营收接近 900 亿元，白酒市场份额达到 35%（见图 4-17）。以 2013 年为深度调整的起点，2013 ～ 2019 年，贵州茅台 ROE 从 18.65% 上升到 33.11%，充分体现了经营质量的提升。贵州茅台的龙头公司地位备受市场认可，并获得了估值溢价，2013 ～ 2019 年，贵州茅台的股价从 93.97 元上升到 1169.34 元，上涨幅度为 11 倍，远高于同期沪深 300 的 100.24%。

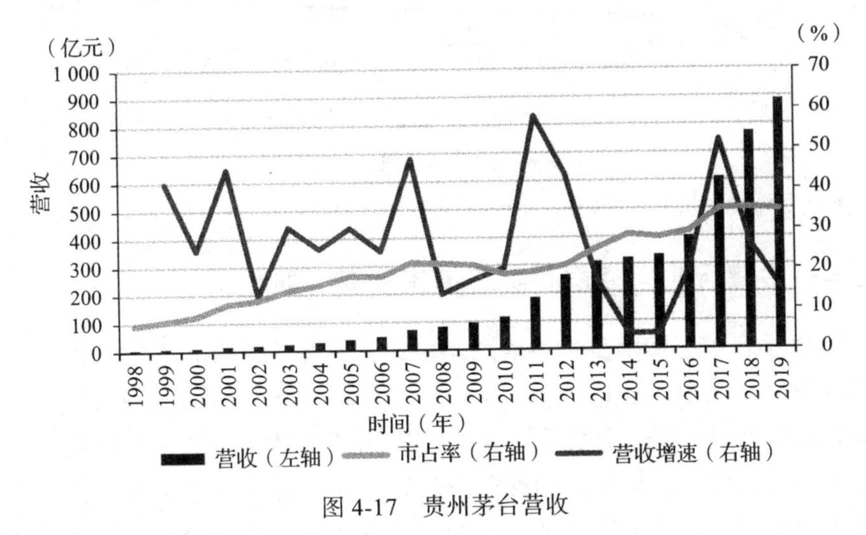

图 4-17　贵州茅台营收

资料来源：Wind，兴业证券经济与金融研究院整理。

2. 技术优势

技术对于消费行业同样重要，龙头公司通过大量研发投入，创造出独特产品或者生产工艺。以医药行业为例，代表性药企如恒瑞医药，在 2008 年医药行业开始控费后，正式提出“创新 + 国际化”战略，从仿制药转向一类新药，研发费用率从 2011 年的 8.79% 增长到 2019 年的 16.73%，远高于医药行业整体水平 3.23%（见图 4-18）。随着近年来阿帕替尼、吡咯替尼、卡瑞利珠单抗等重磅创新品种陆续获批或放量，2019 年恒瑞医药营收达到

232 亿元，毛利率也从 2011 年的 82.77% 提升到 87.49%。2004 ～ 2019 年，随着恒瑞医药逐步向“创新＋国际化”龙头公司迈进，公司经营质量充分优化，ROE 从 13.11% 上升到 23.94%。在此期间，该公司的股价涨幅也高达 157 倍，远超沪深 300 的 4.2 倍。

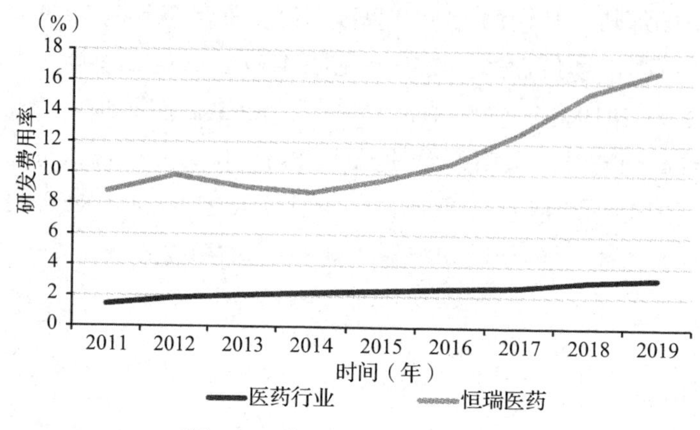

图 4-18　恒瑞医药研发费用率

资料来源：Wind，兴业证券经济与金融研究院整理。

4.3.4　金融行业：监管新常态催生金融“航母”

2009 年之后，中国金融行业连续经历了以影子银行、大资管为代表的金融自由化扩张期。2017 年后，一行三会针对银行、券商、公募、券商、保险等陆续出台一系列金融监管政策，以 2018 年为界分为两个阶段，上半场专注金融去杠杆，收紧流动性限制杠杆扩张，并搭建金融监管框架；下半场重点在于金融供给侧改革，金融监管框架下填补配套细则。随着金融监管由粗放转向高效，我国金融行业进入收缩期。

在银行业中，供给侧改革的影响如图 4-19 所示，资管新规鼓励非标业务回表，要求银行计提大量充足的风险资产，同时，自 2017 年第一季度起，监管机构将资产规模 5000 亿元以上的银行发行的 1 年以内的同业存单纳入 MPA 考核指标，并于 2018 年 5 月引入 3 大流动性监管指标。规模大、资本充足、流动性强的银行占优。而规模小、对同业业务依赖性强、资本相对匮乏的城商行、农商行等，则在政策冲击下陷入窘境，如发生信用危机后被接管的包商银行，以及为化解流动性风险而引入战略投资者的锦州银行等。

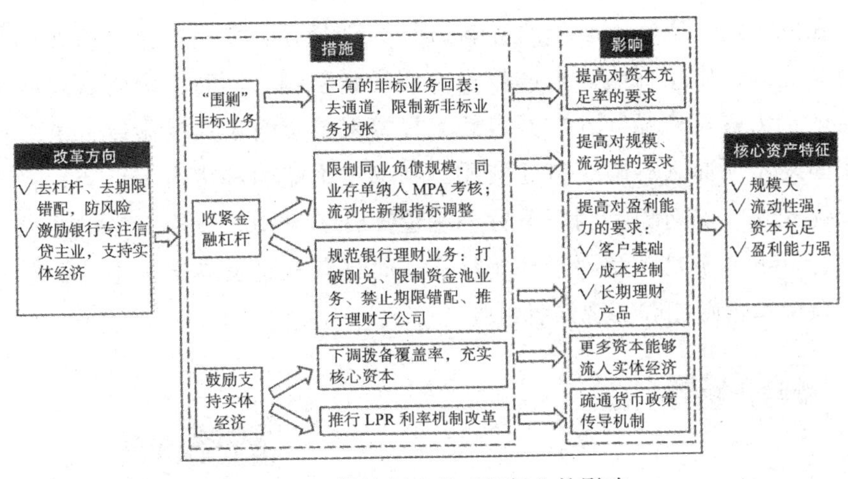

图 4-19　供给侧改革对银行业的影响

资料来源：兴业证券经济与金融研究院整理。

在证券业中，供给侧改革的影响如图 4-20 所示，资管新规明确指出，银行理财投非标资产只能对接信托通道，并严打非标资金池业务。这一规定倒逼券商摆脱对监管套利的依赖，从固守传统的通道业务到开拓多元化业务，如融资融券、衍生品、直投、场内场外交易等，对券商的资本、资质、风险管理能力等都提出了更高的要求。依赖传统通道业务的券商逐步落后，而综合能力强的券商龙头则更能适应金融供给侧改革后的监管环境。

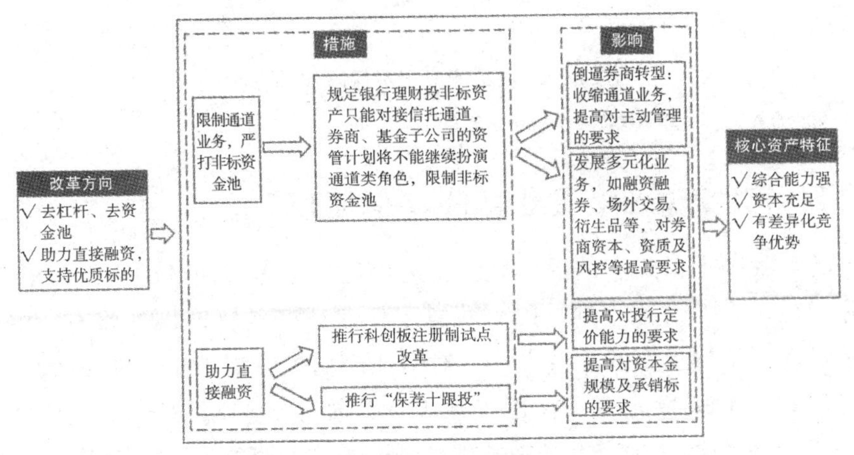

图 4-20　供给侧改革对证券业的影响

资料来源：兴业证券经济与金融研究院整理。

在保险业，供给侧改革的影响如图 4-21 所示，资管新规严打非标、资金池等业务，中小保险企业的投资渠道受到限制。同时，资管新规将保险产品认定为资管产品，并放开自然人投资保险资管产品的限制，更多资金将流向险企，而大型险企依托资质、利率定价能力和市占率优势，将成为资金优先注入的对象。利率下行环境也提升了对险企投资能力的要求，中小险企资本金不足，受困于利差收窄，而具有充足资本金、主动管理能力强的大型险企则能够实现强者恒强。

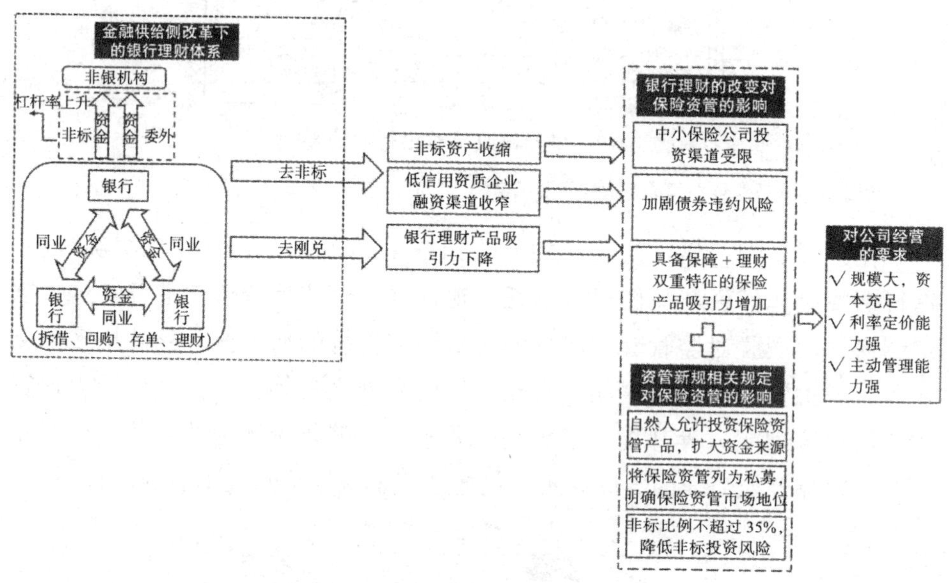

图 4-21　供给侧改革对保险业的影响

资料来源：兴业证券经济与金融研究院整理。

4.3.5　房地产行业：强监管下“赢家通吃”

随着我国人口红利消退，城镇化进程过半，对房地产的刚性需求开始边际递减。在“房住不炒”的大背景下，房地产的资产属性将有所降低，居民财富开始寻求新的配置方向，对房地产的投资需求也将随之收缩。政策对房地产的刺激力度也在逐步减小，随着经济波动性下降，过往充当“救火队”角色的房地产，未来被用来刺激经济的可能性大幅降低，房地产周期被逐步熨平。金融供给侧改革后，流向房地产的流动性被大规模收回，部分房企陆续出现资金链断裂。在刚需、政策、资金三方面的压制下，房地产行业开始进入收缩期，市场集中度也在快速上升。如图 4-22 所示，前 10 大房企的市场份额由 2016 年的 18.7% 逐年上升至 2019 年的 26.3%；前 20 大房企的市场份额由 2016 年的 25.2% 上升至 2019 的 26.3%，考虑到中国房企接近 10 万家，这一集中度的提升极为显著。拿地优势、低融资成本、规模效应让龙头公司实现强者恒强，但规模小、不具备拿地优势和融资优势的中小房企则面临更大的生存压力。

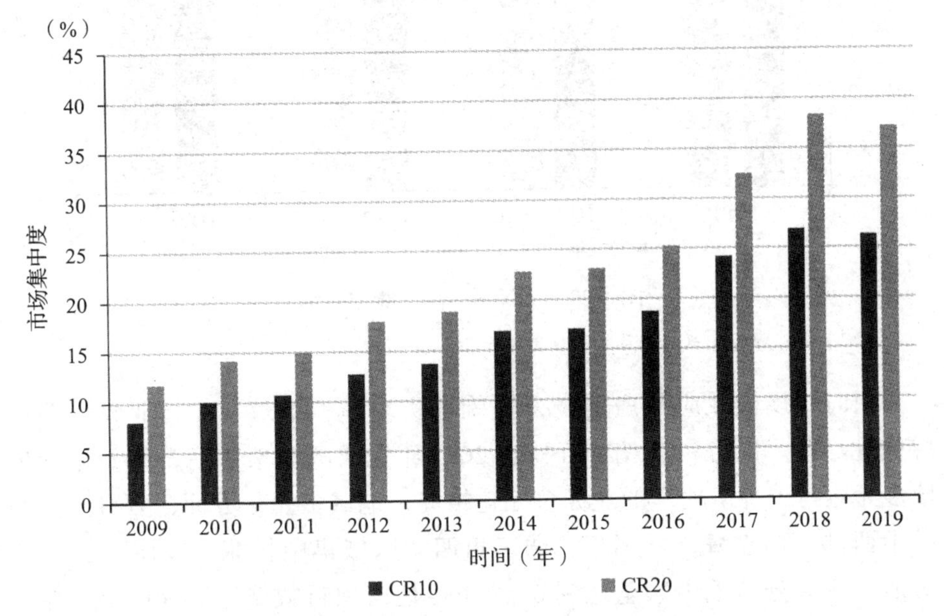

图 4-22 我国房地产市场集中度在 2016 年之后快速提升

资料来源：Wind，兴业证券经济与金融研究院整理。

此外，房地产融资环境持续恶化，偿债能力和融资成本进一步驱动市场分化。在金融供给侧改革及“房住不炒”的基调下，房企资金压力显著提升。2016 年后房地产开发贷款的增速从两位数下滑至个位数，国内融资渠道的收紧导致部分房企不得不通过境外发债的方式来融资，发债规模大幅上行。据统计 2020 年房地产行业偿债规模近 7000 亿元，2021 年将近万亿元。而“三道红线”监管标准的出台，进一步提升了对房企偿债能力的要求。在融资环境整体收紧和偿债压力的影响下，中小房企面临着资金链断裂的风险，而布局广泛、品牌影响力强的头部房企，则具备更强的融资能力（见图 4-23），进而在行业增长放缓中获得更多的市场份额。

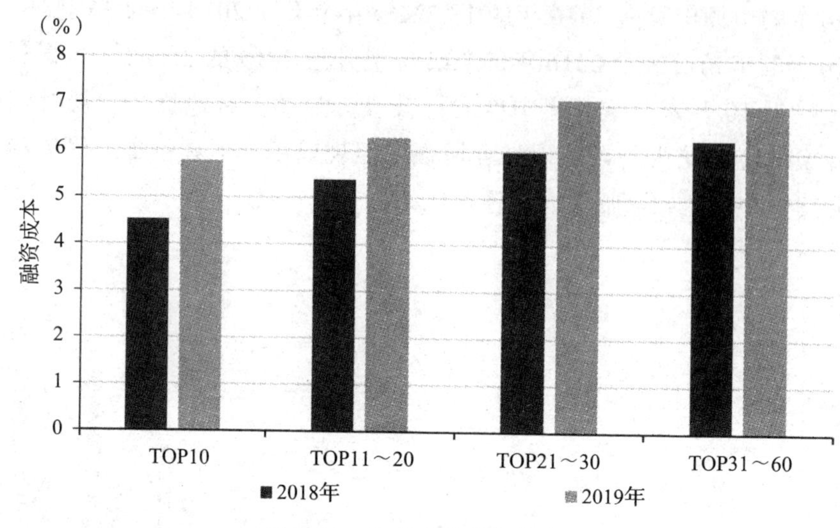

图 4-23 头部房企融资能力更强

资料来源：Wind，兴业证券经济与金融研究院。

同时，规模效应使房地产公司能够实现降本增效，在行业收缩期保持稳健经营。以万科为例，万科自 2001 年完成战略聚焦后，开始拓展地域多元化与围绕房地产的业务多元化格局，地域多元化方面，万科由深圳向中西部、环渤海、长三角、珠三角四大区域集中扩张。2018 年，万科房地产业务分布城市数量达到 67 个，房地产项目数量达到 904 个。业务多元化方面，万科以城市大众住宅为主，物业、商业、租赁、物流、度假等新兴业务为辅的多元化格局。在多元化拓展中，万科的营收在 2019 年达到 3678.94 亿元，市场份额为 14.75%。规模化的项目建设，也有利于万科实现整体的降本增效。万科营业成本对收入占比从 2001 年的 93.32% 下降到 2019 年的 80%，期间费用率也从 2001 年的 12.2% 下降到 2019 年的 7.31%。

受益于行业格局优化，万科的 ROE 从 2001 年的 12.4% 上升到 22.61%。稳健的经营给万科带来了可观的投资收益。2004 年以来，万科股价累计涨幅近 30 倍，远高于同期沪深 300 的 4.2 倍（见图 4-24）。

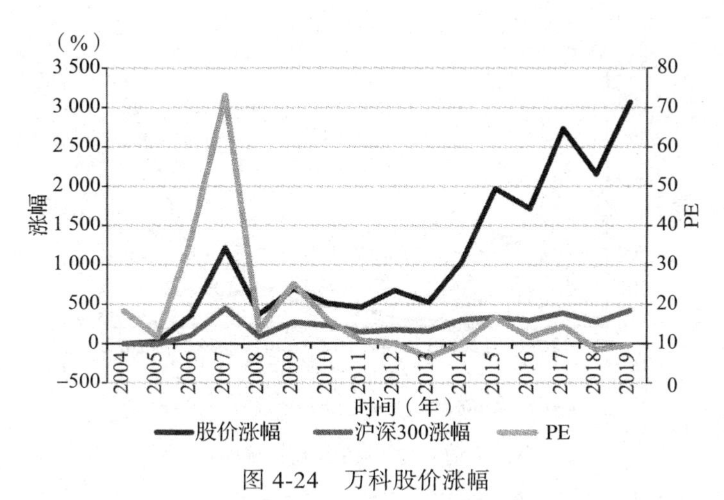

图 4-24　万科股价涨幅

资料来源：Wind，兴业证券经济与金融研究院整理。

4.3.6　科技成长行业：技术为王

与普遍处于成熟期的消费行业、周期行业、制造行业不同，科技成长行业方兴未艾，任何一次技术的迭代都有可能造就一个新龙头公司。因此当前科技成长行业的头部公司虽然有些已经具备核心资产的特质，但是更多的只是“潜在”的核心资产，只能说未来成长为核心资产的概率很高，现阶段还不能确定其一定会成为核心资产。我们从这些公司的成长中总结出，具备技术壁垒、深度绑定主流产业链的公司更容易从行业发展中脱颖而出。

苹果超车“诺基亚”成为消费电子龙头公司的同时，因其在各个阶段、各个方向上的创新而受益的代表性企业众多。其中，立讯精密示范了如何站在“巨人”的肩膀上成为“小巨人”。2011 年，立讯精密收购苹果连接线的主要供应商联滔电子，在切入消费电子领域的同时，成为苹果供应链成员。通过并购扩张，立讯精密迅速扩展了无线充电、声学器件、LCP 天线、线性马达等业务，形成较为完善的消费电子产能布局。2017 年，立讯精密开始代工苹果无线耳机，整体良率、品质和交付能力得到苹果高度认可。消费电子领域的市场份额扩大为立讯精密带来了经营改善，2017 ～ 2019 年 ROE 从 11.79% 上升到 26.34%。股票市场表现方面，在 2010 年 9 月 15 日至 2021 年 2 月 19 日的统计区间内，沪深 300 涨幅为 144.55%，而立讯精密涨幅超过 3000%，超额收益显著（见图 4-25）。

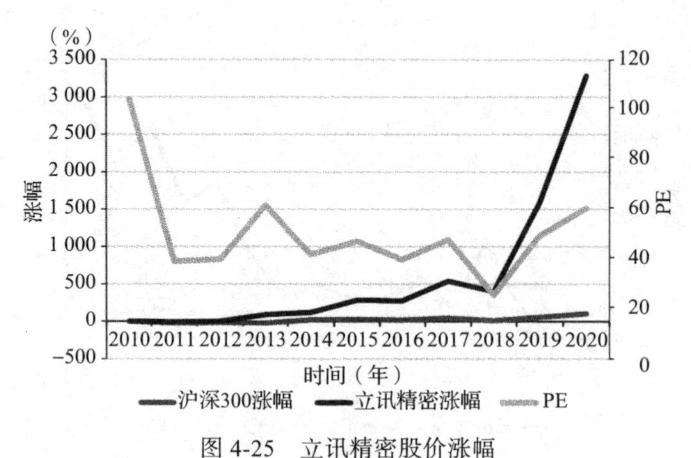

图 4-25　立讯精密股价涨幅

资料来源：Wind，兴业证券经济与金融研究院整理。

尽管切入新经济产业链为科技成长企业提供了机遇，但在新经济红利过后，真正掌握核心技术的企业，成为龙头公司的基石更坚牢。不断加大研发投入、增强精密制造能力的立讯精密，正是其中代表。2017 ～ 2018 年，立讯精密不仅享受着代工红利，更在研发上加大投入，研发费用由 2017 年的 15.42 亿元激增至 25.15 亿元，研发费用率也从 6.76% 上升到 7.02%（见图 4-26）。除了消费电子主业外，立讯精密致力于将精密制造能力迁移到其他领域，如制造新能源汽车的汽车线束、5G 基站滤波器等，凭借技术优势持续提升公司竞争力。

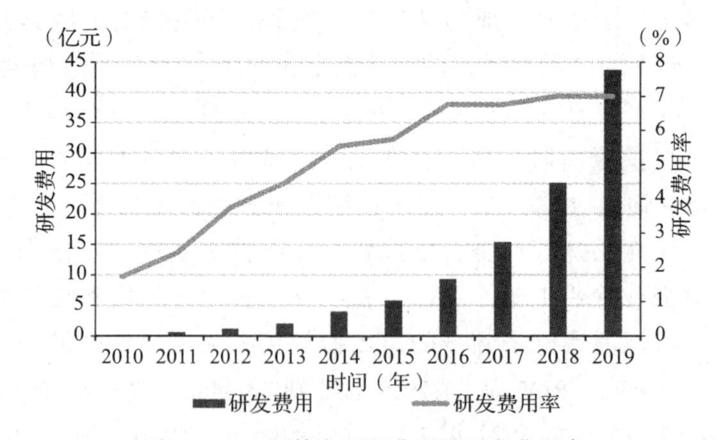

图 4-26　立讯精密研发费用及研发费用率

资料来源：Wind，兴业证券经济与金融研究院整理。

| 第 5 章 |

科技创新周期让股票市场机会层出不穷

我们探讨了中国部分行业在近年来经济转型的过程中，由于集中度上升而诞生了一批头部公司，这些龙头公司由于自身的核心竞争力和业绩确定性脱颖而出，受到了股票市场资金的青睐。尽管这些已经抢占头部位置的企业大部分来自传统行业，但不能忽略的是，随着新旧动能转换的推进，越来越多的科技龙头将在新兴产业中诞生。随着产业的发展完善，这些优质的科技企业将不断成长，最终成为推动股票市场长牛的动力引擎。当前我们正处在新一轮科技创新周期的起点，以 5G、新能源、高端制造等为代表的新一轮创新浪潮方兴未艾，如何理解这一轮创新浪潮对中国经济、A 股市场的影响显得尤为重要。

5.1 六次科技创新周期诞生一批大牛股

每次技术变革都能推动特定新兴产业的发展。1800 年以来，全球共经历了六次科技创新周期。从 1800 年至今，英国、德国、美国和日本等国培育和发展了各种创新产业。例如，1790 ～ 1830 年的“蒸汽时代”，英国新兴产业集中在纺织、煤炭、钢铁及机械制造行业上。1871 ～ 1914 年的“电气时代”，德国产业革命期间受益最大的新兴产业是光学产业，以及生产流程复杂的合成化学和精密机械产业。在二战后，1940 年～ 1980 年的“计算机时代”，美国表现突出的新兴产业有计算机、交通运输、消费品、办公设备、通信、国防和汽车等。同样在这一时代，日本产业革命受益的产业主要体现在先进产业领域，如半导体、计算机、交通运输、办公设备、休闲娱乐和家用电器等。

每一轮科技创新周期都诞生了一批优秀的“高科技”公司，并且成为市场的龙头公司。在兴业证券策略团队此前出版的《投资核心资产：在股票市场长牛中实现超额收益》一书中，我们专门用了一章的篇幅来指出，新兴产业不仅也能诞生核心资产，更是未来核心资产产生的沃土。科技发展可以孕育出许多新的行业、新的产业链，会不断诞生在当时看来是“高科技”的新东西，进而带动市场。就以最近一次的科技创新周期为例，1995 年以来全球半导体行业表现如图 5-1 所示，在 PC 时代，英特尔、IBM、微软是 2000 年科网泡沫中的明星。移动互联网兴起的时代，诺基亚、摩托罗拉的名字家喻户晓。进入到万物互联时代，中兴、苹果、腾讯等相继成为市场的绝对龙头。

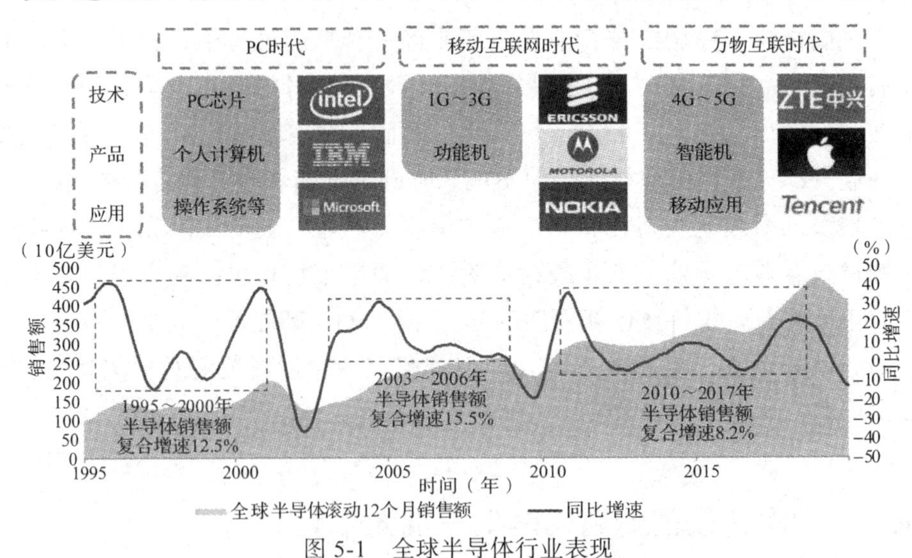

图 5-1 全球半导体行业表现

资料来源：Wind，兴业证券经济与金融研究院整理。

英国工业革命从棉纺织业技术革新开始，到蒸汽机的大规模使用，最后实现机器制造业机械化。英国工业革命的主要推动力包括劳动力集聚和生产工具技术进步，人口迅速增长带来的生活资料旺盛需求和海外殖民地的扩张，纺织、煤炭和钢铁等与相关支持性产业的发展，现代企业的大量兴起，以及政府起到的有利作用。这些产业中能够在英国国内和全球市场获得最大市场份额的企业是最大受益者。

德国产业革命晚于英国，但青出于蓝而胜于蓝。光学产业是在第二次工业革命期间发轫于德国的新兴产业。合成化学产业使得德国成为世界化学王国。在一战之前，欧洲各国还在普遍使用蒸汽动力时，德国开始将汽车作为一个独立的工业部门。在二战之后，汽车出口产业逐渐成为德国支柱型产业。

美国经历了1830年开始的工业化时代之后，到1914年正式成为工业国。在二战之后，美国引领了以计算机为代表的第三次工业革命。美国是二战的最大受益国。一方面，大量的人才、资本等高级生产要素集聚美国；另一方面，欧洲各国和东亚国家在战争中受到极大破坏，需要从美国进口工业产品来实现经济复兴。美国充分发挥了本国生产能力，实现了人均收入提高，为第三次工业革命产生提供了良好条件。美国政府的大量国防订单刺激了硅谷电子产业的繁荣，对高等教育和科学研发坚持不懈的投入培育了世界顶尖的研究机构，对自由市场的坚定支持促进了市场在资源配置中的基础作用，对信息高速公路等基础设施建设的大力支持促进了互联网相关产业的繁荣。

日本“复兴时代”期间通过政府直接干预产业发展规划和开拓海外市场促进了产业发展。日本产业升级的时期与“计算机时代”大体重合。日本先从发展轻工制造开始，逐渐满足国际市场对轻工业和重工业产品的需求，积极发展相关与支持性产业。在经济复兴时期，日本在发展农业和纺织工业的同时，开始有意识地利用美国经济援助的机会发展煤炭、钢铁、电力等上游产业。在经济高速增长阶段，日本推动产业升级，实现产业结构的高级化。随着石油危机这一外部负面影响的出现，日本调整其产业发展方向，开始侧重于发展以内需为主导的新兴产业。日本在战后的经济发展过程是产业发展的基本路径的典范。在发展重化学工业时期，日本政府积极推动企业获取世界银行和IMF的长期贷款，并加入关贸总协定。日本对重点支持产业进行财政补贴和贷款支持政策，推出《日本振兴机械工业临时措施法》，实现机械工业现代化。此外，日本政府采取灵活的产业政策来促使产业结构升级。“广场协议”之后，为了刺激国内需求并扩大对外出口，日本采取了扩张性的货币政策和财政政策。同时日本政府开始调整产业发展重点方向，在1997年通过《实现经济结构变革及创造的行动计划》来支持国内以电子、信息等产业为基础的新兴产业，为这些产业的企业提供优惠政策。日本国内需求挑剔，国民对产品质量有苛刻的需求，这激励企业提高产品质量。在国外市场上，日本企业走进被美国企业忽略或需求较小的细分市场环节，在家用电器、小型化的办公设施等产业迅速占领市场。

表5-1汇总了英国、德国、美国、日本四国科技创新六大驱动力比较分析。总的来看，英国、德国、美国和日本的产业升级的过程表明，需求会影响产业发展方向，政府可以通过产业规划和刺激需求来促进产业发展，生产要素则是实现产业升级的基础条件。

表5-1　英国、德国、美国、日本四国科技创新六大驱动力比较分析

驱动力	英国 “蒸汽时代”	德国 “电气时代”	美国 “计算机时代”	日本 “复兴时代”
受益行业	纺织、煤炭、钢铁及机械制造行业	光学产业、合成化学和精密机械产业	计算机、交通运输、消费品、办公设备、通信、国防和汽车	半导体、计算机、交通运输、办公设备、休闲娱乐和家用电器
生产要素	城市化； 煤炭和生铁资源； 海外殖民地资本； 新发明涌现	城市化； 高素质产业工人	顶尖大学； 高素质移民； 全球最大资本市场	重视教育和产业工人培训； 高储蓄率； 研发创新活跃
需求条件	国内和海外殖民地市场对生活资料和生产资料的需求	国内消费者重视产品质量	庞大国内消费市场； 领先世界的产业需求	国内需求挑剔； 注重国外细分市场需求
相关与支持性产业	羊毛制品纺织业； 煤炭产业； 以生铁为主导的钢铁工业	铁路工业	高科技信息产业； 现代服务业	低技术轻工制造业，半导体电子产业
企业战略	成本领先战略	以产品质量为核心的差异化战略	以品牌为核心的差异化战略	专业型差异化战略
机会	地理大发现； 英法战争	德国统一	二战受益国； 人口生育高峰	朝鲜战争； 中东石油危机
政府	圈地运动； 专利保护； 鼓励海外殖民	促进教育和职业培训	国防需求旺盛； 培育高级生产要素	制定产业发展计划； 提供特定产业补贴

资料来源：兴业证券经济与金融研究院整理。

国内外需求变化情况为中国科技创新提供方向。从国内来看，中国面临经济发展方式转变的契机。中国逐渐告别以投资驱动的高速经济增长阶段，进入以创新为导向的高质量经济发展阶段。在这一阶段，中国内需对经济增长的重要性越来越大，人均收入会大幅度提高，消费者追求消费升级的动力增强。因此，中国面临的机会是刺激消费升级，培育战略性新兴产业。从国际大环境的变化趋势来看，全球化领导者缺位。

科技成长领域的核心资产不断壮大，最终会对指数产生重要影响。图5-2展示了2006年来沪深300行业权重分布变化。在2006年沪深300刚刚推出之际，第一大权重行业是材料行业。随着我国经济结构不断调整升级，工业、可选消费的占比在不断上升。而近年来由于我国在科技创新领域成果不断，信息技术行业权重已经成为沪深300第二大权重行业，与第一大权重行业金融的差距只有10个百分点左右。龙头公司的成长正是股票市场长牛的直接动力。

5.2 五位一体，我们正处在新一轮科技创新周期

5.2.1 经济发展：投资驱动转向创新驱动

人类社会自第一次工业革命后，经济产业就不断向前推进。每个国家的产业相对优势、竞争力也在不断地演进，或有进步，或有倒退，竞争力因为各国每个阶段所处的主导因素和发展阶段不同。哈佛大学最高荣誉称号“大学教授”获得者、“竞争战略之父”迈克尔·波特在其《国家竞争优势》中论述，每一个国家的发展将经历生产要素驱动、投资驱动、创新驱动和财富驱动等四个发展阶段。

现阶段如拥有丰富石油的沙特阿拉伯，拥有强大咖啡豆、大豆生产能力的巴西等仍然依靠生产要素驱动经济发展。20世纪50～70年代新加坡、韩国，主要的经济发展模式是投资驱动经济发展。如今的主要发达国家，美国、德国和日本等则是创新驱动经济发展的典范。英国在经历了三个发展阶段以后，创新活力相比于以前大幅度减少，已经进入到依靠财富驱动经济发展的阶段。上述四个发展阶段的情况如图5-3所示。

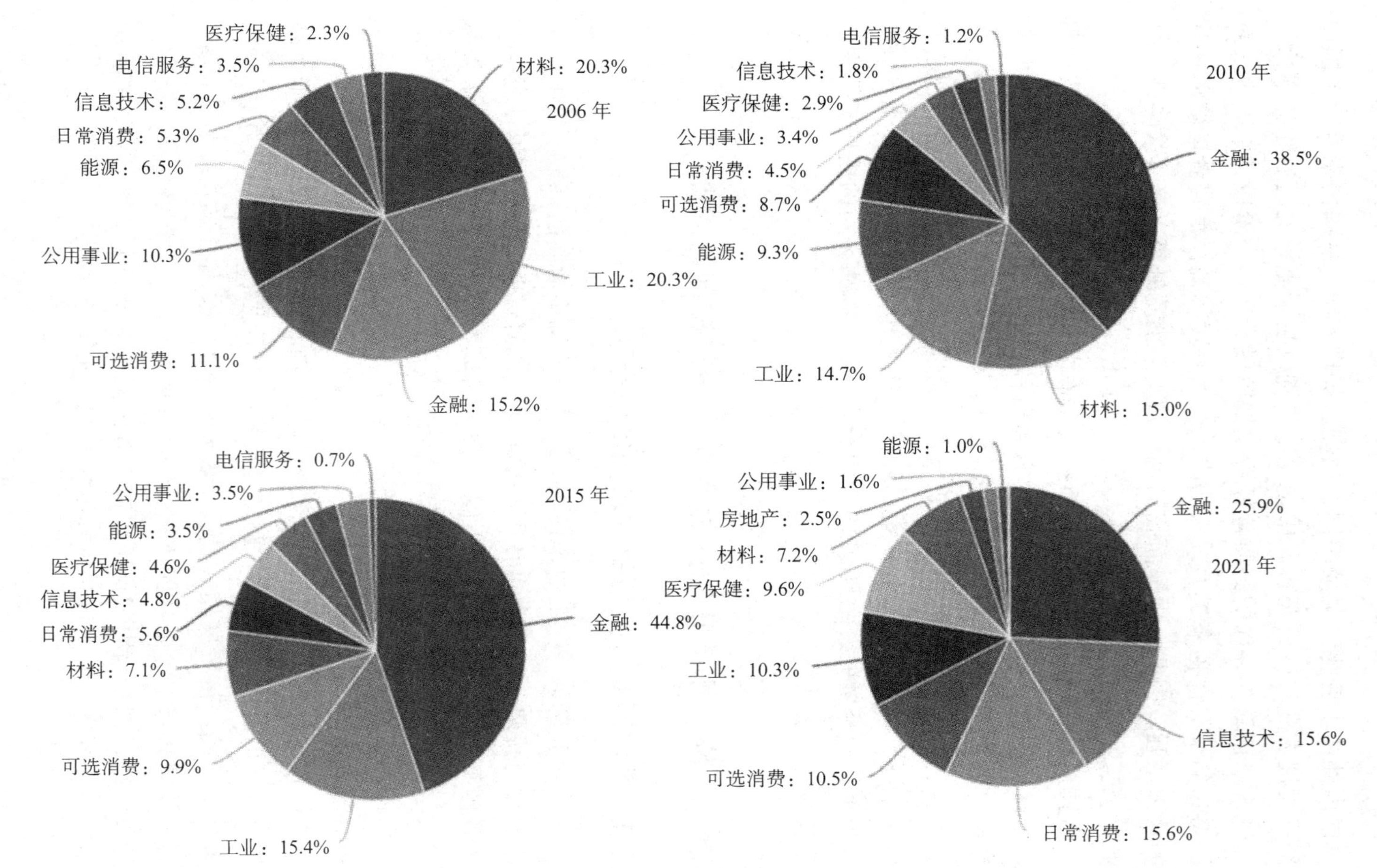

图 5-2　2006 年来沪深 300 行业权重分布变化

资料来源：Wind，兴业证券经济与金融研究院。

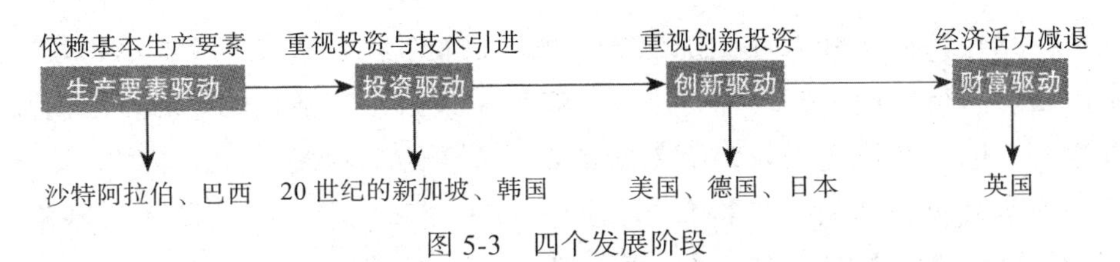

图 5-3　四个发展阶段

资料来源：Wind，兴业证券经济与金融研究院整理。

中国目前处在由投资驱动转向创新驱动的发展阶段，如图 5-4 所示。我国在 1956 ～ 1981 年，主要的经济发展模式是生产要素驱动。1981 ～ 2017 年，我国的主要经济发展模式是以房地产、基建为代表的投资驱动。而这些时间点的变化，与我国社会主要矛盾的变化是基本一致和对应的，即从最开始的建设先进工业国到解决落后生产力问题，再到解决不平衡不充分问题。站在当前这个时间点，面对新时代的转型需求，我们认为我国将逐步以创新驱动经济发展，来解决发展不平衡不充分发展的问题，进而逐步进入第三个发展阶段，即创新驱动经济发展。

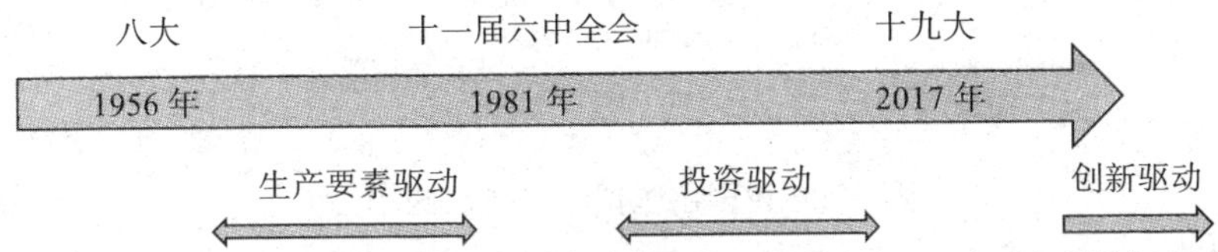

图 5-4　中国的发展阶段

资料来源：Wind，兴业证券经济与金融研究院整理。

5.2.2　人才红利：从模式“模仿”到技术突破

中国逐步成为全球的人才高地。新技术研发需要高素质人才，持续不断的人才供应是必不可少的条件。近年来，多个因素推动我国不断吸引国内外人才投身创新事业。从经济规模上来看，我国已经是全球第二大经济体，多个产业尤其是新兴产业发展空间广阔、发展迅速，移动互联网普及叠加商业模式创新使得中国公司走到了全球前沿。从发展前景来看，国内政治经济局面稳定，对抗新冠肺炎疫情的过程更是显现出了制度优越性，这些因素使得海内外人才更加愿意来我国进行发展。如图 5-5 所示，我国出国留学人员回国率持续保持高位。在留学人数持续增长的同时，国内高等教育人数也在快速提升，给创新带来了广泛的基础人才，技术型人才不断涌入创新创业队伍，使得我国已经具备了创新发展所需要的人才基础。因此，虽然我国人口增速已经放缓，但人才红利仍然处于上升趋势。

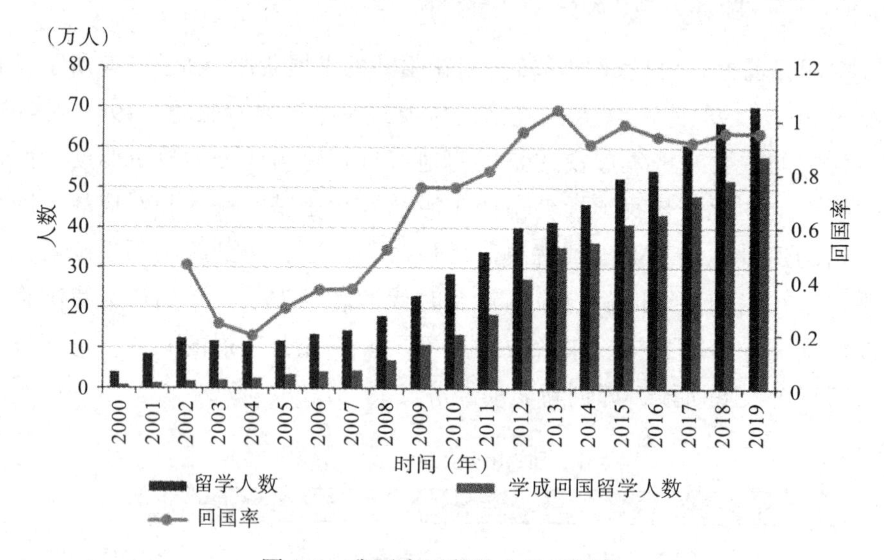

图 5-5 我国出国留学人员回国率

资料来源：Wind，兴业证券经济与金融研究院整理。

人才红利正在逐渐显现。如图 5-6 所示，中国在控制科学、通信工程、化学工程等多个工科领域，已经接近世界一流，全球领先学校的数量甚至超过美国。在数学、物理、化学等理科领域则仍在持续赶超。未来中国有望在基础学科方面逐步走向世界前沿，推动中国整个科学技术领域站上世界创新舞台的巅峰。技术是基础，而模式是基于技术而形成的变现方式。在上一轮基于互联网 / 移动互联网技术的模式竞争中，国内企业所取得的成绩无疑让中国 IT 在国际市场大放异彩。随着国内互联网人口红利的逐渐平稳，如何优先掌握可以在下一轮竞赛中制胜的技术能力将成为所有 IT 市场参与者面临的共同问题。之前的弯道超车让我们拉近了和国外竞争者之间的排位差距，而下一场，则将是大家围绕技术创新而进行的直线竞速。

专业	国家	TOP1	TOP2～10	TOP11～50	TOP51～100	专业	国家	TOP1	TOP2～10	TOP11～50	TOP51～100
数学	美国	1	4	20	10	机械工程	美国		6	13	10
	中国			1	5		中国		3	9	9
物理	美国	1	6	15	13	控制科学	美国	1	4	6	4
	中国			3	1		中国		1	12	13
化学	美国	1	6	18	12	通信工程	美国			6	10
	中国			10	11		中国	1	6	7	10
地球科学	美国	1	5	16	15	化学工程	美国	1	5	14	4
	中国		3	3	4		中国		4	12	18

图 5-6　2019 年全球中美学校理科、工科 TOP100 数量对比

资料来源：交大软科，兴业证券经济与金融研究院通信组整理。

如图 5-7 所示，站在当前时点，“5G+ 物联网 + 人工智能”的智能时代将要来临，而在这一次技术革新时期，我国的人才红利已经开始充分发挥，多个技术领域都开始出现世界一流的企业。以华为为首的国内通信厂商在 5G 领域首次一马当先。由阿里巴巴、浙江大学和中科院共同研制的世界首台光量子计算机在我国自制产生，打破了谷歌的记录。京东方实现了第 6 代柔性 AMOLED 生产线的提前量产，是全球第二条。国内人工智能企业旷视科技一举击败了微软、脸书、谷歌等国外龙头公司，拿下三项视觉识别类的世界冠军。这些企业能够实现技术突破、打破国外垄断，与人才红利的释放密切相关。

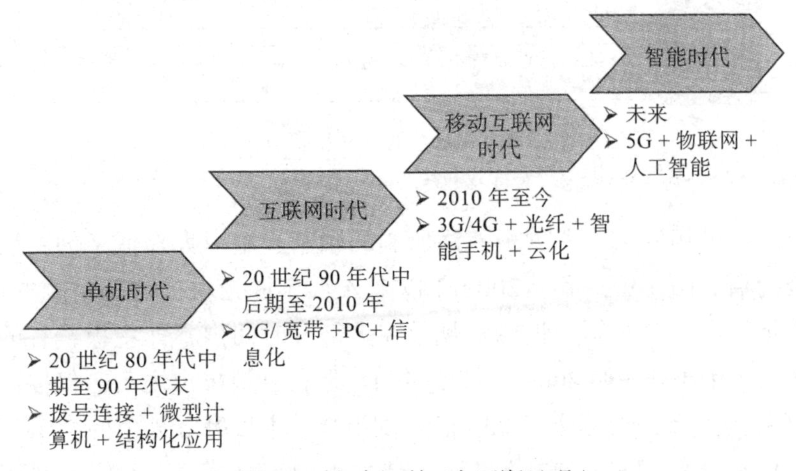

图 5-7　人才红利正在逐渐显现

5.2.3 资金支持：持续加大对创新行业的投入

国家层面也成立了相应基金来推动高端行业发展。看看韩国政府产业政策与三星电子成功案例，20 世纪 70 年代韩国政府推行《重化学工业化宣言》，三星电子获得金融、税收诸项优惠政策，并于 1974 年收购韩国半导体 50% 股权。在政策支持下，三星电子跨越公司和国家界限，逆势加大研发和投资，于 20 世纪 80 年代开启“二次创业”，1983 年推出 64K DRAM 芯片成为世界领军者，20 世纪 90 年代再次推出“新经营”计划。与之比较，日本的半导体公司在金融危机和行业短期陷入低增长、高竞争时，出现衰退，研发支出和资本开支持续削减，逐步为韩国公司所替代。我国于 2014 年 9 月 24 日推出第一期国家集成电路产业大基金（约 1500 亿元），2019 年 10 月 22 日推出第二期（约 2000 亿元），重点扶持国内半导体与消费电子产业发展。大基金的具体投资方向如图 5-8 所示。

芯片制造	•中芯国际、中芯北方、长江存储、华力二期、士力微电子、三安光电、耐威科技
芯片设计	•紫光晨讯、中兴微电子、艾派克、湖南国科微、北斗星通、深圳国微、盛科网络、硅谷数模、芯源微电子
装备制造	•长电科技、南通富士通、华天科技、中芯长电
材料领域	•中微半导体、沈阳拓荆、杭州长川、上海睿励、北京七星华创与北方微电子整合
生态建设	•上海硅产业集团、江苏鑫华半导体、安集微电子、烟台德邦

图 5-8 大基金的具体投资方向

资料来源：中研华信研究院，兴业证券经济与金融研究院整理。

在二级市场领域，科创板、注册制的顺利实施极大降低了创新型企业的融资门槛。图 5-9 展示了 2009 年以来 A 股不同板块上市公司融资规模。在科创板推出之前，创业板融资规模在大部分时间内不如主板，有的时候甚至还低于中小板（如 2009 ～ 2011 年）。但科创板推出之后，仅推出当年 2019 年就为上市公司募集了 824 亿元，相当于主板融资规模的 70%。2020 年，科创板融资规模达 2226 亿元，是主板融资规模的 1.6 倍。创业板的融资规模也大幅增长，达 893 亿元，是主板融资规模的 64%。科创板和创业板作为 A 股进行注册制试点的两个板块，充分发挥了股票市场的融资功能，吸引到了很多创新型企业前来这一板块上市。

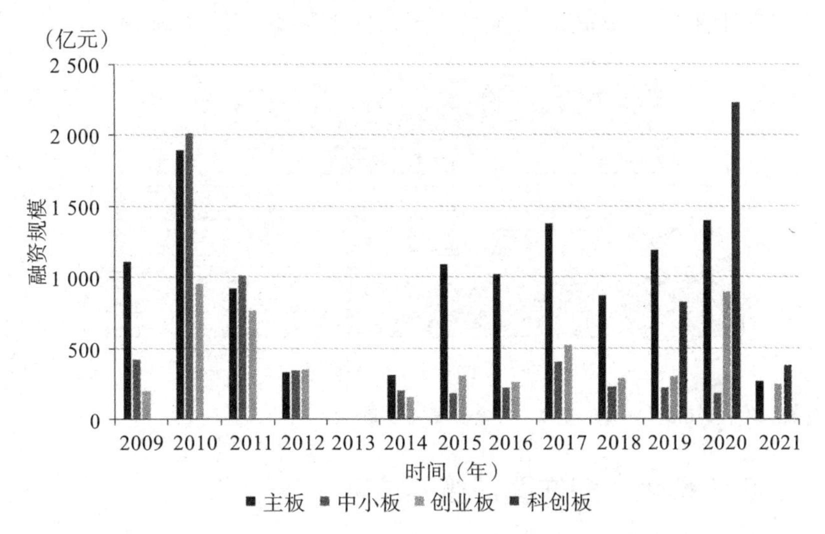

图 5-9 2009 年以来 A 股不同板块上市公司融资规模

资料来源：Wind，兴业证券经济与金融研究院整理。

5.2.4 基建优势：5G 先发优势加速产业变革

5G、物联网、车联网等正在开启全球新一轮技术创新阶段，此轮创新中国与世界先进国家几乎位于同一起跑线，5G 时代的领先技术将推动基础设施建设更早更快落地。2010 年后，我国互联网行业逐渐成熟，4G 移动互联网的飞速发展所带动的数据爆发让中国 IT 步入新的时代。之后几年，围绕用户获取和数据变现，我国各种创新商业模式如雨后春笋般频频出现，O2O、互联网金融、共享经济等先后以耳目一新的方式成为行业的主流发展方向，中国公司走到了全球前沿。过去在 4G 技术普及的阶段，我国更多的是技术的跟随者，既不掌握技术的专利权，也不掌握标准的制定权。而在 5G 这一技术创新阶段，我国与美国的差距并不大，甚至还掌握了部分领域标准的制定权，因此从标准制定到应用推出，各个领域都有望走在世界的前列。

创新发展推动世界从人人互联的“To C”向万物互联的新“To B”演进。互联可以分为三类：人与人的连接、人与物的连接、物与物或机器与机器的连接。过去无论是社交还是电商，广告还是视频领域大发展，其实都得益于人与人的“To C”发展。在互联网流量红利逐渐见顶，“To C”发展接近瓶颈的背景下，以机器智能化、工业互联网、智能制造为代表的万物互联是未来创新发展的方向。5G 生态全景如图 5-10 所示。

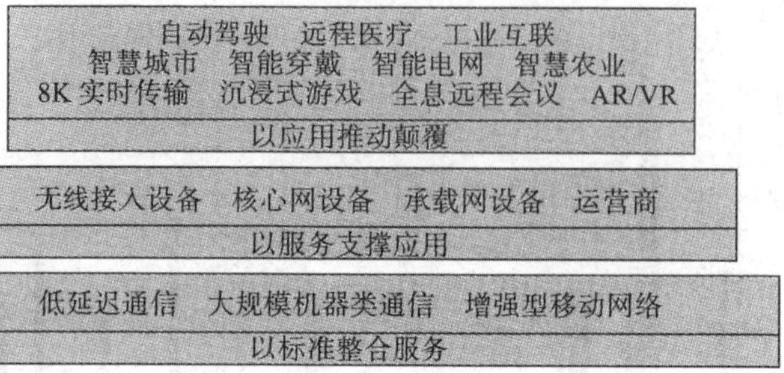

自动驾驶　远程医疗　工业互联
智慧城市　智能穿戴　智能电网　智慧农业
8K 实时传输　沉浸式游戏　全息远程会议　AR/VR
以应用推动颠覆

无线接入设备　核心网设备　承载网设备　运营商
以服务支撑应用

低延迟通信　大规模机器类通信　增强型移动网络
以标准整合服务

图 5-10　5G 生态全景

资料来源：Wind，兴业证券经济与金融研究院整理。

5.2.5　政策孵化：多方面护航科技创新

顶层设计：主要矛盾重大变化，经济发展转向创新驱动。

为了抓住新一轮熊彼特创新周期的发展趋势，党和政府在很早就推出了一系列创新相关产业政策。从这些政策可以看出，决策层不再追求单纯的高速经济增长，而是重视创新驱动经济增长。表 5-2 汇总了“十二五”“十三五”期间国家战略性新兴产业发展规划。

表 5-2　“十二五”“十三五”期间国家战略性新兴产业发展规划

“十二五”国家战略性新兴产业发展规划	
信息网络产业	①实施宽带中国工程。②基于 IPv6 的互联网实现规模商用，开展 TD-SCDMA、TD-LTE 及 4G 相关芯片、设备研发。③三网融合全面推广，推进地面和有线数字电视网络建设，建立广播影视数字版权技术体系。④网络装备产业整体迈入国际前列。⑤完善云计算、移动互联网、信息安全等研究中心建设，推动建立产业联盟和创新联盟
电子核心基础产业	①高性能集成电路设计技术达到 22 纳米，大生产技术达到 12 英寸 28 纳米，掌握先进封装测试技术，初步形成集成电路制造装备与材料配套能力。②新型平板显示面板满足国内彩电整机需求量的 80% 以上，高世代显示技术取得突破。③关键电子元器件自主保障能力明显提升，关键专用设备、仪器和材料研发和产业化取得突破
高端软件和新兴信息服务产业	①攻克系统软件核心关键技术，重要应用软件的技术水平和集成应用能力显著提升，自主知识产权的系统、工具、安全软件对产业的带动力和辐射力显著增强。②掌握网络信息服务关键应用和基础平台技术，基本形成高端软件和信息技术服务标准体系，培育一批世界知名的软件和信息技术服务企业

（续）

“十三五”国家战略性新兴产业发展规划	
信息技术产业	构建网络强国基础设施。①大力推进高速光纤网络建设。②加快构建新一代无线宽带网。加快4G网络建设，实现城镇及人口密集行政村深度覆盖和广域连续覆盖。大力推进5G联合研发、试验和预商用试点。③加快构建下一代广播电视网
	推进“互联网+”行动。①深化互联网在生产领域的融合应用。②拓展生活及公共服务领域的“互联网+”应用。③促进“互联网+”新业态创新 实施国家大数据战略。①加快数据资源开放共享。②发展大数据新应用新业态。③强化大数据与网络信息安全保障 发展人工智能。①加快人工智能支撑体系建设。②推动人工智能技术在各领域应用
	做强信息技术核心产业。①提升核心基础硬件供给能力。提升关键芯片设计水平；加快16/14纳米工艺产业化和存储器生产线建设，提升封装测试业技术水平和产业集中度，加紧布局后摩尔定律时代芯片相关领域；实现主动矩阵有机发光二极管（AMOLED）、超高清（4K/8K）量子点液晶显示、柔性显示等技术国产化突破及规模应用；推动智能传感器、电力电子、印刷电子、半导体照明、惯性导航等领域关键技术研发和产业化，提升新型片式元件、光通信器件、专用电子材料供给保障能力。②大力发展基础软件和高端信息技术服务。③加快发展高端整机产品
《中国制造2025》	
新一代信息技术产业	集成电路及专用装备。着力提升集成电路设计水平，不断丰富知识产权（IP）核和设计工具，突破关系国家信息与网络安全及电子整机产业发展的核心通用芯片，提升国产芯片的应用适配能力。掌握高密度封装及三维（3D）微组装技术，提升封装产业和测试的自主发展能力。形成关键制造装备供货能力
	信息通信设备。掌握新型计算、高速互联、先进存储、体系化安全保障等核心技术，全面突破5G技术、核心路由交换技术、超高速大容量智能光传输技术、“未来网络”核心技术和体系架构，积极推动量子计算、神经网络等发展。研发高端服务器、大容量存储、新型路由交换、新型智能终端、新一代基站、网络安全等设备，推动核心信息通信设备体系化发展与规模化应用
	操作系统及工业软件。开发安全领域操作系统等工业基础软件。突破智能设计与仿真及其工具、制造物联与服务、工业大数据处理等高端工业软件核心技术，开发自主可控的高端工业平台软件和重点领域应用软件，建立完善工业软件集成标准与安全测评体系。推进自主工业软件体系化发展和产业化应用

资料来源：中国政府网，兴业证券经济与金融研究院整理。

- 党的十八大报告提出2020年我国进入创新型国家行列的目标。十九大报告指出我国经济已由高速增长阶段转向高质量发展阶段，且在报告中不再提及GDP增长目标。
- 《国务院关于加快培育和发展战略性新兴产业的决定》支持7大战略性新兴产业：节能环保、新一代信息技术、生物、高端装备制造、新能源、新材料和新能源汽车。

- 《中国制造 2025》提出发展新一代信息技术产业、高档数控机床和机器人、航空航天装备、海洋工程装备及高技术船舶、先进轨道交通装备、节能与新能源汽车、电力装备、农机装备、新材料、生物医药及高性能医疗器械十大重点领域。
- 《“十三五”国家战略性新兴产业发展规划》加快发展壮大网络经济、高端制造、生物经济、绿色低碳和数字创意五大领域，实现向创新经济的跨越，超前布局空天海洋、信息网络、生物技术和核技术领域一批战略性产业，打造未来发展新优势。
- 《中国国民经济核算体系（2016）》将研究与开发支出纳入中国 GDP 核算，提高研发创新在 GDP 增长中的重要作用。

财政政策：减税降费政策不断，降低企业生产成本。研发支出税前加计扣除进一步释放企业创新活力。财政部、国家税务总局、科技部发布《关于提高研究开发费用税前加计扣除比例的通知》，规定研发支出可以按照实际发生额的 75% 在税前加计扣除；形成无形资产的，在上述期间按照无形资产成本的 175% 在税前摊销。近期税前加计扣除比例从 75% 再次提升至 100%。粗略计算下，研发支出加计扣除将使所有具有研发支出的上市公司利润增厚 1.6%，其中通信、计算机、军工、电子、电气设备及新能源等先进制造行业利润增厚比例更高，如图 5-11 所示。

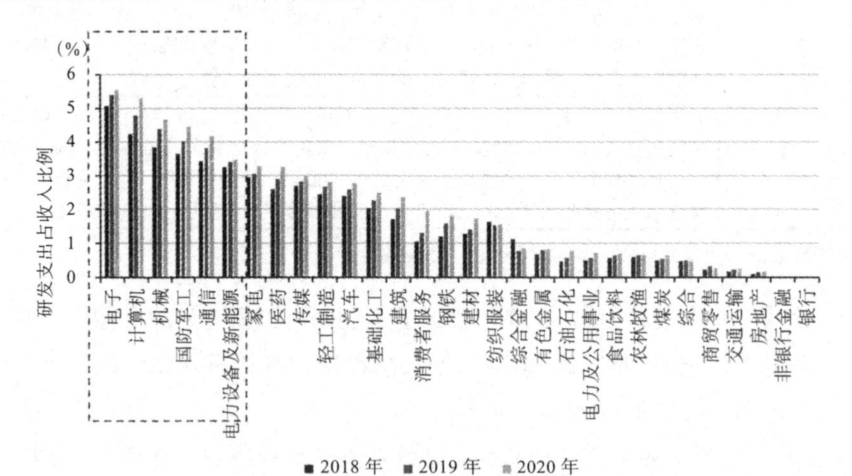

图 5-11 先进制造行业利润增厚比例更高

资料来源：Wind，兴业证券经济与金融研究院整理。

资本市场政策：注册制、科创板、新三板改革推进，多层次资本市场体系建设有望制度性降低创新型企业融资成本（见图 5-12）。2019 年至今，资本市场进入继 2008 年和 2014 年后的新一轮改革浪潮之中。2018 年中央经济工作会议首提资本市场地位，定调为“在金融运行中具有牵一发而动全身的作用”；2019 年 4 月，科创板建设框架出台，制度频频创新，7 月科创板开板，首次推行注册制；2019 年底新三板深化改革；2020 年，要素市场化改革提出八大任务，其中包括资本要素市场化；2020 年 4 月 27 日，中央全面深化改革委员会会议审议通过《创业板改革并试点注册制总体实施方案》。向未来看，创业板注册制及相关改革已经开始实施，新三板精选层已开始受理企业材料，一系列政策都有利于降低创新型企业在 A 股的融资难度，进而能让资本市场吸引更多的优质创新型企业前来上市。关于制度改革对 A 股长牛的重要作用，本书第 10 章有进一步的详细阐述。

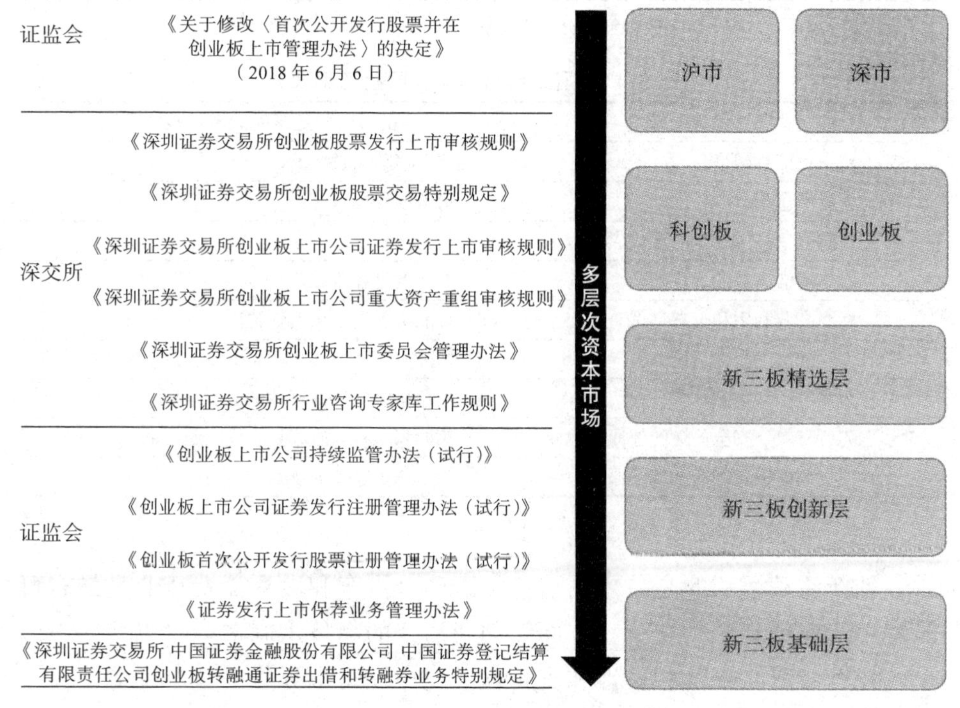

图 5-12 多层次资本市场体系建设

资料来源：Wind，兴业证券经济与金融研究院整理。

5.3 聚焦科技、医药、制造三大新兴领域

中国政府为引领新一波产业革命浪潮，选择了适合中国国情的战略性新兴产业。表 5-3 和表 5-4 显示了中国政府在“十三五”国家战略性新兴产业发展规划和《国家创新驱动发展战略纲要》中给出的相关战略性新兴产业和相关技术领域的发展路径。

表 5-3 “十三五”国家战略性新兴产业发展规划（2016 ～ 2020 年）

实现向创新经济跨越的产业	超前布局的技术领域
网络经济	空天海洋
高端制造	信息网络
生物经济	生物技术
绿色低碳	核技术
数字创意	

资料来源：兴业证券经济与金融研究院整理。

表 5-4 《国家创新驱动发展战略纲要》

发展新优势的技术	引领产业变革的颠覆性技术领域
新一代信息网络	开发移动互联技术
智能绿色制造	量子信息技术
生态绿色高效安全的现代农业	空天技术
安全清洁高效的现代能源	推动增材制造装备
资源高效利用和生态环保	智能机器人、无人驾驶汽车
海洋和空间先进适用	基因组、干细胞、合成生物、再生医学等技术
智慧城市和数字社会	生命科学、生物育种、工业生物
先行有效、安全便捷的健康技术	氢能和燃料电池等新一代能源技术
支撑商业模式创新的现代服务	纳米、石墨烯等技术

资料来源：兴业证券经济与金融研究院整理。

创新活动活跃的高技术制造业、医药、汽车和大众消费行业是最有可能发生产业创新的领域。一方面，创新活跃的高技术制造业可以使得中国在产业升级所必要的相关性和支持性产业中获得世界级的竞争优势。另一方面，大众消费行业创新会促进中国消费相关产业升级换代。

中国高技术制造业开展创新活动企业的比重如图 5-13 所示。

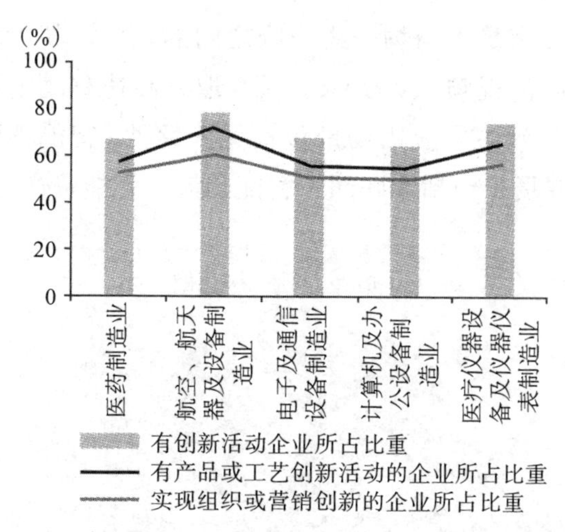

图 5-13　中国高技术制造业开展创新活动企业的比重

资料来源：国家统计局统计科学研究所，兴业证券经济与金融研究院整理。

5.3.1　5G 与数字经济，打造硬科技中国机遇

科技创新下的新业态不断涌现，创造了新供给。回顾 4G 时代移动互联网发展的这十年，社交、视频、网购、移动支付、手机游戏等业态发展如火如荼，十年间实现数十倍增长，甚至还衍生出了短视频、直播带货、外卖快递、充值、游戏直播等“新经济”业态，如图 5-14 所示。这些领域同样也产生了许多著名的牛股，如微信和手游领域的腾讯，网购的京东、美团，移动支付的阿里巴巴，视频的哔哩哔哩、抖音等。在从移动互联网到产业互联网的发展转变过程中，产业数字化加速释放经济增长潜力，数字产业化催生经济增长新动能。在我国经济高质量发展需求驱动下，各产业开始积极向更加合理、高效、可持续的发展模式转变，数字技术成为这个过程中的重要推动力，工业互联网、大数据、人工智能等数字技术深度渗透到实体经济中，为产业的数字转型创造了必要条件。

数字经济不仅可以带动新型基础建设，更重要的是改变人们的生活方式、催生实体经济新业态。有了 5G 技术的加持，在线教育、电子商务、消费电子、互联网医疗、线上办公、工业制造、万物互联、智能制造等领域未来具备广阔的前景。5G 的三大典型应用场景包括增强型移动宽带，超高可靠性与超低时延，海量物联网通信，这意味着 5G 不仅要解决人与人

之间的连接，还要满足人与物、物与物之间的互联。超大带宽能够提供随时随地的3D/超高清视频、VR/AR、云存取、高速移动上网等大流量移动宽带业务。超低时延主要应用场景包括无人驾驶/智能驾驶、工业互联网等。超广覆盖主要场景包括车联网、智能物流、智能资产管理等。

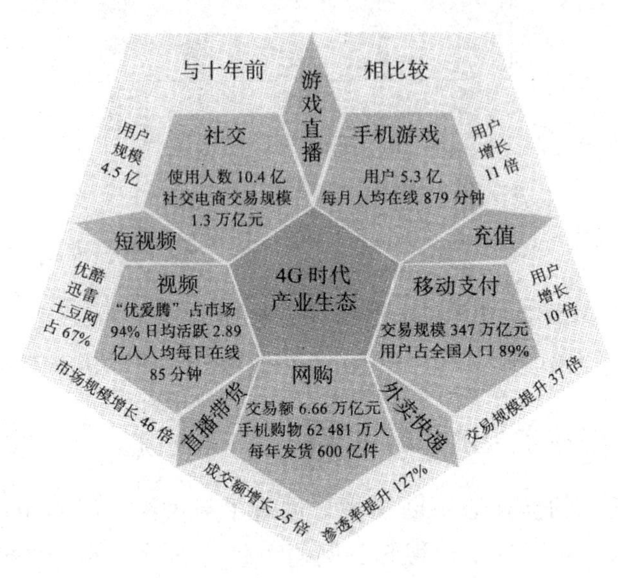

图5-14 “新经济”业态

资料来源：中国清算协会，CNNIC，兴业证券经济与金融研究院整理。

我国巨大的消费市场为创新提供了土壤，5G时代下数字经济作为新的要素有望成为中国中长期经济增长的动力源。我国拥有庞大的消费人群和消费市场，图5-15展示了我国数字经济规模。截至2018年，中国互联网用户超过8亿，比美国和欧盟总人口数量还多；2019年我国城镇居民人均可支配收入超过4万元，社会零售总额41万亿元，市场规模在全球仅次于美国的42万亿元。2015年，我国数字经济规模达到3万亿美元，占当年GDP的27%；2019年，我国数字经济规模增长至5.2万亿美元，全球范围内来看仅次于美国，占当年GDP的比重提升9个百分点至36%。

1. 半导体产业链：全产业链都需要持续追赶

中美贸易摩擦进一步让我们认识到了国内半导体产业与国际先进水平的差距，无论是主产业链里的设计、制造、封测环节，还是支撑产业链的设备、材料、IP 核、EDA 等，都有很长的路要去追赶。图 5-16 展示了我国半导体产业链相关企业。目前来看，我国的优势还是集中在技术含量较低的封测环节和设备环节，其他环节虽然有龙头公司出现，但还有较大的追赶空间。

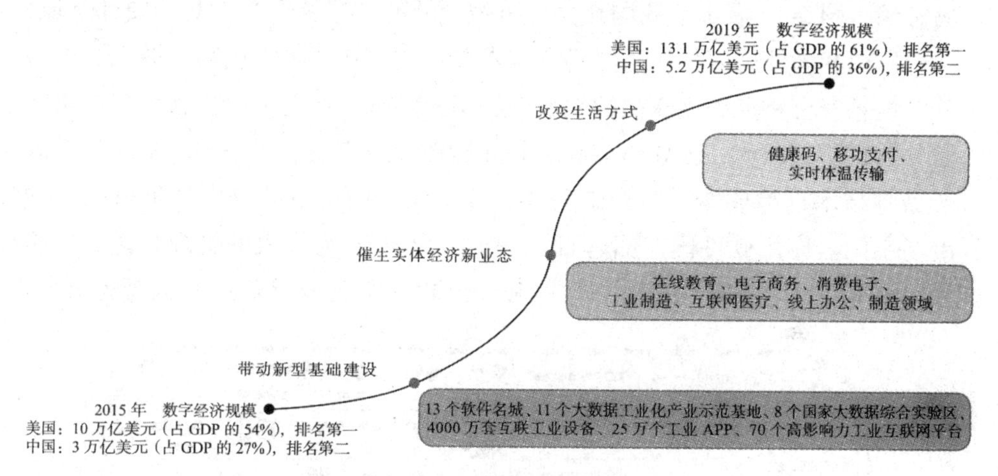

图 5-15　中国数字经济规模

资料来源：中国信息通信研究院，兴业证券经济与金融研究院整理。

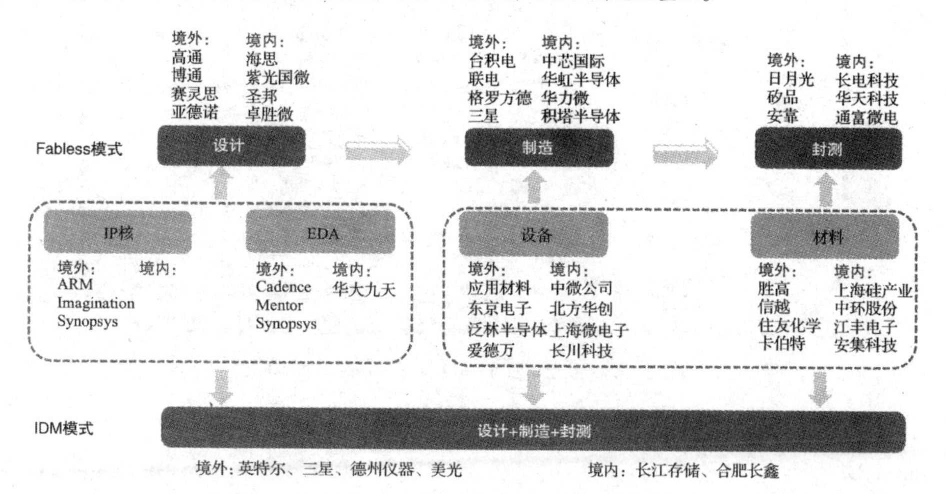

图 5-16　我国半导体产业链相关企业

资料来源：兴业证券经济与金融研究院整理。

2. 信息技术领域业绩兑现时点渐行渐近

国内企业对于自主品牌的建设非常重视，随着国产化的意识不断增强，政府在逐步加大力度维护国内企业在市场中的地位和竞争力，从而推动完整产业链的形成并且开始拥有制定标准的话语权。我国国产品牌在部分细分行业和领域已经具备了较强的竞争能力，甚至在国际市场上也取得了较高的市场份额。图 5-17 展示了我国在自主可控领域的布局情况。在高端硬件领域，国产厂商和国外厂商相比虽然仍有技术差异，但在军事、国防、航天、电力等对信息安全要求程度较高的领域已经率先实现国产化替代。存储器和 X86 服务器行业，国产品牌异军突起，并开始在境外市场展露拳脚。基础软件国产品牌技术日趋成熟，国产中间件、数据库、操作系统等已经争得一定的市场空间。应用软件国产品牌百花齐放，以 ERP 为代表的管理软件、以防火墙 /VPN 为代表的安全防护软件和办公软件等已经有较强的市场竞争力。

领域	类别	企业
高端硬件领域	处理器芯片	LOONGSON 龙芯、飞腾、神威、兆芯、POWERCORE 中晟宏芯
	存储器	HUAWEI 华为、HIKVISION 海康威视、inspur 浪潮、Sugon 曙光、同有科技、alhua 大华
	服务器	inspur 浪潮、Sugon 曙光、lenovo 联想、华为、Great Wall 中国长城
	整机	lenovo 联想、UNIS 紫光、Great Wall 中国长城
基础软件领域	操作系统	中标麒麟、中科方德、DEEPIN 深度
	中间件	TongTech 东方通、Kingdee 金蝶中间件、北京汇金科技、中创软件
	数据库	GBASE 南大通用、武汉达梦、神州通用、BaseSoft 人大金仓
应用软件领域	办公软件	金山WPS、中标普华、永中Office
	管理软件	用友软件、Kingdee 金蝶软件、inspur 浪潮GS、鼎捷软件
	安全防护软件	VRV 北信源、启明星辰、NSFOCUS 绿盟科技、Westone 卫士通、SANGFOR 深信服、Meiya Pico 美亚柏科

图 5-17　我国在自主可控领域的布局情况

资料来源：Wind，兴业证券经济与金融研究院计算机组整理。

5.3.2　创新药与医疗器械正在加速发展走向世界

政策变革推动创新药从“中国新”逐步变为“全球新”。《关于深化审评审批制度改革鼓励药品医疗器械创新的意见》提高了创新药的标准。只有真正有效的创新药才能得到批准。国内简单仿制甚至效果更差的药品将面临严重冲击，未来能够留下的大概率是那些拥有优秀的核心产品、大量的研发投入，以及完善销售网络的优秀药企。图 5-18 展示了我国创新药企业发展的三个阶段。我国创新药企业的发展已经历了由大型仿制药企业向创新升级的 1.0 模式、生而创新的研发驱动型小型生物科技药企的 2.0 模式，向通过并购整合生物技术公司或者新药品种切入行业的 3.0 模式的演进。在行业政策变革的引领下，能够靠自身实力成为前述优秀药企，或者有足够资金实力能够并购整合前述优秀药企的龙头公司，有望在未来脱颖而出。

图 5-18　我国创新药企业发展的三个阶段

资料来源：兴业证券经济与金融研究院。

可以预见，药品领域未来有系统性优势的龙头公司会逐步占据主导地位。随着中美审批时间窗口差越来越短，国内医保支付体系越发科学，以药物经济学特性为核心的定价支付体系将逐步形成。一个新的药品如果要取得商业上的成功，不仅需要前段的研发能力（确实研发出好品种），同时也需要强大的商业化运作能力。通过这些年的发展壮大，中国已经形成了像恒瑞医药、中国生物制药、石药集团、翰森制药等一批一线药企。比如在临床试验上，这些公司临床试验方案选择更多，审评时间更短，沟通环节也有更多历史经验可以借鉴，医保的进入过程中，其谈判的经验也会更加丰富。图 5-19 展示了部分企业的成功路径。

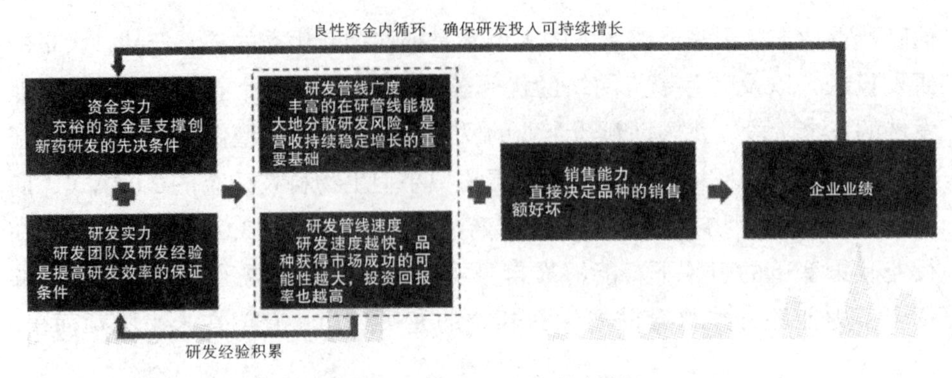

图 5-19　部分企业的成功路径

资料来源：兴业证券经济与金融研究院医药组制作。

目前，国产医疗器械已逐步突破多项技术壁垒。我国主要医疗器械国产及进口占比如图 5-20 所示，我国主要医疗器械已经基本实现进口替代（国产占比超过 50%）的包括：①植入性耗材中的心血管支架、心脏封堵器、人工脑膜、骨科植入物中的创伤类产品等；②大中型医疗器械中的监护仪、DR 等；③体外诊断领域的生化诊断；④家用医疗器械中的制氧机、血压计等。

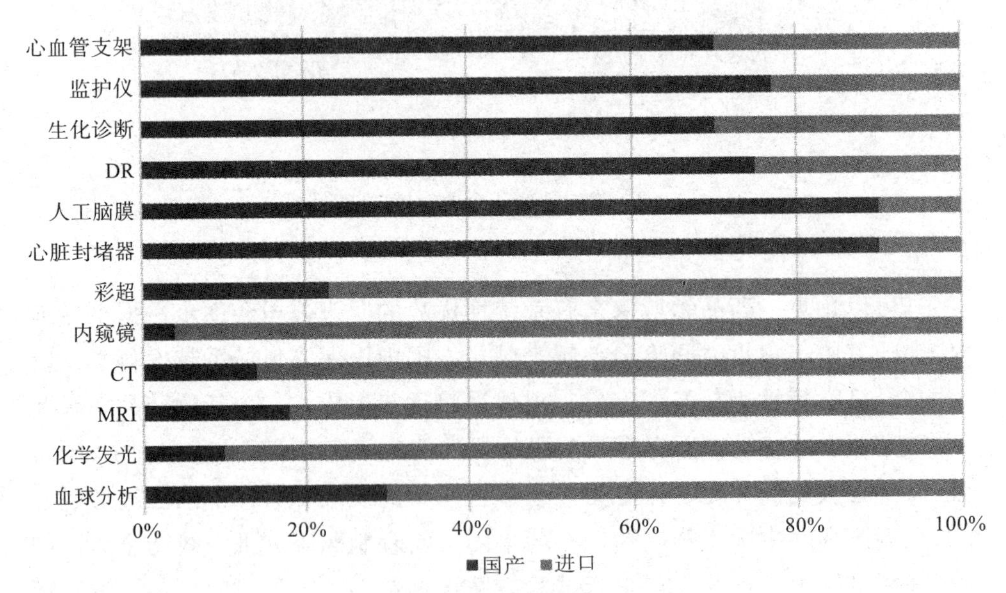

图 5-20　我国主要医疗器械国产及进口占比

资料来源：公开资料，兴业证券经济与金融研究院整理。

5.3.3 制造为王，高端制造升级引领产业趋势

1. 新能源车产业链：国内外放量带动上游材料、中游设备及零部件和下游整车行业全面受益

国内电动车持续放量给国内配套零部件提供上车机会。特别是特斯拉国产化以后，考虑到后续降价带来的降本压力，以及减少运输费用及关税等，特斯拉或将重点培养国内本土供应商，一些此前已经切入特斯拉供应体系的供应商进入配套体系的概率更高。具体而言，电池、电解液、结构件、负极材料、正极材料、继电器领域都已经有细分行业龙头脱颖而出，可以进行重点关注。

切入境外高端供应链的企业同样将迎来增长机会。疫情冲击下，欧美等地的工厂普遍大幅停工。然而，疫情增加了居民自驾出行的需求。因此，率先摆脱疫情困扰，并且能够提供持续稳定供货的企业，有望成为切入 LG 化学、松下化学供应链，如电解液、负极材料、隔膜、结构件等。图 5-21 显示了已经切入 LG 化学产业链的中国公司。伴随全球电动化进程加速，国内材料厂商实现境外市场突破迎来良机。核心龙头公司境外收入占比稳中有升，境外毛利率高于境内，拉动整体盈利能力提升。

2. 碳中和背景下的新能源机会：新能源有望成为基本国策，强大需求推动

利用风电、光伏，是提升非化石能源占比的最优途径之一。一次能源指自然界中以原有形式存在的、未经加工转换的能量资源，从类型上看包括化石能源和非化石能源。化石能源主要包括煤炭、原油和天然气，非化石能源主要包括风能、太阳能、水能、核能、生物质能、地热能、海洋能等。在国内外重要会议上，中国均提出将努力提升非化石能源占一次能源消费比重，具体目标如图 5-22 所示：2020 年目标为 15%，2030 年目标为 20%，至 2050 年该比重有望达到 50%。同时，我国领导人还提出我国碳排放力争于 2030 年前达到峰值，努力争取于 2060 年前实现碳中和。

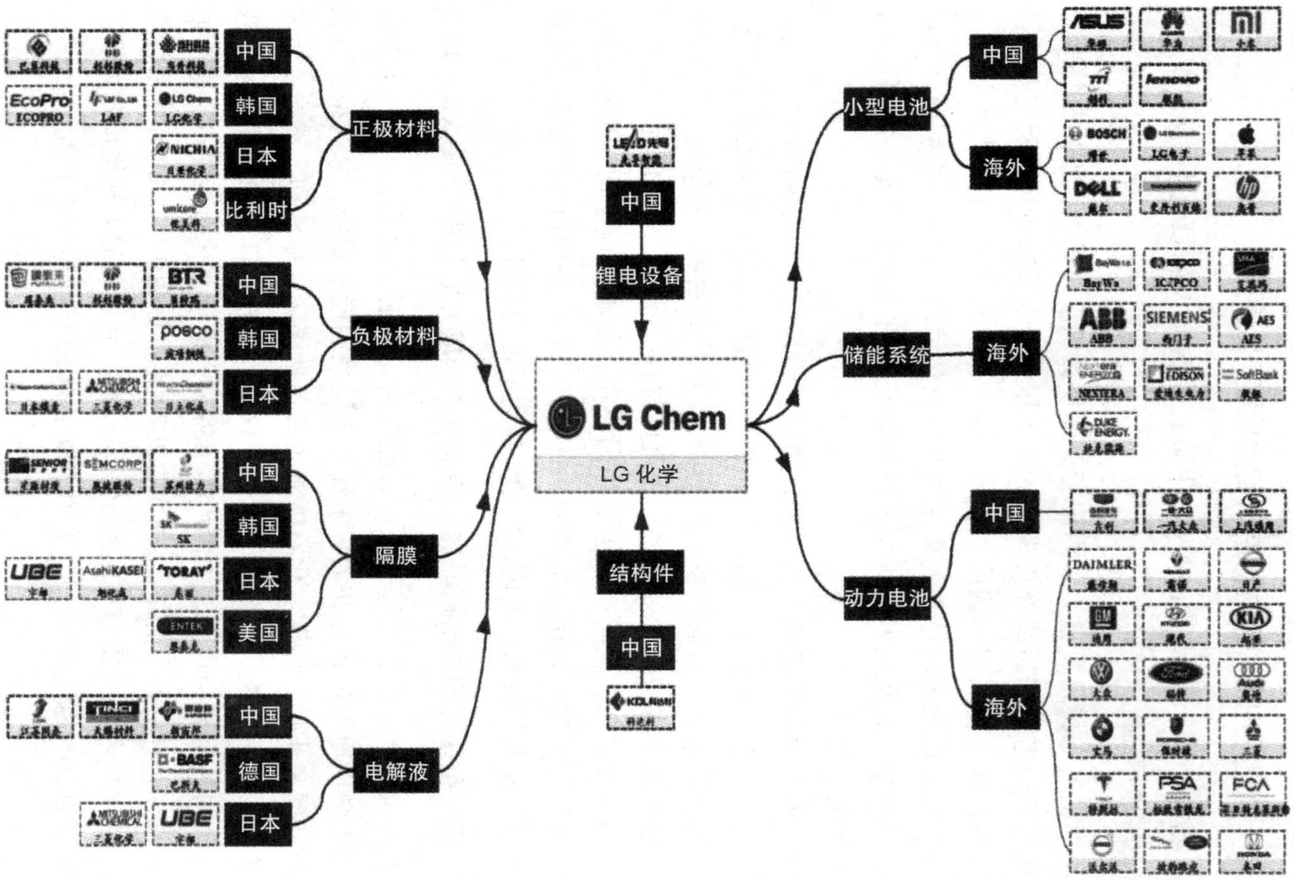

图 5-21 切入 LG 化学供应链的中国公司

资料来源：Wind，兴业证券经济与金融研究院电新组整理。

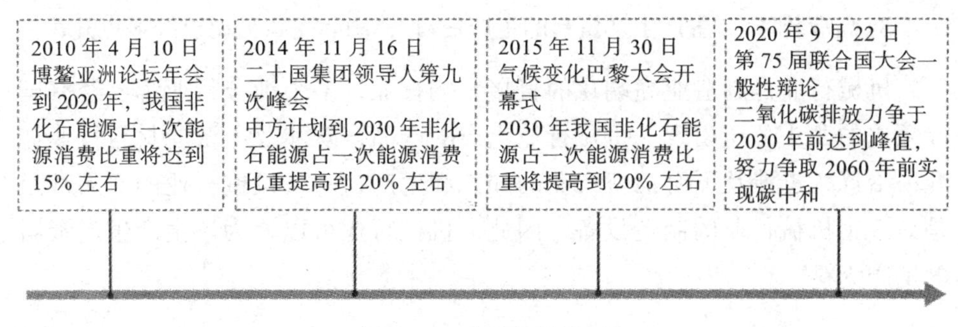

图 5-22　我国具体目标

资料来源：新华社，兴业证券经济与金融研究院整理。

光伏、风电发电占比将大幅提升。根据我们的测算，在 2025 年光伏与风电的发电量比例为 55:45 的假设下，光伏年平均装机需求约 73GW，风电年平均装机需求 34GW。在 2035 年光伏与风电的发电量比例为 65:35 的假设下，光伏年平均装机需求 159GW，风电年平均装机需求 38GW。2019 年非化石能源发电占比 31%，其中水电、核电、风电、光伏分别占 18%、5%、6%、3%。如果 2025 年非化石能源发电占比 28%，那么水电、核电、风电、光伏将分别占 16%、5%、5%、2%（见图 5-23）。如果预计 2025 年非化石能源发电占比 42%，那么水电、核电、风电、光伏分别占 17%、8%、9%、8%，光伏、风电发电占比提升将非常显著。

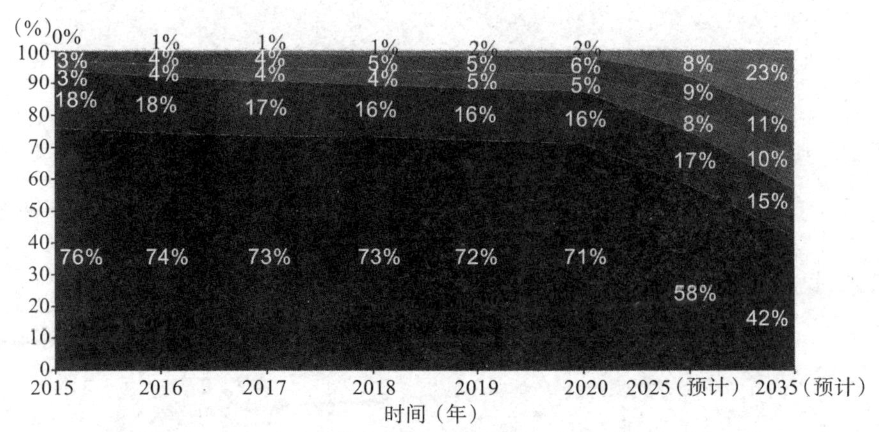

图 5-23　非化石能源发电占比

资料来源：Wind，兴业证券经济与金融研究院整理。

3. 高端装备："生产生产资料的生产资料"，国际龙头公司已经多点开花

机械行业是制造业高端化的直接影响行业，多个细分行业都已经有国际领先的龙头公司出现。机械行业生产的产品，既涉及上游原材料行业如开采冶炼，也涉及下游消费行业的加工和生产，一个机械行业的产品甚至是另一个机械行业的制造设备。因此，机械行业可以称为"生产生产资料的生产资料"。

| 第 6 章 |

居民“财富搬家”是股票市场重要资金来源

前面 5 章中，我们分别从国别配置、对外开放、低利率和产业结构等宏观和中观视角对 A 股长牛进行了说明，本书的第 6 章至第 9 章将从投资者结构的角度论述 A 股长牛的微观机制。本章聚焦于居民，后面的第 7 章至第 9 章将分别讨论养老金、外资和机构化对股票市场长牛的作用。

基于资产规模、资金来源、投资风格和特征不同，我们将股票市场的参与者分为四类，分别是居民、养老金、外资和机构投资者。作为股票市场的主要参与方，这四类投资者对股票市场是非常重要的资金来源，也构成了股票市场长牛的四重推动力。

本章将重点介绍居民财富配置，分析居民在过去 20 年时间财富配置的变迁历史，存款、银行理财、房地产、P2P 等均是大家资本的去向。2018 年之后，随着监管规范化和逐步趋严，P2P 暴雷事件频发，房地产也在房住不炒背景下投资价值减小，我们全方位分析了未来居民资本将怎样逐步进入股票市场。同时，从海外比较的维度来看，我们也参考了日本、美国居民财富配置的变迁历史，为 A 股长牛提供更有说服力的证据和支撑。

回首 2000 年以来，我国经济迅速发展，人均 GDP 由 8000 元增长至

2020 年的 70 000 元，居民总资产由 30 万亿元增长至 350 万亿元（2016 年数据）。但从资产配置的角度来看，房地产一直是我国居民财富配置最主要的资产，占比约 50%。金融资产方面，可以将 2000 年以来的 20 年划分为四个阶段（见图 6-1）。① 2000 ～ 2010 年——存款时代，国内金融市场和金融产品的发展程度较低，存款仍是居民财富的绝对"大头"，金融机构各项存款余额以每年约 20% 的速度增长；② 2001 ～ 2014 年——理财信托时代，银行理财和信托在这一时期快速发展，规模均上升至 15 万亿元级别；③ 2015 ～ 2017 年——大资管 + 互联网理财时代，银行理财、信托、券商资管规模合计超过 70 万亿元，大资管时代正式到来，还有以货币基金和 P2P 为代表的互联网理财产品兴起；④ 2018 年以后——资产荒时代，银行理财规模显著下降，信托和券商资管规模迅速缩水，货币基金停步不前，P2P"天雷滚滚"；与此同时房地产调控从严，一二三线城市房价疯涨之势不再，成交面积萎缩。过去遍地都是高收益、低风险甚至几乎"无风险"的金融产品，但其实质并非无风险，而是背后蕴藏着"刚性兑付"的特征。随着金融供给侧改革叠加"房住不炒"，新一轮居民财富配置的"资产荒"来临，上述时代已经成为过去式，居民财富将开启配置权益资产的新时代。

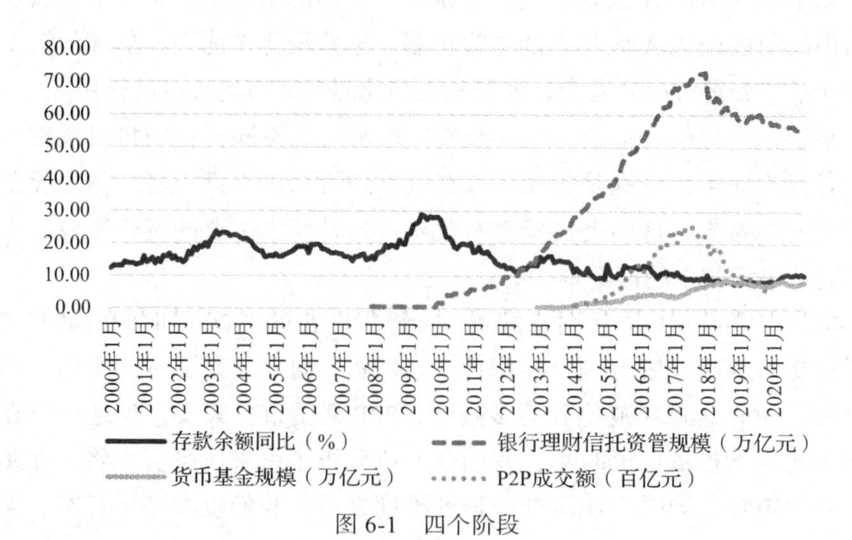

图 6-1　四个阶段

资料来源：Wind，兴业证券经济与金融研究院整理。

6.1 “资产荒”下居民财富管理的困局

回顾历史可以发现，我国居民财富配置中的一大部分在于房地产，另一大部分则集中于轮番登场的银行理财、信托、券商资管、货币基金、P2P等产品上。以上这些投资品种，过去的确为普通个人投资者提供了较为稳定且不错的收益，但这样的收益率皆诞生于特定的背景之中，或是由于我国金融市场发展不平衡的结构性问题，或是由于我国金融市场相关制度的暂时缺失与不规范。随着我国金融市场日益健全，金融产品端也掀起了一轮“供给侧改革”，以上投资品种或面临收益率下行，或直接被清退出场，叠加“房住不炒”的指挥棒，房地资产和曾经低风险、高收益的金融产品均风光不再。在这种时代大背景下，以前的“香饽饽”不香了，居民需要寻找新的好资产进行配置，这就是我们所说的居民财富配置面临新一轮“资产荒”。

6.1.1 资产荒1：“天上掉馅饼”的高收益“无风险”产品远去

时间拨回至2013年前后，当时市场上出现了两个居民理财利器——以余额宝为代表的货币基金及P2P产品。彼时余额宝的收益率5%甚至7%，以及动辄能提供10%～15%收益率，最高甚至超过20%收益率的看似“无风险”实则蕴含大量风险的P2P产品，加上操作简单方便，吸引了许多居民投资者。

2013年6月，天弘基金与支付宝合作推出的货币基金产品——余额宝问世。此时恰逢中国银行间市场“钱荒”，货币基金产品的收益率维持在5%左右，2013年底时甚至接近7%。相比于仅0.35%的活期存款利率，具有可观收益的货币基金产品受到“疯抢”，余额宝上线半年内规模就飙升接近2000亿元，成立9个月后规模便超过5000亿元大关，天弘基金也一跃成为公募货币基金榜单中的新宠。继阿里巴巴余额宝之后，腾讯也在微信平台上推出了自家的“理财通”，各大银行和券商也纷纷推出各种“××宝”类的现金理财产品，市场火热程度可想而知。货币基金总规模增长至8万亿元仅用了5年时间，也为广大普通居民的“钱包”中增添了一份兼具灵活性与收益性的金融资产。余额宝作为互联网金融的新生事物，通过优秀的用户体验与彼时极具竞争力的收益率，开启了一项居民财富现金管理的新方向。余额宝的出现使得普通居民获得了参与货币市场的机会，在较低的风险水平下，丰富了居民的资产配置渠道，开启了居民投资产品的“宝时代”。

但是随着2018年中国人民银行开始连续下调存款准备金率，与此同时存款基准利率保持1.5%的低位，银行间市场流动性充裕，货币基金收益率开始持续下行，从4%下降至仅2%。2020年，受新冠肺炎疫情影响，全球出现流动性宽松、利率普遍下行的情况，2020年6月，余额宝7天年化收益率一度降至1.4%（见图6-2）。虽然2020下半年随着我国货币政策转向常规，货币基金的收益率也有所回升，但不改的是目前余额宝仅2%左右的收益率及货币基金的投资吸引力日渐式微的事实。截至2020年底，全市场货币基金规模8万亿元，在2018～2020年的三年间几乎没有增长，居民亟须寻找其他能够提供更高收益的金融产品。

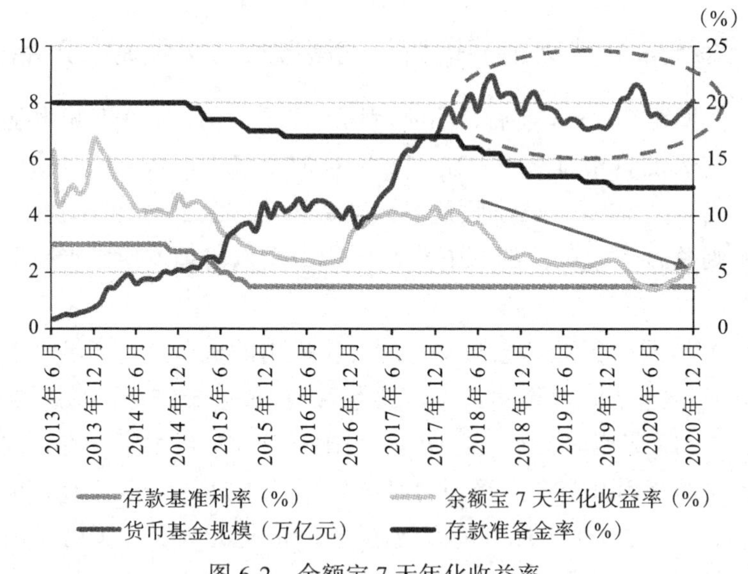

图6-2 余额宝7天年化收益率

资料来源：Wind，兴业证券经济与金融研究院整理。

再来看曾大受追捧的P2P产品。2013年起，由于P2P产品收益率可以超过20%的水平，吸引大量市场资金涌入。2014～2015年，各种P2P网贷平台如雨后春笋一般涌现，短短两年间数量便上升至3500家。从2015

年开始，多家P2P网贷平台相继赴美上市，如宜人贷、信而富、和信贷、拍拍贷等，并有多家排队等候上市。2016～2019年间，P2P产品收益率一直维持在10%附近，这一收益水平明显高于当时定期存款、货币基金、银行理财等产品，整个P2P市场的月成交额一度高达2500亿元。P2P、银行理财、货币基金、存款收益率如表6-1所示。

表6-1 P2P、银行理财、货币基金、存款收益率

年份	中国P2P网贷平台综合利率	银行理财产品预期年收益率（1年）	余额宝7天年化收益率	定期存款利率（1年）
2013	23.46%	5.14%	4.87%	3.00%
2014	18.76%	5.65%	4.83%	2.96%
2015	12.69%	5.13%	3.68%	2.06%
2016	9.12%	4.07%	2.50%	1.50%
2017	8.64%	4.59%	3.91%	1.50%
2018	9.24%	4.82%	3.47%	1.50%
2019	8.67%	4.26%	2.36%	1.50%

资料来源：Wind，兴业证券经济与金融研究院整理。

在高利润的吸引下，P2P网贷平台野蛮生长，各种网贷平台不断上线的同时，监管缺失、风险控制薄弱、运作不透明等风险也在不断积累，将其从信息中介变成了信用中介，资金池、期限错配等违法行为披着P2P的外衣大行其道，甚至直接出现了披着网贷平台外衣的“庞氏骗局”。于是P2P开始频现爆雷潮，借款人破产跑路、投资人血本无归的故事一遍遍地上演，P2P成为“邪恶”的代名词。你惦记的是10个点的收益，而人家惦记的却是你的本金。银保监会主席郭树清多次公开提醒投资者，高收益总是伴随着高风险，投资者应该加强对收益率的敏感性，达到6%时就要存疑，达到8%就存在较大风险，10%以上就有损失全部本金的可能性。随后2018年6月，在全市场仍有万亿元待还余额的时候，P2P上演了新一轮爆雷违约潮，到2019年12月，短暂的一年半时间里，P2P问题平台数量增加1000个左右，总数接近3000个，2019年12月成交额降至仅400亿元（见图6-3）。对P2P网贷平台的清查和整顿，从2017年底拉开序幕。2019年1月，监管层下发文件《关于做好网贷机构分类处置和风险防范工作的意见》，提出对于网贷风险治理问题，应该遵从“能退尽退，应关尽关”的原则。截至2020年11月中旬，全国实际运营的P2P网贷平台实现清零，曾

经“天上掉馅饼”的P2P产品正式退出历史舞台。这意味着对于普通个人投资者而言，简单便捷并且能够提供不错收益的理财产品越来越少，居民财富配置面临“资产荒”。

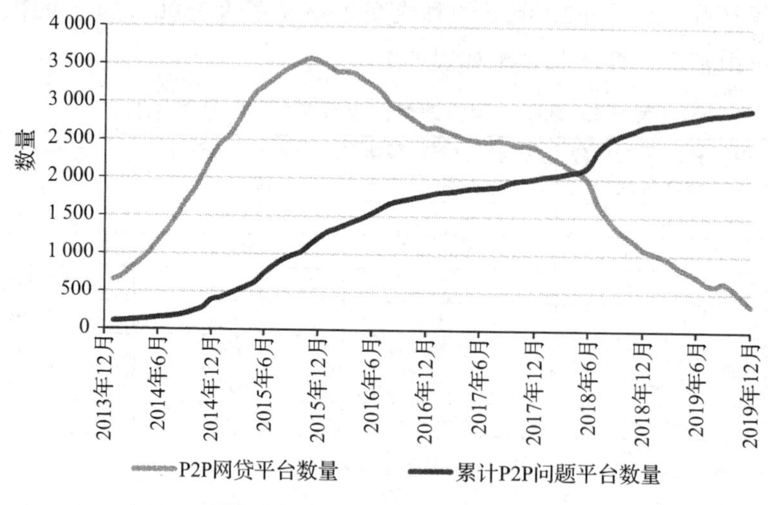

图 6-3　P2P 问题平台数量增加

资料来源：Wind，兴业证券经济与金融研究院整理。

6.1.2　资产荒 2：资管新规打破刚兑，保本保息成为历史

一直以来，居民如果有投资需求，将资金配置于银行理财、信托或券商资管几乎已经成为惯性思维，因为这类产品不仅可以保证本金，看上去毫无风险，而且还能够获得较高的收益率。那么这些“优质”的金融产品究竟是如何实现的？

可以发现这些金融产品都有一个共同的特点，就是将资金大量投向了非标资产，即“非标准化债权资产”。一直以来，银保监会对银行的信贷规模有着严格的监管，75%的存贷比红线限制了商业银行的信贷资产规模。另外，对于相关投资领域，银行信贷资产也受到了管控，限制银行贷款投向产能过剩行业，如地方融资平台、房企、矿产等。因此，在寻求监管套利的动力之下，银行找到了一种新的放贷形式——投资非标资产（见图 6-4）。银行找到证券公司，成立定向资管计划以达到绕开监管限制的目的。证券公司再找到委托行开立贷款资金账户，将来自资管计划的资金贷

给相关企业。银行大量非标资产的背后是重资产企业、房企等对资金有迫切需求的经济实体，地方政府为了通过投资拉动经济发展，也大量通过非标资产进行融资。各种监管原因使部分主体融资成本攀升，成为银行通过非标业务攫取利润的动因。

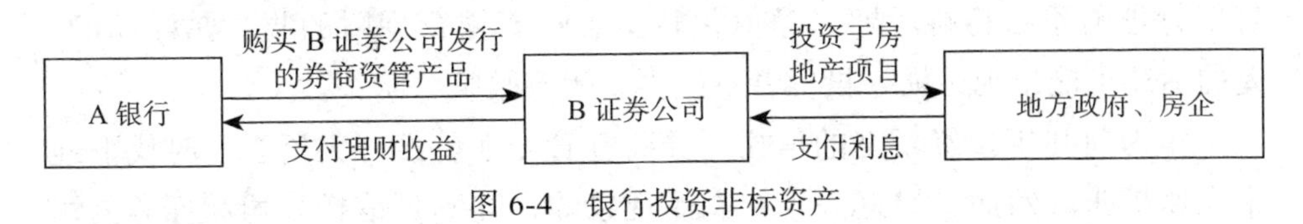

图6-4 银行投资非标资产

资料来源：兴业证券经济与金融研究院整理。

非标资产如何实现低风险？非标资产一大特征，便是其背后蕴藏着的“刚性兑付”。当金融产品出现亏损时，由发行人代为偿还本金或利息的不成文规定被称为“刚性兑付”。2018年之前“刚性兑付”在中国金融市场中广泛存在，银行理财、信托、券商资管甚至信用债和城投债等金融产品背后往往都存在“刚性兑付”的隐形兜底。各种项目通过保证本金承诺收益的方式来募集资金进行投资，各笔资金并非按项目“专款专用”，而是形成资金池，当投资出现亏损时可以通过借新还旧、发新还旧、垫付自有资金等方式弥补投资者损失。当地方政府融资平台无法如期兑付，或地方国企发生债务违约事件时，地方政府为了防控金融风险、保护当地经济实体往往也会出手相助，如期支付投资者的本金与收益。

然而，因为银行非标业务较为复杂，存在涉及主体太多、业务链条太长等问题，所以一旦出现违约等情况，很难确定风险承担主体。另外，银行非标业务大量运用期限错配和杠杆。在监管部门无法实现有效监管的情况下，非标业务自身不断膨胀，金融行业开始脱实向虚，这些都使得金融市场的风险不断积聚，爆发系统性金融风险的概率持续增加。更重要的是，“刚性兑付”扰乱了金融市场的正常运行，扭曲了经济主体的信用风险水平，大量资金涌入“无风险”的刚兑资产，导致小微企业、民营企业融资难、融资贵的问题无法得到有效解决。为了防范系统性金融风险，维持正常的金融市场秩序，打破“刚性兑付”势在必行。

2013年3月25日发布的《中国银监会关于规范商业银行理财业务投资运作有关问题的通知》严格限制了理财资金投资非标资产，银行理财中非标资产占比开始下降，利好股票、债券等标准化资产。2014 ～ 2018 年，银行理财产品投向非标资产的占比从超过 40% 降至不到 20%，收益率也由 6% 降至 4%，投资吸引力大大降低。2018 年资管新规出台后，银行理财市场格局迎来变革，保本保收益承诺即将退出历史舞台，打破刚性兑付意味着银行理财不再稳赚不赔，净值化转型意味着银行理财的收益是浮动的，差的话还可能出现亏损，投资者不能再“闭着眼睛”购买。

作为前几年投资新宠的信托、券商资管，在曾经“大资管”时代下迎来飞速扩张。然而支撑这一光鲜亮丽现象的，并不是信托公司和证券公司出众的投融资和管理能力，而是其通过业务牌照的优势，在我国金融市场发展不平衡的结构性问题中进行“监管套利”获得的回报。由于监管部门对银行资金的投向有着严格的要求，因此银行为了逃避监管常常会通过购买券商所设立的信托以实现对于高风险项目的投资，这一种提供资金通道的业务就叫作通道业务，传统通道业务占据信托资产的 60% 以上。然而 2018 年 4 月出台的资管新规明确规定，金融机构不得为其他金融机构的券商资管产品提供监管要求的通道服务，如规避投资范围、杠杆约束等。受通道业务监管收紧的影响，券商资管规模 2017 ～ 2020 年缩水约 7 万亿元，信托资产规模 2018 ～ 2020 年缩水约 5 万亿元（见图 6-5）。

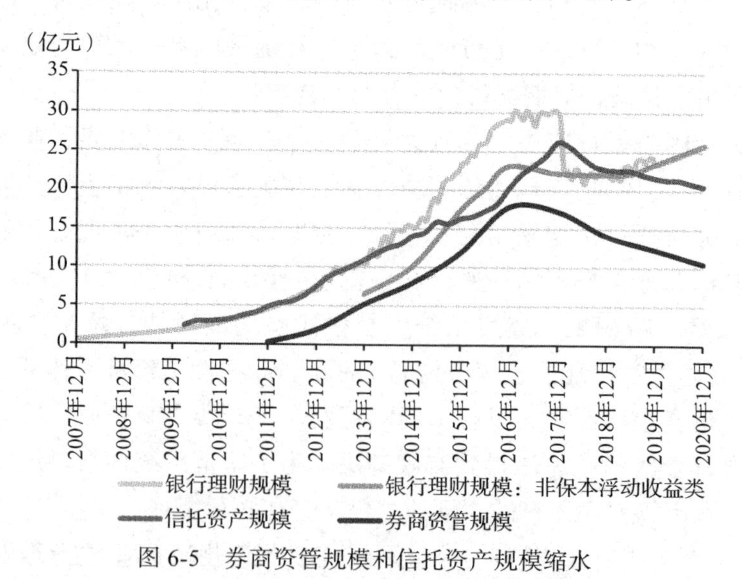

图 6-5　券商资管规模和信托资产规模缩水

资料来源：Wind，兴业证券经济与金融研究院整理。

转型迫在眉睫，过去单纯依赖通道业务实现野蛮扩张的增长模式不可持续，回归主动管理才是信托资管行业的真正出路。信托资管行业将进一步分化，资源和业务将向主动管理能力突出的龙头公司聚集，而单纯依靠通道业务发展的公司生存空间将面临挤压。因此未来信托、券商资管包括银行理财的资金会更多地投向标准化资产，利好股票、债券、票据等投资品种。此外，资管新规坚决表态打破刚性兑付，在无风险利率下行、国债收益率仅 3% 的情况下，更加利好股票等权益资产。

6.1.3 资产荒 3：违约率提升，固收产品风光不再

对于低风险偏好的居民来说，通过一些金融产品间接参与信用债投资一直以来也是很好的选择之一，因为信用债可以提供比国债更高的收益，且违约风险几乎不是问题。但是随着近年来信用债违约潮的出现，尤其是 2020 年 AAA 级国企爆出信用债违约事件，不但使得投资者信心受创，而且使得信用债低风险、高收益的风光不再。此前在人们的投资认知中，信用债基本不存在违约的风险，而在未来信用债的定价体系中，信用风险溢价将被重新考虑，投资者在投资信用债时也将重新比较其收益和违约风险，从而重塑我国整个资本市场的风险评价体系。这对于权益资产而言是一个利好的契机，权益资产在大类资产配置中的风险收益性价比将得到提升。

自 2014 年首只债券违约，近几年信用债违约情况大致分为三个阶段（见图 6-6）。① 2015 ～ 2016 年，经济增速下滑叠加供给侧改革大背景，在“去产能”驱动下，部分过剩产能企业违约遭受出清，这是第一阶段违约，2016 年信用债违约规模约 400 亿元；② 2018 ～ 2019 年，部分民企融资困难经营不善，第二阶段违约到来，两年违约规模合计超过 3300 亿元，这一阶段以民企违约为主，侧面增强了投资者对于国企的信任；③ 2020 年以来，先是 AAA 级的国企永煤集团违约，接着几家国企相继违约，第三阶段违约到来，二级市场债券全面下跌，信用债市场固有的“国企信仰”受到冲击。

从宏观上来看，中国经济已经从之前的高速增长阶段转向存量发展的新常态，在经济发展模式上也不断弱化经济增速目标，更加强调经济结构的优化与产业结构的升级。在经济高速增长阶段，实体经济融资供需两旺，企业发展前景广阔，信用债本身出现违约的概率也相对较小。而在存量发

展的新常态大背景下，传统产业面临着巨大的转型压力，行业产能过剩、盈利能力低下的企业面临出清，直接导致了相关企业的经营风险不断上升，最终体现为债券市场中的信用违约事件。

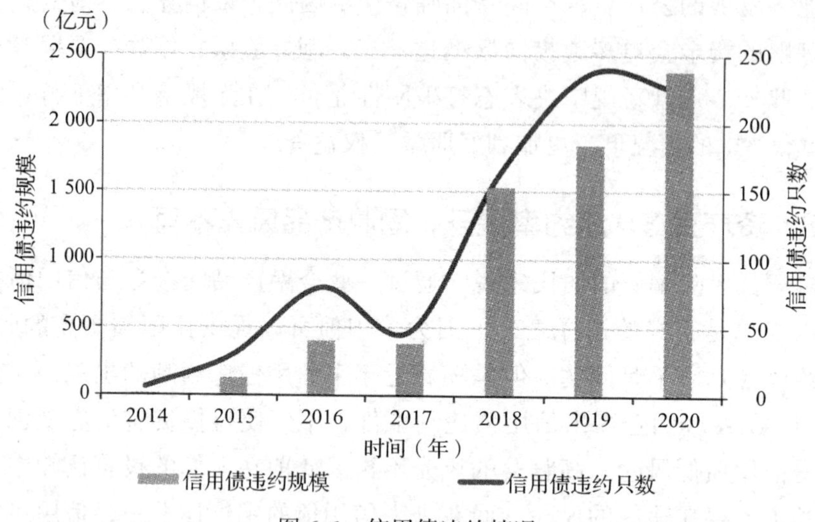

图 6-6 信用债违约情况

资料来源：Wind，兴业证券经济与金融研究院整理。

与前两阶段违约相比，第三阶段违约第一大特征就是国企超预期违约。如图 6-7 所示，2020 年 224 只信用债出现违约，违约规模接近 2400 亿元，其中有 84 只是国企信用债，违约规模超过 1000 亿元。在 2020 年出现违约的国企中，其中不乏一些“僵尸企业”存在，随着进一步国企改革，未来或有更多“僵尸企业”浮出水面，违约风险有上升趋势。另外，以永煤集团为代表的 AAA 级国企债券同样也发生违约，引发了一系列市场连锁反应，令多家金融机构错愕不已。这一次信用债违约潮的第二大特征是行业分散化，不仅有产能过剩行业的企业，也有消费、计算机、房地产等行业的企业出现违约。

国企接连的违约事件表明，债券市场风险定价将逐渐摆脱“刚性兑付”的保护伞，从广义上来讲也是“打破刚兑”的一种体现。未来市场对待国企等高评级主体的态度将更加谨慎，市场定价将回归债券自身风险的本源，信用债违约可能呈现常态化趋势。对于银行理财等配置信用债比例较大的资金来说，随着信用风险敞口逐渐扩大，低风险、高收益的产品将成为历史，权益资产的风险收益性价比和在投资组合中的占比都将共同提升。另外，长久以来我国流行的是以银行间接融资为主的债权文化，而随着国企信用债信仰被打破，传统债权文化将逐渐消亡，股权文化将逐步兴起，以股权市场为代表的直接融资模式将得到更长足的发展。

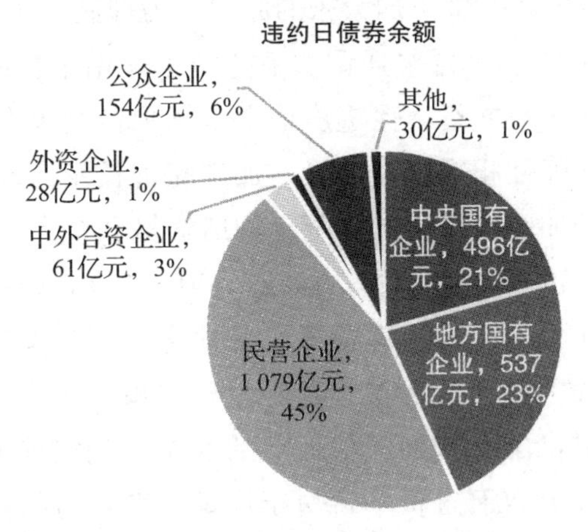

图 6-7　2020 年国企信用债违约规模占比近半

资料来源：Wind，兴业证券经济与金融研究院整理。

6.1.4　资产荒 4：“房住不炒”，房子作为资产吸引力下行

在很长一段时间内，房地产是国民经济的支柱性产业，房地产产业链曾经是国家刺激经济的首选。由于成熟的金融市场和丰富的金融产品长期缺位，叠加一二线城市房价的升值预期，房地产一直是我国居民财富配置的重头戏，占比达 50% 左右。

从 2016 年底以来，中央提出并多次重申“房住不炒”的定位，国家维持住房价格稳定的态度坚决，一二三线城市房价保持平稳（见图 6-8），一二三线城市房价同比增速明显放缓（见图 6-9）。2017 被称为房地产调控最密集的一年，年内超过 100 个城市及相关部门累计发布超过 250 次房地产调控政策，同时积极试点开展租购同权、住房租赁改革等。2018 年政治局会议定调“坚决遏制房价上涨”，一二线城市严控房价，三四线城市去库存，各地注重差别化调控，全年约 20 个城市出台或升级了限购政策，约 30 个城市出台或升级了限售政策。2019 年，持续的房地产调控成效显著，地

方政府的调控手段越发成熟合理，在可以有效控制房价的基础上，各地政策松紧不一，“因城施策”“一城一策”成为我国房地产调控的新气象。进入2020年，一线城市房价出现了抬升的态势，其中有抗疫、流动性宽松、热钱涌入房地产市场的原因，也有部分城市户籍政策、人才政策、学区政策导致房地产市场供需关系一度更加紧张的原因。为抑制过快上行的房价，2020年底，中央经济工作会议再次强调“坚持房子是用来住的、不是用来炒的定位，因地制宜、多策并举，促进房地产市场平稳健康发展”，并进一步提出了要高度重视保障性租赁住房建设，加快完善长租房政策等。与此同时，深圳和上海也纷纷加码政策，严格限定购房资格和个人住房贷款发放管理。

展望我国未来的房地产市场，房地产中的“核心资产”仍然存有升值机会。但在“房住不炒”的指挥棒下，各地房地产政策有效调控，过去房地产市场持续全面大幅上涨的过程已经宣告结束。整体来讲，炒房时代已经过去，在居民财富配置方面，房地产的地位受到空前的挑战。另外，地方政府通过成立地方政府融资平台对于房地产项目进行融资，在“刚性兑付”保护伞下大量信托、券商资管背后的底层资产都集中于此，在房地产市场严格调控的背景下，房地产投资回报率下行，也将拖累信托和券商资管的收益率表现。两方面影响叠加，“房住不炒”成为居民财富配置资产荒的又一动因，居民财富需要寻找新的投资方向。

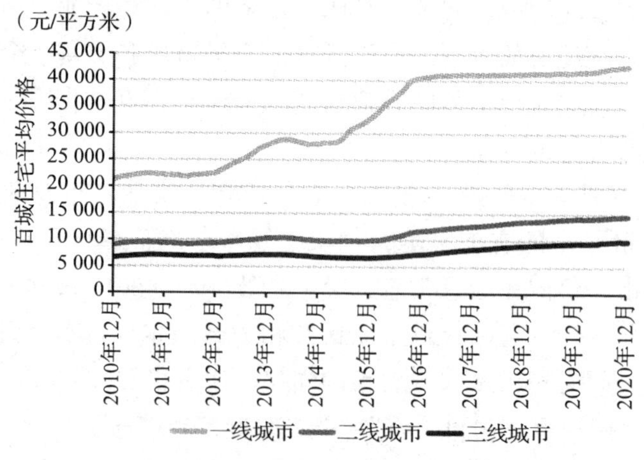

图 6-8 一二三线城市房价保持平稳

资料来源：Wind，兴业证券经济与金融研究院整理。

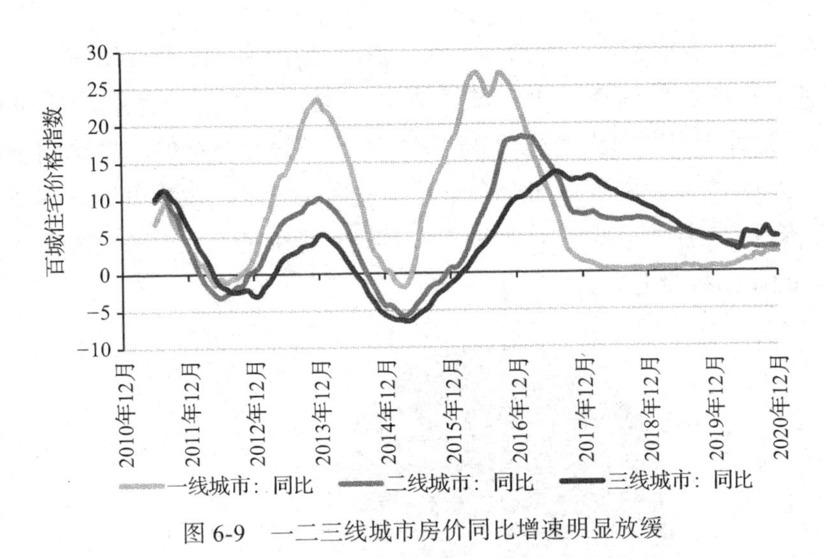

图 6-9　一二三线城市房价同比增速明显放缓

资料来源：Wind，兴业证券经济与金融研究院整理。

6.2　美国、日本居民财富配置的经验启示

面对“资产荒”，居民财富配置何去何从？我们不妨参考美国、日本等发达国家经验。美国居民总资产仅有 24% 的部分配置房地产，股票和基金则占到了 35%，保险和养老金占 22%（见图 6-10）。而与我们文化相近，尤其是同样高储蓄率的日本，包括房地产在内的固定资产仅占 18%，股票和基金占 11%，保险和养老金占 5%（见图 6-11）。考虑到美国、日本等发达国家的保险和养老金均有较高的入市比例，如 OECD 国家养老金投资于股票和基金的比例达到 45%，美国的基金有近 40% 被保险和养老金持有，因此美国、日本等国居民还会有一部分资产通过保险和养老金间接配置于权益资产。整体来看，美国居民总资产中权益资产的比例超过 40%，日本也接近 15% 的水平。

中国社会科学院的数据显示，随着我国金融市场的不断发展，2000 ～ 2019 年，房地产在我国居民总资产中的占比从接近 60% 下降至 40% 左右（见图 6-12），股票和基金的占比由 5% 上升至 33%，并且其中有相当大一部分是货币基金，真正配置权益资产的比例仍然较低，未来潜力巨大。从中国居民具体的金融资产配置结构来看，仍然主要集中于存款、理财等

低风险、低收益的资产（见图 6-13）。2019 年中国人民银行发布 3 万余户城镇居民资产负债调查结果，城镇居民金融资产配置于存款的比例达到 39.1%，配置于理财的比例达到 26.6%，对于股票和基金的配置比例合计仅维持在 9.9% 左右。随着我国金融市场不断发展完善，股票市场波动率下降进入“长牛”，各类金融机构投资产品不断丰富和完善，我国居民配置于权益资产的比例将会上升。

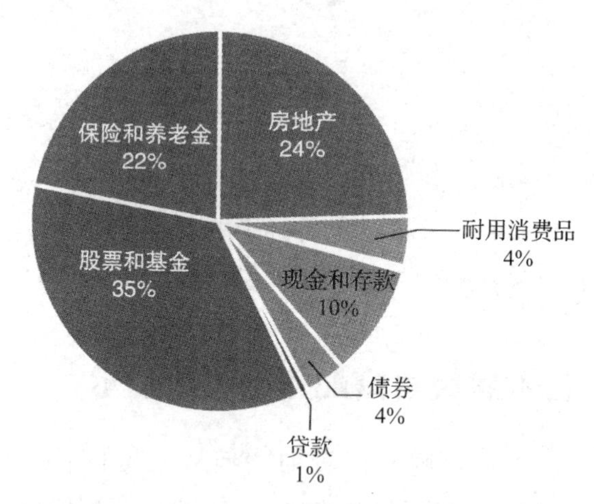

图 6-10　2020 年美国居民总资产股票和基金占 35%，保险和养老金占 22%

资料来源：Wind，兴业证券经济与金融研究院整理。

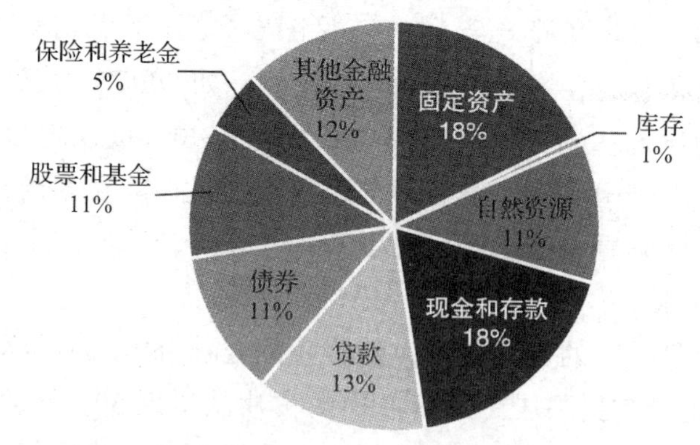

图 6-11　固定资产仅占日本居民总资产的 18%

资料来源：Wind，兴业证券经济与金融研究院整理。

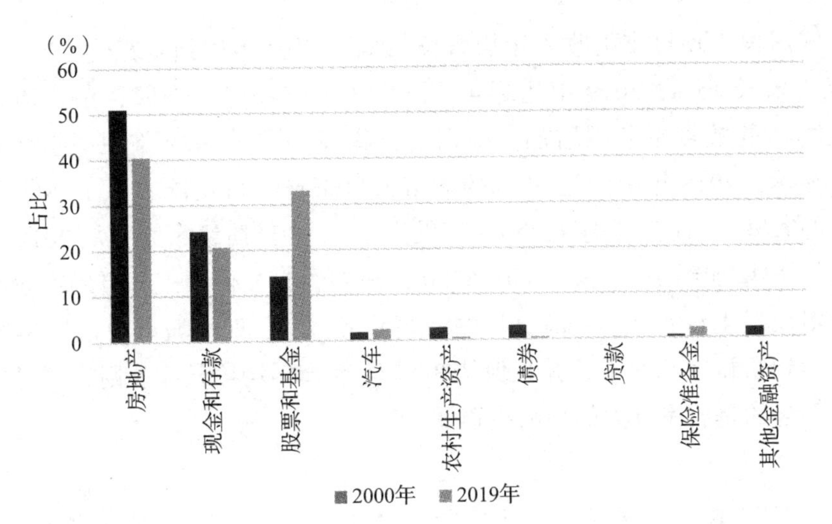

图 6-12 2000 ～ 2019 房地产占比从 60% 降至 40%

资料来源：Wind，兴业证券经济与金融研究院整理。

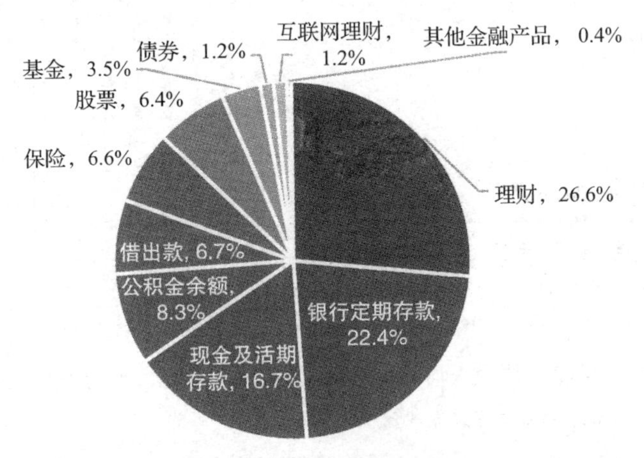

图 6-13 中国居民金融资产配置主要集中于存款、理财

资料来源：Wind，兴业证券经济与金融研究院整理。

6.3 中国居民财富“搬”至股票市场渐成燎原之势

6.3.1 需求端：居民投资需求随势而变

随着中国经济的高速发展，居民财富也在迅速积累。2000 ～ 2019 年间中国居民人均可支配收入年均增长10%，2019年达到4.2万元；人均资产年均增长15%，2019年达到41万元（见图6-14）。同时，中产阶级和富人群体的数量也急剧增加。根据麦肯锡发布的《2020年中国消费者报告》显示，2018年中国近50%的城市人口来自年可支配收入13.8万元或以上的家庭，而这一数字在2008年仅为8%；中产阶级家庭数从2010年的1400万户增加到2018年的1亿6700万户，约为4亿人。并且中产阶级的增长不仅发生在北京和上海这样的一线城市，三、四线城市中也有34%的家庭达到富裕家庭水平，并且保持38%的复合年均增长率。财富增长的背后，蕴含的是居民巨大的理财投资需求。

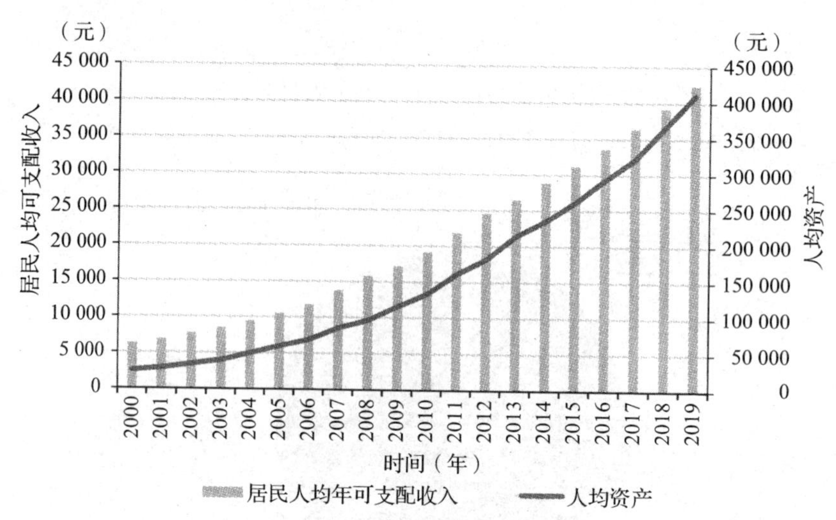

图6-14 2019年居民人均可支配收入达到4.2万元，人均资产41万元

资料来源：Wind，兴业证券经济与金融研究院整理。

目前我国城乡居民储蓄总额超过70万亿元，居民“存款搬家”有望为股票市场带来充足的资金。自2010年以来，我国国民储蓄率呈下降态势（见图6-15）。截至2019年末，国民储蓄率从51%降到44%，与2010年的高点相比下降了将近7个百分点。但我国储蓄率在全球来看仍处于高位，尤其是与发达国家比较，因此储蓄率仍有较大的下降空间，而这就意味着更大规模的可投资资产，在资产荒时代下，这部分可投资资产便会优先考虑配置股票。值得强调的一点是，我国储蓄率降低的重要原因之一，是我国社会保障体系的不断完善。以医疗保险为例，从1998年到2009年，短短的11年间我国基本医疗保险完成了从0到1史诗般的跳跃。1998年建立以城镇职工为保障对象的城镇职工医疗保险；2003年建立以农村人口为保障对象的新型农村合作医疗（即“新农合”）；2009年建立以城镇非就业人口为保障对象的城镇居民医疗保险制度，至此三个基本医保制度实现了制度的全覆盖；2011年参保率达95%以上，至此基本实现了人群全覆盖。我国社会保障体系的不断完善，推动了居民预防性储蓄动机的减弱，进一步导致国民储蓄率降低。长期来看，“十四五”规划纲要再次提出“进一步完善社会保障制度”，降低居民预期的不确定性，这就可以释放出一部分“以防万一”的资产用于投资和升值，而配置股票市场就是实现投资升值目标中不可或缺的一部分。

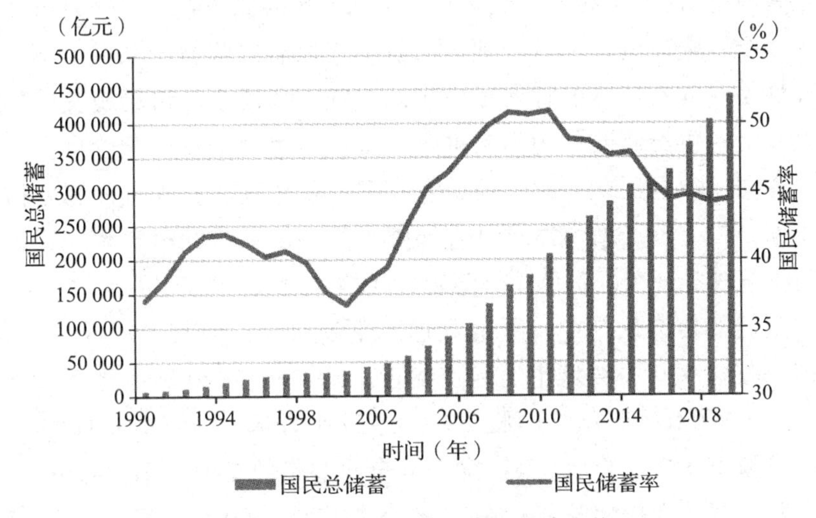

图 6-15 我国国民储蓄率呈下降态势

资料来源：Wind，兴业证券经济与金融研究院整理。

除了居民存款搬家以外，理财搬家和货币基金搬家，也将释放广阔的潜在空间去配置权益资产。自资管新规和理财新规落地以来，银行理财净值化转型整体呈现稳步推进态势，净值型产品存续规模占比稳步提升。截至2020年12月末，全国银行理财存续数量超过13万款，其中净值型产品存续数量超过2.8万款，净值化转型进度超过20%，若从产品余额来看，净值化转型进度则已经超过60%。银行理财的净值化转型打破了人们以往“刚性兑付”的刻板观念，银行理财也将面临净值波动的风险，风险提升催化居民理财搬家。目前30万亿元银行理财，对应不到4%的年化收益率，8万亿元货币基金，对应不到2%的年化收益率，这些资金都有着充足的动机转向配置权益资产，以寻求更高的收益率。因此随着我国经济发展和居民可投资资产增加，居民资产保值升值的需求日益高涨，居民资产配置转向以股票市场为核心的风险金融资产的倾向和意愿将继续提升。

6.3.2 供给端：未来权益资产配置体验更佳

回顾过去20年，中国居民财富配置呈现两条主线。其一，房地产长期占据居民财富配置50%以上比重；其二，如第6.1节所言，银行理财、信托、互联网理财、“大资管”产品等一系列低风险高收益品种，是过去近十年间居民配置金融资产的首选项。大量的无风险高收益产品层出不穷，但其合理性是建立在特殊的背景环境中的。随着我国金融市场越发成熟和健全，以及金融供给侧改革的不断推进，未来居民金融资产配置将会只有以下三大方向：一是低风险偏好投资者配置的低风险收益稳健的利率债和优质信用债，二是资产增值需求高、能够承受一定风险的投资者配置的高波动、高收益权益资产，三是介于两者之间的“固收+”产品。

在人们的传统认知中，股价远远跑不赢房价。但其实从近八年来看，股票市场收益率与一线城市房地产相近。2013～2020年，北京二手房成交均价从3.5万元/平方米上涨至9.2万元/平方米，涨幅超过160%；同一时期，沪深300全收益指数（沪深300全收益指数是沪深300的衍生指数，将样本股分红计入指数收益）从2758点上升至6790点，涨幅接近150%；创业板指全收益指数更是从726点上升至3149点，涨幅超过330%。更加值得注意的是，2016年底中央首次提出“房住不炒”，2017～2020年间，北京二手房成交均价仅上涨16%，而沪深300全收益指数和创业板指全收益指数则分别上涨了72%、55%，股票市场的表现几乎“碾压”房地产市场。

但房价少有大幅回落的现象，而股票市场波动较大，A股以前牛短熊长的状态恶化了投资者的持股体验。如图6-16所示，持房体验优于持股体验，这也是我国居民此前热衷于买房子而不是股票的重要原因之一。但未来这一现象将会迎来极大改观，居民配置股票市场将成为更好的选择。因为中国股票市场的波动性将下降，夏普比率将不断提升，走出“长牛”。如本书第1章所言，中国股票市场“长牛”的背后有四个重要原因：第一，经济的波动率在下降；第二，政策的波动性在下降；第三，从产业和公司的角度去看，龙头公司熨平行业周期的能力是在显著增强的；第四，从投资者结构来看，我国股票市场机构化进程不断推进，有利于股票市场稳定性的提升。我们畅想的未来A股市场，有可能每年的收益率不是很高，可能只有10%左右，但是可以持续十年之久，这远好于A股市场过去牛短熊长的情况。这并不是遥不可及的梦想，而是正在发生、我们正在经历的事情，这就是我们所说的A股市场正在走出自身历史上第一轮“长牛”。

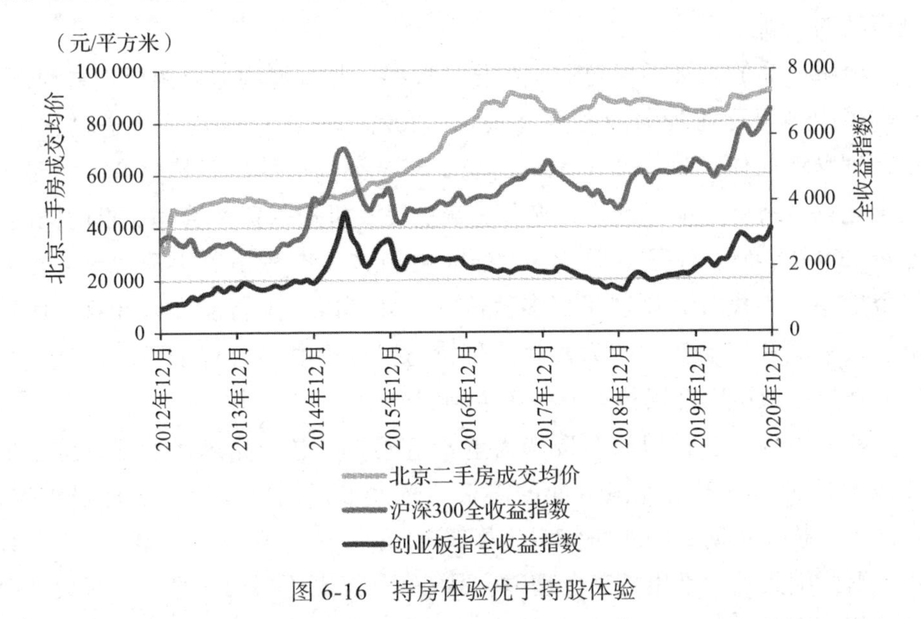

图 6-16 持房体验优于持股体验

资料来源：Wind，兴业证券经济与金融研究院整理。

6.3.3 产品端：新型金融产品和投资工具应运而生

近年来，沪深两市不断有新的百元股诞生，截至2020年底，流通市值大于200亿元的股票共550只，股价超百元的有69只，数量占比达到13%，流通市值占比达到23%，其中不乏各行各业的龙头公司。由于具有良好的业绩支撑，2019～2020年，沪深300上涨73%，而Wind高价股指数则上涨超过200%。但对于个人投资者而言，一手百元股就意味着一万元的资金，一手贵州茅台更是高达20万元。数据显示，超过50%的个人投资者持股市值在10万元以下，超过80%在50万元以下，购买百元股成了许多个人投资者可望而不可即的事。随着进入股票市场的门槛逐渐提高，投资者的目光也将更多聚集在一些低门槛的新型金融产品和投资工具上。

随着金融市场的快速发展，叠加大数据、移动互联网等新兴技术在金融领域的应用，金融产品有了更多的智能化创新，数据驱动金融产品的一个典型案例是智能投顾。它可以根据投资者的风险承受水平、理财目标、风险偏好等需求，通过大数据分析、实时数据处理等技术为客户提供资产配置方案，既降低了投顾服务成本，又为投资者提供便利，大大推动了金融产品的创新进程。

金融产品的投资不仅越加便利化，种类也与日俱增。以银行理财为例，根据《中国银行业理财业务发展报告（2020）》，在业务转型推进过程中，银行理财产品体系进一步丰富，出现了养老类、指数型等特色产品，呈现差异化竞争格局。银行理财在充分满足居民及机构的资产管理需求的同时，通过FOF/MOM、投顾等模式，结合金融科技，有效拓展投资边界，提升投资效率，为投资者创造了更多价值。此外，以人工智能、云计算、区块链、大数据和移动互联网为代表的科技与银行理财融合程度不断加深，金融科技广泛地运用在银行理财的各个领域当中。

除此之外，各种以权益资产为重要组成的养老产品迅速涌现，可以更好地满足居民在养老保障方面的需求。光大银行最早涉及养老理财市场，推出了一款5年期封闭式净值型公募理财产品——“阳光金养老1号”；兴银理财紧随其后，推出其养老理财产品——“安愉乐享1号”。除光大理财和兴银理财外，目前已有工银理财、中银理财、建信理财等多家银行理财子公司推出养老理财产品，与之前的养老理财产品不同，在如今资管新规、理财产品净值化等的要求下，以及资产荒的背景中，新型养老理财产品均配置了一定比例的权益资产（见图6-17）。除了以上提到的养老理财产品，我国养老产品还包括公募基金养老产品、保险机构养老产品、银行的养老储蓄产品，以及少部分养老信托产品。公募基金养老产品主要为目标日期基金和目标风险基金；保险机构养老产品主要为商业养老保险；银行养老产品主要包括养老储蓄产品和养老理财产品。各种类型养老产品的资产配置与投资者的生命周期和风险偏好是挂钩的，它的核心理念就是人在年轻的时候抗风险能力比较强，相应就可以配置更多的权益资产；随着年龄增长，特别是逐渐面临退休的时候，人们抵抗风险的能力逐渐减弱，更追求稳妥，因此会降低权益资产的比例，增加债券资产的比例。

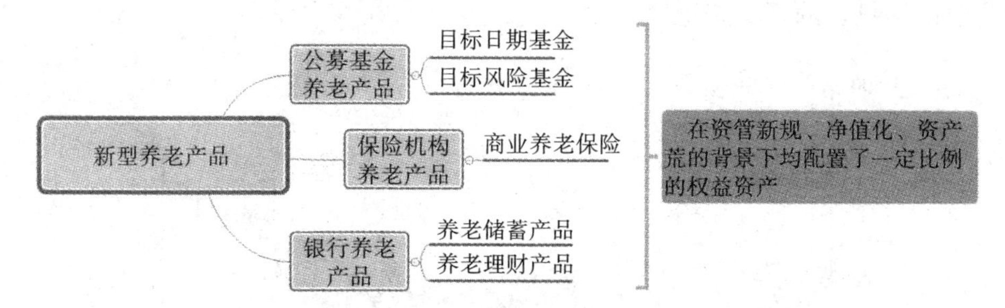

图 6-17　新型养老理财产品均配置了一定比例的权益资产

资料来源：兴业证券经济与金融研究院整理。

值得一提的是公募基金养老产品在投资期内按照一定的比例投资权益资产，因此其长期的收益是优于其他养老产品的，升值空间更大。具体来说，公募基金在养老金管理方面主要有两大优势：第一是监管严格，账户透明，投资者能清楚地知道自己的钱最终都投了些什么；第二点是潜在回报可能更高，特别是与保险机构的商业养老保险相比，公募基金在权益资产的研究及投资上更具优势。与此同时，由于公募基金养老产品在几年内的封闭期内无法赎回，从根源上就保障了长期投资、价值投资的理念；又因为要兼顾投资者未来养老的需求，需要综合配置各类资产，既要有能提供稳定收益的债券资产，也要有冲击净值的股票类仓位，且搭配需要按照一定的比例，才能保证整个收益满足稳中有升的诉求。这就形成了一套完整的资产配置策略，且通过投资帮助投资者无形中执行这样的配置。目前我国基金市场中的公募基金养老产品已经超过 100 只，目前均为 FOF 形式（Fund of Funds，基金中的基金），2020 年底资产规模超过 500 亿元（全部 FOF 基金规模为 800 亿元）。我们以 FOF 基金指数作为代表来看，2018 年 2 月至 2021 年 2 月的三年间，公募基金养老产品实现了约 40% 的涨幅，整体收益率与沪深 300 相当，但在波动率和回撤方面明显优于沪深 300，表现更加稳健（见图 6-18）。另外，随着各种类型的个税递延型养老保险、个税递延型公募基金等产品的推出和发展，在税收优势的加持下，未来居民养老产品市场仍有广阔的增长空间。美国养老金在股票市场中的市值占比约为 20% ～ 30%，美国、日本养老金超过一半的资产配置于股票市场。类似发达国家的模式，我国日后各种类型的养老产品也将成为居民间接参与股票市场投资的理想渠道之一。

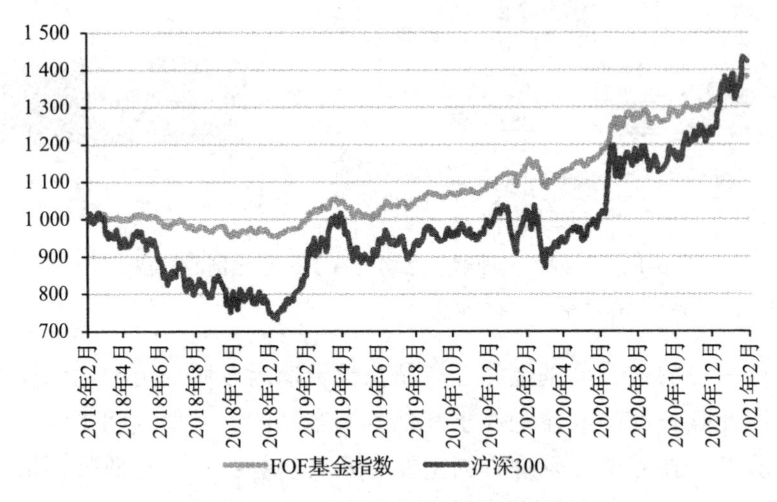

图 6-18 FOF 基金指数表现更加稳健

资料来源：Wind，兴业证券经济与金融研究院整理。

与此同时，指数化投资在国内市场也获得了较快的发展，可以满足不同投资者的资产配置需要。从 2002 年第一只指数基金上证 180 诞生至今，国内指数化投资已经发展了近 20 年。2012 年 5 月，华泰柏瑞沪深 300ETF、嘉实沪深 300ETF 相继成立，宣告着我国 ETF 市场从单一市场迈向了跨市场时代。2018 年以来，指数产品更是迎来爆发式增长（见图 6-19）。2020 年底，我国基金市场中的指数产品（包括 ETF）资产净值规模接近 1.6 万亿元，占全部基金资产净值比例超过 8%。在产品结构方面，除了跟踪宽基指数的产品之外，近年来主题行业型的被动指数产品得到了快速增长，新能源、半导体、5G、军工、白酒等主题 ETF 或指数基金成为近期市场炙手可热的产品，其他行业或主题几乎也都能找到对应的产品，多样化的产品更好地满足了投资者投资需求。据统计，截至 2020 年底资产净值超过50亿元的ETF和指数基金共有52只，资产规模超过7000亿元，其中超过半数为行业主题型产品（共27只），资产规模接近3500亿元。主要宽基指数实现全覆盖，热点行业和优质赛道多点开花，被动指数产品的发展使得普通个人投资者可以在享受低费率的同时，方便地按照自己的意愿实施“宽基打底，精选行业”的资产配置和投资，实现居民、基金公司、股票市场的三方共赢。

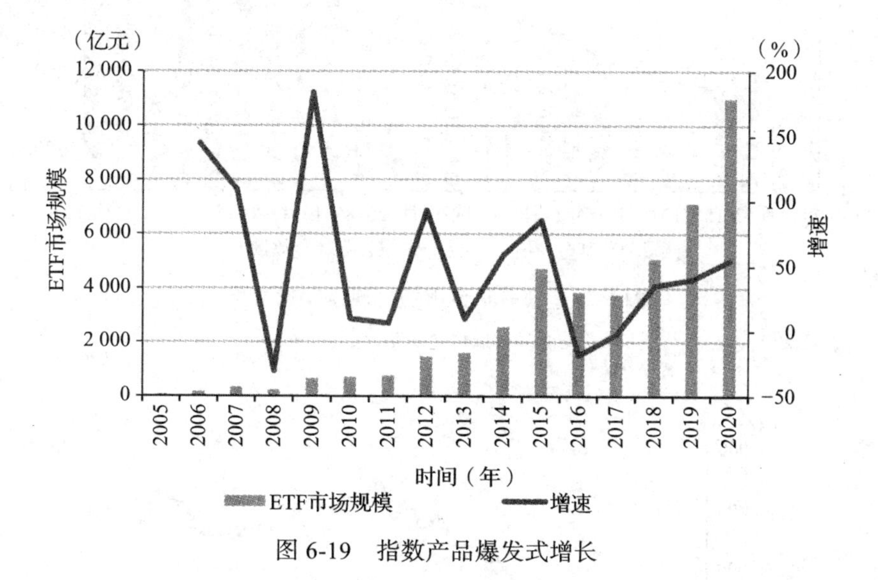

图6-19　指数产品爆发式增长

资料来源：Wind，兴业证券经济与金融研究院整理。

6.3.4　投资端：居民财富大迁移，基金成为新主角

除了新型金融产品之外，近年来权益类公募基金的发展最引人注目，在权益时代下，公募基金迎来了黄金时代，正成为居民家庭配置中的新主角。

2016～2018年间，我国公募基金市场稳健发展，平均每年新发基金800只，平均每年发行规模8000亿元。2019～2020年，随着权益时代的到来，公募基金市场呈现爆发式增长（见图6-20），2019年新发基金超过1000只，发行规模超过1.4万亿元，2020年新发基金超过1400只，发行规模超过3.1万亿元。权益类基金整体规模也在不断刷新历史，截至2020年底，股票型基金规模超过2万亿元，混合型基金规模超过4万亿元。由此看

来，家家户户“日理万基”已经成为新时代的主流（见图 6-21）。

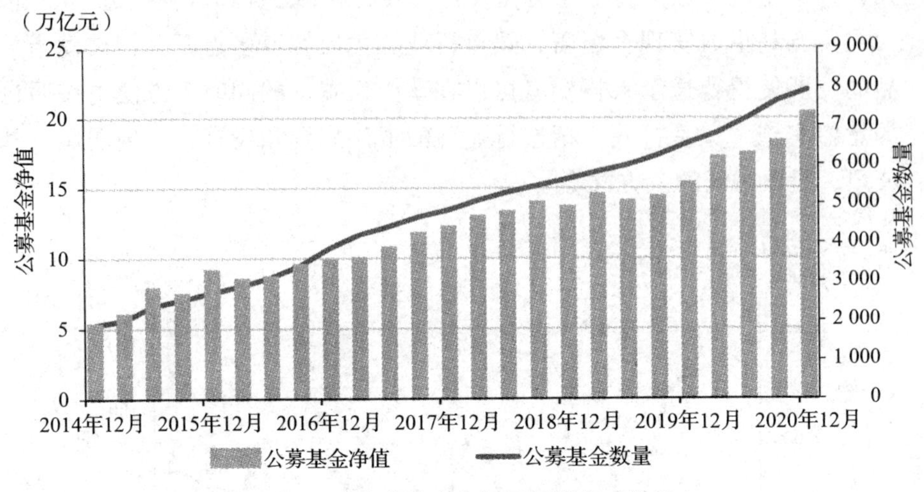

图 6-20　公募基金市场呈现爆发式增长

资料来源：Wind，兴业证券经济与金融研究院整理。

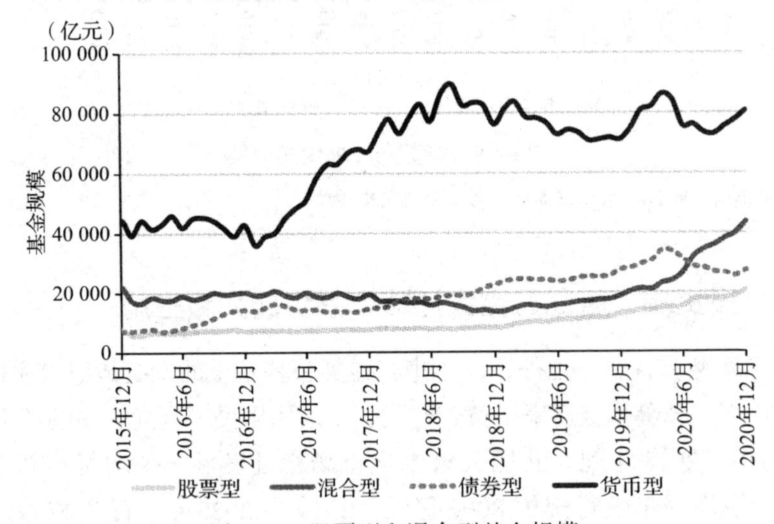

图 6-21　股票型和混合型基金规模

资料来源：Wind，兴业证券经济与金融研究院整理。

那么权益类基金规模不断扩大的原因有哪些？首先便是公募基金在业绩方面的亮眼表现。2005 ～ 2020 年的 16 年间，沪深 300 全收益指数累计上涨约 579%（年化收益为 12.7%），而普通股票型基金指数和偏股混合型基金指数的涨幅分别为 1354%（年化收益为 18.2%）与 1076%（年化收益为 16.7%）。权益类基金收益优于大盘指数，“赚钱效应”成为吸引大量资金涌入基金市场的重要原因（见图 6-22）。2019 年上证指数上涨 22.3%，全部 A 股涨跌幅中位数为 15.7%，而全部普通股票型和偏股混合型基金的则高达 44.3%。2020 年上证指数上涨 13.9%，全部 A 股涨跌幅中位数仅 1.7%，而全部普通股票型和偏股混合型基金的则高达 57.8%。

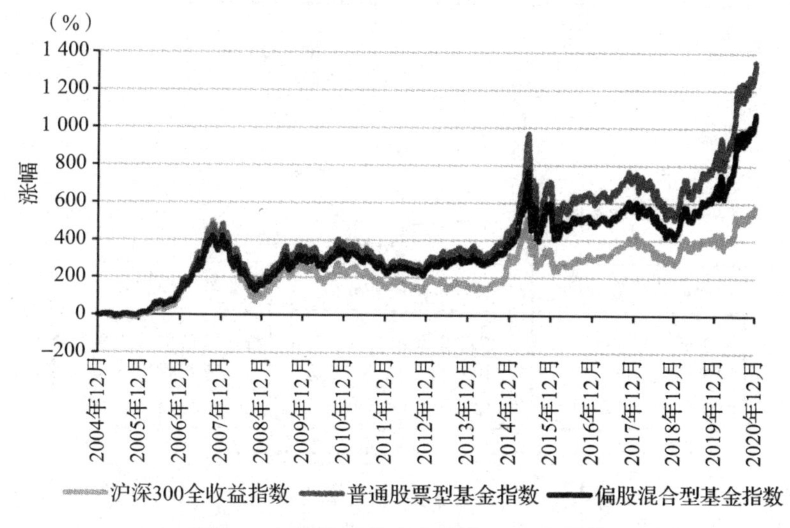

图 6-22　权益类基金收益优于大盘指数

资料来源：Wind，兴业证券经济与金融研究院整理。

另外，公募基金可以带给投资者更好的投资体验，是性价比更高的“懒人投资”方法。公募基金通过翔实、细致的研究分析来构造投资组合（见图 6-23）。第一，基金是由专业的基金经理管理的，背靠公司内部和各大证券公司的专业投资研究团队，在投资和决策方面更具备专业性和经验，同时省去了投资者时刻盯盘耗费的时间成本。第二，基金经理不但帮普通投资者选取多只优质个股的组合，还可以在债券、货币甚至另类资产中进行大类资产配置等，形成资产组合后有效地实现风险分散的目的，降低投资组合的波动率，更适合普通投资者长期持有投资。公募基金是现实生活中最“物美价廉”的东西之一，以至于网络上曾经流传过如此的段子：“想象一下你们班上那个学霸，本科复旦数学系，研究生清华五道口，毕业后来到基金公司，跟着10年前的学长基金经理们学投资，干了6年终于自己成了基金经理。他每天工作14个小时，白天盯着8块屏幕，晚上研究新闻联播，夜里爬起来看特朗普的推特，头发都快掉光了。他深入跟踪调研数百家公司，口吞塑化剂，亲测马应龙，还有一堆研究员围着他。你给他10万元让他帮你投资，他一年只收你1500元，这难道不香吗？”

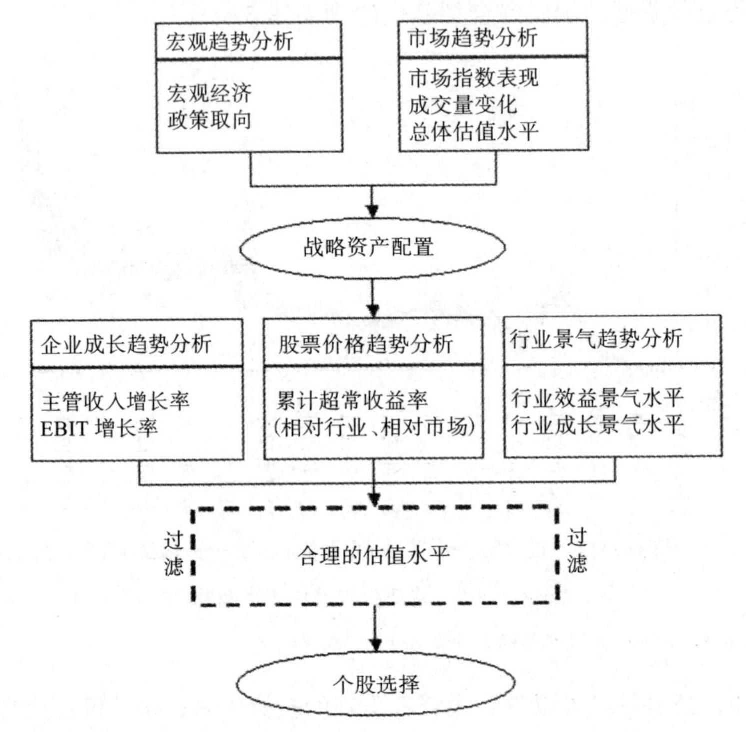

图6-23 公募基金通过翔实、细致的研究分析来构造投资组合

资料来源：基金招募说明书，兴业证券经济与金融研究院整理。

据天天基金网统计，权益类基金2020年平均涨幅达到42%，但在天天基金网的用户中，权益类基金的平均持有收益率仅有19%，这与许多基民“炒基”、追涨杀跌的操作密不可分。将基金视为股票一样每日盯行情，频繁交易，碰到风吹草动就立马调仓，不仅无形间提高了手续费，也没享受到基金原本省时便利的优势。大多数投资者对基金市场了解较少，片面地认为投资基金没有任何风险，在部分新投资者中还普遍流行“七日炒基法”：

持有基金 7 天后立即赎回。这些投资者对产品和基金经理大多一知半解，只是跟风追求爆款产品，对于不同基金经理的投资风格更是不甚了解，盲目投资现象严重。为解决这一问题，基金投顾业务陆续开始登陆。投顾业务是由专业人士为客户制定投资计划，从客户个性化的投资需求出发，同时提供顾问服务，帮助投资者规避追涨杀跌、频繁交易等不明智操作，倡导长期投资、价值投资、理性投资的理念，真正地帮助投资者提高持有收益。基金公司正在联合银行或券商，实现投顾业务落地，线上线下相结合助推散户收益上升，这一业务将成为基金投资的新趋势，更将有效改善居民个人投资基金的实际体验和收益。

除此之外，参与门槛低，购买交易便捷，也是公募基金不容忽视的优势。不同于私募产品 50 万元甚至 100 万元的起购门槛，也不同于 20 多万元一手的“天价茅台”，许多公募基金“1 元起投”，参与门槛极低。从基金的销售渠道来看，过去大多是银行网点代销，从基金经理到基金公司渠道销售，再到银行理财经理，最终传达到普通投资者，多重环节使得信息传达的效率和精度降低。而如今基金的销售渠道日益多元化，从银行、券商代销，到基金公司直销，再到以支付宝、蚂蚁基金、天天基金等为代表的第三方销售平台，投资者可以更加便捷地获取信息、进行投资。随着基金销售渠道全面铺开，从富裕人群和精英阶层到中产阶级、上班族、学生等，在手机 App 上点一点便可方便地参与公募基金投资。2020 年由于疫情的原因，许多基金公司和销售渠道积极启动直播等新潮玩法，基金经理可以直接对接普通投资者，使得信息传播渠道更加通畅和有效，在普及长期投资和价值投资理念、进行投资者教育方面也有诸多优势，最终也将利好居民财富配置权益资产（见图 6-24）。

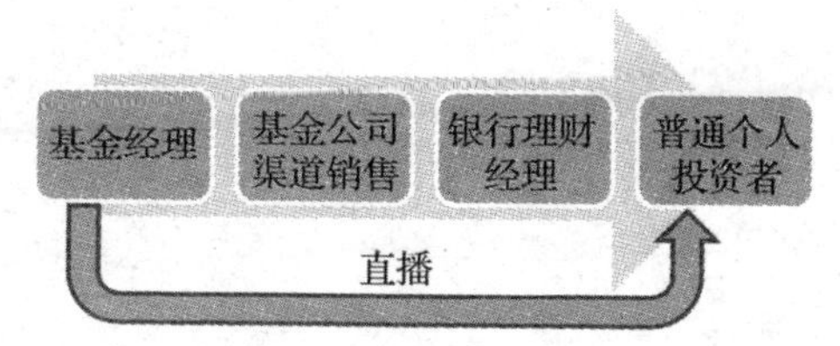

图 6-24　直播使得信息传播渠道更加通畅

资料来源：兴业证券经济与金融研究院整理。

总而言之，在当前居民财富保值增值需求日益高涨，金融供给侧改革叠加“房住不炒”带来新一轮资产荒的情况下，居民财富亟须进行再配置，在这个过程中，权益资产将受到空前的重视。随着中国股票市场的波动性下降，夏普比率不断提升，权益资产的持有体验有望大幅改善。叠加新型金融产品和投资工具层出不穷，多样化的产品可以有效满足居民各样的投资目的和需求，未来以权益资产为重要组成部分的各类金融产品将取代目前的银行理财、信托、券商资管等，成为居民财富配置的不二之选。尤其是公募基金无论从业绩表现还是持有体验上，都呈现出良好的态势，未来还将进一步良性发展，居民借道公募基金参与股票市场投资将成为新时代的新潮流。与此同时，居民财富积极参与权益资产配置，将为股票市场提供充足而稳定的“活水”，成为A股走出“长牛”的重要推手之一。

| 第 7 章 |

养老金成为股票市场长期稳定器

股票市场长牛必然少不了源源不断的资金支持，紧接着上一章讨论的居民财富，机构配置的资金对于 A 股市场而言也是必不可少的“活水”。机构配置的资金比较复杂，这里我们首先要探讨的是其中较为特殊的一类——长钱。

长钱，顾名思义，主要指长期资金或长线资金，交易周期长，一般投资时间以“年”为单位。这类资金往往更关注被投资标的经营、业绩等基本面情况，短期的股价波动对其持仓影响较小，因此整体投资风格较为稳健。我们平时经常提及的养老金、保险资金，以及 QFII 等均是代表性长钱，此外还有一些潜在的长钱容易被市场忽略，比如住房公积金、土地出让金、行政司法罚款等。养老金属于市场重要的机构投资者，考虑其重要性及特殊性，我们在本章中将养老金作为重点讨论的对象。

那么，为什么要去关注养老金这些长钱？我们研究发现，从海外经验来看，长线资金占比提高带来的机构化特征，是铸就股票市场长牛的重要前提。美股在 20 世纪 80 年代经历了一轮波澜壮阔的大牛市：1982 ～ 2000 年期间，标普 500、道琼斯工业指数及纳斯达克指数均涨幅超过 10 倍。在此期间，机构投资者占比也在直线上升，共同基金持仓比例从7%快速上升至26%，背后对应的是养老金规模的快速扩张，源源不断地为共同基金提供充足的“弹药”。因此，本章重点探讨长钱的入市将对A股产生哪些深远的影响。

7.1 美国股票市场“牛长熊短”，养老金功不可没

在海外市场，众多国家的养老金通过股票投资来保值增值，从而也对股票市场影响深远。一是养老金体量庞大，为资本市场带来“量的扩张”，二是养老金着眼于长期投资，助推资本市场实现“质的改变”，成为市场走牛的助推器。据统计，2019年全球养老金规模前七大国家中，养老金资产总和达到42.77万亿美元，其中45%投资于权益资产，也就是说有接近20万亿美元进入股票市场（见表7-1）。

表7-1 全球养老金规模前七大国家养老金持仓分布

年份	权益资产	固收资产	其他	现金
2007	56%	28%	16%	0%
2008	41%	41%	16%	2%
2009	54%	28%	17%	2%
2010	47%	33%	19%	1%
2011	41%	37%	20%	2%
2012	41%	34%	18%	1%
2014	42%	31%	25%	2%
2015	44%	29%	24%	2%
2016	46%	28%	24%	3%
2017	46%	27%	25%	2%
2018	40%	31%	26%	3%
2019	45%	29%	23%	3%

注：2013年数据未披露。

资料来源：《Global Pension Asset Study》系列2008～2020年版本，兴业证券经济与金融研究院整理。

从美国、日本、欧洲的经验来看，这些长钱都是市场的重要组成部分，对行情的影响不可忽视。20世纪80年代，以401k计划为代表的养老金长钱入市，使美股一改70年代暴涨暴跌趋势，走出了一轮十年之久的长牛。2014年日本政府养老金投资基金将本国股票的配置比例由12%上调

到 25%，配置的本国股票增加值达到 11 万亿日元，相当于当年日本股票市场规模的 2.43%，对此后日经 225 走牛产生了积极的影响。在英国，20 世纪 80 年代社保法改革以来，私人养老金逐步成长为股票市场最大的境内资金供给者，并助推英国富时 30 从 1981 年 10 月的不到 500 点一路飙升到 1986 年 4 月接近 1400 点。我们在下文中以美股为例，探讨养老金对股票市场的深远影响。

7.1.1 20 世纪 70 年代前，美股以高波动、炒新、炒概念为主要特征

二战之后，美国经济迅速恢复，在以原子能和电子信息技术的发明与应用为先导的第三次科技革命带动下，20 世纪 50 ～ 60 年代经济高速发展，一直到 1973 年石油危机引发滞胀。20 世纪 50 年代美国股票市场稳步上涨，60 年代虽然股票市场仍处于上涨趋势，但是波动开始加大，尤其在 60 年代后期，经济增速开始下滑，虽然仍然维持 3% 附近的中枢，但核心通胀已开始上升，市场波动更大，投机氛围更加浓重。美股在 20 世纪 60 年代依次经历过高科技股票、并购类股票到概念股的泡沫阶段（见图 7-1）。

20 世纪 60 年代初期，美国资本市场方面则掀起了一场“电子热”，主要原因在于 20 世纪 40 ～ 60 年代的计算机、航天技术等为代表的第三次科技革命。1959 ～ 1962 年发行的新股高涨，并且大都以“电子”“太空”等热词命名，从而获得了远超业绩的估值（“电子热”时期的部分概念股见表 7-2）。然而这些概念股在经营过程中遭遇了诸如技术不成熟、扩张过快等严重问题，最终股价一泻千里，使投资者损失惨重。

20 世纪 60 年代末，美国股票市场在依次经历了高科技股票、并购类股票、概念股的提升估值阶段之后，重新回归“理性原则”，叠加美国宽松政策带来的消费信心提升，投资者投资标的由概念股转为有业绩支撑的、前景良好的大盘成长股，诸如柯达、雅芳、麦当劳等。当时这种股票大概有 50 只，通常统称为“漂亮 50”。

当时美国各机构的“漂亮 50”名单不一，我们选取了一份具有代表性、相对权威的名单。从行业分布看，“漂亮 50”的公司主要分布在消费、医药和信息技术等第三产业，日常消费、医疗保健、可选消费和信息技术公

司数量分别为 13 家、11 家、6 家、6 家，占比 72%（见表 7-3）。

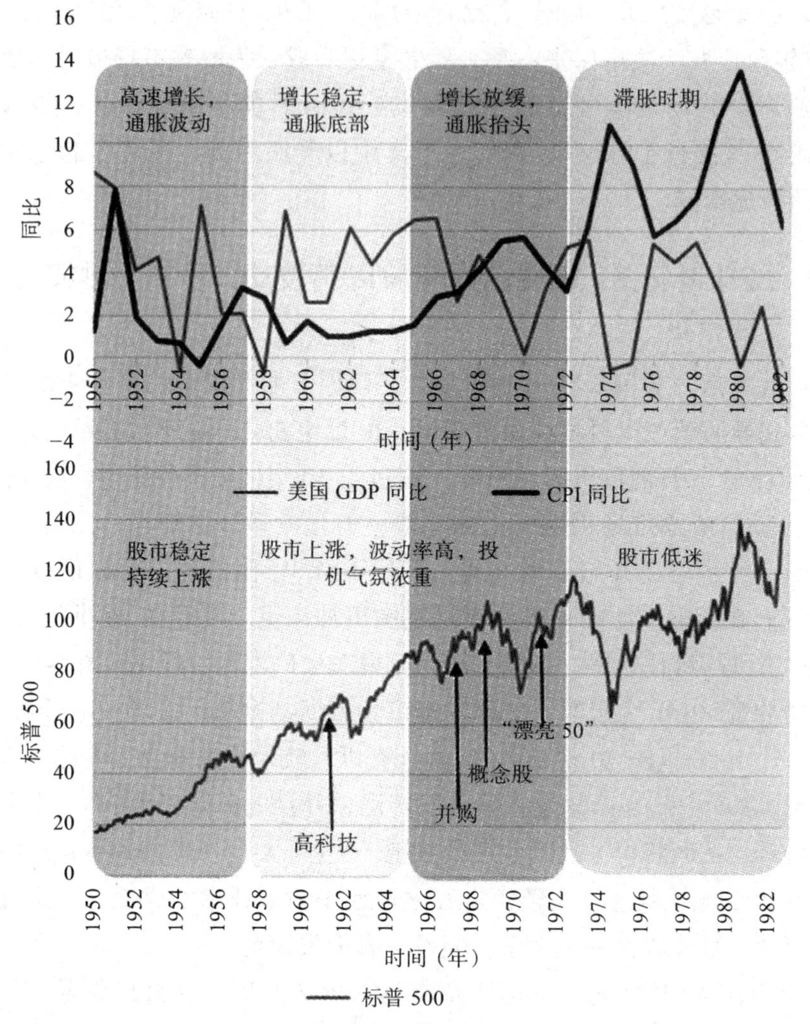

图 7-1　美股泡沫阶段

资料来源：Wind，兴业证券经济与金融研究院整理。

表 7-2　"电子热"时期的部分概念股

股票	上市日	发行价（美元）	首发上市日报买价（美元）	1961 年最高报买价（美元）	1962 年最低报买价（美元）
博登电子（Boonton Electronics Crop.）	1961/3/6	5.5	12.25	24.5	1.625

（续）

股票	上市日	发行价（美元）	首发上市日报买价（美元）	1961年最高报买价（美元）	1962年最低报买价（美元）
美国地球物理（Geophysics Corp. of America）	1960/12/8	14	27	58	9
太空水力技术（Hydro-Space Technology）	1960/7/19	3	7	7	1
妈妈做的小甜饼（Mother's Cookie Corp.）	1961/3/8	15	23	25	7

资料来源：BurtonG.Malkiel, *A Random Walk Down Wall Street*，兴业证券经济与金融研究院整理。

表7-3　美国"漂亮50"名单

中文名称	公司名称	GICS一级	GICS二级	主营业务
哈利伯顿	Halliburton Co.	能源	能源设备与服务	油田服务
斯伦贝谢	Schlumberger Ltd.	能源	能源设备与服务	油田服务
路易斯安那	Louisiana Land & Exploration Co.	能源	石油、天然气等燃料	石油天然气开发
陶氏化学	Dow Chemical Co.	材料	化工	塑料生产
国际香料香精	International Flavors & Fragrances	材料	化工	香料香精生产
路博润	Lubrizol Corp.	材料	化工	油品添加剂
埃默里空运	Emery Air Freight Corp.	工业	运输	航空货运
百得	Black & Decker Corp.	工业	资本品	电动工具
通用电气	General Electric Co.	工业	资本品	综合工业
国际电报电话	International Telegraph & Telephone Corp.	工业	资本品	流体技术设备
3M	Minnesota Mining & Manufacturing Co.	工业	资本品	研磨材料、黏合剂等生产
国民城市银行	First National City Corp.	金融	银行	银行
MGIC	M.G.I.C. Investment Corp.	金融	银行	私人按揭保险
美国运通	American Express Co.	金融	多元金融	信用卡等
克雷斯吉	Kresge (S.S.) Co.	可选消费	零售业	百货连锁

（续）

中文名称	公司名称	GICS 一级	GICS 二级	主营业务
彭尼	Penney J.C. Inc.	可选消费	零售业	百货连锁
西尔斯	Sears Roebuck & Co.	可选消费	零售业	百货连锁
简洁模式	Simplicity Patterns	可选消费	耐用消费品与服装	服装
麦当劳	McDonald's Corp.	可选消费	消费者服务	快餐连锁
华特迪士尼	Disney Walt Co.	可选消费	媒体	动画电影制作等
宝洁	Procter & Gamble Co.	日常消费	家庭与个人用品	消费日用品
雅芳	Avon Products Inc.	日常消费	家庭与个人用品	护肤品
切斯伯勒－旁氏	Chesebrough Ponds Inc.	日常消费	家庭与个人用品	护肤品
露华浓	Revlon Inc.	日常消费	家庭与个人用品	护肤品
吉列	Gillette Co.	日常消费	家庭与个人用品	剃须刀
伊士曼柯达	Eastman Kodak Co.	日常消费	家庭与个人用品	摄影器材
宝丽来	Polaroid Corp.	日常消费	家庭与个人用品	拍立得
休伯莱恩	Heublein Inc.	日常消费	食品、饮料与烟草	酒精饮料和食品
安海斯－布希	Anheuser-Busch Inc.	日常消费	食品、饮料与烟草	啤酒
施利茨酿酒	Schlitz Joe Brewing Co.	日常消费	食品、饮料与烟草	啤酒
可口可乐	Coca-Cola Co.	日常消费	食品、饮料与烟草	无酒精饮料
百事	PepsiCo Inc.	日常消费	食品、饮料与烟草	无酒精饮料
菲利普莫里斯烟草公司	Philip Morris Cos. Inc.	日常消费	食品、饮料与烟草	烟草
强生	Johnson & Johnson	医疗保健	医疗保健设备与服务	医疗保健产品、医疗器材等
辉瑞	Pfizer Inc.	医疗保健	制药、生物科技与生命科学	制药
默克集团	Merck & Co. Inc.	医疗保健	制药、生物科技与生命科学	制药
美国家庭用品公司	American Home Products Corp.	医疗保健	制药、生物科技与生命科学	制药
礼来	Lilly Eli & Co.	医疗保健	制药、生物科技与生命科学	制药
先灵	Schering Corp.	医疗保健	制药、生物科技与生命科学	制药

（续）

中文名称	公司名称	GICS 一级	GICS 二级	主营业务
百时美	Bristol-Myers	医疗保健	制药、生物科技与生命科学	制药
施贵宝	Squibb Corp.	医疗保健	制药、生物科技与生命科学	制药
美国医院供应公司	American Hospital Supply Corp.	医疗保健	医疗保健设备与服务	医疗用品
百特	Baxter Labs	医疗保健	医疗保健设备与服务	医疗用品
普强	Upjohn Co.	医疗保健	制药、生物科技与生命科学	制药
德州仪器	Texas Instruments Inc.	信息技术	半导体产品与设备	半导体和计算机
IBM	International Business Machines	信息技术	技术硬件与设备	计算机硬件及软件
AMP	AMP Inc.	信息技术	技术硬件与设备	连接器和传感器
伯勒斯	Burroughs J.P. & Sons Inc.	信息技术	技术硬件与设备	商用设备制造
迪吉多	Digital Equipment Corp.	信息技术	技术硬件与设备	计算机
施乐	Xerox Corp.	信息技术	软件与服务	文案管理、处理

资料来源：Jeremy Siegel, *Valuing Growth Stocks: Revisiting The Nifty Fifty* ,*The nifty-fifty revisited: Do Growth Stocks Ultimately Justify Their Price?*, Bloomberg, Wind, 兴业证券经济与金融研究院整理。

1971 ～ 1972 年间，美国“漂亮 50”涨幅远远超过标普 500，2 年时间内，美国“漂亮 50”的算数平均涨幅是 102%，同期标普 500 全收益指数的仅为 36%，前者涨幅接近后者的 3 倍。尤其是 1972 年，在市场出现整体震荡甚至下滑的时候，“漂亮 50”仍在上涨，出现了所谓的“二层次市场”，即市场分为上层的 50 只股票（“漂亮 50”）和下层的“橡皮”（非“漂亮 50”处于下跌趋势）。当时投资者对“漂亮 50”出现投资幻觉，认为公司业绩如此之好，付出任何代价都无所谓，股价总会一路飙升，让你获得巨大的收益。截止到 1972 年年底，美国“漂亮 50”平均 PE 达到了 41.5 倍，而同期标普 500 的 PE 为 19 倍，美国“漂亮 50”平均 PE 是标普 500 的 2.2 倍（见图 7-2）。

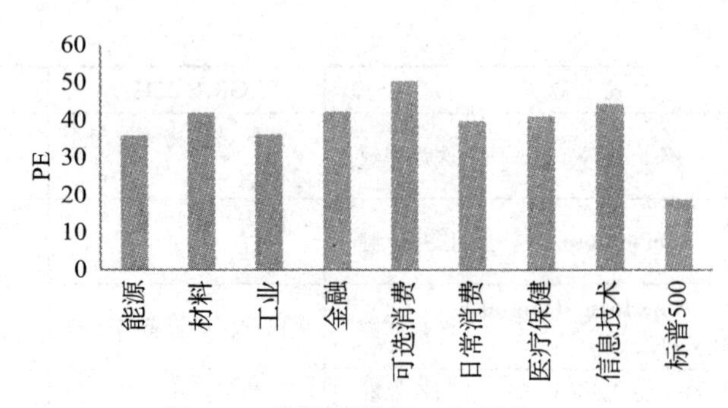

图 7-2 美国“漂亮 50”平均 PE

资料来源：Wind，兴业证券经济与金融研究院整理。

7.1.2 长钱入市是美国股票市场“长牛”重要一环

20 世纪 80 年代初是美国经济一个重要分水岭，随着里根政府的执政，美国摆脱“滞胀”，进入稳定增长和低通胀时代。美国各行业优秀公司竞争力提升，依靠盈利改善不断驱动股价，带动美股指数实现长牛行情（见图 7-3）。在复盘美股这段长牛行情时，我们发现除了上市公司盈利改善以外，美国股票市场的投资者结构变化也是驱动行情的重要推手。

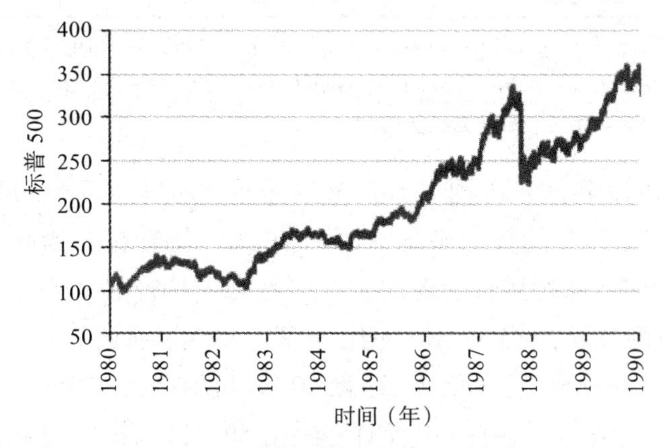

图 7-3 美股指数实现长牛行情

资料来源：Wind，兴业证券经济与金融研究院整理。

具体来看，美国股票市场中机构投资者占比出现了 2 次较为明显的增长（见图 7-4）。第一次是私人养老金计划占比在 1950 ～ 1985 年间的提升，在25年间占比从0名提升至21%，平均每年提升0.84个百分点。第二次是1990～2007年间共同基金占比的迅速提升，在17年间占比从7%提升至26%，平均每年提升1.12个百分点（见图7-4）。

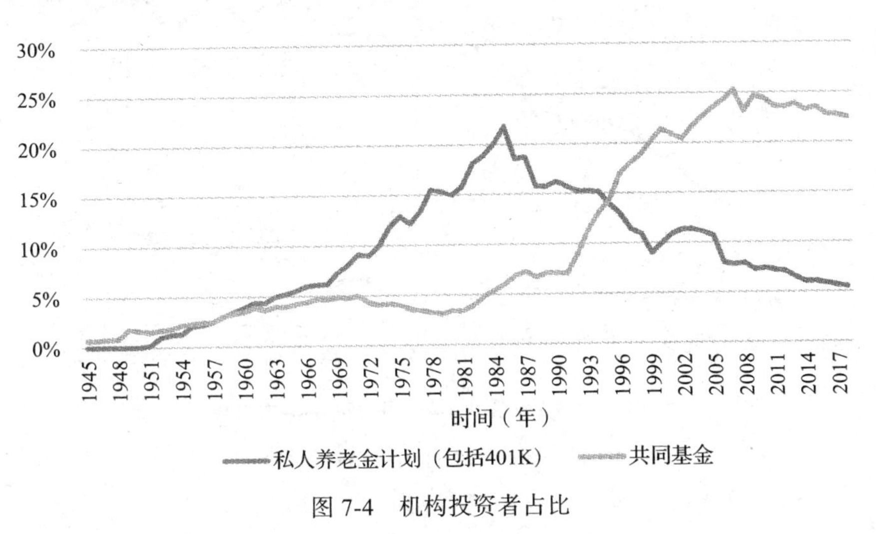

图7-4　机构投资者占比

资料来源：美联储，兴业证券经济与金融研究院整理。

二战至今，美国私人部门金融资产规模从1946年的4000亿美元左右增长到2018年的82.3万亿美元，其间结构也发生显著变化（见图7-5）。个人直接持有股票的比例在20世纪60年代末到达顶峰，此后随着401k计划等养老金计划的出现开始下降。21世纪初的互联网泡沫期间，个人直接持有股票的比例再次出现上升后遭到2008年金融危机的打压，目前维持在20%左右，在市场投资者结构中不再是首要投资者。

此外，20世纪70年代开始，美国"婴儿潮"的父辈逐渐进入到老年阶段，为应对人口老龄化，美国政府从养老金来源和保值增值2个角度进行了一系列的养老基金机制的创新。从美国私人养老金计划投资占比变化也可以看出，1968～1986年间的提升速度明显快于1950～1968年间。私人养老金发展的标志性事件是个人退休账户[⊖]（IRAs）的建立和401k计划的推行。随着法律完善以及税收优惠的推行，居民财富配置逐步向养老金资产转移。可以看到60多年以来，养老金是四类金融资产中唯一持有比例

⊖ 根据1974年的《雇员退休收入保障法》而建立的一种为投资者提供税收优惠的储蓄计划。

持续上升的品种，目前在私人部门金融资产占比约三到四成。

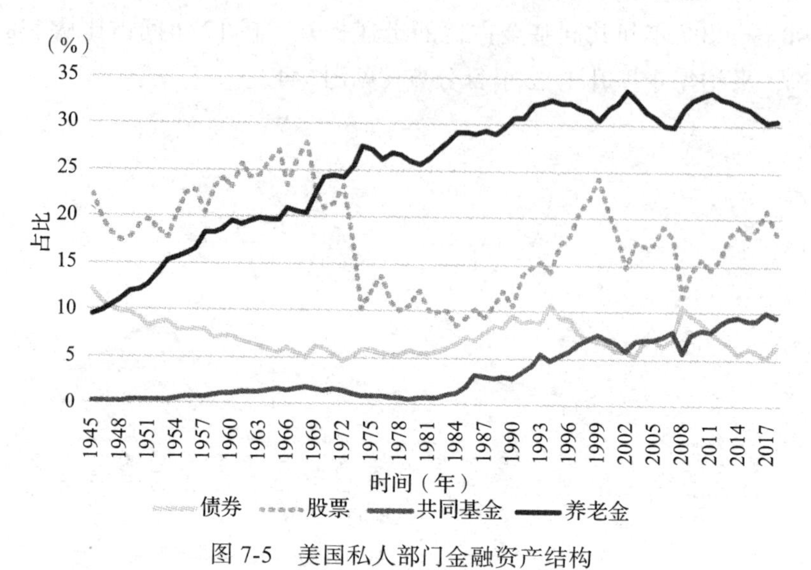

图 7-5 美国私人部门金融资产结构

资料来源：美联储，兴业证券经济与金融研究院整理。

养老金的兴起同时也推动了共同基金的发展。养老金发展初期对于股票市场的配置以直接持有为主，对共同基金的持有微乎其微。20 世纪 90 年代前后，债券收益率持续下行，养老金开始降低固收资产的配置比例，转而提高对股票和共同基金的配置比例。以 IRAs 和 DC 计划为代表的养老金占共同基金规模的比例逐步提升，共同基金中有接近半数的资金源于养老金计划，而养老金对共同基金的配置比例早在 2005 年前后超过了对股票的配置比例（见图 7-6）。

美股各类金融机构投资者的占比已达到 52%，机构投资者的重要性明显。从机构投资者的结构来看，持股比例最高的是共同基金，达 22.4%。由私人养老金、联邦和地方政府退休基金构成的养老金持股比例达 12.1%，私人养老金和政府退休基金大约各占一半。但如果考虑到养老金通过共同基金进入股票市场的规模，养老金的持股比例或许与共同基金不相上下，均是美国股票市场上持股比例最高的机构（见图 7-7）。

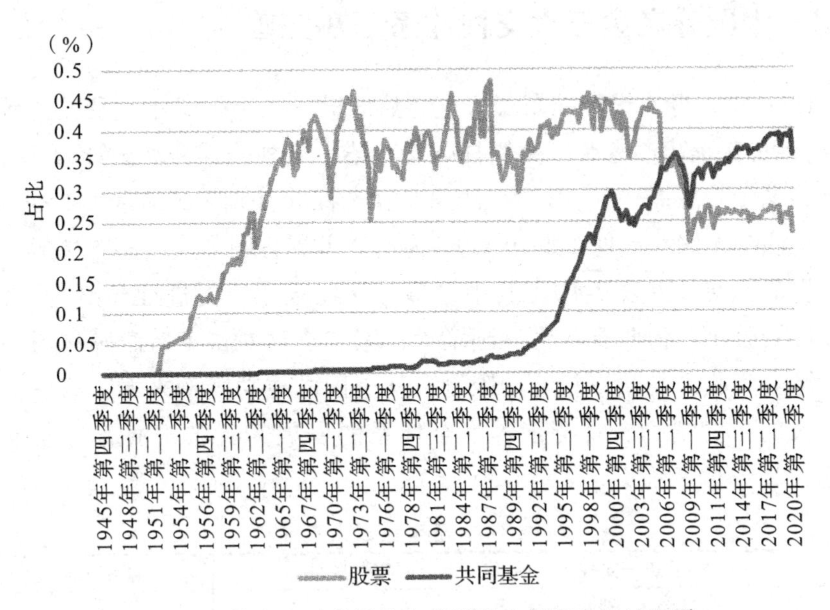

图 7-6　养老金对共同基金的配置比例逐步超过股票

资料来源：美联储，兴业证券经济与金融研究院整理。

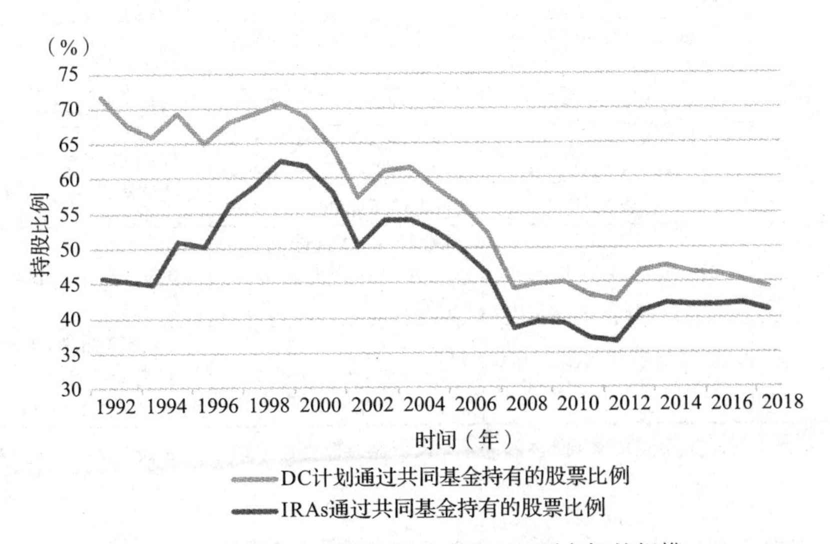

图 7-7　养老金通过共同基金进入股票市场的规模

资料来源：Wind，兴业证券经济与金融研究院整理。

7.2 中国养老金三大支柱体系正在完善

1994年，世界银行发布《防止老龄危机——保护老年人及促进增长的政策》，首次提出养老金三大支柱概念：第一支柱公共养老金计划（如日本政府养老金投资基金）、第二支柱职业养老保险计划（如加拿大PRPPs）和第三支柱个人储蓄计划（如IRAs），为构建世界各国多层次多支柱的养老金体系提供指导（见表7-4）。其中，第一支柱致力于促进社会财富再分配，保障社会公平，但收支压力逐渐增大；第二支柱对员工有激励作用，但覆盖群体受到收入与从事行业的限制；从美国的成功案例来看，第三支柱具备庞大的扩容潜力，在当前养老金体系的发展完善中扮演着日渐重要的角色。

表7-4 养老金三大支柱

	第一支柱	第二支柱	第三支柱
中国	基本养老保险、社会保障基金	企业年金、职业年金	税延型养老保险
美国	老年保障、遗嘱保障、残障保障	DB计划、DC计划	商业养老保险、个人退休账户
荷兰	Algemene Ouderdoms Wet（AOW）储蓄基金	行业养老基金和企业养老基金	保险公司
澳大利亚	基本养老金	保障型超级年金	自愿型超级年金
加拿大	老年保障金、保证收入补贴、加拿大退休金计划、魁北克退休金计划	注册养老金计划、集合注册养老金计划、团体注册养老储蓄计划	注册养老金储蓄计划、免税储蓄账户
日本	国民年金、厚生年金	DC计划、DB计划、中小企业退职金共济制度、一次性退职金	iDeco计划、NISA
英国	国家基本养老金、国家补充养老金	DB计划、DC计划	Stakeholder养老金、个人养老储蓄计划、个人自助投资养老金（SIPPs）

资料来源：《防止老龄危机——保护老年人及促进增长的政策》，兴业证券经济与金融研究院整理。

当前我国已建立起三大支柱养老金体系（见表7-5）。养老金第一支柱包括基本养老保险和社会保障基金，基本养老保险又涵盖职工基本养老保险和城乡居民基本养老保险。第二支柱是企业或机关事业单位在基本养老保险之外专门为职工建立的附加保险，包括企业年金和职业年金。第三支柱是政府给予税收优惠、以个人名义自愿参与的养老金。第三支柱的范围本应包括保险、基金、信托、理财等多种形式，但由于目前仅有保险纳入税收范围，因此第三支柱目前仅包括税延型养老保险。[⊖]

表 7-5　中国三大支柱养老金体系　（单位：亿元）

年份	第一支柱		第二支柱		第三支柱	总规模
	基本养老保险	社会保障基金	企业年金	职业年金	税延型养老保险	
2001	1 054	805	259			2 118
2002	1 608	1 242	380			3 230
2003	2 207	1 325	460			3 992
2004	2 975	1 711	493			5 179
2005	2 041	2 118	680			6 839
2006	5 489	2 828	910			9 227
2007	7 391	4 397	1 519			13 307
2008	9 931	5 624	1 911			17 466
2009	12 526	7 766	2 533			22 825
2010	15 365	8 567	2 809			26 741
2011	19 497	8 688	3 570			31 755
2012	23 941	11 060	4 821			39 822
2013	31 275	12 416	6 035			49 726
2014	35 645	15 356	7 689			58 690
2015	39 937	19 138	9 526			68 601
2016	43 965	20 423	11 075	3 400		78 863
2017	50 202	22 231	12 880	4 131		89 444.39
2018	58 151	22 354	14 770	4 900	0.716	100 175.7
2019	62 873	26 286	17 985	6 100	2.45	113 246.4

注：2019 年职业年金为 2019 年 5 月披露的数据。

资料来源：人社部，全国社保理事会，兴业证券经济与金融研究院整理。

当前中国的养老金体系中，以基本养老保险和社会保障基金为代表的养老金第一支柱占主导地位，以企业年金和职业年金为代表的第二支柱起到一定的补充作用。然而，第一支柱的财政负担与日俱增，企业年金和

⊖ 个人缴纳的保费在一定金额之内可以在税前工资中扣除，在将来退休后领取保险金时再缴纳。

职业年金则有着覆盖面窄、惠及人群有限的不足之处。因此，近年来，第三支柱逐渐成为政策聚焦的重点，有望成为“十四五”期间重要的发展方向。

7.2.1 第一支柱：收支压力大，财政负担重

基本养老保险是我国养老金第一支柱的主体部分，具有规模大、覆盖面广的特点，社会保障基金起补充作用。截至2019年底，我国基本养老保险规模达到6.29万亿元，社保规模达到2.63万亿元。2011～2019年间，基本养老保险参保人数16岁以上人口占比从55.49%上升到84.11%，覆盖面广（见图7-8）。

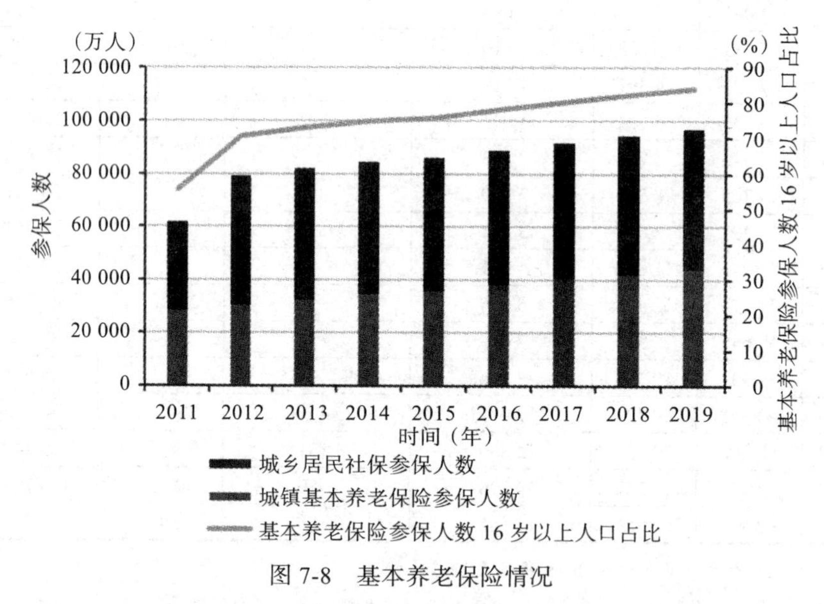

图7-8 基本养老保险情况

资料来源：人社部，兴业证券经济与金融研究院整理。

基本养老保险的收支压力逐年扩大，且社会保障基金将财政性净拨入作为重要的扩容口径，第一支柱财政负担加重。基本养老保险方面，从基本养老保险的支出对收入来看，2012～2019年间，基本养老金支出对收入占比从76.56%上升到91.79%。近年来，政府不断加大对基本养老保险的补贴力度，各级财政补贴已经从1998年的24亿元上升到2017年的

8004 亿元（见图 7-9）。2018 年后，政府又建立了企业职工基本养老保险中央调剂制度，确保养老金按时足额发放。社会保障基金方面，2013 ～ 2019 年，社保获得的累计财政性净拨入权益总额从 9931 亿元扩大到 22 081 亿元。综合来看，基本养老保险和社会保障基金对财政补贴的依赖度较高。因此，随着收支压力扩大，第一支柱给财政带来的负担也日渐加重。

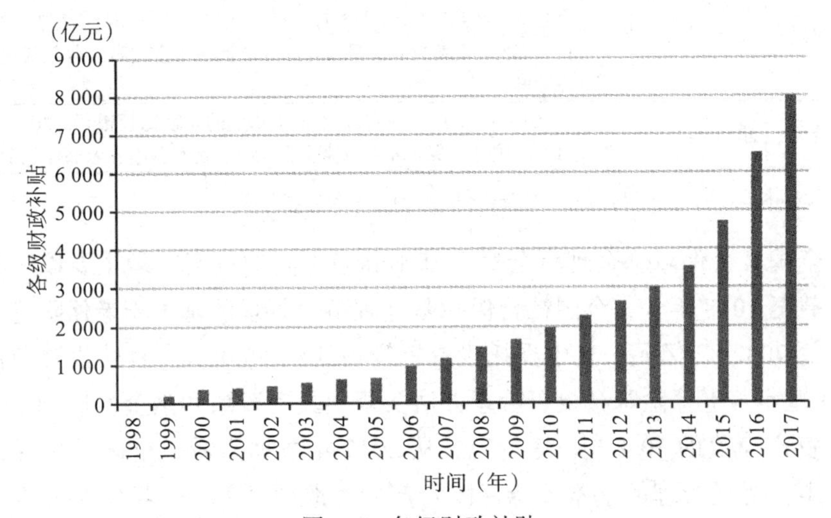

图 7-9　各级财政补贴

资料来源：人社部，兴业证券经济与金融研究院整理。

保值增值方面，基本养老保险此前只能投资国债和存款，收益率常年较低。1997 年国务院颁布《关于建立统一的企业职工基本养老保险制度的决定》，规定除预留 2 个月等额的支付费用外，剩下的结余应全部购买国债和存款。根据人社部的数据显示，2001 ～ 2010 年，基本养老保险的年化收益率不到 2%，对比通货膨胀率 2.14% 而言，保值增值效果不佳。2011 年开始，基本养老保险开启入市进程（见表 7-6）。2016 年 5 月 1 日国务院正式施行《全国社会保障基金条例》，通过法律的形式授权全国社会保障基金理事会运营基本养老保险基金。2016 年 12 月，全国社会保障基金理事会开始受托运营基本养老保险基金。截至 2020 年第三季度，基本养老保险委托全国社会保障基金理事会投资的金额共到账 9757 亿元，占基本养老保险总规模比例不足 15%，其中配置股票的比例更低。

表 7-6 基金养老保险入市进程

阶段	时间	进展
构想阶段	2011 ～ 2014 年	证监会研究中心开始提出基本养老保险入市的中国版“401k 计划”，力主通过调整养老金制度结构，推动养老金入市
试点阶段	2012 ～ 2015 年	全国社会保障基金理事会分别于 2012 年和 2015 年受托投资运营广东和山东各 1000 亿元基本养老保险结存资金。
立法阶段	2015 ～ 2016 年	2015 年 8 月 23 日，国务院印发了《基本养老保险基金投资管理办法》，随后于 2016 年 5 月 1 日正式施行《全国社会保障基金条例》，通过法律的形式授权全国社会保障基金理事会运营基本养老保险基金
实施阶段	2016 年 11 月以来	2016 年 11 月，公布养老保险基金的 4 家托管银行。2016 年 12 月，全国社会保障基金理事会开始受托运营基本养老保险基金

资料来源：全国社保理事会，兴业证券经济与金融研究院整理。

全国社会保障基金理事会对于基本养老保险的投资管理主要以委外方式。截至 2018 年末，全国社会保障基金理事会管理的基本养老保险基金资产总额 7032.82 亿元，其中委托投资资产占比约 65.08%。具体投资范围方面，《基本养老保险基金投资管理办法》规定投资股票和基金的比例，不得高于资产净值的 30%（见表 7-7）。从 2017 年数据来看，全国社会保障基金理事会受托管理的基本养老保险资产中，股票、基金、期货和养老金产品等交易类金融资产的投资总额为 1160.5 亿元，占比 36.8%，已经较为接近上限。

表 7-7 基本养老保险投资范围及相应约束

类别	下限	上限
活期存款、央行票据、债券回购和货币市场基金	5%	100%
固收资产	0%	135%（债券正回购 40%）
股票、股票基金和混合基金等	0%	30%
国家重大项目和重点企业股权	0%	20%

资料来源：《基本养老保险基金投资管理办法》，兴业证券经济与金融研究院整理。

社会保障基金方面，自 2003 年开始入市起，投资收益也出现明显提升。2005 ～ 2007 年的“6124”超级牛市行情中，社会保障基金实现投资收益 1453.5 亿元，创下 43.19% 的历史投资收益率记录。整体来看，社会保障基金入市以来仅在 2008 年和 2018 年发生了投资亏损的情况，其余年份均实现了正向收益率。社会保障基金成立以来累计投资收益额 1.25 万亿元，年均收益率为 8.15%，扣除通胀后的实际收益率近 7%。放眼全球，这个“成绩单”即使与境外顶级资管机构相比，也是非常优秀的。

社会保障基金在投资股票方面最为积极：交易类金融资产（主要包括股票、基金、非持有到期债券）规模为 8741 亿元，可供出售金融资产（主要包括股票、基金、非持有到期债券）规模为 2394 亿元，比例合计达到 50%，持有至到期投资（主要是债券）规模约 8337 亿元，占比 37%。据此可推测社会保障基金投资于股票的比例已经非常接近 40% 的上限（见表 7-8）。不过需要注意的是，考虑到社会保障基金还承接了国有资产的划拨，因此其对于股票的配置并非全部为主动持有。

表 7-8 社会保障基金投资范围及相应约束

类别	下限	上限
银行存款、国债、政策性金融债	整体 40%（其中存款 10%）	100%
企业债	0%	10%
股票投资	0%	40%
实业投资	0%	20%
股权投资基金	0%	10%
信托投资	0%	5%
资产证券化	0%	10%
境外投资	0%	20%

资料来源：《养老基金投资管理》，兴业证券经济与金融研究院整理。

7.2.2 第二支柱：覆盖面小，惠及群体人数有限

企业年金、职业年金构成我国养老金第二支柱，企业年金适用于企业职工，从 2000 年开始试点，2014 年 5 月后《企业年金试行办法》全面推行：企业自愿建制，职工自愿参保。职业年金适用于机关与事业单位职工，在 2014 年 10 月后实施，并于 2019 年 2 月正式开始市场化投资运营。

据《企业年金试行办法》，三个基本条件满足后，企业才能建立年金计划：①依法参加基本养老保险并按时足额缴费；②已建立集体协商机制，民主管理制度比较健全；③企业要有盈利。大部分民营企业由于盈利能力弱、人员流动性强且存续时间短，无法建立企业年金计划，因此我们可以看到近 60% 的企业年金集中于央企，主要在金融、电力等盈利较高的垄断型行业，并且集中在上海、北京、广东等经济发达地区（见图 7-10）。截至

2019 年，企业年金规模达到 17 985 亿元，仅为同期基本养老保险总规模的 28.61%。全国共有 9.6 万家企业建立了企业年金制度，参与企业年金的职工数量为 2548 万人，仅占城镇就业人口的 5.76%。

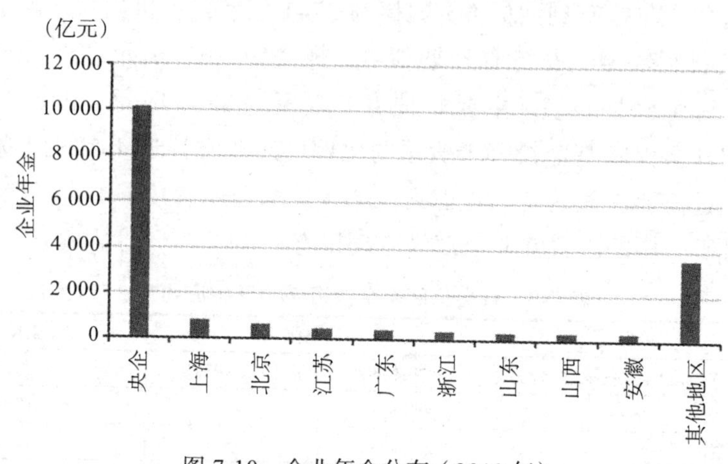

图 7-10 企业年金分布（2019 年）

资料来源：人社部，兴业证券经济与金融研究院整理。

保值增值方面，2004 年 2 月 23 日发布的《企业年金基金管理试行办法》规定企业年金投资于股票和股票基金的比例不得高于净资产的 30%，且投资于股票的比例不高于净资产的 20%；2011 年 2 月 12 日发布的《企业年金基金管理办法》将投资股票的上限提高到 30%；2015 年 5 月 13 日出台的新《企业年金基金管理办法》未对企业年金入市上下限做出调整（见表 7-9）。

表 7-9 企业年金投资范围及相应约束

类别	下限	上限
活期存款、央行票据、债券回购和货币市场基金	5%	100%
固收资产	0%	95%
股票、股票基金和混合基金等	0%	30%
基础设施债权计划	0%	30%
信托计划	0%	10%

资料来源：《企业年金基金管理办法》，兴业证券经济与金融研究院整理。

但从实际资产配置情况来看，如表 7-10 所示，2018 年底，全国企业年金备案的养老金产品合计 571 只，实际运作的投资组合 324 只，总资产净值约 4771 亿元，仅占当年总结余额三成左右。其中固收产品 372 只，实际运作 195 只，资产净值约 3891 亿元，占比 81.56%；权益产品 162 只，实际运作 106 只，资产净值 307.5 亿元，占比 6.4%；剩余均为货币产品。因此从结构来看，企业年金投资主要以固收资产为主导，权益资产占比不到 10%，股票型产品规模仅占 3.66%。

表 7-10　2018 年企业年金养老金产品分类汇总情况

资产类型	产品类型		产品数（个）		期末资产净值（万元）	本年以来投资收益率（%）	成立以来累计投资收益率（%）
			已备案	实际运作			
权益资产	股票型		137	97	1 745 005.33	–20.67	0.11
	股权型		6	2	658 873.37	5.39	24.81
	优先股型		11	3	402 545.64	5.69	19.88
	股票专项型		8	4	268 971.45	–7.96	7.83
	小计		162	106	3 075 395.79	–11.74	7.65
固收资产	混合型		119	62	8 070 798.97	2.52	22.17
	固定收益型	普通	93	72	12 897 441.15	5.73	14.93
		存款	19	9	6 383 340.85	4.83	4.71
		债券	19	9	1 902 945.44	5.26	14.41
		债券基金	4				
		商业银行理财产品	7	1	38 638.36	4.77	9.81
		信托产品	60	27	5 451 398.84	6.03	18.48
		债权计划	35	14	3 811 483.44	5.70	14.96
		特定资产管理计划	14				
		保险产品	2	1	358 091.00	4.85	10.65
		其他					
		小计	253	133	30 843 339.08	5.62	12.87
	小计		372	195	38 914 138.05	4.79	14.83
流动性资产	货币型		37	23	5 723 226.72	4.86	17.16
其他投资资产	其他型						
合计			571	324	47 712 760.56	3.25	14.37

资料来源：《全国企业年金基金业务数据摘要》，兴业证券经济与金融研究院整理。

如表 7-11 所示，职业年金自 2014 年 10 月推行以来，当前累计结余近 6100 亿元，2970 万名机关与事业单位职工加入职业年金，占参保基本养老保险的机关与事业单位职工的 82%。由于职业年金仅仅适用于机关与事业单位职工，在当前覆盖率已处高位的背景下，未来职业年金的扩容空间有限。

表 7-11 中国职业年金政策及发展状况梳理

时间	文件 / 事件	重点内容
2008 年 2 月	《事业单位工作人员养老保险制度改革试点方案》	在山西、上海、浙江、广东、重庆 5 省市先期开展试点。要求参与改革的事业单位建立职业年金制度，地方省市探索缴费办法、分配水平等具体制度设计
2015 年 4 月	国务院办公厅印发《机关事业单位职业年金办法》	从 2014 年 10 月 1 日起，施行机关与事业单位工作人员职业年金制度。要求机关与事业单位全面铺开职业年金制度，并明确规定职业年金制度的资金来源、缴费比例、领取方式、基金管理等主体制度
2016 年 10 月	《职业年金基金管理暂行办法》	明确规定职业年金基金的管理职责、基金投资、收益分配及费用、计划管理及信息披露、监督检查等
2019 年 2 月	职业年金市场化投资运营正式开始	中央国家机关及所属事业单位（壹号）职业年金计划第一笔缴费，划入壹号计划受托财产账户
2019 年 4 月	职业年金开始投资运营	2019 年 4 月底，山东率先启动职业年金投资运营。截至 5 月底，分 4 批资金共投资 425 亿元，涉及 265 万人
2019 年 5 月	职业年金累计结余、投资运作动态	截至 2019 年 5 月底，职业年金累计结余近 6100 亿元，3612 万名机关与事业单位职工参加基本养老保险，其中 2970 万人加入职业年金，覆盖率 82%，实际缴费人数占比 96.5%。截至同期，中央国家机关与事业单位、31 个省（区、市）及新疆生产建设兵团在内的全国 33 个职业年金项目中，已有 15 个职业年金项目启动投资运作

资料来源：Wind，兴业证券经济与金融研究院整理。

7.2.3 第三支柱：起步晚，2018 年 5 月起进入政策试点阶段

我国养老金第三支柱建设起步晚。早在 1991 年，我国就提出“逐步建立起基本养老保险与企业补充养老保险和职工个人储蓄性养老保险相结合的制度”。这是我国第一次提出养老金第三支柱。在“十三五”规划期间，“十三五”规划纲要和人力资源和社会保障事业发展“十三五”规划纲要等重要文件多次提及推出税延型养老保险。2018 年 4 月，财政部等五部门联合印发《关于开展个人税收递延型商业养老保险试点的通知》，宣布自 2018 年 5 月 1 日起，在上海、福建（含厦门）和苏州工业园区实施税延型养老保险试点，试点期暂定一年。这一举措标志着养老金第三支柱建设正式进入政策实践阶段（见表 7-12）。

表 7-12 养老金第三支柱相关政策梳理

时间	详情
1991 年	1991 年，我国提出“逐步建立起基本养老保险与企业补充养老保险和职工个人储蓄性养老保险相结合的制度”
2007 年	天津滨海新区拟进行税延型养老保险的试点，其具体内容是职工 30% 工资收入比例可以税前列支购买商业养老保险，但由于种种原因试点未能开启
2009 年	上海提出适时开展税延型养老保险产品试点
2015 年	国家“十三五”规划纲要提出推出税延型养老保险
2016 年 7 月	人力资源和社会保障事业发展“十三五”规划纲要提出推出税延型养老保险
2017 年 6 月 29 日	国务院办公厅正式印发《国务院办公厅关于加快发展商业养老保险的若干意见》
2018 年 4 月	2018 年 4 月，财政部等五部门联合印发《关于开展个人税收递延型商业养老保险试点的通知》，标志着酝酿十年之久的第三支柱税延型养老保险正式进入政策实践阶段

资料来源：《从概念框架到政策探索：我国第三支柱个人养老金发展路径》，兴业证券经济与金融研究院整理。

试点采取 EET 模式[⊖]，缴费环节按一定标准税前列支保费，投资环节免征个税，领取环节按实际税率 7.5% 征收个税（见图 7-11）。尽管有税收优惠激励，但受节税力度偏低、只适用于工资收入达到个税起征点的中高收入者和抵扣操作烦琐等因素影响，税延型养老保险试点遇冷。截至 2020 年 4 月，税延型养老保险试点累计实现保费收入 3 亿元，参保人数 4.76 万人，与养老金第一支柱和第二支柱的规模相差甚远。

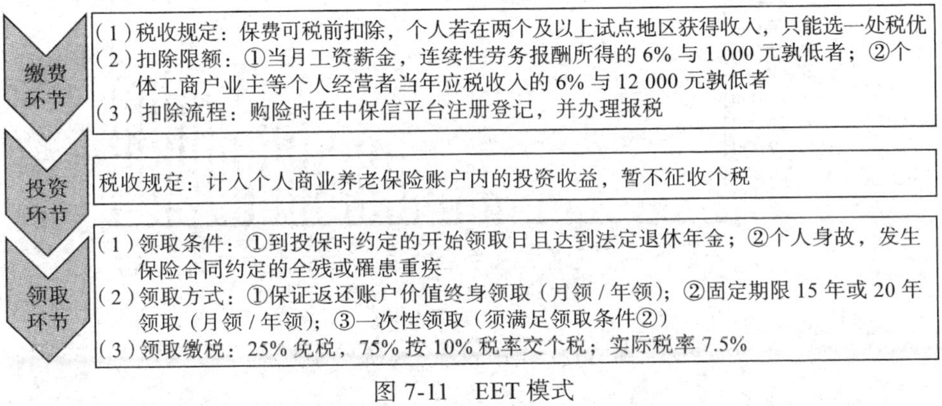

缴费环节	（1）税收规定：保费可税前扣除，个人若在两个及以上试点地区获得收入，只能选一处税优 （2）扣除限额：①当月工资薪金，连续性劳务报酬所得的 6% 与 1 000 元孰低者；②个体工商户业主等个人经营者当年应税收入的 6% 与 12 000 元孰低者 （3）扣除流程：购险时在中保信平台注册登记，并办理报税
投资环节	税收规定：计入个人商业养老保险账户内的投资收益，暂不征收个税
领取环节	（1）领取条件：①到投保时约定的开始领取日且达到法定退休年金；②个人身故，发生保险合同约定的全残或罹患重疾 （2）领取方式：①保证返还账户价值终身领取（月领 / 年领）；②固定期限 15 年或 20 年领取（月领 / 年领）；③一次性领取（须满足领取条件②） （3）领取缴税：25% 免税，75% 按 10% 税率交个税；实际税率 7.5%

图 7-11 EET 模式

资料来源：《个人税收递延型商业养老保险：试点成效与未来展望》，兴业证券经济与金融研究院整理。

⊖ 字母 E 代表的是该环节完全免税，即不存在任何税收；字母 T 代表的是该环节需要征税，可能在征税过程中有部分减免（如税前扣除或税收抵扣等）。EET 模式指的是缴费和投资环节完全免税，在领取环节征税。

7.3 养老金有望成为中国股票市场长期资金提供者

7.3.1 养老储备的完善将为股票市场带来万亿元“新长钱”

那么未来居民资产通过什么样的途径转移为养老资产？我们在此不得不提到全球养老金体系中最为重要的一个角色：第三支柱，即个人养老计划。前文对第三支柱已有介绍，此处对定义不多做描述。从美国养老金第三支柱的发展历史来看，个人养老金的扩容潜力巨大。美国个人退休账户的建立是第三支柱发展史的成功案例。它不仅包括在税收优惠激励下建立的个人退休计划，还包括从第二支柱转移过来的资产，其资产管理接近于401k计划的投资结构，为美国国民养老金待遇的提升提供了重要保障。按ICI（美国投资公司协会）披露口径来看，截至2019年，美国养老金第三支柱的规模已达到11万亿美元，在美国养老金总规模的占比达到34.1%（见图7-12）。从OECD发布的养老金第二、第三支柱的占比情况来看，32个国家中有20个国家（包括波兰、韩国、西班牙等）的第三支柱占比已超过50%，同样体现了第三支柱养老金的扩容潜力。

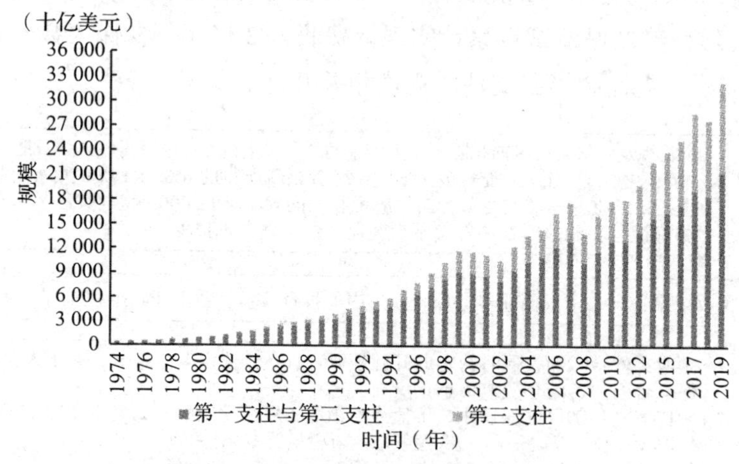

图 7-12　美国养老金规模及构成

注：1. 美国养老金三大支柱包括：①第一支柱：退休年金保险；②第二支柱：供款确定型养老金、收益确定型私人养老金、收益确定型州养老金、收益确定型联邦养老金；③第三支柱：个人退休账户。

2. 供款确定型养老金包括供款确定型私人养老金401k计划、403b计划、457b计划以及联邦雇员计划和节俭储蓄计划TSP。

资料来源：ICI，兴业证券经济与金融研究院整理。

我们尝试对我国养老金体系带来的增量规模进行测算，测算的核心假设包括：①以参加城镇职工基本养老保险的职工作为第三支柱的潜在参与群体；②以 salary calculator 平台发布的《2020 年全国各个城市薪资水平报告》中各省会城市就业人群工资水平分布作为各省就业人群工资水平分布的替代。③ 2019 年，个税免征额被上调为 5000 元，在此背景下再考虑住房、子女教育、赡养老人等多项可抵税的支出，参考《中国养老金融发展报告（2018）》，假定月收入在 8000 元以上者能够实际享受税延优惠，因此在测算时，我们假设月收入在 8000 元以上的人群均参与延税型养老保险。根据各省市城镇职工基本养老保险参加人数与 salary calculator 平台统计的全国各大城市薪资分布，分省测算各地第三支柱规模，最后加总得第三支柱给我国养老金体系带来的总体增量规模。考虑到第三支柱初期参与率上升较快，我们假设第三支柱每年的参与率增长略高于基本养老保险，5 年内第三支柱累计规模预计约 6000 亿元，10 年内预计将超 2 万亿元。

7.3.2 养老金为中国股票市场“牛长熊短”贡献重要力量

参考海外主要发达国家养老金权益资产配比（见表 7-13），我国当前存量养老金可入市金额规模庞大：现有 6.29 万亿元基本养老保险，2.62 万亿元全国社会保障基金和 2.4 万亿元年金基金（其中包括 1.8 万亿元的企业年金与 6100 亿元的职业年金[㊀]），如果按照上述资金 30%、40%、40% 的最高股票投资比例限制及现有存量结余规模估算，可入市规模最多可达到 3.89 万亿元。再加上 21.7 万亿元保险资金，以 45% 的最高股票投资比例来计算，[㊁]预计可带来超 13.66 万亿元的增量资金。

表 7-13 海外主要发达国家养老金权益资产配比

年份	权益资产	固收资产	其他	现金
2007	56%	28%	16%	0%

㊀ 职业年金为 2019 年 5 月数据。

㊁ 根据 2020 年 7 月发布的《关于优化保险公司权益类资产配置监管有关事项的通知》，根据保险公司偿付能力充足率、资产负债管理能力及风险状况等指标，明确八档权益资产监管比例，最高可占上季末总资产的 45%。

（续）

年份	权益资产	固收资产	其他	现金
2008	41%	41%	16%	2%
2009	54%	28%	17%	2%
2010	47%	33%	19%	1%
2011	41%	37%	20%	2%
2012	41%	34%	18%	1%
2014	42%	31%	25%	2%
2015	44%	29%	24%	2%
2016	46%	28%	24%	3%
2017	46%	27%	25%	2%
2018	40%	31%	26%	3%
2019	45%	29%	23%	3%

资料来源：Willis Towers Watson，兴业证券经济与金融研究院整理。

此外，随着第三支柱的逐步完善，A股还将迎来千亿元级别的新增量。参考美国第三支柱的发展经验，我们预计5年内养老金第三支柱进入股票市场的规模约300亿～500亿元，10年内进入股票市场的规模将达到2000亿～3000亿元。

我们可以发现除了传统的沪深股票市场，养老金也开始通过打新、定增、科创板等方式进入A股市场。打新和定增方面，2020年全年，参与A股首发配售中的养老金组合数量达到896个，参与定增的养老金组合达到83个，累计获配投入资金达到397.58亿元，参与的养老金组合包括企业年金、社会保障基金和基本养老保险基金。[⊖]而在投资新经济企业方面，从科创板2020年全年的战略配售数据来看，社会保障基金和基本养老保险基金也积极参与科创板的投资，全年有36个养老金组合参与首发配售，配售次数总和达到66次，累计获配投入资金达到68.88亿元。从养老金投资科创板等新经济企业的行为来看，养老金不仅会成为新入市长钱，且能够加速经济转型，助力支持新型经济发展的配套融资结构形成。全国养老金组合参与科创板首发配售累计获配投入资金前10名如表7-14所示。

⊖ 社会保障基金是社会保障基金本身和委托全国社会保障基金理事会管理的基本养老保险基金的组合。

表 7-14 全国养老金组合参与科创板首发配售累计获配投入资金前 10 名

	参与首发配售次数	合计获配次数	累计获配投入资金（万元）
全国社保基金 106 组合	2	2	48 514.24
全国社保基金 118 组合	2	2	48 514.24
全国社保基金 115 组合	2	2	42 019.42
全国社保基金 117 组合	2	2	38 772.03
全国社保基金 108 组合	2	2	32 375.63
全国社保基金 414 组合	2	2	29 718.66
全国社保基金 601 组合	2	2	29 620.26
全国社保基金 416 组合	2	2	25 880.83
全国社保基金 101 组合	2	2	25 880.83
全国社保基金 109 组合	2	2	24 699.94

资料来源：Wind，兴业证券经济与金融研究院整理。

监管层面也在不断完善养老金通过资本市场保值增值的相关政策，不断为长钱入市打通渠道。例如，2020 年底颁布的《人力资源社会保障部关于调整年金基金投资范围的通知》指出，包括企业年金和职业年金在内的年金基金，投资于股票市场的上限从 30% 提升至 40%，入市增量基金从 7200 亿元提升至 9600 亿元左右，已体现了入市进程加快的趋势（见表 7-15）。可以预见的是，完善的养老金体系将成为未来 A 股重要的资金来源，A 股长牛正在进行时。

表 7-15 年金基金投资范围变更梳理

变更	《关于扩大企业年金基金投资范围的通知》	《人力资源社会保障部关于调整年金基金投资范围的通知》	变动
颁布时间	2013 年	2020 年	
对象	企业年金	包括企业年金和职业年金	增加了职业年金
投资地域范围	内地投资	内地投资和香港市场投资。香港市场投资指年金基金通过股票型养老金产品或公开募集证券投资基金，投资内地与香港市场交易互联互通机制下允许买卖的香港联合交易所上市股票（简称“港股通标的股票”）	增加了香港市场投资
流动性资产投资上限	投资组合委托投资资产净值的 5%	投资组合委托投资资产净值的 5%	

（续）

变更	《关于扩大企业年金基金投资范围的通知》	《人力资源社会保障部关于调整年金基金投资范围的通知》	变动
固收资产投资上限	投资组合委托投资资产净值的135%。债券正回购的资金余额在每个交易日均不得高于投资组合委托投资资产净值的40%	投资组合委托投资资产净值的135%。债券正回购的资金余额在每个交易日均不得高于投资组合委托投资资产净值的40%	
权益资产投资上限	30%	40%。其中，投资港股通标的投票的比例，不得高于投资组合委托投资资产净值的20%；投资单只股票专项型养老金产品的比例，不得高于投资组合委托投资资产净值的10%	将权益资产的投资上限由30%提升到40%，而且对港股通产品和股票专项型养老金产品的投资比例都提出了要求

资料来源：《关于扩大企业年金基金投资范围的通知》《人力资源社会保障部关于调整年金基金投资范围的通知》，兴业证券经济与金融研究院整理。

纵观境外成熟市场，以保险资金、养老金为代表的长期资金是股票市场中坚定理性投资、维护市场秩序的重要机构投资者。养老金作为国民养老保障，背后尤其需要强大的管理投资体系支撑。当前A股市场中，以养老金为代表的长钱占比仍较低。未来随着养老金逐步入市，将成为市场中难以忽视的力量。此外，随着“房住不炒”、养老需求渐增，中国居民财富将与美国一样加大对养老金的配置，未来房市的长钱有望逐步向权益市场转移，为A股长牛带来“源头活水”。

第8章

外资加速中国股票市场成熟化

作为重要的A股参与者，机构投资者中除了第7章提到的养老金等长钱以外，还有一个特殊的群体近年来频频出现在大众眼前，那就是外资。外资是对A股市场中境外投资者的统称，目前主要包括QFII和北向资金这两种。北向资金就是指通过沪深港通制度，从香港市场流入A股市场的资金，也是目前A股市场中外资的代名词。

为什么以北向资金为代表的外资会引起如此高的关注度？随着2014年底和2016年底沪港通和深港通的先后开通，投资便捷性的提升使北向资金逐渐成为A股市场中影响力最大的增量资金之一。截至2020年12月31日，境外投资者持有A股市值达到约3.4万亿元，占A股流通市值的5.3%。相比之下公募基金持股市值4.8万亿元，保险和社会保障基金持股市值约2万亿元，外资机构已经与公募基金、保险、社会保障的体量基本可以相提并论，A股机构投资者呈现出“三足鼎立”的局面。

更重要的是，外资对A股市场带来一系列“颠覆性”的变化。随着中国金融市场对外开放之门越开越大，境外投资者正在进一步扩大其在A股的影响力，特别是成为核心资产领域定价权的重要影响者。从具体投资的角度来说，由于更具国际化视野和投资经验，加之实实在在的投资业绩表现，北向资金扮演了市场上“聪明钱”的角色，其动向受到市场投资者的广泛关注。另外，外资在为A股市场带来源头活水的同时，也逐步影响着A股市场的投资理念和投资体系，带动A股投资者由短期博弈思维转换到长期价值投资思维，进而带动A股市场估值体系的转变，龙头公司和核心资产的估值中枢抬升。本章着重从微观视角入手，分析A股市场外资的来龙去脉，洞察外资如何助力A股走出长牛。

8.1 外资投资中国股票市场的四大途径

伴随着中国经济的崛起，中国资本市场的建设越发完善，在全球的金融地位不断提升，外资开始关注中国市场。进入21世纪以来，一系列金融改革措施纷纷落地实施，中国不断推进对外开放的进程。中国通过有序放松对资本项目下资金跨境流动的管制已经实现了对于外资的多层次开放，目前外资可以通过战略投资、QFII/RQFII制度、陆股通及WOFE（外商独资企业）等渠道进入A股市场。中国金融市场的开放满足了世界对于中国资产日益增长的需求，使得全世界可以共享中国发展所带来的红利。本节将重点回顾中国对外资开放的历史沿革，并介绍外资进入中国A股市场的不同渠道。

8.1.1 战略投资者：探索资本市场的排头兵

战略投资者是具有资金、技术、管理、市场、人才优势，能够促进产业结构升级，助力企业的可持续发展，通过与企业协调互补发展来获得长期共同战略利益的投资者。2005年，商务部等五部委联合发布《外国投资者对上市公司战略投资管理办法》，正式允许外国战略投资者参与中国上市公司的战略投资过程。通过引入外国战略投资者，中国企业能够获取国外先进管理经验、技术和资金，从而提高自身竞争能力。不同于QFII等短期财务投资的特点，外国战略投资者必须持有3年以上，这可以保证投融资双方在较长的时间里保持合作，从而真正实现利用外资优势优化中国企业的目的，对我国上市公司竞争能力的长期提升起到积极的作用。引入外国战略投资者既是中国加入WTO时所做出的承诺，也推动了我国股票市场

“摸着石头过河”探索对外开放之路，从而带动中国证券业走向国际。

2005年中国银行监督管理委员会[⊖]颁布了《中国银行业监督管理委员会中资商业银行行政许可事项实施办法》，此后银行业成为外国战略投资者关注的核心目标。中国建设银行、中国工商银行、中国银行三家国有银行相继与国际战略投资者达成合作：中国建设银行引入美国银行和淡马锡作为战略投资者；中国工商银行引入高盛、安联集团、美国运通；中国银行引入苏格兰银行、淡马锡、瑞士银行、亚洲开发银行（见图8-1）。截至2008年底，共有18家中资银行引入国际战略投资者。与此同时，产业战略投资也开始出现，典型案例如嘉士伯收购重庆啤酒，全方位助力重庆啤酒回归国内行业领先地位。虽然存在一些外国战略投资者在解除持有限制后便选择抛售的情况，但是总体来看外国战略投资者通过改善股权治理结构，提高了中国上市公司的治理水平，对中国上市公司的经营业绩和股价表现均产生了积极的影响。

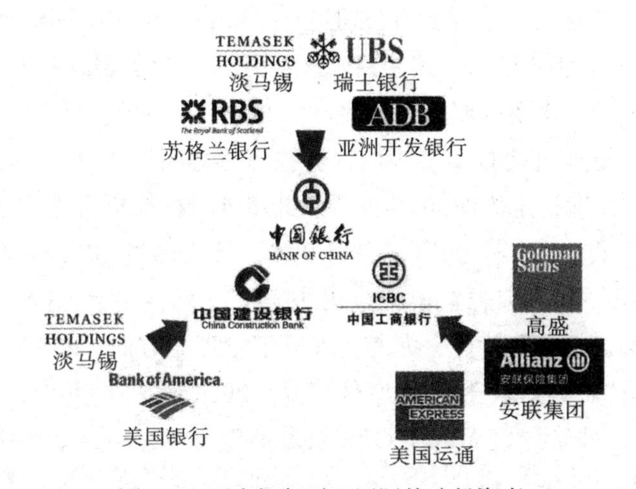

图8-1 国有银行引入国际战略投资者

资料来源：兴业证券经济与金融研究院整理。

根据证监会的统计，2020年沪深两市外国战略投资者持有的市值达到了1.35万亿元，已有100余家公司的第一大股东是外国战略投资者。商务部、证监会在多个场合反复提出将更积极地吸引战略投资，研究完善外国战略投资者对上市公司战略投资管理制度，放宽外国战略投资者投资上市

⊖ 于2018年3月撤销。

公司的资质条件、持股比例、持股锁定期等要求。可以预见，未来将有更多的外国战略投资者进入中国市场，这对于推进中国资本市场高水平双向开放，提升上市公司国际竞争力，提升上市公司质量都具有重要的意义。

8.1.2 QFII/RQFII 制度：金融开放的第一步

QFII 制度即合格境外机构投资者制度，是一种在本国资本项目尚未完全开放的情况下，有限度地引进外国投资者的渐进式资本市场开放制度。通过 QFII 制度控制外资对于本国资本市场的参与程度，在金融市场尚不发达的国家可以减缓外国投机性游资对于本国经济发展所造成的负面影响，从而促进本国资本市场的健康发展。QFII 制度在新兴市场中得到了广泛应用，并且起到了预期的政策效果。20 世纪 90 年代，韩国、印度、巴西等纷纷实行了 QFII 制度，从而实现了资本市场的开放，加快了本国资本市场面向国际的进程，并有效地对本国上市公司进行了股权结构改革和治理结构改革。

中国 QFII 制度从推出、完善到成熟经历了不同的发展阶段，逐渐成为中国资本市场中最为重要的制度安排之一。2002 年，证监会和中国人民银行联合发布《合格境外机构投资者境内证券投资管理暂行办法》，正式确立 QFII 制度出台，总额度初定为 40 亿美元，从此境外机构投资者正式开始在中国资本市场中参与直接投资。2003 年 7 月 9 日，瑞银通过 QFII 制度完成外资购买 A 股股票第一单，标志着相关 QFII 制度正式面向世界。QFII 制度在实施过程中，相关规定不断优化，尤其是在外汇管理等方面。2005 ～ 2019 年间，QFII 额度上限分 5 次提升至 3000 亿美元。2019 年 9 月 10 日，在 QFII 制度出台 17 年后，外管局宣布取消 QFII 投资额度限制。截至 2020 年 12 月，获批进入中国的合格境外机构投资者已经达到 385 家，QFII 实际获批投资额度超过 1000 亿美元，已经成为 A 股市场中一股不可小觑的力量。

目前，中国的 QFII 制度要求境外机构投资者进入 A 股市场前必须得到证监会的资格审批与外管局的额度审批，并将外汇兑换成人民币，然后委托境内商业银行或证券公司在沪深两市进行投资。在审批中，监管部门会对境外机构投资者的资格条件、投资额度、投资方向、资金的跨境流动等一系列条件进行限制，在资金托管与运作上也有严格要求。QFII 制度只针对境外机构投资者，境外个人投资者只能通过认购机构的产品对 A 股市场进行投资。

RQFII 制度即人民币合格境外机构投资者制度，是一种境外机构投资者可将批准额度内的境外人民币投资于境内的股票市场的制度。推出 RQFII 制度，完善了境外人民币投资我国资本市场的方式，使机构投资者和个人投资者能够通过正规渠道购买金融产品，有效地投资境内金融市场，从而增强人民币的吸引力，将在很大程度上推动人民币国际化进程。RQFII 制度的主体主要为境外机构投资者，其操作流程与 QFII 制度基本相同，主要区别在于 RQFII 需要在境外募集人民币资金，其发展的主要约束也在于如何获取离岸人民币资金。

2011 年，中国人民银行发布《人民币合格境外机构投资者境内投资试点办法》，允许符合条件的境内证券公司和基金公司的香港子公司，运用其在香港募集的人民币开展境内证券投资业务，RQFII 制度正式开始实施，初期仅限境内证券公司和基金公司的香港子公司参与，试点总额度 200 亿元，投资股票市场的比例不超过 20%。2013 年 3 月 6 日，证监会扩大试点机构范围，取消股债比例限制。2019 年，外管局正式宣布决定取消 QFII 和 RQFII 投资额度限制，同时 RQFII 试点国家和地区限制也一并取消。随着规模的不断扩大与相关限制的取消，RQFII 制度将进一步便利境外机构投资者投资境内股票市场，提升我国金融市场开放的深度和广度。截至 2020 年 12 月，RQFII 实际获批投资额度超过 7000 多亿元（见图 8-2）。

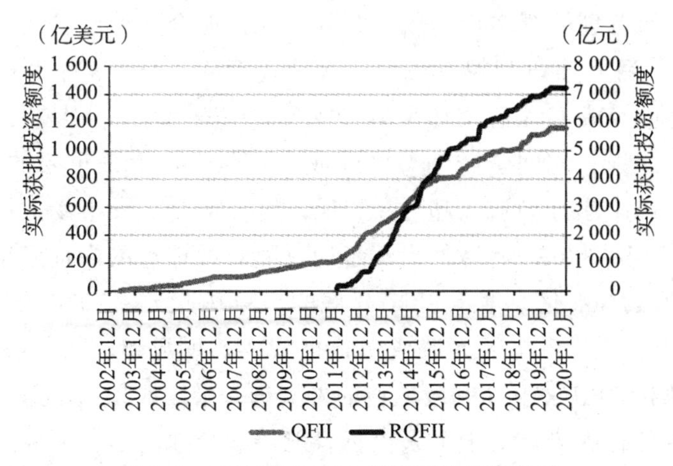

图 8-2　QFII 和 RQFII 实际获批投资额度

资料来源：Wind，兴业证券经济与金融研究院整理。

8.1.3 陆港通：投资中国“主通道”

2014年以来，A股市场对外开放进入全面提速的阶段。在QFII/RQFII制度之后，我国分别于2014年底和2016年底启动了沪港通和深港通制度，在资质认定、汇兑成本、管理成本等方面为境外投资者提供了更大的便利，标志着我国资本市场在对外开放的进程中又迈出了一步。2014年，中国证监会与香港证监会共同决定原则批准上海证券交易所（上交所）、香港联合交易所有限公司等机构开展沪港股票市场交易互联互通机制试点，即沪港通。具体而言，沪港通允许内地与香港投资者通过当地证券公司（或经纪商）买卖规定范围内的对方交易所上市的股票。2014年11月17日沪港通正式开通，标的范围涵盖上证180成分股、上证380成分股及上证A+H股票，覆盖上证A股超过90%的流通市值，开通初期净买入总额度上限为3000亿元，每日净买入上限为130亿元。在沪港通的基础上，2016年12月5日深港通正式启动，范围涵盖市值60亿元及以上的深证成指成分股、中小创新指数成分股及深证A+H股票，覆盖深证A股流通市值约75%，每日净买入上限为130亿元，不设总额度限制，同时也取消了沪股通的总额度限制。这标志着两地股票市场互联互通机制全面建立的完成。2018年5月，沪股通和深股通每日净买入上限提升至520亿元。

作为世界首创的资本市场双向开放模式，如今陆港通已经平稳运行了6年，两地互联互通机制越发成熟，交易规模持续增长，不断赢得市场青睐。陆股通已经成为A股市场中不可忽视的一股力量，也是目前外资流入A股的主力通道，北向资金动态已经成为目前市场上最重要的指标之一。陆股通开通以来累计净流入超过1.1万亿元，成为A股市场上最重要的增量资金之一（见图8-3）。境外投资者通过陆港通持有的内地股票总额已经从2014年底的865亿元增至2020年底的2.34万亿元。2020年陆股通成交额超过21万亿元，占全部A股成交额的5.2%，明显超过往年水平。

陆港通和QFII/RQFII制度是目前外资进入中国股票市场最主要的两种途径，二者各有优势。由于个人投资者能够参与陆港通，因此陆港通覆盖投资者范围更广，交易更为便捷。QFII/RQFII制度需要监管部门一系列认证和审批程序，因此相较于陆港通更为不便，但是陆港通的投资标的大多只能限定于大盘股，而对 QFII/RQFII 投资范围的限制则相对较少。由于陆港通与 QFII/RQFII 在机制设计上各有侧重，因此两者之间互为补充，皆为中国金融开放中不可或缺的重要一环。

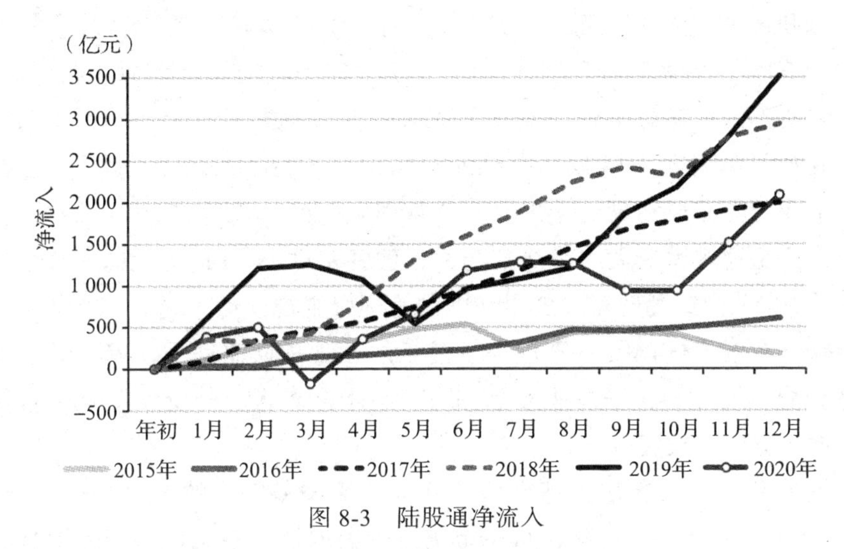

图 8-3　陆股通净流入

资料来源：Wind，兴业证券经济与金融研究院整理。

8.1.4　WFOE：投资中国股票市场的新途径

WFOE 指的是外商独资企业。外资私募基金或风险投资机构在进入中国时，首先设立 WFOE，然后将注册资金结汇为人民币，再进行投资。作为第八轮中美战略与经济对话的成果之一，2016 年经证监会同意，中国基金业协会发布了《私募基金登记备案相关问题解答（十）》，明确了外商独资私募证券基金管理机构可以在中国境内开展私募证券基金管理业务。这是继 2002 年中国允许外资在中国境内设立合资公司开展公募基金管理业务以来，中国基金业最为重要的对外开放措施之一。WFOE 的推出体现出中国的资本市场和监管能力已经得到长足的发展，在新的历史阶段中国通过不断提升中国基金业对外开放程度，将国外成熟的资产管理模式、投资理念与投资策略引入中国，推动中国私募基金行业的有序竞争。

2016 年 8 月瑞银资产管理（上海）有限公司成为首家拿到私募证券投资基金管理人牌照的 WFOE，之后每年获批的数量都比较稳定，2017 年获批 9 家，2018 年获批 6 家，至 2020 年底总数扩大至 29 家。其中不乏国际知名度较高，实力雄厚的外资，如富达利泰、桥水基金等。2017 年 1 月 3 日获得私募证券投资基金管理人资格的富达利泰，其母公司是全球知名资产管理机构富达国际。截至 2017 年 3 月，富达国际管理的客户总资产逾 2940 亿美元，总管理资产逾 3830 亿美元，旗下拥有 700 多只股票、固收、地产和资产配置基金，研究覆盖了 95% 以上全球最大上市公司，目前富达国际在中国管理资金规模为 5 亿元。2018 年 6 月 29 日，桥水投资已在中国基金业协会完成私募证券投资基金管理人登记。截至 2020 年 6 月，桥水基金作为全球规模最大的对冲基金，管理着超过 1400 亿美元的资金，目前桥水（中国）投资管理有限公司在中国管理资金规模为 10 亿～ 20 亿元。未来，在外资对于中国资产管理市场前景的乐观预期驱动下，WFOE 规模预期将会稳健增加，在华的业务范围也将会不断扩大，外资私募基金将能够更好地服务中国投资者。

继放开外资独资私募基金后，外资独资公募基金的设立也逐步放开。2020 年 4 月 1 日，证监会宣布在全国范围内取消基金管理公司外资持股比例限制，自此之后外资控股或独资的公募基金将可以在中国发行。此规定一出，贝莱德、路博迈等数家国际巨头投资公司就迫不及待地递交了申请。2020 年 8 月，贝莱德以 3 亿元的注册资本注册成立贝莱德基金管理有限公司。贝莱德是美国最大的上市投资管理集团。截至 2020 年 6 月 30 日，贝莱德管理规模超 7.32 万亿美元，在全球 30 个主要市场拥有超 14 000 名专业人员，投资范围涵盖股票、固收、现金管理、不动产等资产类别。

当 2001 年中国加入 WTO，并承诺在一系列行业降低市场准入门槛、放宽外资进入限制时，人们普遍担忧外资将给中国的幼稚产业带来巨大的冲击，摧毁原本脆弱的中国金融体系。然而事实证明，在有序的资本开放进程下，外资进入没有对中国的金融体系造成冲击。与多年前那样当心外资“狼来了”的态度不同，面对当下新一轮的金融开放，业内人士已经不再担忧外资是否会冲击境内机构进而造成主权危机。相反，人们更多地思考的是该如何通过引入外资来提高行业内的整体竞争水平，使得中国企业能够更好地融入全球市场。内资与外资之间的“相爱相杀”最终将促进我国金融市场的整体发展，新一轮的金融开放所带来的影响将不亚于“再一次入世”。

由于受到国家的高度管制，中国的金融行业长期处于垄断状态，竞争水平相对较低，这使得中国金融体系存在着直接与间接融资失衡，小微企业融资难、融资贵等长期结构性问题。随着改革逐步迈入深水区，通过取消外资进入限制将会倒逼国内金融行业不断提升整体运行效率与竞争力。同时，学习国外先进的经验也有助于中国金融行业的快速进步。中国金融服务水平的提升将直接使实体企业受益，从而能够真正实现经济的高质量发展。从宏观层面来看，保持稳健的国际收支能够确保汇率的稳定与金融体系的安全，高水平的金融开放将有助于修复中国长期以来存在的服务贸易逆差，增强国际收支稳定性。从“引狼入室”到“与狼共舞”，这彰显出我国对外开放的坚定态度，以及基于经济和金融实力的自信。

8.2 “巨无霸”外资如何投资中国

在研究了境外诸多案例后，我们发现全球顶级机构对于中国资产的配置比例在快速上升，尤其是一些“巨无霸”级别的公共养老金管理机构及主权财富基金[⊖]都在默默提高对中国市场的投资。在此，我们也挑选了最具代表性的两家机构与大家分享。第一家是CPPIB，规模排名全球前十，投资收益非常亮眼，10年复合收益率超过10个百分点，自成立以来近一半时间收益率在两位数。第二家是挪威主权财富基金（GPFG），是全球规模最大的主权财富基金，规模已超过万亿美元，过去10年的年化收益率也接近10%。我们将在后文中重点探讨这些全球顶级投资管理机构是如何看多中国市场，又是如何投资中国的。

8.2.1 CPPIB：全球前十公共养老金管理机构

CPPIB是加拿大最大的养老金管理机构，也是全球前十的公共养老金管理机构。在介绍这家机构之前，我们先简单了解一下加拿大现行养老体

⊖ 通称主权基金，指由一些主权国家政府所建立并拥有，用于长期投资的金融资产或基金，主要源于国家财政盈余、外汇储备、自然资源出口盈余等，一般由专门的政府投资机构管理。

系，具体包括三大支柱（见图 8-4）。①老年收入保障计划（OAS），属于非缴费型基本保障，类似于中国的低保，旨在向符合条件的老人提供免费生活保障金。OAS 的经费来自税收，由联邦政府统一管理，符合条件的加拿大公民需年满 65 岁，并于 18 岁后在加拿大居住 10 年以上才能申请。②养老金计划（CPP），类似于中国的养老保险，18 岁以上、有工作且年收入低于 3500 加元的加拿大合法居民，都必须按照每个月工资缴纳一定比例的保险费，以便 65 岁后领取退休养老金。与中国类似，CPP 个人与雇主分别缴纳一半，比例是个人税前工资的 4.95%。但随着物价走高，2019 年开始缴费比例提高至 5.1%，2023 年将提高至 5.95%。此外与我国不同的是，CPP 不仅支付退休金，还能向供款人及其家属提供伤残津贴、遗属养恤金、子女抚养费。③补充养老金计划，分为职业养老金计划（RPPs）和个人储蓄养老金计划（RRSPs），主要针对中高收入人群。RPPs 是由雇主自愿为员工提供的养老金计划，一般由雇主和雇员按照约定缴费比例，将雇员税前收入的 18% 存入 RPPs 基金，由保险公司、信托公司等进行投资管理，退休后领取投资收益。RRSPs 则由个人缴纳部分收入，放入 RRSPs 账户用于购买基金、股票等金融产品，在取出时一次性缴纳税金即可。

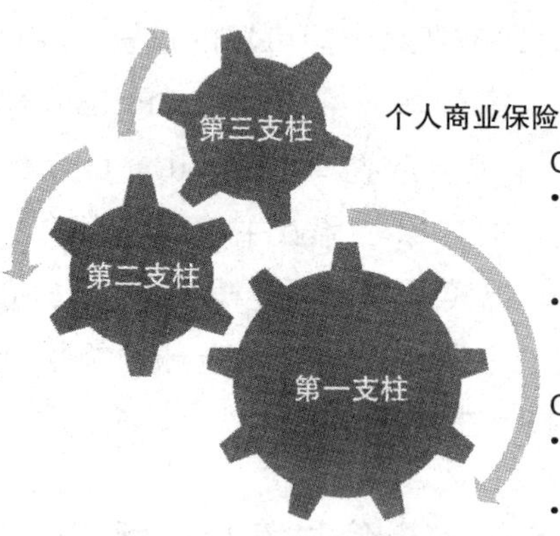

图 8-4　加拿大现行养老金体系的三大支柱

资料来源：CPPIB，兴业证券经济与金融研究院。

1. CPPIB 的资产配置概览

2020 财年（截至 2020 年 3 月 31 日），CPPIB 管理规模已达 4096 亿加

元。为了保证养老金规模能够满足市场需求，加拿大精算委员会每隔三年对 CPP 未来 75 年的缴费率进行计算，通过考虑人口寿命、员工工资收入增长等多个因素来判断未来 75 年资产增长情况，作为对 CPPIB 投资绩效的检验。根据测算，预计到 2050 年，CPPIB 管理规模将达到 3 万亿加元，约为目前的 7.5 倍。

根据财报披露数据，2002 ～ 2020 财年期间，CPPIB 在其中的 9 个财年获得了两位数以上收益率。截至 2020 财年，CPPIB 的 10 年年化名义收益率已达到 9.9%，投资收益非常可观（见图 8-5）。我们进一步研究发现，CPPIB 投资收益的主要来源有三个方面：多元化投资、阿尔法策略及逆向操作，其中多元化投资是收益的主要来源。多元化投资可以说是 CPPIB 能够获得长期超额回报的“法宝”：通过投资上市股权、非上市股权、实物资产等，借助全球不同地区市场组建的 25 个投资团队的力量进行全球化资产配置，从而有效地对冲系统性风险。在当前全球流动性趋紧、经济增长动能下降带来隐患的不确定环境下，多元化投资是一项关键的防御措施。

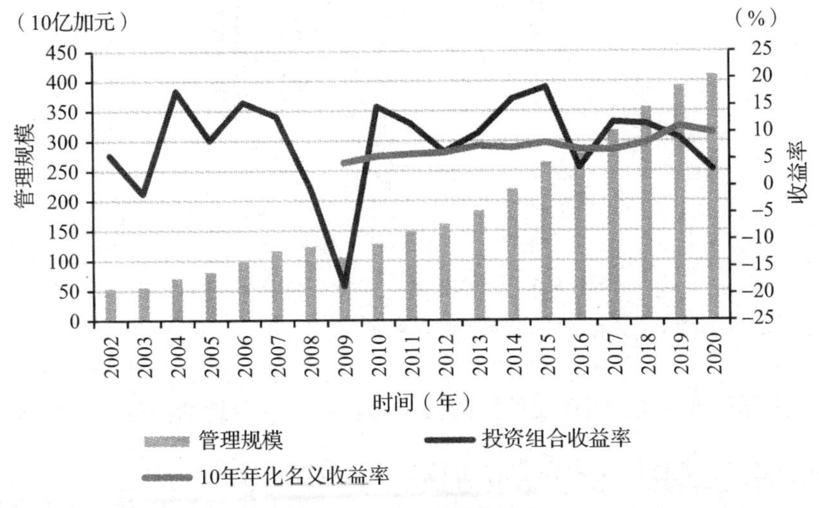

图 8-5 CPPIB 投资收益

资料来源：CPPIB，兴业证券经济与金融研究院。

从大类资产的回报率角度来看，权益资产（包括上市股票和非上市的 VC/PE）与实物资产是 CPPIB 投资组合的高收益“主力军”。图 8-6 显示了

2018 ～ 2020 年 CPPIB 的大类资产收益率，CPPIB 从新兴市场及发达市场的非上市股权中获得了两位数的收益。此外，实物资产中的基础设施也为 CPPIB 带来接近 15% 的收益率。

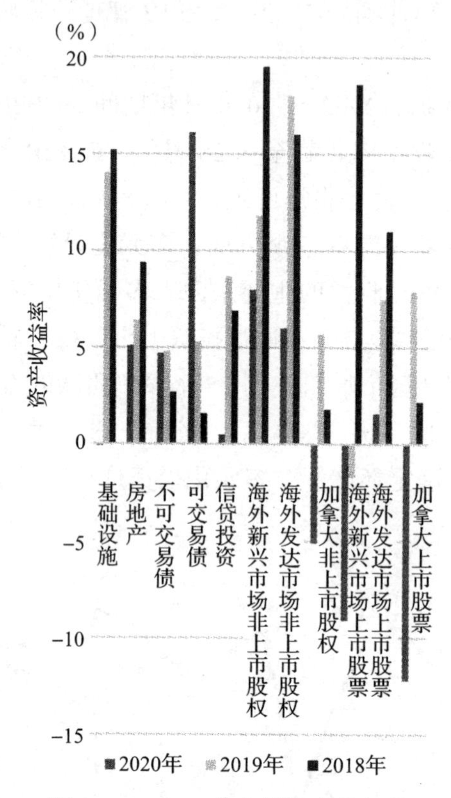

图 8-6　CPPIB 的大类资产收益率

资料来源：CPPIB，兴业证券经济与金融研究院。

2. 中国已成为 CPPIB 最关注的投资市场之一，可选消费是其“最爱”

CPPIB 通过上市股票和非上市股权市场加仓中国。

在非上市股权方面，CPPIB 对中国公司的非上市股权投资分为两类。一类是直接对处于非上市阶段的公司进行直接投资，包括在 2011 年直接向阿里巴巴投资 1 亿加元，2017 年参与美团点评的 F 轮上市前融资等。另一类是向重点投资中国的私募股权公司投入资金，包括方源资本、鼎晖投资、弘毅投资等，借此持有更多非上市的中国优质投资标的。

在上市股票方面，我们选取了 CPPIB 持仓中国排名前 50 的重仓股，发现 CPPIB 主要通过 A 股、港股、美股、台股和新加坡交易所持有中国公司的股票。

在行业配置方面，可选消费和通信服务的持仓占比高。2020 财年，在 CPPIB 持有的中国重仓股中，排名前三的行业——可选消费、通信服务和金融的持仓占比分别为 38%、26%、16%。与 CPPIB 的全球重仓股持仓情况对比，CPPIB 更偏好可选消费行业的中国公司（见图 8-7）。

图 8-7　CPPIB 重仓中国可选消费股

资料来源：CPPIB，兴业证券经济与金融研究院。

8.2.2　GPFG：全球最大的主权财富基金

作为全球知名的福利国家，挪威早在 20 世纪 30 年代便已开始制定社会福利法，1948 年建立全民社会保障体系，目前现有的国家养老储备主要包括两个部分：全球养老基金（GPFG）和国民养老基金（GPFN）。

GPFN 是国民养老的主要支持，其前身是挪威国民保险计划基金，设立于 1967 年，专门用于管理国民保险计划的盈余资金，一开始由 5 个地区部门分别管理，1990 年经整合由财政部下属机构统一管理。GPFN 的资金来源主要包括劳动者按照工资收入等缴纳的保费、税收及财政拨款，资产配置主要集中在挪威本国（85%）和其他北欧国家（15%）。

我们主要讨论的GPFG，实质上并不直接用于国民养老，资金来源包括油气行业的税费收入、国有石油公司的分红、国家直接财政收益、油气许可证收入等，其前身为石油基金，2006年随着《挪威养老基金法》通过，更名为全球养老基金。作为北欧最大的产油国和全球第三大石油出口国，挪威旨在通过丰富的石油资源收益实现资产的保值增值造福后代，提前应对未来养老金缺口，目前根据议会规定，政府每年可提取不超过基金总额的4%用于财政开支。考虑到GPFG的资金体量及挪威的老龄化程度，GPFG已全部投资于海外市场，避免引起国内经济出现较大波动。

GPFG在成立初期由挪威财政部直接负责管理，主要投资政府担保债券等低风险固收产品，风格非常保守。1998年，挪威议会批准成立挪威央行投资基金（NBIM），财政部作为受托机构制定投资决策，将GPFG资产配置比例调整为60%的股权和40%的债权，NBIM作为执行机构，根据财政部的投资策略执行基金管理的具体业务。

1. GPFG的资产配置概览

截至2019年末，GPFG的资产规模为10.09万亿挪威克朗，约1.14万亿美元，是世界上规模最大的主权财富基金。在1998年NBIM成立接管GPFG时，GPFG的资产规模约为当时挪威GDP的一半，经过了20多年的发展，现在GPFG的资产规模已超过挪威GDP的10倍！我们研究发现，GPFG的规模变化来自三个方面：①汇兑损益。GPFG全部投资于海外，目前共投资了73个国家、9158家公司，涉及数十种货币，汇率变化对基金的规模产生较大影响，1998～2019年间产生的汇兑差额使GPFG的规模增加了1.41万亿挪威克朗。②财政拨款/支取。挪威政府的财政拨款是早年GPFG规模扩大的主要来源，挪威政府也会向GPFG支取资金。③投资收益。随着GPFG规模扩大及股权配置比例的上调，投资收益取代财政拨款成为影响GPFG规模的最重要因素（见图8-8）。

自1998年接管GPFG以来，NBIM不断完善其投资框架，1998～2018年的年化收益率约为5.84%，扣除管理费用和通胀影响后的实际年化收益率约为3.91%；2008～2018年的年化收益率约为9.81%，扣除管理费用和通胀影响后的实际年化收益率约为7.88%，对于一个如此规模的机构来说投资回报率是十分可观的。进一步去分析其收益率背后各项资产的贡献情况，我们发现权益资产由于占比较高，收益率对总组合的投资结果影响较大，2011 年后房地产投资加入后抵消了部分权益资产的波动。

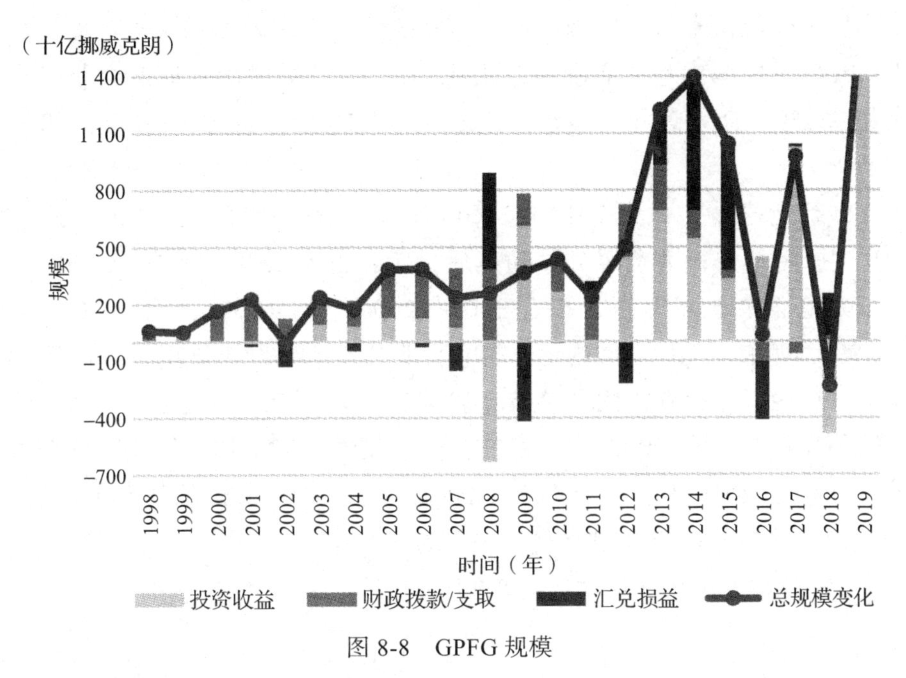

图 8-8　GPFG 规模

资料来源：NBIM，兴业证券经济与金融研究院。

与 CPPIB 一样，GPFG 在成立之初也将全部资产投资于政府债券。此后，随着利率下行，风险偏好开始提升，GPFG 投资组合也相对更加多元化。1998 年，股票被纳入 GPFG 的投资组合，配置比例为 40%。2002 年，GPFG 又将公司债券与资产证券化纳入基金组合内。2017 年，NBIM 在财政部的批准下决定将股权配置比例上调至 70%。2011 年，GPFG 开始投资（非上市）房地产。

2. GPFG 投资中国：重仓金融 + 消费，散投新兴

GPFG 自 2003 年起开始进军内地市场，在 2004 年 GPFG 的持仓名单中首次出现了 12 家内地企业。2006 年 10 月，GPFG 的管理机构 NBIM 成为第二批 QFII 之一，并于 2008 年 1 月获得 2 亿美元的投资额度，至今已累计获得 25 亿美元投资额度，是我国第五大 QFII。目前，GPFG 对中国的

投资占总规模的3.1%，其中权益投资占比约3%，固收投资占比约0.1%，尚未在中国投资房地产。总体来看，GPFG对中国的投资主要集中在股票市场。

从持仓规模来看，中国已成为GPFG股票资产的第四大投资地：2019年GPFG对中国内地的企业持仓占比超过4%，对中国香港的企业持仓占比超过1%，合计近6%，仅次于美国（39.73%）、英国（8.76%）和日本（8.46%）。

分行业来看，截至2019年，GPFG对金融行业持仓占中国总持仓的30%，排名第一；消费服务紧随其后，持仓占比23%。此外，GPFG也在持续加仓信息技术行业，持仓占比由2004年的4.33%上升到2019年的15.49%。如果仅统计中国内地，持仓行业分布情况也大致相同。截至2019年，对金融行业持仓占内地总持仓的45%，同时持续加仓信息技术、医疗保健等高科技行业。2004年，GPFG对中国内地信息技术行业的持仓占比为0.5%，而2019年上升到8.1%；2004年GPFG并未配置中国内地医疗保健行业，而在2019年配置比例已上升为5.8%。

GPFG对中国投资情况如图8-9所示。

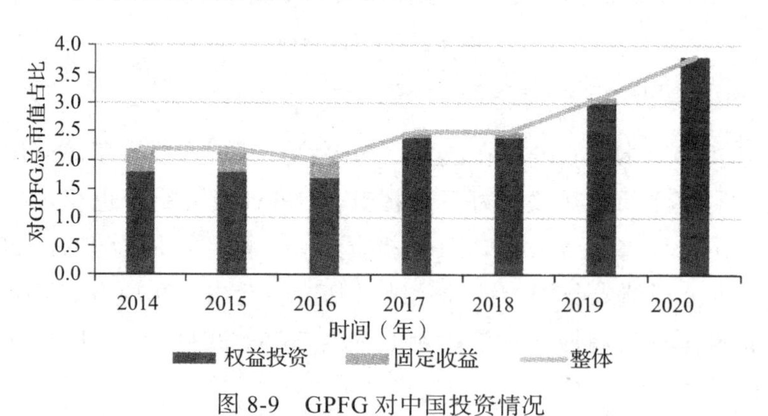

图8-9　GPFG对中国投资情况

资料来源：NBIM，兴业证券经济与金融研究院。

8.2.3 ADIA：中东地区最大的主权财富基金

我们要讨论的第三家“巨无霸”是中东地区最大的主权财富基金——ADIA，也是全球第三大的主权财富基金，隶属于阿拉伯联合酋长国阿布扎比酋长国，当前资产管理规模约5800亿美元。

与前文提到的挪威主权基金设立的目标类似，中东地区也受益于丰富的石油资源，但石油价格的波动也迫使这些国家考虑石油收入的保值增值问题。为了抵御石油价格波动对经济的冲击，也出于对油气资源耗尽后国家命运的担忧，中东地区的国家纷纷发起主权财富基金寻求经济出路，将不可再生资产转换为更多样化的资产组合，减轻“荷兰病”[⊖]的影响，实现为下一代储蓄的目的（见表8-1）。1976年，阿布扎比酋长国成立了ADIA，ADIA是中东众多主权财富基金中历史最悠久、规模最大的。

表8-1 中东地区主要主权财富基金

国家	基金名称	成立时间
阿拉伯联合酋长国	ADIA	1976年
	迪拜投资公司	2006年
	阿布扎比国际石油投资公司	1984年
	阿布扎比穆巴达拉开发公司	2002年
	RAK投资局	2005年
	酋长国投资局	2007年
	阿布扎比投资委员会	2007年
沙特阿拉伯	沙特阿拉伯货币局控股公司	
	公共投资基金	2008年
科威特	科威特投资局	1953年
卡塔尔	卡塔尔投资局	2005年
阿曼	国家储备基金	1980年
	阿曼投资基金	2006年
巴林	Mumtalakat控股公司	2006年
阿尔及利亚	收入管理基金	2000年
利比亚	利比亚投资局	2006年
伊朗	国家开发基金	2011年
巴勒斯坦	巴勒斯坦投资基金	2003年

资料来源：《中东地区主权财富基金研究报告》，2015年，兴业证券经济与金融研究院整理。

阿布扎比酋长国是阿拉伯联合酋长国最主要的原油产地。我们这里讨论的ADIA的前身是1971年成立的阿布扎比投资管理署，隶属于财政部。1976年，阿布扎比政府决定将阿布扎比投资管理署从财政部中分离出去，

⊖ 过度依赖某一资源，导致该资源领域过热而别的领域发展欠缺的不平衡现象。

成立一个具有高度独立性的组织，并更名为ADIA。ADIA由此正式成立。

ADIA的资金来源为阿布扎比酋长国政府，主要为该国的石油收益。ADIA必须对这些资金进行投资和再投资，并根据需要向阿布扎比酋长国政府提供财政资金，以确保和维持该酋长国未来的繁荣。实际上，ADIA由于向政府提供财政资金而发生撤资的情况极为少见。同时，尽管政府为资金提供者，但ADIA独立开展投资活动，其投资决策不受阿布扎比酋长国政府的干扰和影响，并且与阿布扎比酋长国政府的财政支出和其他投资活动并无联系。

ADIA遵循严格的投资管理过程。首先，策略规划部的战略资产配置建议会先行提交给投资委员会，最终提交给常务董事。获批后，资金将分配给各投资部门，这些部门按照其任务、基准和准则执行。投资部门具体的投资管理流程为：确定投资目标—进行资产配置—在一种资产或次级资产中建立投资指令—确定投资基准（标普500、MSCI指数等）—建立投资方针—执行。除投资于全球股票的投资部门拆分成内部投资部门和外部投资部门外，其余投资部门内细分为内部小组和外部小组。内部小组的职责为通过内部基金经理投资资产，外部小组的职责为审核、监督外部投资经理的活动。

ADIA旨在为投资者提供长期价值和回报，实现其制定的长期投资目标。据其年报披露，ADIA 20年年化回报率在5%～8%的区间浮动，30年年化回报率相比更高，处于6%～9%的区间（见图8-10）。

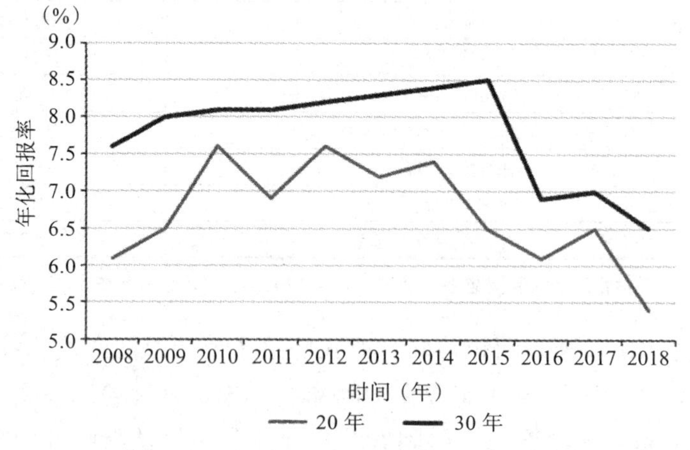

图8-10 ADIA 20年和30年年化回报率

资料来源：ADIA，兴业证券经济与金融研究院。

可以看到ADIA的年化回报率与全球市场状况联系紧密。2008年金融危机后，全球市场处于复苏状态，ADIA的长期年化回报率处于上升的态势，该状态维持到2014年。2015年，因受到全球股票市场和债券市场的投资总回报略微亏损的影响，ADIA的经营也有所亏损，20年年化回报率和30年年化回报率均较2014年有所下降。2016年，ADIA长期年化回报率下降态势不改。2017年，全球金融市场回报效益良好，ADIA的长期年化回报率开始止跌回升。2018年全球股票市场经历了自2008年金融危机爆发以来的最大跌幅，ADIA 20年和30年年化回报率也不可避免地出现下滑。

1992年，当中国市场首次向境外投资者开放的时候，ADIA便开始在中国进行投资，至今已有25年之久。2009年1月，ADIA获QFII资格，投资额度为2亿美元，此后投资额度持续上升。2020年4月10日，ADIA的投资额度由35亿美元上调至50亿美元，超过中国澳门金管局，成为我国第一大QFII。

长期来看，ADIA偏好周期行业。从2010年至今，在可统计数据范围内，ADIA持有过的106只A股涵盖各个行业，主要所属的行业为医药生物（12只）、机械设备（8只）、有色金属（8只）、化工（7只）、建筑装饰（6只）、电气设备（6只）、采掘（6只）、钢铁（6只）等（见图8-11）。从数量排名靠前的公司所处行业看，周期行业在投资名单中出现的频率较高。

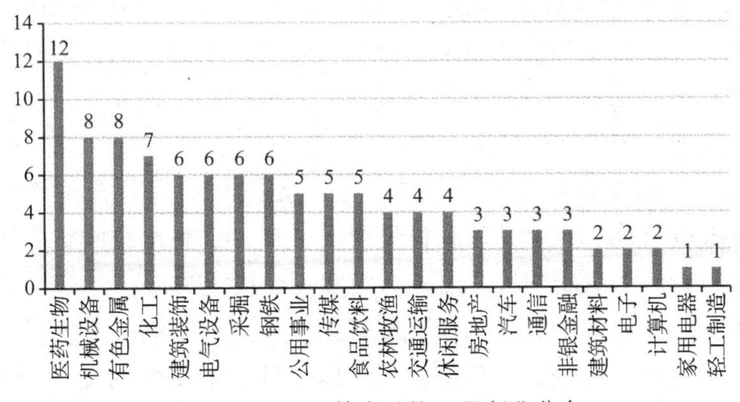

图8-11　ADIA持有过的A股行业分布

资料来源：Wind，兴业证券经济与金融研究院。

除了对A股投资外，ADIA对中国非股票资产的投资涉足房地产、私募股权及固收产品。ADIA还涉足助力中国经济发展的领域。以物流业为例，ADIA投资了全球最顶尖的物流管理公司之一安博管理的一个平台，这个平台在中国打造了一流的仓储设施，旨在提升城市间的物流服务水平，使中国境内任何地区制造的产品都能高效运往中国各大主要城市。除此之外，私募股权也是ADIA在中国投资的一大领域，其投资主要通过几家著名的本地基金与区域型基金进行。ADIA表示，中国的私募股权行业相对年轻，但具有高成长性。ADIA在固收产品方面的投资相对较少，重点聚焦在流动性较好的政府债券。

8.2.4 GIC：亚洲的神秘投资者

我们要讨论的第四家"巨无霸"是GIC，全球第六大的主权财富基金，诞生于1981年5月22日，当前资产管理规模约4532亿美元。GIC办事处分布在新加坡、纽约、北京等城市，团队成员超过1400人，来自30多个国家。GIC本身由于非上市的性质，管理国有资本但并不完全公开其财务活动或人员薪酬等信息，故而又被称作亚洲的神秘投资者。

20世纪七八十年代，由于经济增长强劲、高储蓄率、鼓励节俭的财政政策及目标区间汇率制度的施行，新加坡外汇储备迅速增加，1972年初时仅为14.59亿美元，而在1980年时已达到59.38亿美元（见图8-12）。为了使庞大的外汇储备保值增值，1981年2月27日，时任新加坡副总理、金融管理局局长吴庆瑞宣布新加坡政府将建立一个独立的投资机构。除了用以管理汇率浮动的部分外汇储备外，新加坡的其余外汇储备，均交由该投资机构管理。GIC就此成立。

新加坡政府是GIC的唯一股东，全权委托GIC进行投资管理，仅对GIC设置投资目标、风险参数和投资期限，而GIC就组合的整体绩效向新加坡政府负责。尽管新加坡政府不参与和干涉投资决策，但GIC仍与新加坡政府保持着紧密的联系。从李光耀开始，GIC长期保持着由新加坡总理出任董事会主席的传统，而董事会的其他成员也主要由政府高官组成，对董事会成员的任命与罢免都需要新加坡总理的审批。GIC每年会向财政部汇报投资组合的风险与绩效。

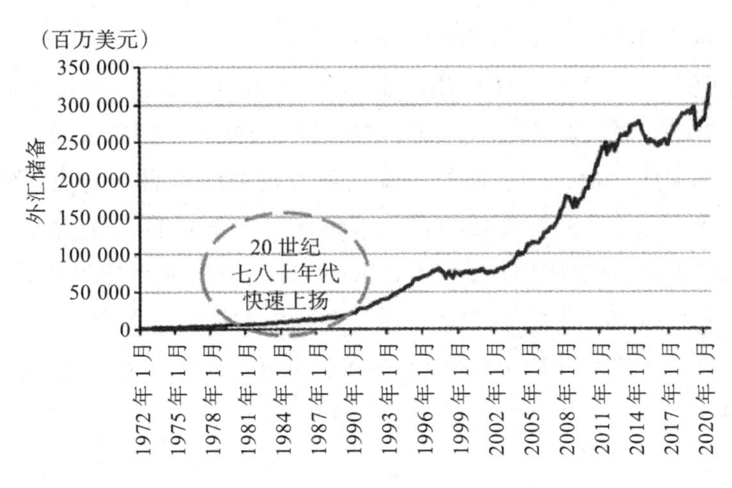

图 8-12　新加坡外汇储备

资料来源：Wind，兴业证券经济与金融研究院。

在投资方针上，GIC 奉行长期主义，将 20 年平均实际年化收益率作为核心的业绩指标，而非年度投资收益率。新加坡财政部要求：在 20 年内，GIC 的收益率应超过全球通货膨胀率。2009 财年以来，GIC 的 20 年平均实际年化收益率在 4% ～ 5% 间浮动，2020 财年，受新冠肺炎疫情冲击影响，GIC 的 20 年平均实际年化收益率创新低，仅为 2.7%（见图 8-13）。

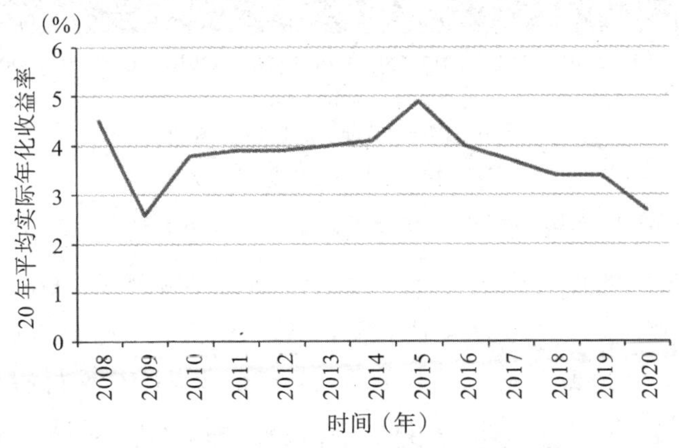

图 8-13　GIC 20 年平均实际年化收益率

资料来源：GIC，兴业证券经济与金融研究院。

从大类资产配置情况来看，GIC 呈现增配固收资产，减配权益资产的趋势。2008财年时，GIC持有的权益资产占比达到44%，并于2013财年时达到峰值53%，此后一路下滑，截至2020财年已降至30%；而固收资产占比由2008财年的26%上升到2020财年的50%。GIC认为，全球宏观环境的不确定性增加，为了防控风险，需要持续降低自身的风险敞口。而从地域来看，GIC资产配置偏重欧美经济体，美国是GIC配置比例最高的地区，2020财年配置比例高达34%。GIC对欧洲的配置比例也达到24%。GIC对中国及韩国（以上经济体在GIC财报中被称为"North Asia"）呈现出加配趋势，配置比例从2008财年的8%上升为19%（GIC地域配置比例见图8-14）。

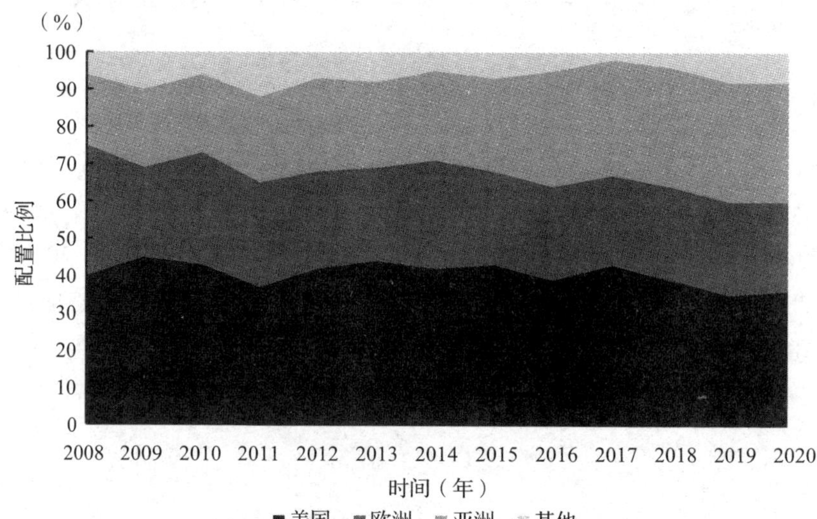

图8-14 GIC地域配置比例

资料来源：GIC，兴业证券经济与金融研究院。

GIC对中国的投资广泛分布于一级市场与二级市场。GIC在一级市场的投资金额逐年攀升，2019年达到峰值6.87亿美元（见图8-15）。2018年GIC的投资案例是最多的，共投资了11家企业。GIC偏好投资成熟期与扩张期的企业，2011～2020年间，从金额来看，GIC对种子期、初创期、成熟期、扩张期企业的投资分别为2.57亿、6.87亿、20.51亿、18.35亿美元，对成熟期企业的投资金额最高；从案例数来看，GIC对种子期、初创期、成熟期、扩张期企业的投资案例数分别为10、8、34、37个，对扩张期企业的投资案例数最高。

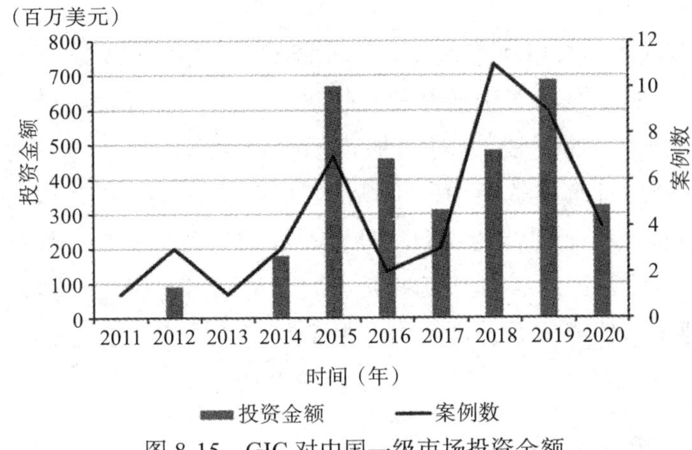

图 8-15 GIC 对中国一级市场投资金额

资料来源:清科投资,兴业证券经济与金融研究院。

在行业上,GIC 对中国一级市场的投资中,互联网行业的投资金额和案例数均占第一,分别为 11.77 亿美元和 17 个,其次是金融行业,分别为 8.41 亿美元和 13 个(见图 8-16)。而在地域上,投资北京企业的金额与案例数均占第一,分别为 17.82 亿美元和 28 个,第二是上海企业,分别为 5.03 亿美元和 15 个。

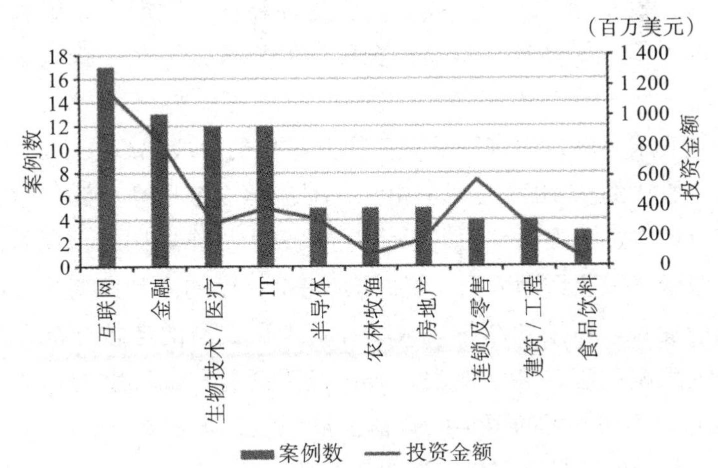

图 8-16 GIC 对中国一级市场投资行业分布

资料来源:清科投资,兴业证券经济与金融研究院。

8.3 外资给中国股票市场带来的四大变化

“鲶鱼”入场，投资生态起变化。外资不仅在中国股票市场中的规模占比不断增大，其出色的投资业绩表现也被广大投资者津津乐道，北向资金更是被市场誉为“聪明钱”，对A股市场投资生态产生了一系列深刻的影响。通过系统地理解外资在中国市场的投资行为，也可以为国内投资者理解A股市场提供一个独特的视角。外资在成为与公募基金、保险和社会保障基金可以相提并论的A股机构投资者之一的同时，也逐步影响着A股市场的投资理念和估值体系，产生由“量变”到“质变”的过程，助力A股走出长牛。

8.3.1 投资理念：从短期博弈到长期价值投资

从投资体系而言，外资作为进入A股市场中的“鲶鱼”，将带动A股投资者由短期博弈思维转换到长期价值投资思维。过去A股投资者更关注短期变化，如净利润增速等偏短期的考量因素。而在研究外资投资行为的过程中，我们发现，外资更关心企业的ROE、现金流等中长期运营层面的指标，擅长挖掘中长期具有稳固护城河或景气度改善提升的优秀公司。未来我们认为在投资理念方面，投资者将更加注重短期博弈思维和长期价值投资思维的平衡，提高长期价值投资思维的权重，而非一味地关注净利润的短期变化。

以恒立液压为例，内资持股比例提升最快的阶段出现在2017年，持股占自由流通股比例从10%提升至40%，对应恒立液压净利润增速最快的阶段。以前市场中过于强调“短期思维”，热衷于炒作短期的预期差，投资者的角色类似于“职业经理人”，关注的是每个季度的净利润变化，甚至月度产销情况的变化，短期业绩表现成为投资者最关心的考核标准，但净利润增速的短期大幅改善，并不代表着公司经营情况和景气度的趋势性持续向好。在2017～2018年的两年间，恒立液压股价上涨约75%，看似也是不错的，但净利润增速是下降的（见图8-17）。

反观外资，其持股比例提升最快的阶段是2018年下半年到2019年第三季度，提升至30%附近，对应恒立液压ROE提升最快的阶段（见图

8-18）。外资在投资A股时，更加注重“长期思维”，从长期公司经营和行业景气度等层面出发，真正践行价值投资理念，寻找优质的核心资产。外资更多是从“董事长”的角度来思考，关注公司未来3～5年的业绩情况，公司的长期盈利能力成为更重要的考量因素。2019～2020年的两年间，恒立液压股价涨幅达到760%，外资“长期思维”的投资理念取得了巨大的成功。

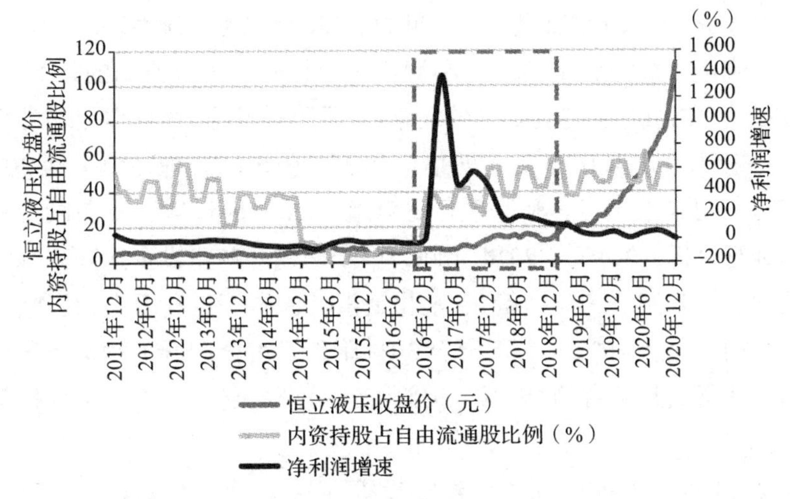

图 8-17　恒立液压股价净利润增速

资料来源：Wind，兴业证券经济与金融研究院。

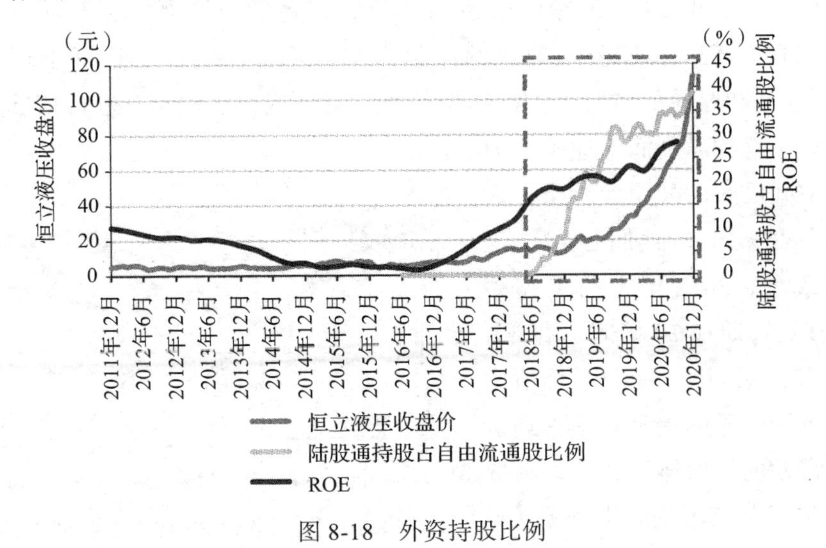

图 8-18　外资持股比例

资料来源：Wind，兴业证券经济与金融研究院。

8.3.2 估值体系：龙头溢价和确定性溢价，估值中枢上移

投资理念转变的一个直接结果就是，A 股市场估值体系的转变。我们在这里仅做一个简单的讨论，关于估值体系的详细研究，请各位读者参考本书第 11 章的内容。我们判断未来龙头公司、核心资产在各自的行业中，将逐步由估值折价转变成估值溢价，同时估值中枢也将系统性抬升。在过去短期博弈思维下，投资者更关注净利润增速等指标，较常使用的是 PEG 估值法（PEG 为 PE 相对净利润增速的比率），即用公司的 PE 除以公司的净利润增速。一般认为使得 PEG 为 1 的估值代表着公司的合理估值，即 20 倍 PE 蕴含着对公司未来 5 年净利润平均每年增长 20% 的预期。我们以贵州茅台为案例进行分析，2010 ～ 2014 年间，由于房地产基建投资达到高峰开始下滑，叠加当时限制“三公消费”、塑化剂事件冲击等不利因素的影响，贵州茅台净利润增速从 40% 左右下滑至 30% 附近，市场调低了对贵州茅台的未来预期，使得贵州茅台的 PE 从 35 倍附近一度降至仅 10 倍，呈现估值折价状态。

而 2014 年底沪港通开通，外资投资 A 股渠道大大拓宽，贵州茅台成为最早受到外资关注的一批核心资产之一。彼时的贵州茅台虽然净利润增速有所下滑，但 ROE 仍然位于 30% 附近，出色的盈利能力、充沛且稳定增长的现金流，叠加公司独特的品牌力和竞争优势，就是投资中理想的“长长的坡和厚厚的雪”。善用 DCF 模型（现金流折现模型）进行估值的外资，对于这种净利润增速不高但未来空间巨大的公司会给予更大方的估值。于是我们看到了这样的现象，2015 年之前贵州茅台的 PE 长期在 20 倍附近徘徊，2015 年之后贵州茅台 PE 估值中枢出现了明显的抬升。这种投资理念带动的估值体系转变，将成为 A 股长牛路上的一大帮手（见图 8-19）。

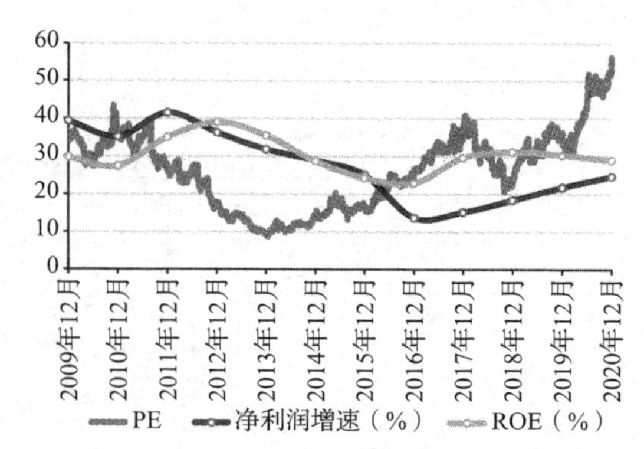

图 8-19 贵州茅台 PE 估值中枢明显上移

资料来源：Wind，兴业证券经济与金融研究院。

8.3.3 产业视角：从国际化视野中发掘新的投资机会

传统而言，大家认为外资主要聚焦于大家耳熟能详的“白马”品种。但经过过去几年时间，随着A股市场对外开放程度不断提高，外资参与A股市场投资逐步深入，我们发现外资不仅购买传统“白马”，也将一些细分领域的龙头公司、核心资产纳入了怀抱。对照全球发展较为成熟的产业，外资曾投资过这些产业的龙头公司，中国的相关产业中也具备类似的、质地优良的公司。对中国相关产业的理解与判断、A股公司的成长性认知等方面，外资的投资经验更加丰富，更有前瞻性，更容易把握投资机会，而A股投资者对市场的整体认知尚不充分。这类公司属于“黑马”品种、隐形冠军。

我们以检测认证为例，这个行业此前是不折不扣的“冷门行业”，众多股民甚至不少机构对此都知之甚少。但国际投资者对此却不陌生，因为这个行业有一家全球著名的龙头公司——SGS（瑞士通用公证行公司），创立于1878年，是全球最大的综合性检测认证公司。通过自建实验室和外延并购“双轮驱动”的方式，SGS朝着多元化的方向扩张，造就了SGS目前的九大业务线，并构建了一张全球性的服务网络，享受全球红利。2000年以来SGS营收规模上行，运营及管理效率进一步提升，同时实行严格的成本管控，多重因素下净利润显著回升，最终推动股价上涨。国际巨头检测认证公司业务覆盖面极广，单一行业波动难以对其造成较大的影响，市场整体的系统性风险和公司的战略结构布局反而占有更大比重。长期来看，SGS随着业务快速扩张期的结束，进入到稳定发展阶段。进入21世纪年以来，SGS的ROE持续提升，维持在30%附近，2016～2019年间甚至继续向上提升至40%的水平，在此期间其股价表现也颇为亮眼，在2001～2020年的20年时间里上涨了843%（见图8-20）。

A股市场方面，近年来这个细分行业也诞生了一只牛股——华测检测。华测检测是一家集检测、校准、检验、认证及技术服务为一体的综合性第三方机构，是国内最大、实验室最多的民营检测认证公司，按照国际成熟的商业实验室模式运行，而且是国内唯一一家实现了多产品线覆盖的综合性检测认证上市公司。华测检测成立于2003年，经过近20年的发展，在全国设立了上百家分支机构，拥有近140个实验室，并在境外多地设立子公司。华测检测拥有庞大的服务网络和生态环境，并且服务能力也领先行业，共有客户9万多家，其中近百家企业是世界五百强，目前主营业务领域共分为四大类，分别是生命科学、贸易保障、消费品测试和工业测试。

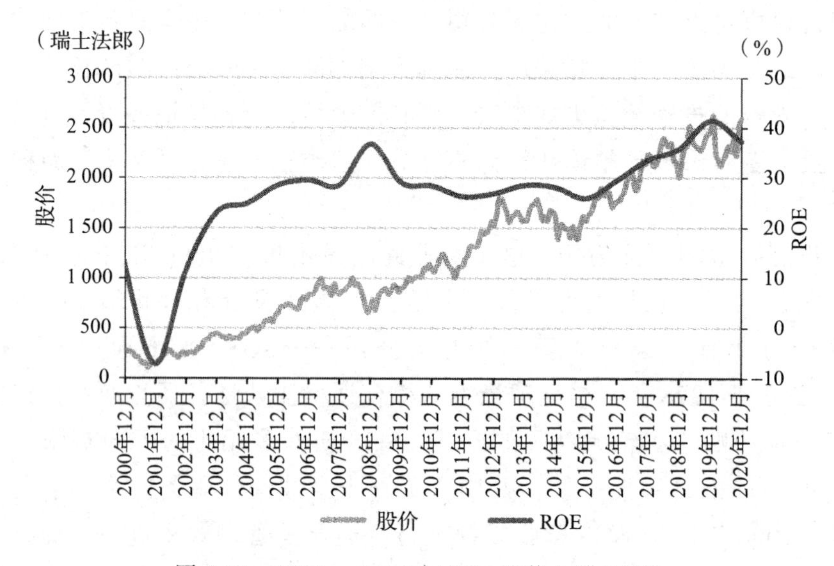

图 8-20　2001 ～ 2020 年 SGS 股价上涨 843%

资料来源：Wind，兴业证券经济与金融研究院。

从全球检测认证行业发展来看，该行业培育了一批国际巨头，且当前仍保持较快的增速。各企业随着前期扩张的完成，利润提升期业绩将显著增长，检测认证行业良好的现金流及现有业务稳定的增长，确保了该行业公司具有较高的安全边际。从各国际巨头检测认证公司股价走势来看，在利润提升期均受到全球投资者的追捧。华测检测营收规模已达到 SGS 中国区营收规模一半以上，随着公司不断整合行业内优势资源，未来将成为中国民营第三方机构走向世界检测认证行业中心的旗帜。

从盈利能力来看，我们将华测检测近年的发展划分为三个阶段。第一阶段（2009 ～ 2013 年），公司毛利率和净利润率处于较为稳定的态势；第二阶段（2014 ～ 2017 年），随着公司的快速扩张，资本支出大幅增长，新建实验室的投入和折旧、收购并购、员工人数和薪酬支出的快速增长等直接导致了公司毛利率和净利润率逐年显著下降；第三阶段（2018 年至今），公司毛利率与净利润率触底回升，主要原因有以下两点：一是公司资本开支企稳回落，二是前期资本开支逐渐转化为营收和利润，实验室产能利用率不断提升，人均产值显著提高，公司从前期粗犷式的经营管理逐渐精细化，经营质量稳步提高。未来随着华测检测“提质增效”战略的进一步落实，净利润率有望进一步提升，从而带动 ROE 不断提高（见图 8-21）。

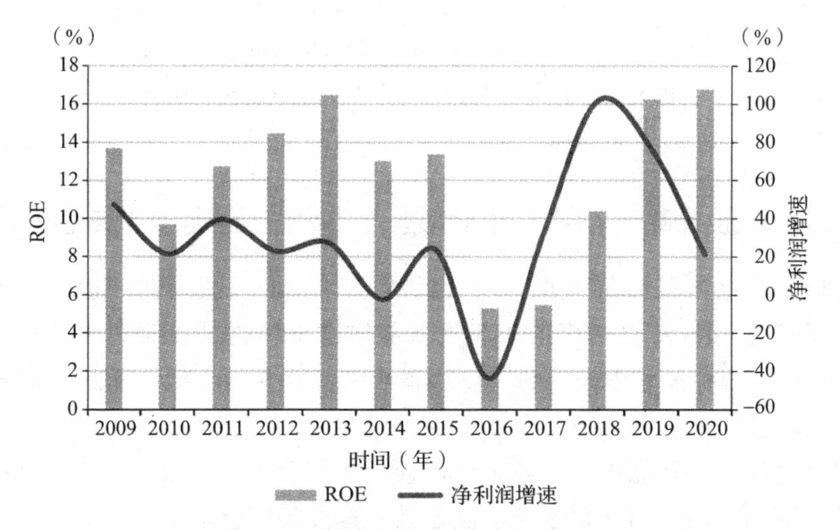

图 8-21　华测检测 ROE 和净利润增速

资料来源：Wind，兴业证券经济与金融研究院。

从华测检测的市场表现来看，得益于公司在 2014 ～ 2017 年的快速扩张，2018 年起公司开始享受前期扩张战略的红利兑现，公司业绩和盈利能力持续回升，股价也从 5 元左右上涨至 25 元附近，3 年时间上涨 4 倍。另外，外资从 2017 年开始快速加仓华测检测，持股占华测检测自由流通股比例从几乎为 0% 升至最高超过 30%，又一次精准地把握住了投资机会和入场时机（见图 8-22）。

图 8-22 外资从 2017 年开始快速加仓华测检测

资料来源：Wind，兴业证券经济与金融研究院。

8.3.4 选股策略：从“炒小、炒新、炒壳”到拥抱“核心资产”

根据上交所披露的数据，上交所超过 99% 的投资者为一般个人投资者，只持有 20% 左右的市值，却贡献了超过 80% 的成交额。在此前的很长一段时间里，A 股市场里的散户都非常热衷于炒小盘股、新股或次新股。因为有些散户来股票市场就是出于追求刺激及暴富心理，图的就是今天买入明天涨停，最好能连续十几个涨停板。而大盘股基本很少出现短期暴力拉升上涨的局面，因此根本无法满足散户这样的赌徒心理，只有小盘股的体质才有被大量注入资金快速抬高股价的可能。另外，由于 A 股发行审核制度方面的原因，此前新股上市后往往录得十几个涨停板，吸引大量资金关注，并且由于股票刚刚上市，流通盘较小，因此更容易受到资金面的影响而快速拉升，散户都希望搭上这样的顺风车。

同样的逻辑也可以用于解释散户乐于炒 ST 股和壳资源股。ST 股由于经营不佳，出现资产重组或被收购兼并的概率较大，甚至可能被其他公司借壳上市，因此存在很好的炒作爆点，甚至有时可能仅仅一则市场传闻就可以让 ST 股飙涨几倍，叠加 ST 股的股价普遍较低，对于手中资金规模有限的散户而言更加友好。2006 年西南证券借壳 ST 长运上市，停牌前三个涨停，2007 年复牌后连续 42 个涨停，股价从 2.43 元飙升到 21.86 元。

从整个市场的角度来看，在股权分置改革完成后的 2006 ～ 2016 年间，A 股市场中市值排名后 30% 的股票，成交额在整个市场中的占比从 8% 左右开始爬升，最高一度超过 20%。而从 2017 年开始，这一指标进入了下降通道，从 20% 的高点下降至目前的 6% 左右（见图 8-23）。这反映出的是小市值股票市场热度的下降，以及市场对行业龙头、核心资产的关注，这一现象背后不乏外资的功劳。兴业证券策略团队在 2016 年 5 月 3 日发布的研究报告《核心资产：股票中的“京沪学区房”》中前瞻性地提出了“核心资产”这一概念，在 2017 年 3 月 16 日发布的研究报告《白马长嘶啸，挥鞭奔鹏城！》中率先深入地分析了外资对 A 股市场尤其是核心资产可能会产生的深刻影响。

图 8-23 市值排名后 30% 股票成交额占比

资料来源：Wind，兴业证券经济与金融研究院。

那么在外资进场的过程中都偏好哪些类型的资产？我们首先统计了 2016 ～ 2019 年 A 股上市公司北向资金净流入的情况，按累计净流入对上市公司进行排序，并以 10 只股票为一组进行分组，然后统计各组股票各项指标的中位数。我们发现北向资金累计净流入最多的 20 家上市公司，不是营收和净利润增速最高的，也不是 PE 最低的，但 ROE 表现要明显更好。整体来看，北向资金所青睐的上市公司，一般具有较高的 ROE，意味着较强的盈利能力，并且估值相对较低。不刻意追求绝对的低估值，而是寻找相对合理甚至低估的价格，用不贵的估值买盈利能力出众的优质资产（多集中于消费和金融板块），这是一种选择与优秀企业为伴的价值投资策略。从2016～2019年北向资金累计净流入前20只股票的具体名单来看，上榜的也均是我们现在所熟悉的白马。也正如后来市场所演绎的那样，随着外资的入场，2016年起A股市场上的白马迎来了一场“盛宴”。2016～2019年陆股通偏好特征分析如表8-2所示。

表8-2　陆股通偏好特征分析

分组	2016～2019年累计净流入（亿元）	营收三年复合增速（%）	净利润三年复合增速（%）	三年平均ROE（%）	PE（2016年底）	PE（2017年底）	PE（2018年底）	PE（2019年底）
1～10	2615	21.1	66.1	19.6	12.33	16.58	11.09	15.80
11～20	980	12.3	35.0	19.8	18.80	28.95	14.81	23.56
21～30	566	17.8	53.4	13.2	14.22	24.76	15.33	19.17
31～40	459	12.1	35.2	16.4	23.98	21.19	15.30	22.53
41～50	372	14.1	66.5	14.8	15.15	21.23	16.73	21.78
51～60	319	19.7	65.4	14.5	17.41	30.27	17.84	19.07
61～70	284	13.2	30.9	11.2	14.55	13.96	7.78	12.89
71～80	258	15.3	85.2	15.6	21.50	20.10	14.89	18.87
81～90	238	21.0	113.0	14.5	19.41	26.29	16.06	21.59
91～100	205	30.7	150.0	11.5	39.75	36.74	23.53	36.72

资料来源：Wind，兴业证券经济与金融研究院整理。

2020年，新冠肺炎疫情在全球蔓延，境外市场遭遇美元流动性危机，叠加MSCI没有进一步提升A股市场纳入因子权重的背景，北向资金全年累计净流入仍然接近2000亿元，彰显出中国股票市场的独特优势和不凡的投资吸引力。但更重要的是，2020年北向资金净流入出现了明显的结构分化，外资似乎脱离了传统的偏好，开始选择广义上的核心资产——各行业板块的核心资产和龙头公司，特别重点关注了以创业板为代表的新兴产业。从具体的结构维度来看，2017～2019年，每年主板的北向资金净流入均远超中小板和创业板，但在2020年情况出现了较大的转变，三大板块呈现出“三分天下”的格局，主板、中小板和创业板分别获得了约1000亿元、500亿元、700亿元的北向资金净流入（见图8-24）。从行业的角度来看，传统上北向资金所偏好的消费、金融板块在2020年表现疲弱，金融和可选消费板块合计净流入不足300亿元，日常消费板块甚至遭净卖出接近200亿元，而外资净流入排名靠前的板块分别为工业、信息技术、材料，分别约750亿元、620亿元、450亿元。

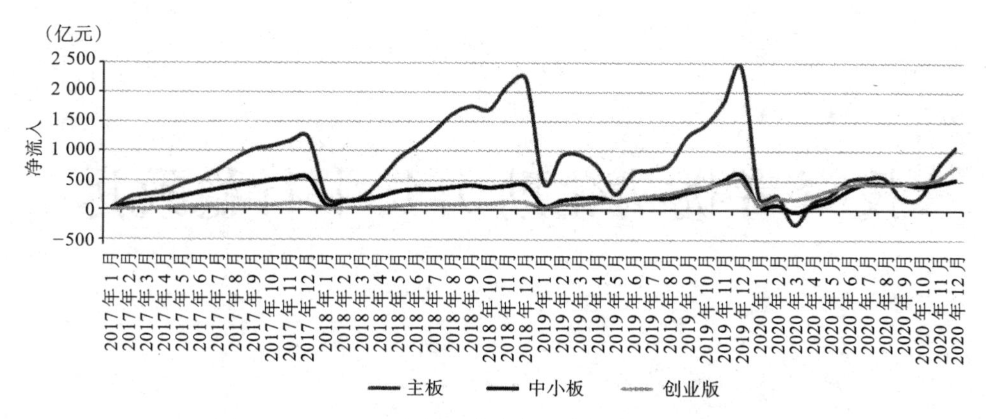

图 8-24　2020年主板、中小板、创业板“三分天下”

资料来源：Wind，兴业证券经济与金融研究院。

| 第 9 章 |

投资者机构化助力长牛行稳致远

前面章节中，我们对养老金、境外长钱等 A 股机构投资者新生力量做出了深度分析。但传统意义而言，机构投资者还包括公募基金、银行理财、保险、社会保障基金等传统机构投资者。

目前中国机构投资者在全市场的占比仅是星星之火，在未来长牛的征途中将成燎原之势，是长牛行稳致远的压舱石。参考境外发达市场经验，A 股机构化程度还有较大提升空间，1945 ～ 2019 年美国个人投资者持股市值占比从接近 100% 降至 38.4%。

未来随着中国金融市场的发展，机构投资者业态持续丰富，养老金逐步投资股票市场，居民借道基金入市等形式，将为 A 股机构化打开更广阔的空间。机构化将会为我们投资带来哪些改变？对于长牛和市场又将产生如何影响？

在前面的三章分别论述了居民财富配置、养老金和外资之后，本章将重点回答这一问题，本章也将构成投资者结构的最后一个部分。具体而言，本章先对 A 股投资者结构进行拆解，描述 A 股机构化的演进过程，并分析公募基金、保险、社会保障基金、银行理财、外资的投资风格。之后从美股的经验来看，机构化如何助力股票市场走出长牛。

9.1 中国股票市场投资者结构的进化

2017年以来，投资者最深的感触莫过于A股的机构化。A股中外资、公募基金、保险等机构投资者规模高速扩张，向着较为成熟的中国香港股票市场和美国股票市场快速靠拢，随之而来的是A股新估值体系和新投资体验——基金跑赢市场和个人、A股呈现长牛趋势。那么当前A股机构化程度进行到哪了？主力机构投资者的发展情况如何？我们下面一一回答。

9.1.1 2015～2020年，加速机构化进程

2015年至今，中国市场的机构化程度不断加速，根据上交所公布的数据，剔除一般法人[⊖]之后，从持股市值占比来看，自然人约占50%～60%；从成交额占比来看，自然人超过80%。2015～2019年，上交所自然人持股市值占比从62.7%下降至52.6%（见图9-1），A股机构化程度提升近10个百分点。而在此之前，A股刚刚经历一轮"过山车"。2014年中国经济进入新常态，央行推行适当宽松政策，推动A股新一轮大牛市，个人投资者涌入市场，累积了大量风险。2015年监管层严查场外配资时，中国股票市场出现阶段性异动，于是从监管层到社会都意识到，需要加快促进A股投资者结构合理化，提高机构投资者比例，让机构投资者成为市场的压舱石。从中国资本市场成立之初，参考了境外较为成熟的发展经验，监管层一直在倡导提高市场机构化程度，各类政策扶持中国公募基金、保险等不断壮大，经历近30年的发展，中国市场的机构投资者取得了稳步进步。在2014～2015年的市场波动后，随着A股与全球市场接轨，监管层进一步加大力度扶持A股机构投资者。近年来市场维系结构性牛市，有利于机构投资者，2019年和2020年普通股票型基金平均收益率为47%、58%，业绩持续跑赢同期市场主要指数，如上证指数（22%、14%）、沪深300（36%、27%），吸引居民财富加速配置权益资产，以往的"股民入市"转变为"基民入市"，结合外资流入中国，当前A股的机构化程度较2019年更上一层台阶。

⊖ 结合投资者交易额占比来看，自然人成交占比约80%，专业机构成交占比约15%，一般法人成交占比约2%，陆股通成交占比约1.5%。一般法人参与交易的积极性很低，此处的"一般法人"类似于上市公司高管等大股东类型的投资者。

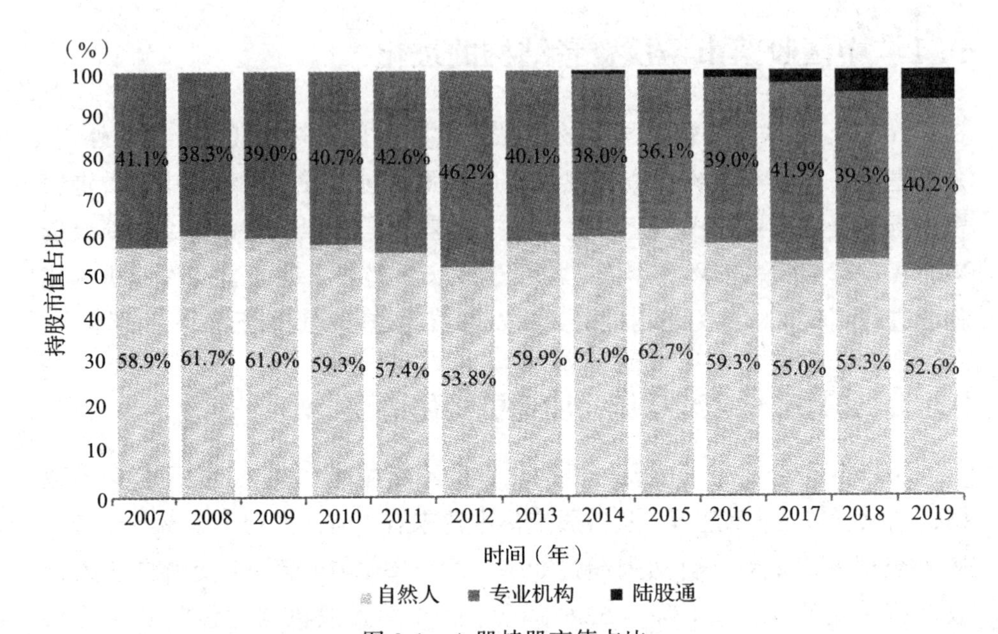

图 9-1 A 股持股市值占比

资料来源：上交所，兴业证券经济与金融研究院。

9.1.2 五大机构投资者的变迁与风格

公募基金、保险、社会保障基金、银行理财、外资是目前机构投资者最为重要的五大力量，其他机构投资者还包括券商自营、券商资管、信托、私募基金等。从管理规模来看：公募基金持股规模 3.2 万亿元，占总市值的 6.9%；陆股通和 QFII 持股规模 1.9 万亿元，占总市值的 4.1%；保险持股规模 1.2 万亿元，占总市值的 2.6%；社会保障基金持股规模 4023 亿元，占总市值的 0.9%。⊖从上市公司公布的 2020 年中报股东数据来看，阳光私募、券商理财、信托、券商持股规模分别为 1965 亿、872 亿、499 亿、489 亿元，占总市值比重合计 0.8%。

1. 公募基金

1992 年 1 月，我国第一家规范化公司型封闭式基金淄博基金获得中国人民银行批准成立，标志着我国投资基金的试点工作正式开始。1992 年 10 月，

⊖ 数据口径：持股规模为上市公司 2020 年中报披露加总，后文中计算各类机构投资者持股市值占比时，总市值均剔除了一般法人持股规模。

我国第一家专业化基金管理公司深圳投资基金管理公司成立。早期基金存在很多问题，最为突出的就是有关投资基金的法律法规极度缺乏。1997 年之前，只有《深圳市投资信托基金管理暂行规定》和《上海市人民币证券投资信托基金暂行规定》两部地方性法规出台，没有全国性的基金法规，地方政府、中国人民银行及其地方分支机构均有权批准设立投资基金。针对这些问题，1993 年 5 月中国人民银行发布《关于立即制止不规范发行投资基金证券和信托受益债券做法的紧急通知》，将基金的发行和上市、基金管理公司的设立及中国金融机构在境外设立基金和基金管理公司的审批权限一律收归中国人民银行总行。1992 年我国共有 57 只基金发行，但 1993 ～ 1997 年间，除中国人民银行总行批准的金龙、建业和宝鼎三只基金外，没有其他新的基金发行。

1997 年 11 月，《证券投资基金管理暂行办法》获国务院批准，对基金管理公司的准入条件、基金托管人的义务及证券投资基金公司的信息披露制度进行了明确的规定，证券投资基金业开始进入规范化、正规化阶段。1998 年，国泰基金管理公司、南方基金管理公司等相继成立封闭式基金。1999 年 3 月，证监会宣布对原有基金进行清理规范，君安受益、海南银通和广证受益三只基金被清盘，其余基金被重组为新的证券投资基金。这一清理整顿工作在 2002 年 8 月全部完成，重组改制后共有 29 只基金重新上市。

由于前期的监管重点放在规范基金的发行、设立上，对于基金的交易监管明显不足，导致基金管理公司及其工作人员利用基金资产牟取私利或为关联方进行利益输送问题突出，随后证券投资基金的立法进程也开始推进。2000 年 10 月，证监会发布《开放式证券投资基金试点办法》，由此揭开了我国开放式基金发展的序幕。2001 年 9 月，第一只开放式基金华安创新成立。2004 年 6 月《中华人民共和国证券投资基金法》开始实施，确立了基金业运行的法律框架，明确规定了基金的法律关系、运作方式、监管制度安排、当事人的权利义务等，为我国基金业及资本市场和金融业的健康发展奠定了法律基础。从此证券投资基金的发展有了法律规范依据。2006 年证监会推出了基金的封转开方案。在 2006 ～ 2007 年间牛市的推动下，证券投资基金有了大规模发展。2013 年 6 月 1 日，在基金业发展史上具有里程碑意义的新《基金法》正式实施，基金业进入全新发展阶段（A 股证券投资基金的发展历程见图 9-2）。

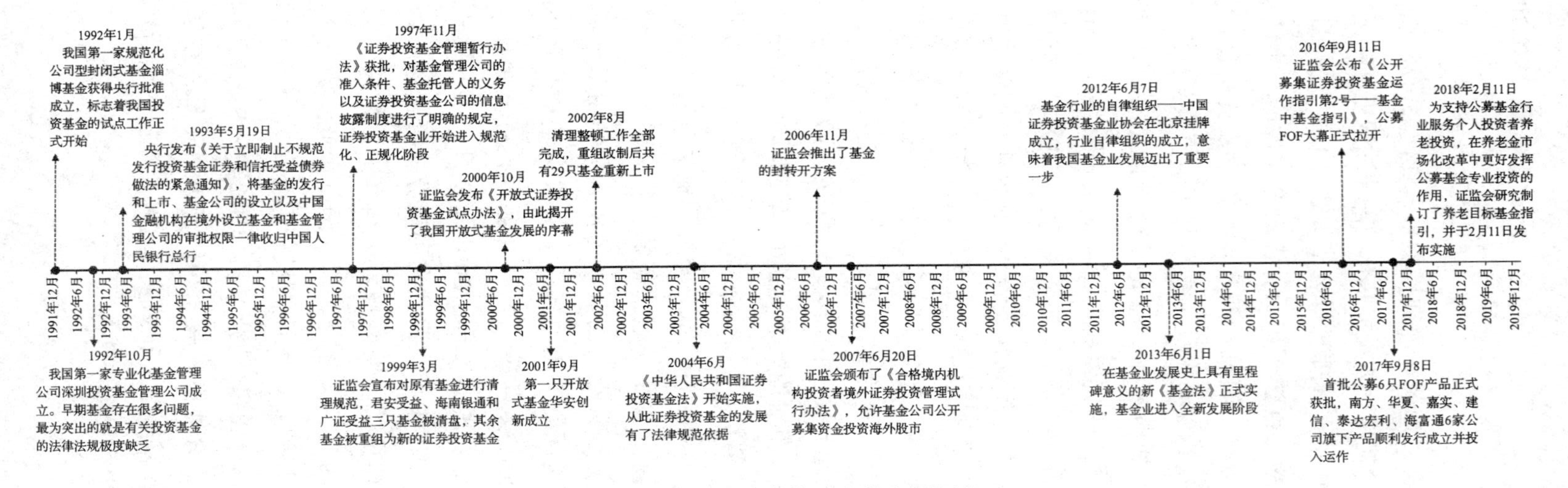

图 9-2　A 股证券投资基金的发展历程

资料来源：兴业证券经济与金融研究院。

2019～2020年，基金业迎来了发展最快的阶段，特征可以概括为：规模剧增、爆款频出、百亿元基金成为常态。从上市公司公布的2020年中报股东数据来看，基金持有A股市值3.2万亿元，占总市值的4.5%，占剔除一般法人后总市值的6.9%。2020年全年股票型、混合型基金分别发行3608亿、16 730亿份，管理规模分别达1.9万亿、4.9万亿元，而2019年同期管理规模则为1.1万亿、2.1万亿元，管理规模几乎翻番。在新发基金过程中，爆款基金频出，2021年1月的前20日，认购超过百亿元的基金就达到了20只，且这些基金的认购规模都远远大于实际募集规模。2021年1月18日，甚至出现了单只基金募集150亿元，却有2000亿元以上认购量的情况，获配比例仅6.3%，创下A股历史之最。过去管理规模百亿元以上的基金非常稀少，2018年底一共33只（股票型8只、混合型25只），但到2020年底已经达到了58只（股票型13只、混合型45只），50亿元以上规模的基金更是大幅扩张，从85只增长至180只，可以说公募基金进入了史上最为辉煌的阶段。

投资风格方面，公募基金以灵活多样著称，消费、科技、周期板块均出现过长期业绩优异的明星基金经理，但总体上，公募基金倾向于长期地、集中地持有A股最具升值趋势的核心资产，因此也跑赢A股主要指数，上证指数在3000点上下震荡，但基民的投资体验极佳，真正取得了A股核心资产长牛的收益（见图9-3）。

图9-3 公募基金跑赢上证指数

资料来源：兴业证券经济与金融研究院。

2. 陆股通和 QFII

2002 年 11 月 7 日，证监会和中国人民银行联合发布《合格境外机构投资者境内证券投资管理暂行办法》。2006 年 8 月 25 日，我国发布了正式的《合格境外机构投资者境内证券投资管理办法》《关于实施〈合格境外机构投资者境内证券投资管理办法〉有关问题的通知》，进一步明确了 QFII 试点工作的各项具体操作细则，新管理办法较大幅度地放宽了 QFII 的资质门槛，以鼓励长期资金入市，促进我国资本市场的发展。2012 年 7 月 27 日，证监会发布了《关于实施〈合格境外机构投资者境内证券投资管理办法〉有关问题的规定》，取代了 2006 年的通知，上述规定修订内容主要包括降低 QFII 资格要求、增加运作便利、扩大投资范围、放宽持股比例限制。

与 QFII 相关的外汇管理方面，外管局 2009 年发布《合格境外机构投资者境内证券投资外汇管理规定》，就投资额度管理、账户管理、汇兑管理、统计与监督管理等方面进行了规定，取代了 2002 年的相关规定。2016 年 2 月，外管局进一步放松了相关管制，具体主要包括：①不再对单家机构设置统一的投资额度上限；② QFII 基础额度内的额度申请采取备案管理；超过基础额度的，才需要外汇局审批；③对 QFII 投资本金不再设置汇入期限要求，允许 QFII 开放式基金按日申购、赎回；④将锁定期从 1 年缩短为 3 个月。2018 年 6 月，中国人民银行及外管局的改革进一步深入：①取消 QFII 资金汇出比例 20% 上限的要求；②取消 QFII、RQFII[⊖] 投资 3 个月锁定期的要求；③允许 QFII、RQFII 开展外汇套期保值，对冲境内投资的汇率风险。

在 2005 ～ 2019 年间，QFII 投资额度分 5 次提升至 3000 亿美元，RQFII 制度也经历了数次扩容。2019 年 9 月，外管局宣布取消 QFII 投资额度限制及 RQFII 投资额度和试点国家地区限制（见图 9-4）。截至 2019 年 12 月，QFII 投资我国各类金融资产的规模超过 1100 亿美元（按历史汇率法折人民币约 7200 亿元），RQFII 投资我国各类金融资产的规模接近 7000 亿元，两者合计超过 1.4 万亿元。

⊖ RQFII 指人民币合格境外机构投资者，在 QFII 制度基础上，RQFII 使用的是在国外收到的人民币外汇，而非在外管局兑换的外汇。

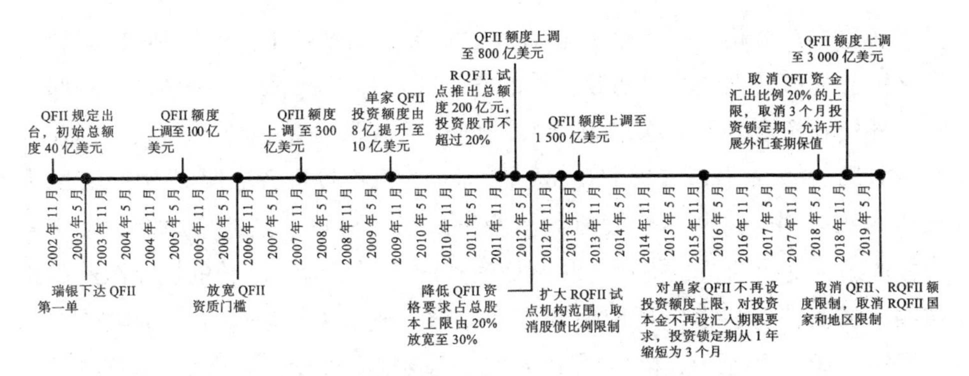

图9-4 A股QFII和RQFII制度主要开放进程

资料来源：兴业证券经济与金融研究院。

2014年11月17日沪港通正式开通，香港投资者可通过沪股通投资上证180指数成分股、上证380指数成分股，以及在上交所上市的A+H公司股票，覆盖上证A股流通市值约90%，沪股通净买入总额度上限3000亿元，每日额度上限为130亿元。2016年12月5日深港通正式启动，深股通的股票范围是市值60亿元及以上的深证成份指数和深证中小创新指数的成分股，以及在深圳证券交易所（深交所）上市的A+H股公司股票，覆盖深证A股流通市值75%，深股通每日额度上限同样为130亿元，但不设总额度限制，同时取消沪股通总额度限制。2018年5月1日，证监会将沪股通和深股通每日额度提升为520亿元。

从上市公司公布的2020年中报股东数据来看，陆股通持股1.7万亿元，占总市值的3.7%，QFII持股2052亿元，占总市值的0.4%，两者合计1.9万亿元，占总市值的4.1%。陆股通不但成为我国金融开放的重要一步，而且对国内资本市场产生了深远的影响，北向资金已经成为A股市场中不可忽视的一股力量，加之国际投资者成熟的投资经验，市场也逐渐将北向资金动态视作A股的风向标。从净流入来看，截至2020年1月，沪深股通累计净流入已经突破1万亿元的大关。从成交额来看，2017年沪深股通成交额仅2.27万亿元，占全部A股成交额的1.0%；2020年沪深股通成交额达到21.09万亿元，占全部A股成交额的10.23%。

2015年以来，外资入场推动A股投资偏好出现重大转变，2015年牛市投资者记忆深刻的“炒新、炒小、博弹性”等投资方式几乎完全失效，市场呈现蓝筹白马风格，大市值、业绩好的龙头公司不断上涨，估值屡创新高，而这些蓝筹白马之外的周期股、小市值公司等等不断下跌，估值几乎一路下滑，外资投资者与国内公募基金共同创建了A股新估值体系。从公募基金和陆股通50大重仓股能够看出（见图9-5），机构投资者更偏好高ROE的大市值龙头公司，这些重仓股覆盖消费、医药、科技、制造、周期、金融各个板块最为优质的核心资产，既包括消费的贵州茅台、医药的恒瑞医药、科技的宁德时代等，也包括周期的万华化学、制造的三一重工、金融的中国平安等。2015年至今，陆股通100大重仓股跑赢市场主要指数（见图9-6）。

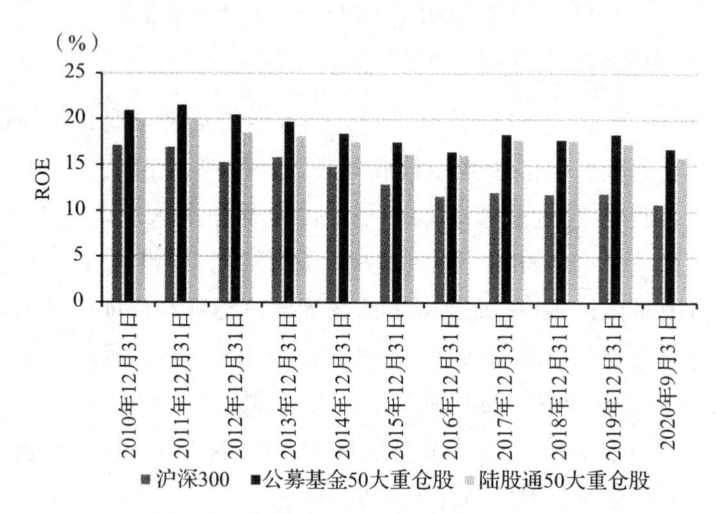

图9-5　公募基金和陆股通50大重仓股

资料来源：Wind，兴业证券经济与金融研究院。

图9-6　陆股通100大重仓股跑赢上证指数

资料来源：Wind，兴业证券经济与金融研究院。

3. 保险

1999年10月，国务院允许保险公司在控制风险的基础上在二级市场买卖已上市的证券投资基金和在一级市场配售新发行的证券投资基金，从而拉开了保险资金进入股票市场的序幕。2004年1月，国务院发布《关于推进资本市场改革开放和稳定发展的若干意见》，即所谓的“国九条”，提出“支持保险资金以多种方式直接投资资本市场，逐步提高社会保障基金、企业补充养老基金、商业保险资金等投入资本市场的资金比例”“使基金管理公司和保险公司为主的机构投资者成为资本市场的主导力量”。“国九条”将发展资本市场提升到国家战略任务的高度，标志着我国机构投资者将进入加速发展的新阶段。

2004年10月经国务院批准，保监会[⊖]和证监会联合发布了《保险机构投资者股票投资管理暂行办法》，保险资金获准直接入市，投资比例不得超过上年底总资产的5%。同年中国人保、中国人寿等先后成立保险资产管理公司，标志着保险资金开始采用资产管理公司的方式进行管理运作。

2007年7月，保监会通过内部决议，保险资金直接投资股票市场比例由原来的不超过上年底总资产的5%提高到10%，股票和基金的总投资比例控制在20%以内，同时还取消了禁止投资过去一年涨幅超过100%的股票的限制。2010年7月保监会发布《保险资金运用管理暂行办法》，对保险基金的投资范围做了明确。同年8月保监会发布《关于调整保险资金投资政策有关问题的通知》，明确保险公司投资证券投资基金和股票的余额，合计不超过该保险公司上季度末总资产的25%。2014年2月发布的《关于加强和改进保险资金运用比例监管的通知》，进一步将合计比例提升至30%。2015年2月，保监会发布“中国风险导向的偿付能力体系”(偿二代)，保险业进入偿二代过渡期。2016年1月1日起，保监会正式实施《保险公司偿付能力监管规则（1—17号)》，并引发了保险资金举牌的热潮。虽然投资比例有一定限制，但我国保险资金投资股票的规模仍然在迅速增加。保险机构投资A股的发展历程如图9-7所示。

⊖ 于2018年3月撤销。

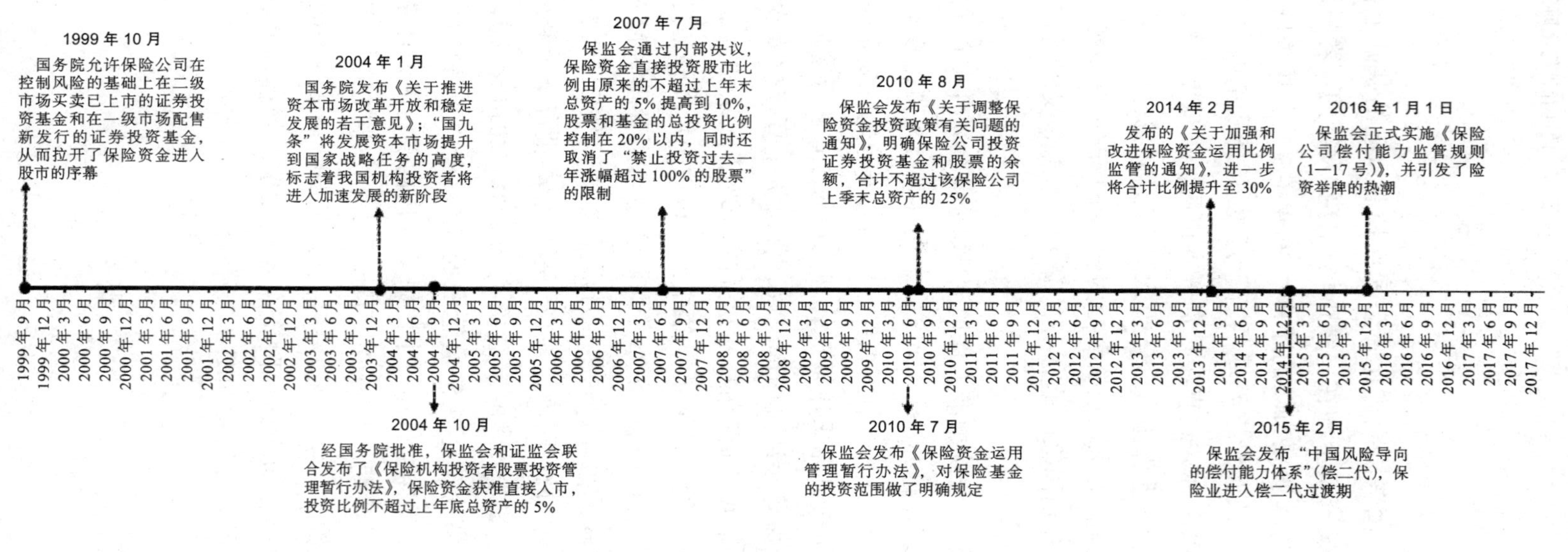

图 9-7　保险机构投资 A 股的发展历程

资料来源：兴业证券经济与金融研究院。

保险是资本市场中最为重要的长线投资者，也是市场最为稳定的压舱石。从上市公司公布的2020年中报股东数据来看，保险持股市值达1.2万亿元，占总市值的2.6%。2020年12月，我国保险公司合计220家，持有的股票和基金市值超过2.98万亿元，占保险公司可运用资金余额的13.76%。相较于公募基金，保险公司资金来源较为稳定，尤其是寿险公司的资金可投资时间较长、要求回报率相对稳定、期间不存在大额赎回压力，让保险投资的考核时间长于公募基金，因此保险投资人也愿意以更长期的视角配置和选择资产，不畏惧短期波动或者因为相对排名压力追逐短期泡沫。美国著名投资家巴菲特的伯克希尔-哈撒韦公司就是一家保险公司，较低的资金成本也是巴菲特能够博取超长期高收益的重要源泉。以伯克希尔-哈撒韦公司的投资风格为例，巴菲特往往长期重仓持有优质公司，收获时间复利，例如1980～1995年持有政府雇员保险公司（GEICO）达15年，年复合收益率29.6%，增值49倍，1989年持有可口可乐至今30余年，增值40倍。

4. 社会保障基金

为了筹集和积累社会保障资金，进一步完善社会保障体系，我国在2000年8月建立“全国社会保障基金”，并设立“全国社会保障基金理事会”作为管理机构。2001年7月，全国社会保障基金参与了中石化A股的申购和配售，标志着我国社会保障基金开始间接进入股票市场。2001年12月，财政部、劳动和社会保障部公布了《全国社会保障基金投资管理暂行办法》，允许社会保障基金投资上市流通的证券投资基金、股票、信用等级在投资级以上的企业债、金融债等有价证券，投资于证券投资基金、股票的比例不得高于40%。2003年6月，全国社会保障基金理事会与南方、博时、华夏、鹏华、长盛、嘉实6家基金管理公司签订相关授权委托协议，全国社会保障基金以委托理财的方式正式进入股票市场。2016年3月国务院发布《全国社会保障基金条例》，对全国社会保障基金的性质、定位、筹集、使用、资产配置、投资运营、监督等环节做出进一步规范。

截至2019年，社会保障基金资产总规模超2.63万亿元，投资组合总收益率基本保持每年8.14%。从上市公司公布的2020年中报股东数据来看，社会保障基金持股4023亿元，占总市值的0.9%。社会保障基金的投资风格与保险类似，属于长期持有、博取确定性收益的类型。在 2019 年和 2020 年的结构性牛市之中，社会保障基金持有的多只牛股浮出水面，市场投资者在分析典型案例后无不被其长期投资风格所折服。以坚朗五金为例（见图 9-8），2019 ～ 2020 年股价上涨了 13 倍，是市场中毫无疑问的大牛股；但在 2017 ～ 2018 年，股价一路下跌了 72%，而下跌过程之中社会保障基金从未减仓，一直持有到其价值被市场发现，股价持续创新高。后续各地养老金有望逐步划归社会保障基金统筹管理，社会保障基金作为市场上坚持长期投资理念的重要机构投资者，稳定市场、价值发现的作用也将越来越大。

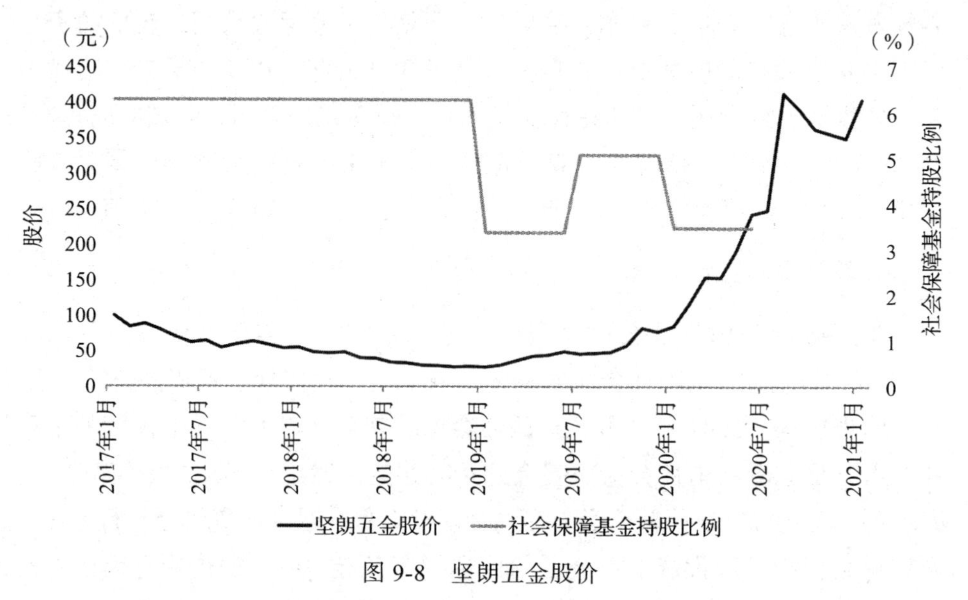

图 9-8 坚朗五金股价

资料来源：Wind，兴业证券经济与金融研究院。

5. 20 万亿元银行非保本理财有望推动市场加深机构化

2017 年 11 月 17 日，《关于规范金融机构资产管理业务的指导意见（征求意见稿）》出台，整体来看征求意见稿重点强调规范资金池、限制非标、禁止通道和多层嵌套、打破刚兑、净值化管理等。2018 年 4 月 27 日，经国务院同意，《关于规范金融机构资产管理业务的指导意见》（即“资管新规”）正式发布，与征求意见稿相比，在过渡期安排、产品净值化管理、非标准化债权投资、消除多层嵌套、统一杠杆水平等方面进行了修改。

2018年9月28日，银保监会发布《商业银行理财业务监督管理办法》，理财新规正式落地。针对银行理财市场分别就总则、分类管理、业务规则与风险管理、监督管理、法律责任、附则进行了详细的规定。作为“资管新规”的配套文件，总体上理财新规的核心原则与“资管新规”保持一致，即破刚兑、去通道化、去资金池化，但在细节上略有放松。理财新规和“资管新规”核心就是推动银行理财业务回归资产管理业务的本源、重塑行业业态，逐步有序打破刚兑，体现政策防范风险的决心，助力银行理财健康发展。

2018年10月19日，银保监会发布《商业银行理财子公司管理办法（征求意见稿）》，较理财新规有所放松，主要包括资产端投资范围扩展到股票直投、可选择私募作为投顾、允许分级，产品端降低销售起点、首次购买面签豁免等。2019年6月，首家银行理财子公司，建设银行全资子公司建信理财开业。

2019年12月2日，银保监会正式发布了《商业银行理财子公司净资本管理办法（试行）》。该办法的出台一方面是完善理财子公司的配套监管制度，防范银行理财子公司盲目扩张、保证审慎经营；另一方面是促使理财子公司与信托、证券公司、基金子公司等同类资管机构公平竞争、防范监管套利。

2019年12月27日，银保监会同中国人民银行发布《关于规范现金管理类理财产品管理有关事项的通知（征求意见稿）》，就现金管理类理财产品的定义、投资范围与投资限制、投资集中度、流动性和杠杆管控要求、投资组合久期管理、摊余成本和影子定价、产品认购和赎回、投资者集中度、宣传销售、风险控制、交易管理、过渡期安排等方面进行了全面的规范，基本上全面对标《货币市场基金监督管理办法》的监管要求，基本拉平了现金管理类理财产品与公募货币基金的监管差异，符合“资管新规”以来限制监管套利、拉平监管差异的政策方向和意图，未来现金管理类理财产品与公募货基将进入同一赛道竞争，规模增长压力凸显。

截至2021年1月31日，已有21家银行理财子公司获批成立。虽然目前银行理财直接或间接投资于股票市场的比例较低，但目前非保本浮动收益类理财产品的规模在20万亿元的数量级，凭借这种体量优势，未来几年银行理财有望成为A股市场中最重要的增量资金来源之一。金融供给侧改革，让过去高收益的货币基金、P2P、银行理财、信托等或收益降低，或退出市场，全球进入低利率时代后，社会财富配置面临“资产荒”，推动居民财富入市（见第6章）。参考美国、日本经验：① 1980～1990年美联储前主席沃尔克治理通胀后，10年期美国国债利率从1976～1980年的平均8.9%降至2015～2019年的平均2.2%，1990年美国居民权益配置占比仅为21.5%，2019年增至34.4%，提升12.9个百分点。② 1991年日本经济泡沫破灭，10年期日本国债利率从1987～1991年的平均5.1%降至2015～2019年的平均1.0%，1994年日本居民权益配置占比仅为5.6%，2018年增至9.3%，提升3.8个百分点。2019年，中国城镇居民74%的金融资产配置于理财产品（26.6%）、存款（39.1%）、公积金（8.3%），保险、股票、基金的配置比例仅维持在5%上下，未来上升潜力巨大。

A股银行理财子公司的发展历程如图9-9所示。

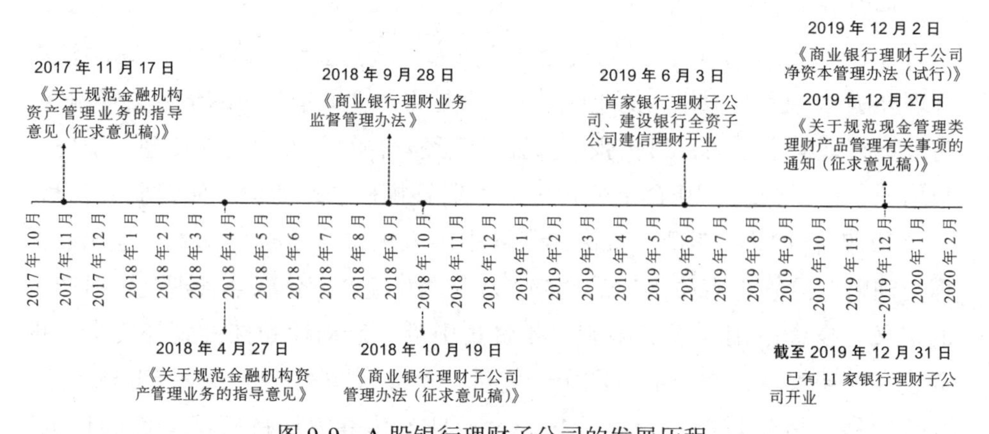

图9-9 A股银行理财子公司的发展历程

资料来源：兴业证券经济与金融研究院。

9.2 1945～2020年美国机构化进程催生3轮长牛

以各种类型投资者持有的股票市值占比来看，美国股票市场从1945年至今经历了较为成功的机构化进程（见图9-10）。1945年，个人投资者的持股市值占比接近100%，经过70多年的发展之后，2019年末美国个人投资者的持股市值占比已经降到了38.4%。美国个人投资者的持股市值占比的下降速度是比较均匀而且缓慢的，没有在短时间内出现剧烈的变动。

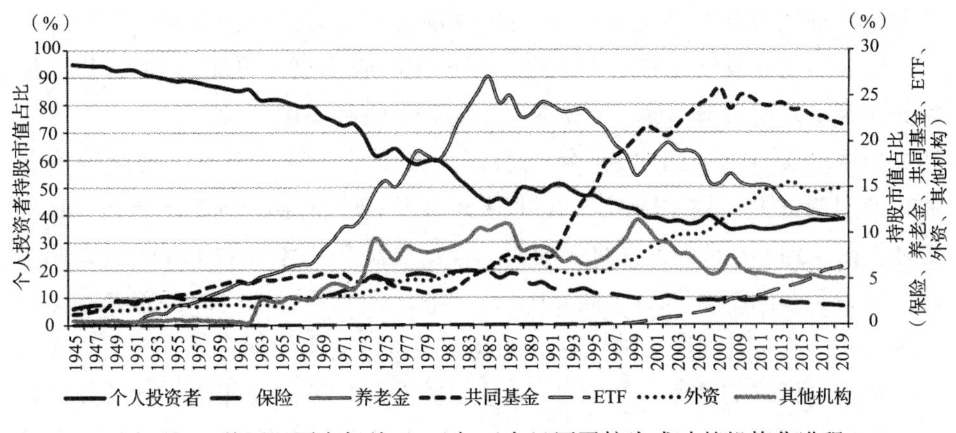

图 9-10 美国股票市场从 1945 年至今经历了较为成功的机构化进程

资料来源:美联储,兴业证券经济与金融研究院。

养老金、共同基金、ETF 和外资构成美国股票市场机构化的历史,其间标普 500 的夏普比率均出现了上升趋势。在美国股票市场个人投资者持股市值占比稳步下降的背后,是美国股票市场上的机构投资者的充分发展。具体来看,机构投资者的持股市值占比出现了 3 个较为明显的增长阶段。

- 20 世纪 70 年代至 80 年代中后期,养老金的持股市值占比由 10% 提升超过 25%。
- 20 世纪 80 年代至金融危机前,共同基金的持股市值占比由 5% 提升至 25%。
- 2000 年之后,ETF 和外资的持股市值占比由 5% 提升超过 20%。

1. 第一阶段

20 世纪 70 年代开始,美国"婴儿潮"的父辈逐渐进入到老年阶段,养老需求迅速增长。为应对人口老龄化,美国政府从养老金来源和保值增值两个角度进行了一系列的养老基金机制的创新,从而推动了私人养老金计划的快速发展。

1974 年美国颁布的《雇员退休收入保障法案》创立了 IRAs。为鼓励个人开设 IRAs 并向其注资,IRAs 为参与者个人提供了可观的税收优惠。此外,这一法案还规范了养老金的税务问题及入市的监管和风控问题,并要求企业将确定收益型计划（DB）由现收现付制改为基金积累制，鼓励养老金进行多样化的投资，并对养老金给予一定税收优惠。再加上 IRAs 投资股票没有限制，使得 IRAs 参与资本市场的程度也在不断加深。

401k 计划则发展于 1980 年之后，其本质是一种可以享受延期纳税优惠的确定缴款型计划（DC）。20 世纪 80 年代起，企业陆续进入传统 DB 的支付阶段，但 60 年代之后通胀加剧、经济衰退等因素导致 DB 收益大幅下降，成为企业的沉重负担。而 401k 计划下，企业不再承担确保养老基金增值的责任，从而受到雇主的欢迎。此外，美国政府出台的一系列规范退休金计划及税收优惠的政策，也对 401k 计划的发展起了重要作用。随着经济转好，股票市场频创新高，以 IRAs 和 401k 计划为代表的私人养老金成为这一阶段美国股票市场机构化的主要动力，也是后来 20 世纪 90 年代投资共同基金的主力之一。20 世纪 70 年代至 80 年代中后期，美国居民金融资产中养老金占比从 20% 上升接近 30%，私人和公共养老金全部金融资产规模从 5000 亿美元的水平，攀升至超过 3 万亿美元，持股市值占比从 10% 上升至 25%。与此同时，养老金作为“长钱”参与市场，有助于提升市场的稳定性、促进股票市场良性发展，标普 500 的夏普比率呈上升态势（见图 9-11）。

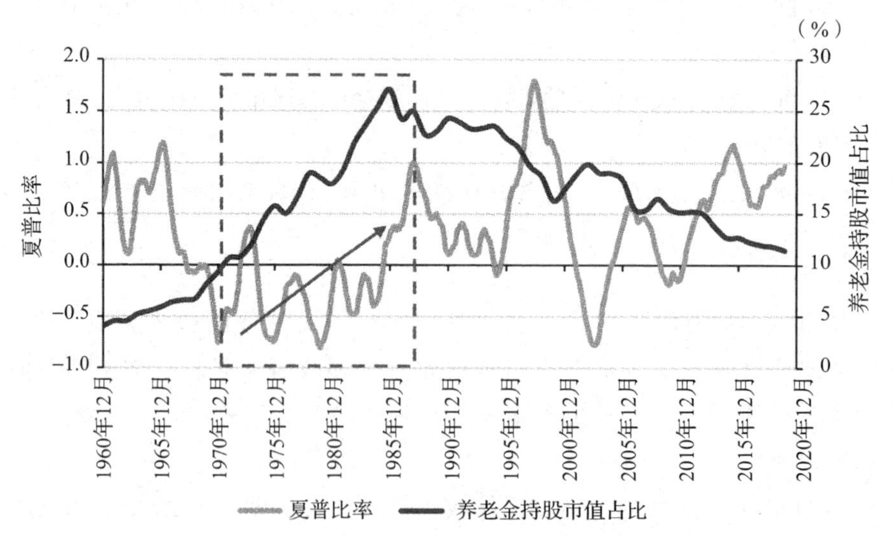

图 9-11 标普 500 的夏普比率随养老金持股市值占比一同上升

资料来源：Wind，兴业证券经济与金融研究院。

2. 第二阶段

美国经济大繁荣推动共同基金快速发展。20世纪六七十年代，两次石油危机叠加德国、日本崛起，对美国制造业带来明显冲击，同时布雷顿森林体系崩溃，美元国际地位受挫，美国深陷军备竞赛泥沼，经济处于滞涨的困顿期，股票市场长期横盘，15年间道指多次冲击1000点未果。20世纪80年代，沃尔克开启货币主义实验，采用鹰派的高利率政策控制物价，困扰美国长达15年的通胀问题开始得到解决；1981年里根总统就任后，依据供给学派理论进行财政货币改革，造就美国“20世纪最持久的繁荣阶段”；克林顿总统推行“信息高速公路”计划，引发信息技术产业革命。这一阶段美国经济高速平稳发展，居民财富快速增长，股票市场不断创出新高，共同基金也出现了迅猛的增长。

金融监管放松，养老金制度改革，也对美国基金业的发展产生了重要的影响。美国从20世纪80年代开始逐渐放松对金融业的管制，标志性的事件就是《1980年存款机构放松管制和货币控制法》和1999年《金融服务现代化法案》，前者开启了利率市场化的进程，后者则取消了自大萧条以来实行的金融分业经营制度。另外，随着美国养老金的大规模发展，美国自20世纪90年代以来实行了一系列有关退休与税收制度改革措施，扩大了IRAs的参与者范围，取消了一些关于资产组合的不利限制，使得基金业也从中受益，养老金开始通过共同基金投资股票市场。20世纪90年代之后，包含401k计划在内的私人养老金计划成为投资者购买基金的主要渠道。曾经80%～90%的共同基金被个人持有，这一比例从20世纪80年代迅速下降至50%～60%的水平，而通过养老金投资共同基金的比例接近30%。

20世纪80年代至2008年金融危机前，共同基金是这一阶段美国股票市场机构化进程的主要力量，其持股市值占比由5%提升至25%。投资专业性更加突出的共同基金在股票市场中的话语权不断提升，股票市场中的不理性成分进一步降低，除了在科网泡沫破灭期间有所下挫以外，标普500的夏普比率整体呈现上升态势（见图9-12）。

3. 第三阶段

2000年以来美国贸易逆差快速扩大，至2019年第二个季度有近7万亿美元资金净流入美国资本市场，对应美国股票市场中外资占比提升最快的阶段。20 世纪 90 年代起，第三世界尤其是东南亚各国经济快速发展，成为世界资本的主要集中地，当地资本市场泡沫增长。当短期获利目标实现，世界资本迅速撤离，泡沫破灭并引发 1997 年东南亚金融危机。经历严重打击的新兴市场纷纷大量囤积预防性资金，出于对本地市场预期不稳定的担忧，各国将资金触角伸向境外市场。与此同时，美国高新技术产业繁荣，经济生产率较高，投资收益增加，此外美国资本市场比较成熟、监管限制较少，且美元是主要国际储备货币，美国理所当然成为投资者的天堂，吸引贸易顺差国的外汇储备不断流入。2008 年金融危机之后，美国领跑全球移动互联网产业，传统制造业也进一步做大做强、高端化发展，经济表现强于欧洲和日本，吸引全球资本进一步流入。2000 年以来美国贸易逆差额由 1000 亿美元的量级快速扩大至最高接近 8000 亿美元的量级，2008 年金融危机后虽然贸易逆差额有所缩窄，但仍然维持每年 5000 亿～ 6000 亿美元的水平。

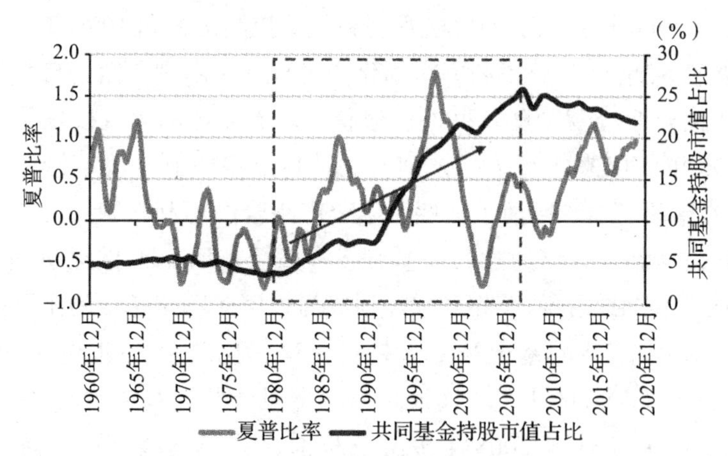

图 9-12　标普 500 的夏普比率随共同基金持股市值占比一同上升

资料来源：Wind，兴业证券经济与金融研究院。

被动投资理念逐渐被投资者接受，投资顾问向资产管理费模式转型，是美国股票市场被动投资快速发展的直接原因。2007 年巴菲特立下著名的“十年赌约”，十年之后谜底揭晓，挑战者选择的 5 支 FOF 基金均跑输巴菲特的标普 500 ETF，美国投资者也开始意识到被动投资不失为一种便捷高效的投资方式。另外，美国劳工部规定投资顾问收取的费用加上客户所投基金的综合费率不能大于1%每年，使得投资顾问更倾向于向客户推荐指数基金、指数ETF等投资产品。

主动管理难以获得持续稳定的超额收益，是被动投资兴起的重要原因，其规模快速赶上主动管理基金。资产管理行业中存在一个“不可能三角”，即基金很难同时做到获得超额回报、降低风险水平、扩大资产规模。在2004～2018年的15年内，近70%的主动管理基金跑输业绩基准，能获得2%以上年化超额收益的不足5%。如果按2009～2013年的业绩将主动管理基金分为5档，这5年间表现最好的基金，在2014～2018年的业绩基本均匀分布在1～5档，仅有19%仍保持在第一梯队，说明主动管理基金很难获得持续稳定的超额收益。

2000年以来，国际投资者和以ETF为代表的被动投资，是美国股票市场机构化进程的主要力量。国际投资者持股市值占比由5%提升至15%，ETF持股市值占比从几乎为0%上升至7%的水平。具备丰富投资经验的国际投资者扩大了美国股票市场的投资者基础，ETF不但本身不像主动管理基金频繁调仓，而且为投资者提供了方便的风险对冲方法，同时其可以二级市场交易的特性不会引起股票市场的大幅波动，诸多因素共同促进了市场的稳定性进一步提升，美股走出又一轮“长牛”，标普500的夏普比率也呈现上升态势（见图9-13）。

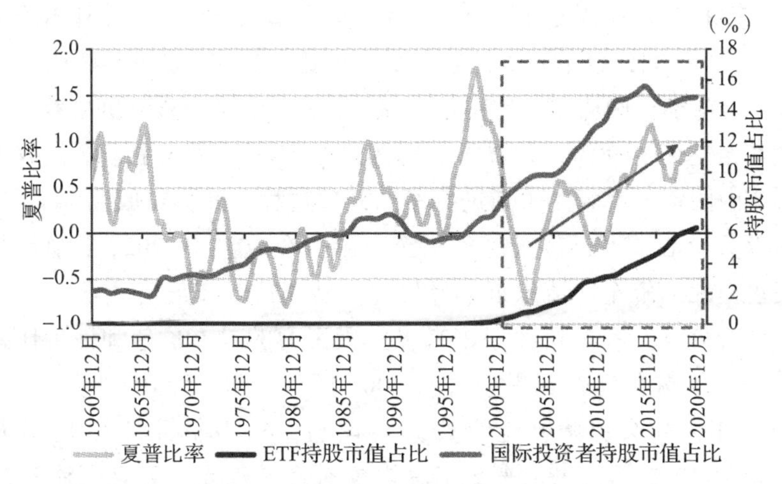

图9-13 标普500的夏普比率随ETF和国际投资者持股市值占比一同上升

资料来源：Wind，兴业证券经济与金融研究院。

9.3 机构化的未来图景

从五大机构投资者的梳理中能够看到，A 股机构化取得了长足的发展，那么如何看待 A 股机构化的未来？我们预测 A 股会进一步向境外发达市场靠拢，呈现两大特征：规模大扩张 + 机构更加丰富。

9.3.1 传统五大机构投资者发展空间仍然较大

下面我们以境外经验为参考，以简单假设估算中国五大机构发展空间，未来 5 年主要机构投资者有望迎来机遇期，实现管理规模的大扩张。

2020 年底，股票型与混合型公募基金管理规模 6.8 万亿元，据 2020 年中报持股规模 3.2 万亿元，未来 5 年持股市值有望达到 7.5 万亿元。2018 年美国股票型共同基金近 5000 家，总规模约 11 万亿美元，其中包含大量 ETF，对比参考，中国的主动管理基金仍处在较为初级的发展阶段。假设未来 5 年中国市场机构化程度继续上升，公募基金在 A 股的持股市值占比（总市值剔除一般法人持股市值）能够达到 10%（目前 6.9%），A 股总市值从 2020 年的 80 万亿元扩张至 130 万亿元（IPO+ 市场上涨每年合计 10 万亿元），那么公募基金持股规模可能达到 7.5 万亿元。

2020 年中报，陆股通和 QFII 持股合计 1.9 万亿元（1.7 万亿元 +2052 亿元），未来 5 年有望达到 3 万亿元。参考日本、韩国对外开放经验，1990 ～ 2020 年间，日本外资持股占全市场比例从 4% 上升至 30%，韩国外资持股占全市场比例从 2% 上升至 16%，部分核心资产被外资抢筹，外资持股比例甚至达到了 90%，但日本、韩国股票市场也迎来了金融开放下的长牛。目前中国资本市场处于渐进有序的开放过程，外资持股比例上限 30%，但仍有部分核心资产已经被外资买至上限。在 2017 ～ 2020 上半年的三年半时间里，北向资金净流入近 1 万亿元，外资持股市值占 A 股市值比例提升约 3 个百分点，考虑到 A 股未来极具吸引力的投资价值和性价比，保守估计未来 5 年内有望看到平均每年 2000 亿～ 3000 亿元的外资继续流入。

2019 年，社会保障基金资产总规模超 2.63 万亿元，其中 2020 年中报持股市值 4023 亿元，未来 5 年总规模有望扩增至 6 万亿元附近，持股规模约 1 万亿元。境外知名养老金和主权财富基金的管理规模体量较大：

① CPPIB2019年管理规模约2万亿元，权益资产占比57%。② GPFG管理挪威石油资产收入用于财富增值和国民养老，2019年管理规模约7万亿元，权益资产占比70%左右。③ ADIA是阿联酋主权财富基金中最大的一只，2019年管理规模约5万亿元，权益资产占比40%～60%。截至2020年6月我国养老金结存近6万亿元，目前地方养老金托管至社会保障基金的仍不足1万亿元，假设未来5年50%以上的地方养老金托管至社会保障基金，总规模扩增至6万亿元附近，其中15%～20%的资产投资于权益资产，持股规模可能约1万亿元。

假设未来5年，每年全国保费保持8%的增速，可运用资金增速也保持在8%附近，保险投资股票和基金的比重不变，则持股规模有望达到1.8万亿元。此外，银行非保本浮动收益类理财的规模在20万亿元的数量级，如果有10%投入股票市场，未来10年持股规模有望达到2万亿元。

9.3.2 其他类别机构化进程依然值得期待

除了上文曾提到的公募基金、外资、保险、社会保障基金、银行理财这五个主要的机构投资者，境外市场还涌现了多种其他类别的机构投资者，促进了资本市场的投资者结构更加丰富，包括大学基金会、封闭式基金、单位投资信托、慈善基金等。

境外知名大学基金会如耶鲁基金会，在百年发展历史中资产总额增长迅速。根据耶鲁基金会官网数据，1990～2020年，基金会的总资产已经从530万美元增长至312亿美元，年均复合增长率达10.67%，资产总额从2019年6月20日的303亿美元增加到了2020年6月30日的312亿美元。耶鲁基金会在2019财年实现了扣除费用后6.8%的收益率。在过去十个财年里实现年均收益率10.9%，过去二十个财年里实现年均收益率9.9%，投资收益位于同类机构投资者前列。

封闭式基金在机构投资者中也扮演着一个较为重要的角色。根据Investment Company Institution的年度报告，2019财年美国封闭式基金总规模达2780亿美元，封闭式基金数量为500只。近十年，美国封闭式基金总规模缓慢增长，从2009年的2240亿美元小幅增长至2019年的2780亿美元；数量持续减少，从2009年的629只减少到2019年的500只（在此过程中部分封闭式基金转换为开放式基金或者 ETF，导致其数量持续减少)。美国封闭式基金的资金在股票和债券上的分配比例较为稳定，2019 年封闭式基金中有 61% 持有债券，有 39% 持有权益资产，资金规模约为 1070 亿美元。

单位投资信托是一种兼具开放式基金和封闭式基金特征的机构投资者。根据 Investment Company Institution 的年度报告，单位投资信托规模在 2009 ～ 2014 年间稳步增长，从 380 亿美元增长至 1010 亿美元，在 2014 年达到最高点之后开始下降。2019 财年美国资本市场上的单位投资信托资产总额为 790 亿美元。数量上单位投资信托自 2009 年以来一直处于下降区间，从 2009 年的 6049 家减少到 2019 年 4571 家。

不同类别的机构投资者对应不同投资者的收益率要求和风险偏好，居民资金的持续入市不仅依靠上述五类主要机构投资者的发展深化，还需要依靠机构投资者类别的丰富化。比如在境外发展较为成熟的大学基金会，在我国仍然具有较大的发展空间。根据 IIR 研究院发布的报告，我国高校教育基金行业起步较美国晚 100 余年，截至 2020 年 6 月 15 日，符合大学基金会典型特征的各级各类高校教育基金会有 623 家。"2018 年，40 家一流大学高校教育基金会的捐赠收入占所有高校教育基金会整体捐赠收入的 59%，而 2019 年净资产在 10 亿元以上的大学仅 6 所，头部聚集与两极分化情况均较为明显。"

根据美国施惠基金会出版的《美国慈善捐赠报告 Giving USA》(2019)，2019 年美国个人基金会、遗产、和企业向慈善机构捐赠了约 4496.4 亿美元，是有史以来慈善捐赠最多的年份。以现值美元计算的 2019 年慈善捐赠总额比 2018 年的 4314.3 亿美元捐赠总额增长了 4.2%（经通货膨胀调整后增长了 2.4%）。根据捐赠来源不同，主要可以分为个人捐赠、基金会捐赠、遗产捐赠和企业捐赠等。个人捐赠约为 3096.6 亿美元（同比增长 4.7%）。基金会捐赠增加了 2.5%，在 2019 年约达到 756.9 亿美元（经通货膨胀调整后增长率持平），达到有史以来最高的金额，且在 2009 ～ 2019 年里，基金会捐赠有 9 年都在增长，2018 ～ 2019 年占捐赠总额的 17%，是有记录以来的最大比例。遗产捐赠额估计为 432.1 亿美元，与 2018 年基本持平，增长率为 0.2%。企业捐赠增长了 13.4%，总额达到 210.9 亿美元（经通货膨胀调整后增长 11.4%）。

中国的慈善基金发展由于历史和理念等因素发展相对较慢，捐赠总额也相对较少。根据中国社会科学院社会政策研究中心等机构发布的《慈善蓝皮书：中国慈善发展报告（2020）》，2019 年中国社会公益资源总额为 3374 亿元（同比减少 0.97%），其中社会捐赠总额预测约为 1330 亿元，志愿者贡献总额为 903.59 亿元，彩票公益金募集额为 1140.46 亿元，分别同比增长 4.72%、9.7% 和 −13.18%，不管从总额还是分项来看，国内公益慈善基金都还有较大的发展空间。

其他的机构投资者如券商资管、券商自营和私募基金也在资本市场扮演重要角色，未来发展规模也有望进一步增长。其一是券商资管，截至 2018 年底中国资产管理行业总规模约 124.03 万亿元（银行理财规模截至 2018 年 5 月，其他截至 2018 年 6 月，数据来自前瞻产业研究院），较 2017 年底仅略有回落。有机构估算 2020 年底我国高净值人群与一般家庭的可投资资产总额将分别达到 97 万亿元与 102 万亿元，即每年有 1.5 万亿元的增量。其二是券商自营，券商自营逐渐占据一个更加重要的角色，根据 Wind 数据，使用所有券商自营投资收益除以其收益率算出券商自营规模，截至 2019 年 6 月 30 日、2019 年 12 月 31 日和 2020 年 6 月 30 日，券商自营规模分别为 2.61 万亿元、2.87 万亿元和 3.00 万亿元，规模稳步扩大。其三是私募基金，从 2016 年到 2020 年，中国私募基金数量和规模稳步增长，数量从 46 505 增长至 96 852 只，规模从 7.89 万亿元增长至 15.97 万亿元。分具体类别来看，私募证券投资基金数量最多，2020 年有 54 355 只，私募股权、创业基金规模最大，截至 2020 年 12 月 31 日，资产净值为 11.06 万亿元。

9.3.3 机构化有望降低 A 股波动率，提高稳定性

中国市场加快机构化，有助于提升资产的稳定性，吸引更多的资金配置权益资产。过去的 A 股无论是上市制度、交易制度、公司质量还是投资者结构，都处在一个走向成熟的过程，因此贵州茅台这些核心资产，尽管长期收益率较高，但是在部分投资者的频繁交易、追涨杀跌之下，波动过大，难以被长期资金持续加配。过去 A 股的波动较大，反过来又促使个人投资者必须跟随市场频繁交易、追涨杀跌，形成负面循环。当市场投资者结构转向机构化后，整体波动有望下降，更多配置型资金可以控制好风险，源源不断地投入更多资金配置 A 股市场，持续推动 A 股长牛。

从实际数据来看，机构投资者的持股相对更加稳定，平均换手率约为个

人投资者的 1/4。根据上交所的数据统计，2008 ～ 2017 年间，机构投资者的换手率明显低于个人投资者。由于市场行情原因，机构投资者与个人投资者在 2009 年和 2015 年的换手率均较高。除去这两年来看，2008 ～ 2017 年间，机构投资者年换手率均保持在 200% 以下，平均年换手率为 165%，个人投资者平均年换手率则接近 700%，是机构投资者的 4 倍还多（见图 9-14）。

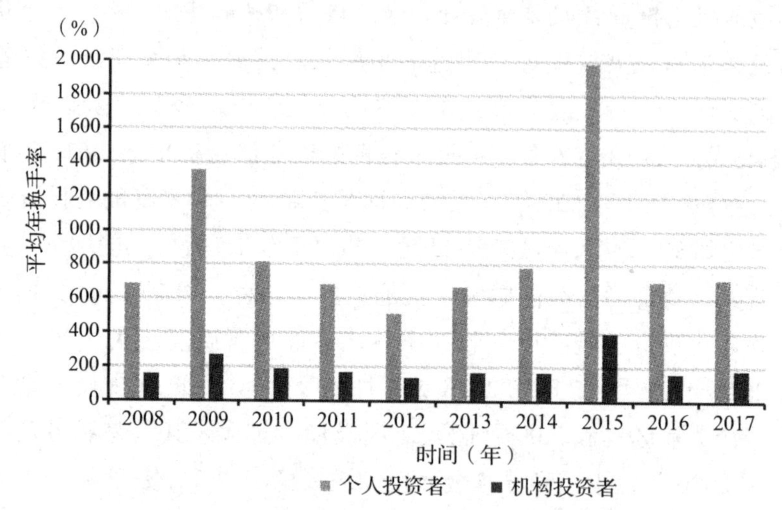

图 9-14 机构投资者与个人投资者平均年换手率

资料来源：Wind，兴业证券经济与金融研究院。

2013 年以后，个人投资者增多则加剧市场波动，机构化则提升市场稳定性。2013 ～ 2015 年间，A 股市场中个人投资者的持股市值占比（指个人投资者持股市值占全部 A 股流通市值剔除一般法人持股市值后的比例）从 72% 上升至 78%，个人投资者的成交额占比从 81% 上升至 87%，散户主导市场的局面进一步加剧。与此同时，全部 A 股年换手率从 150% 附近上升至 500%，年波动率从 20% 左右上升至 50%。2016 ～ 2018 年间，个人投资者的持股市值占比从 78% 下降至 72%，机构投资者的持股市值占比从 22% 上升至 28%，投资者机构化得到了一定程度的推进。与此同时，全部 A 股年换手率从 500% 降至 200% 附近，年波动率从 50% 降至 10% ～ 25% 的良性区间。

随着机构持股比例增加，个股波动率下降，股价上升。从个股角度，我们也可以得到相印证的结论。我们在这里选取华润三九（医药）、中南传媒（传媒）、安琪酵母（消费）、金地集团（地产）这 4 家机构持股比例较高、分属不同行业的公司为例。截至 2019 年第三季度，安琪酵母、华润三九、中南传媒、金地集团机构持股比例（机构持股数量 / 流通 A 股数量，分子分母均剔除一般法人持股数量）分别达到 83%、71%、68%、66%。可以看出，这 4 只股票的换手率和波动率均与机构持股比例存在密切的负向关系，随着机构持股比例的上升，股票换手率和波动率均呈现出下降的态势，股价表现也较为出彩。华润三九、安琪酵母机构持股比例增加，波动率下降，股价上升如图 9-15 和图 9-16 所示。

未来随着中国金融市场的发展，机构投资者业态持续丰富，将为居民资金入市提供更多选择，在一定程度上促进居民资金入市，从而为 A 股机构化打开更加广阔的成长空间。“居民财富入市—A 股机构化—权益资产吸引力升级”的循环逐步形成，使 A 股有望复刻美股 40 年长牛历史，推动 A 股进入历史上首次长牛行情。

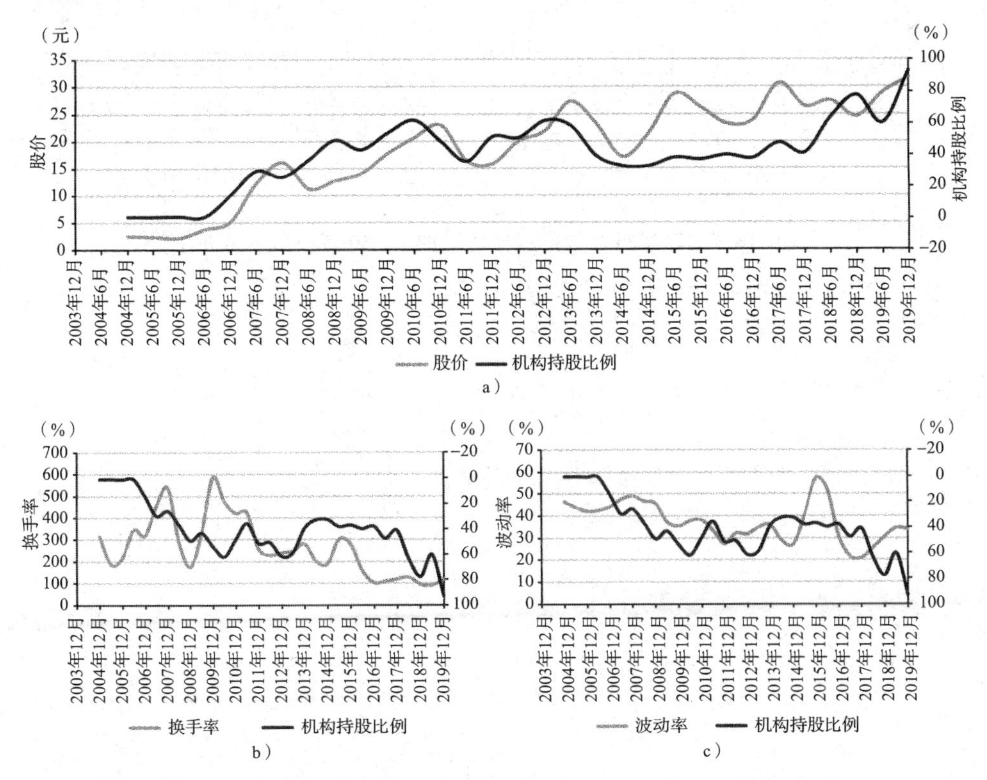

图 9-15　华润三九机构持股比例增加，波动率下降，股价上升

资料来源：Wind，兴业证券经济与金融研究院。

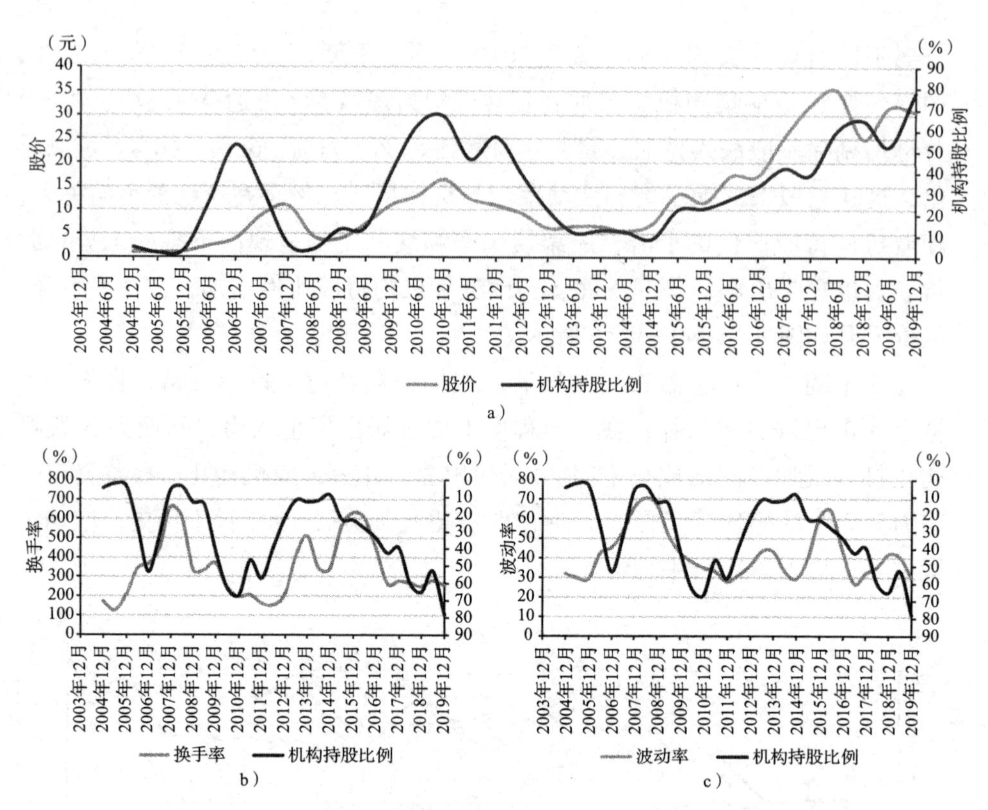

图 9-16 安琪酵母机构持股比例增加，波动率下降，股价上升

资料来源：Wind，兴业证券经济与金融研究院。

|第10章|

制度改革是A股长牛奠基石

我们在前几章中探讨了投资者结构对市场能否平稳运作、行情如何演绎起到了关键作用，但不能忘记支持A股走出健康长牛的根本——制度。前事不忘，后事之师。自1990年12月上交所开市至今30多年来，中国股票市场从无到有，由弱变强，制度建设同步发展，从幼稚期“干中学”逐渐走向系统化，走向成熟。当下随着时代赋予我国资本市场“在金融运行中具有牵一发而动全身的作用”。同时，在国家重视、居民配置、机构配置、全球配置的“四重奏”指引下，权益时代隆重开启。注册制、再融资、回购、分红、退市等制度不断优化，资本市场生态日益成熟，法律法规、监管制度逐渐完善，制度不仅起到保护投资者利益，提升股票市场运转可持续性的作用，而且不断深化贯彻推动资本市场支撑实体经济的历史使命。本章从《证券法》修订说起，逐一介绍A股市场重要制度和政策的变迁，并通过研究分析展示为什么中国制度变革会给接下来的资本市场长牛打下坚实基础。

10.1 资本市场“牵一发而动全身”

哈佛大学商学院教授波特在其著作《国家竞争优势》中，将国家竞争力发展分为生产要素导向、投资导向、创新导向和财富导向四个阶段。在21世纪初中国进入生产要素导向阶段，在通过低廉劳动力和土地资源参与国际大循环同时，我国资本市场也实现从零开始的起飞。在加入WTO、“四万亿”投资和供给侧改革等二十多年投资导向阶段过后，我国资本市场正逐渐迈入创新导向阶段。在投资导向的工业化时代，投资的主要资金来源是银行，通过银行提供的社会资本和劳动结合创造最大物质产品。但是在创新导向阶段，银行资金囿于其资金性质，难以对风险相对较高的创新活动形成有效资金支持，因此在这一阶段股票市场作为社会资源配置的力量，能够发挥更有效作用。十八大明确提出实施创新驱动发展战略的重大部署。2013年，十八届五中全会提出五大发展理念并将“创新”放在首位，加快建设创新型国家。在这一阶段中，国家重视创新投资，生产效率、投入产出效率大幅提升。因此从国家发展阶段和资本市场对科技创新的推动作用两个维度来看，国家对资本市场的重视凸显资本市场时代重要性和资源配置关键作用。下面我们基于这一论点展开详细阐述。

10.1.1 资本市场为经济转型提供重要支撑

第一，从国内宏观环境看，创新驱动发展的经济提升了以直接融资为代表的资本市场战略地位。从1978年以来，支撑中国经济发展的主要融资模式是以银行信贷为主的间接融资。但是2013年以来中国宏观经济面临新旧动能转换的压力，在经济发展新旧动能转换背景下，新动能对高风险偏好资金的需求和银行系统提供的低风险偏好资金不匹配。在需求端，新旧动能转换的核心是通过促进新技术、新产业、新业态、新模式为代表的“四新经济”，推动经济发展新增长点。而在供给端，银行业限于政策、产品、风险管控的要求，难以有效满足新旧动能转换客户的金融需求。新旧动能转换过程中有众多中小企业，有一部分企业因为规模小、自身积累不足、有效抵押物不足等问题，不能获得银行传统信贷业务的充分支持，并且银行偏向稳健的风险分担机制并不能有效促进新兴产业相关的信贷风险缓释。除此之外，银行面临与企业信息不对称的问题，部分银行不熟悉相关产业，缺乏专业人才，无法根据产业的特点区别对待贷款额度、期限等指标，这些因素的存在均在一定程度上制约了银行对新旧动能转换的信贷投放的支持。

第二，全球环境来看，中美博弈背景下传统直接补贴的方式走不通了，需要依靠股票市场融资的这一渠道。2018年中美贸易摩擦引起了两国和世界资本市场的震动，首当其冲的是股票市场。贸易摩擦打击了股民的投资活跃度和市场信心，市场预期动荡。并且，作为中国长期以来的贸易伙伴，美国不断发起反倾销调查和反补贴调查，增加了我国产品出口的难度，也挤压了出口企业的生存空间，直接补贴的支持力度被大大遏制。出口企业面临关税和成本上升的风险，我国GDP增速受限，经济出现下行压力。展望未来，以零关税、零壁垒、零补贴为代表的“三零”原则将推动中国经济二次入世，外部压力下我国资本市场将加速改进上市管理，完善监管制度，以股票市场为代表的直接融资成为政策新的着手点。随着注册制等IPO上市监管制度不断完善，信息披露和规范性不断提高，更多优质的企业将在中国股票市场获得资金，发展优势、扩大生产，增强中国经济对冲外部波动的能力。

第三，权益市场大发展，有利于降低实体经济杠杆率。2008年金融危机后，我国分别经历了非金融企业、政府、居民三轮加杠杆过程（见图10-1），目前实体经济杠杆率达到250%，继续增加杠杆率可能性下降。特别值得注意的是，2017年中国新增融资超过90%都是债权，股权的比例低于10%，非金融企业杠杆率明显偏高。因此，提升股权融资比例是降低国民经济杠杆风险的关键措施。

第四，从美国历史经验来看，美国科技产业发展领先，在一定程度上是依靠硅谷的科技力量和华尔街的资本配置力量，因此中国也需要类似华尔街的资本配置力量。现今我国经济进入创新导向阶段，想要大力鼓励和引导科创企业创新和成长，需要资本市场的协调和支持，引导社会资本支持科技创新。科创板弥补了A股市场在支持科技创新“小巨人”企业上的“制度短板”，一定程度上调和了科技型企业轻资产、高投入等天然属性与我国目前仍以间接融资方式为主之间的矛盾。截至2020年末，科创板共向215家企业“输血”3050亿元，囊括了中芯国际超过500亿元的募资总额，细分行业龙头中芯国际、金山办公、传音控股和康希诺等迈入“千亿元市值阵营”。继往开来，资本市场肩负着落实创新驱动发展战略的时代使命，科创板或能灵活适配科创企业对于企业治理、IPO、再融资、收购兼并、股权激励等各环节的需求，支持企业不断创新、创造价值，支撑关键核心技术的提升和实体经济的快速发展，助力中国经济高质量发展。

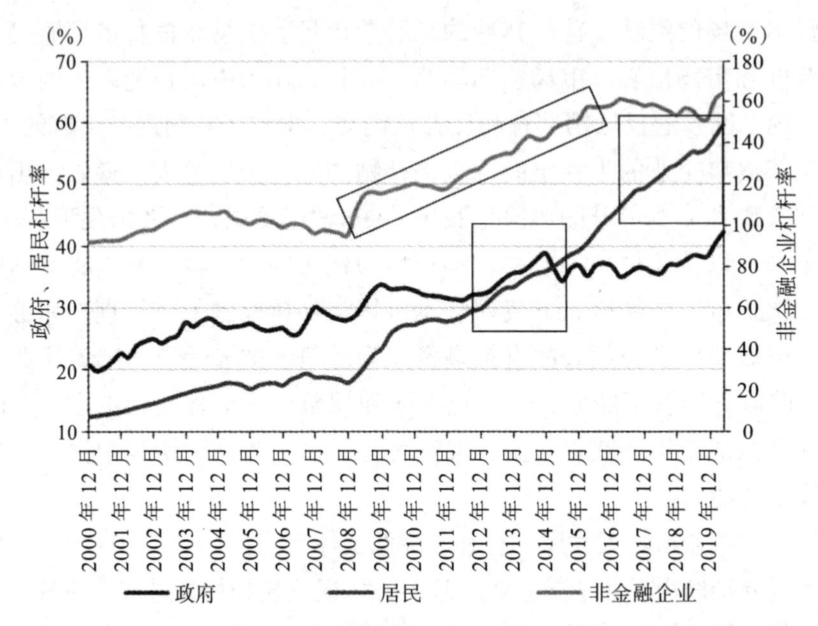

图 10-1 2008 年后我国经历非金融企业、政府、居民三轮加杠杆过程

资料来源：Wind，兴业证券经济与金融研究院整理。

中国资本市场地位越发重要，从 2019 年设立科创板、扩大金融业对外开放、新三板改革，到 2020 年资本市场的建设更进一步，创业板注册制实施、新三板改革落地、科创板制度体系加速完善。在中国经济和金融体制改革不断深入，资本市场战略地位明显提升的时代背景下，强化金融服务实体经济，构建资本市场正循环成为政策主要发力点。此外，物联网、车联网、5G 等正在开启全球新一轮技术创新阶段，资本市场的支持力度和战略重要性前所未有。在这一技术创新阶段，我国将逐步走在世界的前列。从专利角度来看，根据世界知识产权组织数据显示，2019 年中国第一次超越美国，成为世界上有效专利数量最多的国家。

10.1.2 《证券法》第二次修订凸显资本市场重要性

为什么要从第二次《证券法》修订说起？因为从百年股票市场历史经

验来看，法律起到比一般制度更基础的作用。以美国为例，《1934年证券交易法》颁布，对证券欺诈和操纵进行了严格的限制，标志着美国股票市场从20世纪30年代之前以投机为主流的市场逐渐转变为20世纪30～50年代的规范发展市场。从中国实践来看，2019年12月28日，第十三届全国人大常务委员会第十五次会议通过了对《证券法》的修订，这是《证券法》继2004年、2013年和2014年三次小幅度修正和2005年第一次全面修订之后再次进行的大幅度修订。这次《证券法》修订在中国经济和金融体制改革不断深入，资本市场战略地位明显提升的时代背景下，以强化金融服务实体经济，扩大直接融资比例作为改革的重要发力点。此次修订进一步完善了股票市场基础制度，为有效防控市场风险，提高上市公司质量，切实维护投资者合法权益，促进股票市场发挥服务实体经济的功能，提供了坚强的法治保障，具有非常重要而深远的意义。

1990年中国资本市场年轻稚嫩发展的同时也问题不断，1997年东南亚金融危机更是给这个逐渐成长的资本市场敲响了警钟。如果仅仅依靠行政法规来进行规范，将无法有效防控和监管金融和股票市场风险。在这样的大背景下，1998年中国首部《证券法》应运而生。《证券法》诞生迄今经历了三次修正、两次修订（见图10-2）。2004年8月美国资本市场上安然公司财务造假丑闻事件的“黑天鹅”直接助推中国《证券法》第一次修正。此外，国企炒股、银行资金违规入市等股票市场问题凸显，亟须出台法律法规来规范市场秩序。股票市场实践和监管经验进一步丰富同时实践中也暴露出一些问题，如部分上市公司的治理结构不健全、质量不高，信息披露制度不健全、对董事、监事和高级管理人员缺乏诚信义务和法律责任等法律制度漏洞，推动《证券法》进行2005年10月第一次重大修订。2013年6月、2014年8月《证券法》进行了两次小幅修正，以更好地适应资本市场发展。从2015年4月十二届全国人大常委会第十四次会议、2017年4月第二十七次会议再到2019年4月十三届全国人大常委会第十次会议，最终形成新《证券法》修订版，于2020年3月1日正式实施。

与2014年《证券法》对比，我们可以总结出2019年新《证券法》有以下四大亮点。

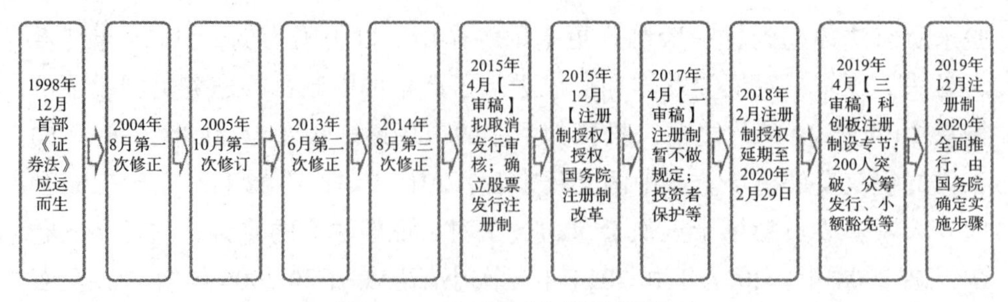

图 10-2 《证券法》修订历程

资料来源：兴业证券经济与金融研究院。

第一，扩大了证券的定义和管辖范围。存托凭证、资产支持证券、资产管理产品等“准证券”均被纳入新《证券法》监管范围。

第二，全面推行注册制。注册制，即股票市场的证券发行注册制，是公司发行证券上市的制度安排，不同于核准制。

第三，设立信息披露专章和投资者保护专章。在信息披露专章中，以信息披露为中心，证券发行文件必须披露充分，内容应当真实、准确、完整，强化董监高责任，完善信息披露方式等。

第四，大幅度提高违法成本。对发行人、控股股东、实控人、保荐人等各主体的违法成本进行详细阐述。以发行人为例，违法所得的一律没收，并大幅度提高罚款数额，其中，欺诈发行最高罚至2000万元。已经发行证券的，处以非法所募资资金金额百分之十以上一倍以下的罚款，对直接负责的主管人员和其他直接责任人员，处以100万元以上1000万元以下罚款。

整体来看，《证券法》立法框架立足于“便利企业融资”和“保护投资者”两个基本目标，新《证券法》的出台一方面有助于大力发展股权融资，另一方面将推动存量上市公司的优胜劣汰，两者将共同推动实体经济高质量发展。

10.2 制度变化对行情起到重要作用

10.2.1 《证券法》修订对市场行情具有很重要的指示意义

1. 中国历史上证券法出台或者修订之后往往迎来牛市

1998年12月29日第九届全国人民代表大会常务委员会第六次会议通

过了修改长达五年的《证券法》，它确定了中国股票市场活动的基本法律规制，对于公司融资、保护投资者权益、防范金融风险、保障股票市场健康发展提供了重要法律保障。从贯穿1998年迄今的20多年的历史中，我们可以发现《证券法》出台和修订与股票市场牛熊波动密切相关。

第一，从1999年《证券法》施行前的“5·19”行情到2001年6月，上证指数翻倍。如图10-3所示，1999年5月17日至2001年6月13日，上证指数由1047点上涨至2245点，涨幅114%，时间跨度2年左右，其间上证指数PE由37倍涨至65倍，提升75%。1999年5月16日，国务院批准了证监会上报的推动股票市场发展的六点意见，5月17日上证指数1047点，5月19日上证指数上涨4.6%，标志着这一轮牛市的开始，史称“5·19”行情。尽管在《证券法》正式出台后，市场出现24%的下跌，但是拉长来看，这仅仅是牛市中间的休整阶段。直到2001年6月13日证监会宣布国有股减持办法即将出台，投资者担忧国有股减持产生的负面影响，6月14日上证指数创出2245点高点后开始下跌，牛市才走向结束。由此来看，从两年维度来看，《证券法》在规范市场秩序的同时，也推动了股票市场走出牛市行情。

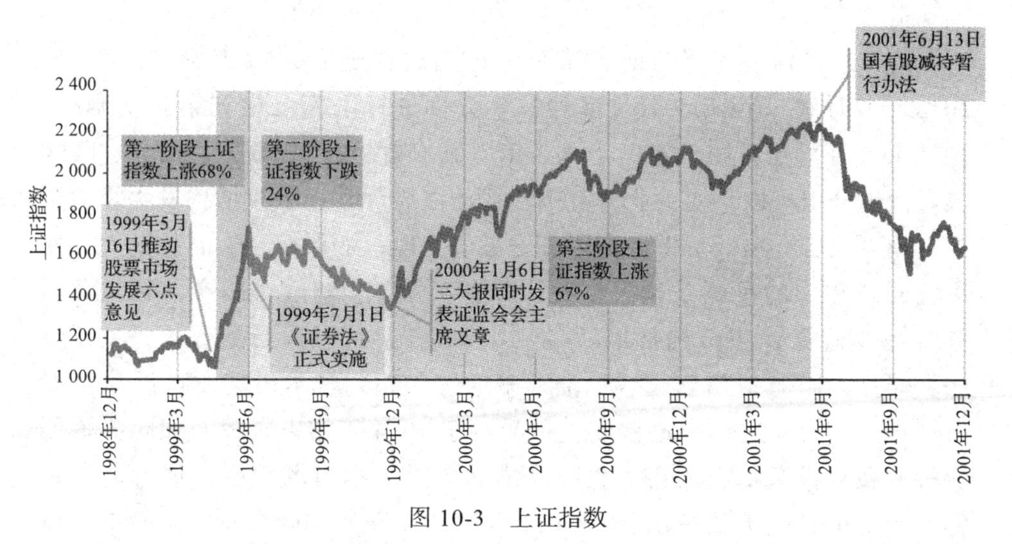

图10-3 上证指数

资料来源：Wind，兴业证券经济与金融研究院整理。

第二，2005年《证券法》修订伴随着5倍大牛市应运而生。2005年下半年至2007年，短短两年的时间，A股走出了历史上至今未能超越的一次大牛市。上证指数从2005年6月探底998点后，一路直奔2007年10月16日的6124点，整整翻了5倍多（见图10-4）。从当时环境来看，这一轮牛市背后的主要驱动因素为经济基本面的强力支撑，叠加股权分置改革落地、人民币汇改等事件带来的风险偏好提升，同时伴随着规模持续扩大的贸易顺差及公募基金发行高峰。这所有的一切，都为资本市场的流动性带来了源源不断的补充。与1998年《证券法》相比，2005年对《证券法》修订的主要内容包括：①完善上市公司的监管制度，提高上市公司质量；②加强对证券公司的监管，防范和化解股票市场风险；③加强对投资者特别是中小投资者权益的保护力度，建立证券投资者保护基金制度，明确对投资者损害赔偿的民事责任制度；④完善证券发行、证券交易和证券登记结算制度，规范市场秩序；⑤完善证券监管制度，加强对股票市场的监管力度；⑥强化证券违法行为的法律责任，打击违法犯罪行为；⑦对分业经营和管理、现货交易、融资融券、禁止国企和银行资金违规进入股票市场等问题进行了修订。随后上证指数从998点的低点进入普涨阶段，A股市值从3.2万亿元涨到市场最高点时28万亿元，涨幅近7.75倍。

第三，2014年8月《证券法》修正同时伴随着A股市场进入牛市。2013年6月和2014年8月《证券法》分别进行了第二次和第三次修正。2015年《证券法》第一百二十九条第一款修改为："证券公司设立、收购或者撤销分支机构，变更业务范围，增加注册资本且股权结构发生重大调整，减少注册资本，变更持有百分之五以上股权的股东、实际控制人，变更公司章程中的重要条款，合并、分立、停业、解散、破产，必须经国务院证券监督管理机构批准。"从2014年7月开始，特别是8月《证券法》修正，10月退市新规、沪港通开通等一系列资本市场改革推动A股市场进入牛市。这在一定程度上也受益于2014年初以来放开保险投资创业板、私募投资基金入市、央行降准和促进资本市场健康发展的若干意见等资本市场改革政策出台，到11月沪港通开通和降息后，A股市场持续走牛，以两融为代表的杠杆资金迅速扩张也成为牛市的重要催化剂（见图10-5）。

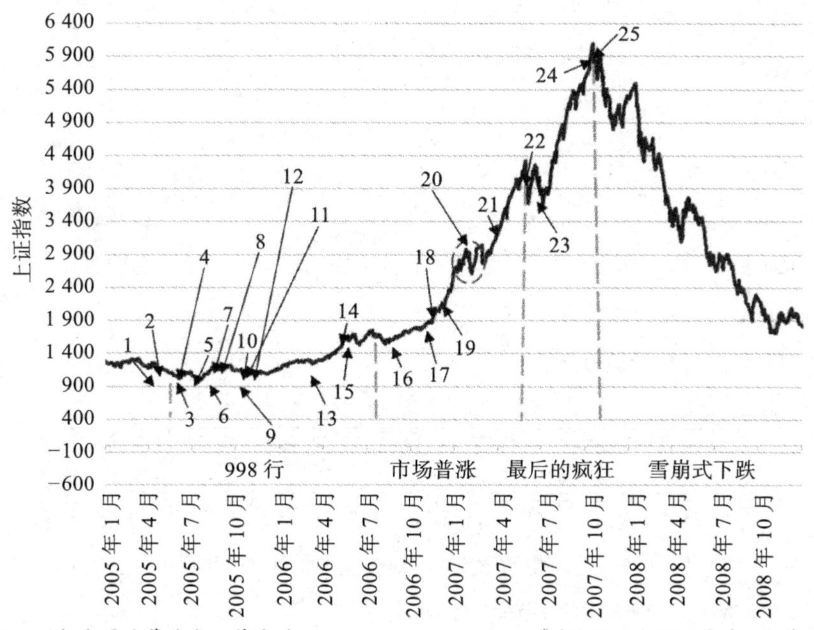

1 —股权分置改革试点工作启动

2 —首批4家股权分置改革试点企业进入实质操作阶段

3 —上证指数跌破千点整数关口

4 —证监会发文明确上市公司控股股东可以在股东大会通过股改方案后，可通过二级市场增持流通股

5 —人民币汇改

6 —宝钢权证正式上市

7 —《上市公司股权分置改革管理办法》发布，我国的股权分置改革进入全面铺开阶段

8 —全面股改首批40家上市公司名单公布

9 —国际原油价格大涨

10 —《证券法》修订

11 — 修改《中华人民共和国个人所得税法》

12 —中小板50家公司股权分置改革全部完成，沪深首个全流通板块诞生

13 — “十一五”规划通过

14 —《首次公开发行股票并上市管理办法》正式实施，股票市场迎来全流通时代

15 — “国六条”出台

16 —新“国八条”出台

17 —工商银行A+H股上市

18 —上证指数在6年后重返2 000点

19 —嘉实基金成为首发规模最大基金

20 — “泡沫论”盛行，2007年1～2月股票市场震荡杀跌，2月27日上证指数下跌8.84%，深证成指下跌9.29%，创下1997年以来最大单日跌幅

21 —美国次贷危机爆发

22 —印花税上调

23 —截至2007年6月末，基金资产管理规模已达到1.8万亿元

24 —十七大召开

25 —2007年10月16日，上证指数冲破6 000点，最高到达6 124点，是有史以来最高点位，随后泡沫破灭，牛市终结

图10-4 上证指数从998点直奔6124点牛市高点

资料来源：Wind，兴业证券经济与金融研究院整理。

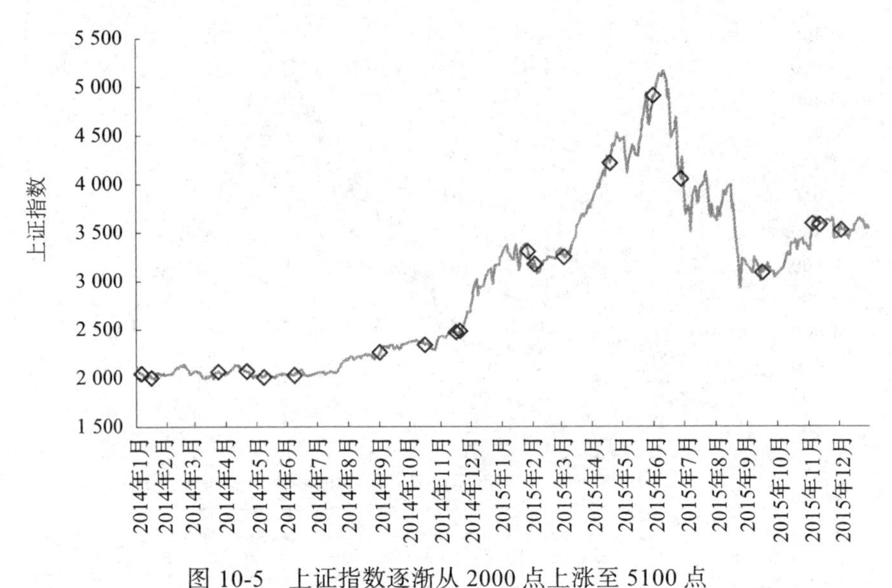

图 10-5 上证指数逐渐从 2000 点上涨至 5100 点

资料来源：Wind，兴业证券经济与金融研究院整理。

10.2.2 政策变化对市场走势息息相关

制度变化是影响股票市场牛熊波动的重要因素，既包括长期制度建设，也包括短期政策措施。1992 年 5 月 21 日上交所放开上交所全部股票涨跌停限制，并且采取"T+0"交易制度，上证指数单日上涨 105.3%，创造 A 股史上最大单日涨跌幅。截至 5 月 25 日，沪市自 1991 年 5 月底部以来一共上涨 1244%。由此可见，制度变化对股票市场运行的影响是直接而巨大的，通过复盘 A 股历史 30 年五轮牛市的牛熊拐点，我们可以发现政策、制度变化对股票市场运行产生了显著的影响，具体体现在以下几个方面。

一是 1996 年牛市行情终结于"十二道金牌"的政策强监管。经济刺激政策成为此轮上涨的重要催化剂，而监管层严厉打击市场过热和过度投机成为牛市终结的原因。1996 年国内 GDP 增速和 CPI 同比增速从顶点分别回落至 10%、7% 附近，中国人民银行年内两次降息（5 月 1 日、8 月 23 日）起到稳增长和刺激市场作用。从特征来看，低价股成为此轮上涨中最为火热的板块。指数快速上行 142% 引起监管层重视，1996 年下半年被称为“十二道金牌”的监管措施出台（见表10-1），人民日报于12月16日发表头版社论《正确认识当前股票市场》，当日沪市281只股票277只跌停，4只停牌。1996年12月24日，沪深指数分别下跌31%、38%。

表10-1 “十二道金牌”

序号	政策名称
1	《关于规范上市公司行为若干问题的通知》
2	《证券交易所管理办法》
3	《关于坚决制止股票发行中透支行为的通知》
4	《关于防范运作风险、保障经营安全的通知》
5	《关于严禁操纵信用交易的通知》
6	《证券经营机构证券自营业务管理办法》
7	《关于进一步加强市场监督的通知》
8	《关于严禁操纵市场行为的通知》
9	《关于加强证券市场稽查工作，严厉打击证券违法违规行为的通知》
10	《关于加强风险管理和教育工作的通知》
11	1996年12月16日恢复10%涨跌停限制与“T+1”交易制度
12	1996年12月16日人民日报头版社评《正确认识当前股票市场》

资料来源：公开资料，兴业证券经济与金融研究院。

二是1999年“5·19”政策牛市后，国有股减持的推进打击了投资者情绪。1999年下半年，政府做大资本市场蛋糕的意愿未改，政策性利好频出，如允许三类企业参与股票市场投资，获批保险公司可以将总资产的5%间接投入股票市场。但同时由于对做庄等行为明令禁止，违法资金纷纷出逃，造成A股进入调整期。1999年10月27日有关减持国有股的相关政策公布，12月2日证监会公告称年内将进行国有股配售试点，又给投资者情绪蒙上了一层阴影。1999年12月27日，上证指数从1756点跌回1341点。

三是2005年“5·30”上调印花税税率促进市场走出政策底部。2005年4月29日，证监会发布《关于上市公司股权分置改革试点有关问题的通知》，启动股权分置改革试点。然而市场对此的反应大大出乎监管层的预期，一个在事后被认为是解救中国四年熊市的“大礼包”，在当时却被市场演绎成重大利空。2005年5月30日凌晨，一则新闻出现在当天零点央视二套的《经济新闻联播》——我国证券交易印花税从1‰调整为3‰，上证指数一路下跌直至6月6日最低点998点，这一被称为“半夜鸡叫”的故事筑成了此轮熊市的政策底部。

四是政策强刺激推动2008～2009年牛市。一是在融资方面，2008年7月18日，证监会以回应股票市场热点问题的形式，开始控制新股发行节奏。同年9月，证监会事实上暂停了IPO，这是历史上第7次暂停IPO。二是在引入增量资金方面，2008年8月27日，证监会发布《关于修改〈上市公司收购管理办法〉第六十三条的决定》，鼓励上市公司股东增持股份，稳定股价。9月19日，汇金公司增持工商银行、中国银行、建设银行；同日，国资委支持央企增持或回购上市公司股份。10月5日，证监会宣布将正式启动证券公司融资融券业务试点工作。在一系列政策支持下，股票市场逐渐回暖，开始形成赚钱效应，进一步吸引更多资金进入。2009年3月至7月，新成立的股票和混合型基金规模达1151亿元，是2008年全年成立规模的3倍；新开股票账户数达785万户，是此前8个月的总和。增量资金的持续流入为股票市场稳步上行创造了条件。上证指数从2008年10月末的1664点持续慢涨至2009年8月初3478点，上涨超过100%。

五是2014～2015年牛市起于提高行政效率和促进科技创新，止于融资规范化的改革政策。2013年2月23日《国家重大科技基础设施建设中长期规划（2012—2030年）》印发，确定了七大科学领域重点，1月19日《关于深化科技体制改革加快国家创新体系建设的意见》发布，12月4G牌照下放，政策助力2013年成为移动互联网元年，也促成了2013年主板的低迷和创业板的牛市。2014年3月24日，国务院发布《关于进一步优化企业兼并重组市场环境的意见》，从行政审批、交易机制等方面进行梳理，发挥市场机制作用，全面推进并购重组市场化改革。2014年10月《上市公司重大资产重组管理办法》的修订提升了并购效率，2014年产业整合和并购成为主旋律。统计显示，在2014年A股上市公司涨幅前20名中，除去8只新股之外，涉及并购概念的占比为50%；排名前50名中涉及并购概念的占比达到58%。2015年6月13日，过热的市场引发监管层关注场外配资，证监会要求证券公司对外部接入进行自查并清理场外配资。2015年6月15日至7月8日，股票市场开启了暴跌模式。所谓配资，指的是投资者通过配资公司在原有资金的基础上按照一定比例借入资金进行投资，而融资融券指的是投资者向具有融资融券业务资格的证券公司提供担保物，借入资金买入证券或借入证券并卖出的行为。两者本质上都是借入资金进行投资的活动，但因场外配资是向非具有资格牌照券商公司借贷，未纳入监管范围，难以严格监控资本流入和流出，无法控制借贷比例，易产生过高杠杆，造成市场不稳定。因此，清理场外配资，发展规范的场内融资融券是十分必要的，良好的秩序将推动市场回归理性，维护资本市场健康发展。实际上，市场对清理场外配资政策的过度反应也说明市场有非理性因素的存在，证明了清理场外配资的必要性。

过去五轮牛市的起始与终结，均与资本市场制度探索尝试紧密相连。① 1991 ～ 1993 年牛市起始于涨跌幅限制放开和“T+0”交易制度的推出，改革开放带来的制度红利成为股市快速上行的重要暖风；② 1999 ～ 2001 年牛市能够走出调整期，源于基本面复苏，以及管理层引入券商、保险、社会保障基金等机构投资者的相关政策，行情终结于证监会严惩财务造假、“坐庄”等违法违规行为和国有股减持；③ IPO 制度是历轮牛市转折的关键影响因素，在 2005 ～ 2007 年牛熊切换中尤为明显，“巨无霸”IPO“吸血”过度，成为市场下行的重要催化剂；④ 2013 ～ 2015 年牛市不同于以往四轮牛市，是一场由配资推动的“杠杆牛”，清查场外配资致使本轮牛市终结；⑤除了 IPO 制度、交易融资监管制度、机构建设制度外，“T+1”交易制度的确立、再融资和减持制度的收紧与放松、熔断制度的设立与废除等，都对资本市场产生了深刻影响。

10.3 多维度解析制度给股票市场长牛带来的变化

本节详细阐述了中国当前在注册制、回购、分红、退市、再融资、税收制度多个方面的改革措施。我们认为随着 A 股市场生态逐渐改善、完善，A 股市场将逐渐具备走出长牛的制度条件。

10.3.1 注册制：降低市场化融资门槛

我们通过回顾中国股票市场发行制度改革历程和全球视角下注册制的

历史经验，来分析中国股票市场注册制未来发展趋势。

中国股票市场发行制度未来将逐渐走向注册制。历史上看中国股票市场发行制度从额度管理到指标管理，从通道制到保荐制，从核准制到注册制，如大禹治水般变革，经历了几代人不懈地疏通、改革。根据韩炜亮《从核准制到注册制：中国股票发行制度改革研究》的报告显示，中国股票发行制度可以分为四个阶段：第一阶段是 1990 年 11 月～2001 年 03 月，实行严格的行政审批制，其中 1990～1995 年实行额度管理，1996～2001 年 2 月实行“总量控制、限报家数”的指标管理；第二阶段是 2001 年 2 月～2004 年 2 月，实行核准制下的通道制；第三阶段是 2004 年 2 月～2013 年 11 月，实行核准制下的保荐制；第四阶段是 2013 年 11 月至今，由核准制向注册制过渡。

从全球视角来看，发行制度从政策干预程度由强到弱可以分为三类，分别是以 1999 年之前中国为代表的审批制、以英国、德国等欧洲国家为代表的核准制和以美国、日本为代表的注册制，如表 10-2 所示。

表 10-2 三类发行制度

项目	审批制	核准制	注册制
发行指标、额度	有	无	无
发行上市标准	有	有	无
主要推荐人	主管部门政府或行业	中介机构	中介机构
对发行做实质判断的主体	证监会	中介机构、证监会	中介机构
发行监管性质	证监会实质性审核	中介机构和证监会分担实质性审核职责	中介机构实质性审核，证监会形式审核
代表国家和地区	中国（1999 年以前）	英国、德国、中国香港、中国台湾（2006 年以前）、中国大陆（2001～2019 年）	美国、日本、中国台湾（2006 年至今）

资料来源：证监会研究中心相关资料，证监会有关部门负责人在 2013 年陆家嘴论坛新闻发布会上的答记者问。

以英国、德国等欧洲国家为代表的核准制突出实质和形式并重特征。在英国，公司股票在交易所上市要受到英国上市委员会和伦敦证券交易所双重审核，两者均包含实质审核内容（包括公司盈利、行业发展情况和公司管理等），只有通过双重审核才能在伦敦证券交易所上市。从历史发展上来看英国并不存在专门监管证券的部门，直到1986年英国通过《金融服务法》设立证券投资委员会推进股票市场各项监管改革。随着英国分业监管转向混业监管，英国九大管理机构合并为单一管理机构，证券投资委员会在1997年10月改制为金融服务管理局，并开始行使混业监管职权。2000年《金融服务与市场法》通过，金融服务管理局开始独立行使金融监管职权。在2000年伦敦证券交易所改制为股份公司后，其负担的上市审核权也转移到金融服务管理局。对于政府审核来说，金融服务管理局下属的上市管理部门UKLA主要根据上市规则和招股说明书规则进行。伦敦证券交易所交易的股票要求符合其“准入标准”和“披露标准”，但两者审核存在一定程度差异。

以美国、日本为代表的注册制下监管部门更重视“披露原则”。如表10-3所示，美国发行制度分为三个层次。第一层次是负责全国范围所有地区的美国证监会，其对证券发行的监管有严格的法律限制，主要基于“披露原则”来展开，重点是审核预上市公司是否披露了所有投资者关心的信息，并不对上市公司的盈利和管理等实质内容进行审查。第二层次在各州监管部门，重点关注欺诈和非法交易问题，各州审查存在明显差异性，有的会对招股书提出盈利要求。第三层次是在交易所层面上进行公司实质审查，包括盈利、销售额和利润增长等。相对于审批制和核准制，美国注册制的重点在于负责实质审核的主体从政府监管部门转向市场化的交易所。

表10-3 美国发行制度

新股发行审核主体	监管范围	依据法律	审核主要依据
美国证监会	所有地区	1933年《证券法》、1934年《证券交易法》、2002年《萨班斯－奥克斯利法案》《多德－弗兰克法案》	披露原则
州监管部门	本州	《蓝天法》、1996年《国家股票市场改进法》	预防欺诈和非法交易行为
交易所	本交易所		依据交易所战略设定，如NYSE的上市要求中包括了对公司实质内容的审核

资料来源：证监会研究中心相关资料，证监会有关部门负责人在2013年陆家嘴论坛新闻发布会的答记者问。

基于上述分析，目前国际上发行制度主要是核准制与注册制。总结来看，第一，以中国为代表的核准制是一种政府主导型的发行制度。这种制度下 IPO 发行人既要公开披露信息，还要符合上市门槛和财务指标，由监管部门对股票发行进行实质性审查核准（即中国资本市场成立初期所形成的审批制）。核准制最大的特点在于“严进宽出”，“严进”是指行政干预下证券发行监督机构对注册文件进行核准，同时进行实质性评定；“宽出”是指缺乏强有力的事后监督机制及完善的退市制度，对于有虚假陈述的发行人无法进行严厉的惩罚，不能强制要求不符合条件的发行人退出资本市场以保护中小投资者。因此核准制的优势在于能够大大降低股票市场的风险性，劣势在于严格的实质条件对新兴产业或者中小企业形成明显的挤出效应，新公司上市数量更容易受到非市场化因素的限制。此外，核准制下发行审核机构需要聘请专家进行审核，这样一方面会导致投资人对发行审核的依赖性增强，另一方面延长了证券上市的时间，高速成长期公司会受到一定程度的限制。发行审核权力过度集中于某些权力机构，也容易形成寻租现象。第二，以美国为代表的注册制是一种市场主导型的发行制度。注册制最大的特点是“宽进严出”，“宽进”是指以信息披露为核心要求上市公司按照市场机制和法律规则将相关信息进行全面、真实披露，由投资者自行判断，证券发行监督机构只对注册文件进行形式审查，不评定实质价值；“严出”是指强有力的事后监督机制，对于有虚假陈述的发行人进行严厉的惩罚。注册制优势在于“宽进严出”，劣势在于当市场上出现过多的投机者时将影响市场对企业价值的估值，放大市场风险。

那么，注册制改革能够给经济和市场带来什么积极变化？我们参考最有代表性的中国台湾股票市场“渐进”式两步改革过程。1983 年以前，台湾奉行单一的核准制，直到 1983 年对《证券交易法》进行重大修改，发行制度由单一核准制变为了核准制与注册制并行，简化了发行手续、提高了工作效率、促进了对投资者审慎投资理念的培育。当时台湾股票市场尚未十分成熟，保留核准制仍有利于规范上市公司质量。伴随着“渐进”式两步改革，台湾加权指数从 1983 年 400 多点上涨至 1984 年 700 多点之后，台湾股票市场从 1986 年开启超级大牛市，台湾加权指数 1990 年最高涨至 12 495.34 点。究其原因，台湾股票市场在 20 世纪 70 年代长期低迷一方面是由于当时规则设定下，公司盈利能力和资产质量等上市门槛过高，成熟公司或者说已经失去成长性的公司难以得到投资者认同，难以满足市场预期。另外，高门槛上市条件带来的发行高溢价和资源短缺导致市场出现较严重的造假活动，这也压制了市场投资情绪。在实行注册制之后，伴随着台湾电子产业高速发展，90% 的股票市场资金流入电子产业，不仅成为牛市催化剂，而且有力促进了台湾经济转型。

在核准制和注册制并行 23 年后，考虑到各项法律制度较为健全，各类市场主体也积累了注册制等方面经验，台湾在 2006 年再次修订《证券交易法》，彻底实现核准制向注册制的成功过渡。2006 年台湾注册制改革后，专业投资者在股票市场发挥了更大作用，投资者对于股票市场投机趋向合理化。实行单一注册制以后，新兴产业直接融资门槛大幅降低，成了新上市公司的主力融资渠道。新兴产业代表的未来发展方向，有着广阔的发展前景，因此核准制转向注册制进一步助推了台湾实体经济发展，电子、计算机、通信等新兴产业蓬勃发展，尤其是半导体行业，涌现了以台积电为代表的科技龙头公司，如图 10-6 所示，台湾股票市场在这一背景下走出长达 15 年的牛市。

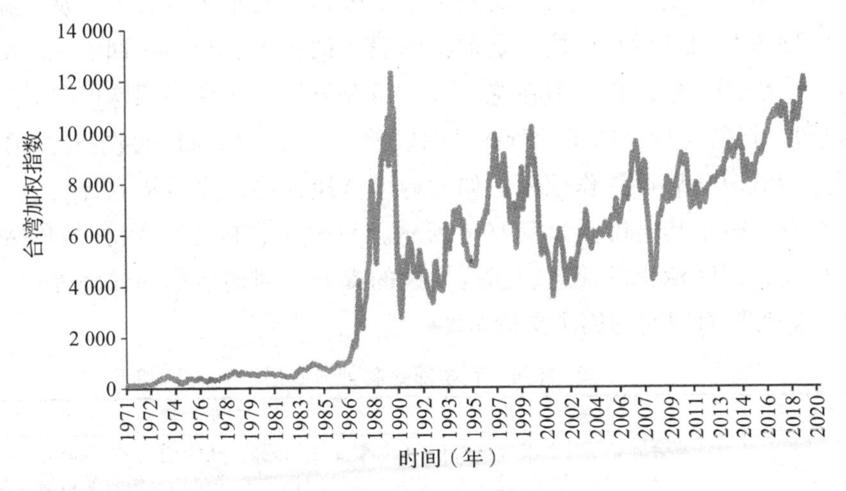

图 10-6 中国台湾股票市场

资料来源：Datastream，兴业证券经济与金融研究院整理。

基于上述关于发行制度的历史变迁、国家和地区的发展经验等，我们可以推断出未来中国将逐渐走向全面注册制。当前中国资本市场已经积累了丰富的注册制改革经验，不仅在增量市场的科创板试点了注册制，而且在存量市场的创业板成功实施了注册制改革。未来随着主板开始推进全面注册制改革，中国资本市场将进入全面注册制时代，向更成熟的市场发展。中国市场经济的持续发展需要新动力，企业发展需要更多的资金，注册制可以打通投资者和企业的直接融资渠道，可以预见企业直接融资比重将大幅提升，有创新活力和优质资产的企业将更容易在中国资本市场实现融资和快速发展。这将全面带动基础制度（比如发行、上市、交易、持续监管等）的改革，创造更加有效的市场定价机制，让市场更容易发挥资源配置功能，利于更多优质企业获得资金支持迅速发展。更多优质中小企业在资本市场上持续稳定发展，有望为中国资本市场引入新鲜血液，随着这些优质创新型企业发展壮大，国内投资者也有望充分、便捷地享受到这些优质创新型企业的发展红利，对市场形成正反馈，帮助资本市场实现长期健康发展。

10.3.2 回购：正循环股票市场资金平衡

从一般学术定义来看，回购是指上市公司利用现金等方式，从股票市场上购回该公司发行在外的一定数额的股票的行为。公司在回购完成后可以将所回购的股票注销，但在绝大多数情况下，公司会将回购的股票作为“库藏股”保留，虽仍属于发行在外的股票，不过不参与每股收益的计算和分配。库藏股日后可移作他用，如发行可转换债券、雇员福利计划等，或在需要资金时将其出售。如表10-4所示，我国回购制度的变化，如回购方式的扩充、回购流程的简化、回购规模的提升、回购情形的鼓励等，无一不体现监管层对回购的逐步支持态度。

表 10-4 我国回购制度的变化

时间	政策	政策内容
2005年6月	证监会颁布了《上市公司回购社会公众股份管理办法（试行）》	全面规定了回购的一般规定、程序和信息披露，规定上市公司回购方式包括要约收购和集合竞价并注销股份的方式
2005年10月	人大通过修订后的《公司法》	除要约收购和集合竞价并注销股份外，另增加两条回购方式：①将股份用于员工持股计划或者股权激励；②股东因对股东大会做出的公司合并、分立决议持异议，要求公司收购其股份

（续）

时间	政策	政策内容
2008年10月	证监会《关于上市公司以集中竞价交易方式回购股份的补充规定》	规定上市公司以集中竞价交易方式回购股份的决议方式、信息披露、决议内容、回购价格等。此规定最重要的一点是指出"上市公司以集中竞价交易方式回购股份，应当由董事会依法作出决议，并提交股东大会批准"，无须等待监管部门的审批，但是在此前的规定中，则要求对上市公司回购实施备案式的行政许可，备案之后监管部门出示无异议函才能实施
2013年4月	上交所发布《上市公司以集中竞价交易方式回购股份业务指引》(修订版)	增加了鼓励回购的规定，进一步规范上市公司回购操作等
2018年10月	人大通过关于修改《公司法》的决定	完善回购制度，增加回购情形；完善和优化决策程序，提高回购规模；建立库存股制度

资料来源：兴业证券经济与金融研究院整理。

特别值得一提的是，2018年10月全国人大常委会表决通过关于修改《公司法》的决定后，2019年A股市场完成回购的金额高达937亿元，相比2018年的246亿元增长将近3倍。如图10-7所示，2018年10月的政策放松带来2019年A股回购井喷式增长。

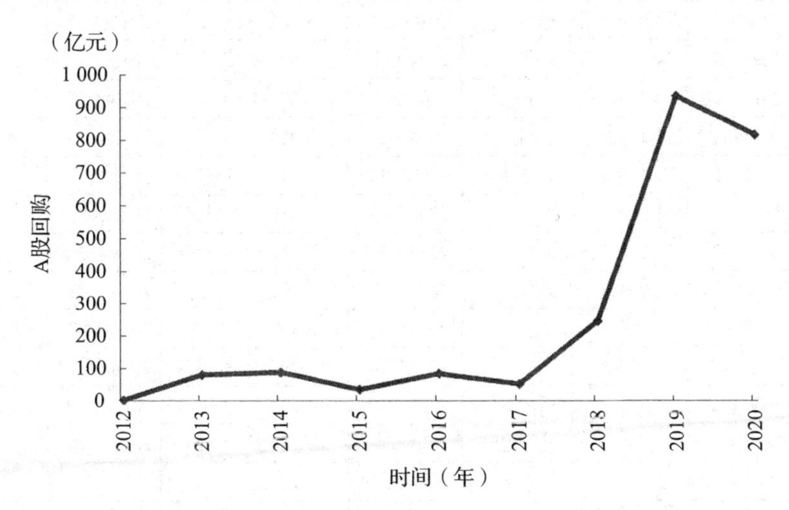

图10-7　2018年10月的政策放松带来2019年A股回购井喷式增长

资料来源：Wind，兴业证券经济与金融研究院整理。

回购是一种特殊的利润分配，对于EPS的提升有着显著的效果。回购后公司可以选择将股票用于注销、库存股、股权激励等方面，没有强制的注销规定，并且具有提振 EPS 的功能，能够带动股价上涨。例如苹果 2018 年大举回购高达 1000 亿美元，股价上涨立竿见影。2012 年以来伴随着苹果持续推出股票回购计划，公司股价持续上涨，从不到 20 美元逐渐上涨至 70 美元以上。基于财富网站的分析，回购对于苹果公司尤其重要，因为虽然公司利润庞大，却很难实现大幅增长。2015 ～ 2019 年，苹果的营收增长幅度不足 4%，只是从 534 亿美元增长到了 553 亿美元，但其每股收益却上涨了近 29%。苹果通过大规模回购，使流通股减少了 25%，所以每股收益上涨了约 90%。除了苹果，如表 10-5 所示，美国多家龙头公司自 2000 年以来持续回购。

表 10-5　2000 年以来美国部分龙头公司回购计划

公司名称	时间	回购规模（百万美元）	公司名称	时间	回购规模（百万美元）	公司名称	时间	回购规模（百万美元）
IBM	2018/10/30	912.8	思科	2019/2/13	4 402.0	苹果	2020/4/30	4 375.5
IBM	2017/10/31	931.9	思科	2018/2/14	4 943.6	苹果	2019/4/30	4 715.3
IBM	2016/10/25	955.8	思科	2016/2/10	5 076.1	苹果	2018/5/1	5 074.0
IBM	2015/10/27	979.5	思科	2013/11/13	5 361.6	苹果	2017/5/2	5 246.5
IBM	2014/10/28	990.0	思科	2010/11/18	5 585.3	苹果	2016/4/27	5 477.4
IBM	2013/10/29	1 090.0	思科	2004/11/9	6 646.2	苹果	2015/4/27	5 824.7
IBM	2013/4/30	1 114.5	思科	2004/5/13	6 872.8	苹果	2014/4/23	861.7
IBM	2012/10/30	1 130.0	思科	2003/9/23	6 954.0	苹果	2013/4/23	938.6
IBM	2012/4/24	1 153.5	思科	2003/3/19	7 111.9	苹果	2012/3/19	932.4
IBM	2011/10/25	1 194.3	思科	2002/8/6	7 316.6	杜邦	2021/3/8	538.4
IBM	2011/4/26	1 219.5	微软	2019/9/18	7 635.4	杜邦	2019/6/3	748.8
IBM	2010/10/26	1 261.3	微软	2016/9/20	7 792.5	杜邦	2018/11/1	2 307.4
IBM	2010/4/27	1 299.0	微软	2013/9/16	8 330.0	杜邦	2017/11/2	2 336.0
IBM	2004/10/26	1 675.2	微软	2004/7/20	10 794.7	杜邦	2014/11/12	1 178.6
IBM	2004/2/24	1 720.4	通用电气	2015/4/10	10 067.5	杜邦	2014/1/29	1 212.9
IBM	2003/10/28	1 730.2	通用电气	2013/2/12	10 340.1	杜邦	2013/2/15	1 199.2
IBM	2002/4/30	1 085.9	通用电气	2012/12/14	10 106.2			
IBM	2001/10/30	1 731.8						

资料来源：Bloomberg，兴业证券经济与金融研究院整理。

在美国股票市场，回购也是助推长牛的重要因素之一。美国市场回购制度经历了近50年的发展，源于20世纪70年代滞胀时期。尼克松总统为刺激经济增长，提出限制上市公司发放红利，促进企业投资，但是在当时环境下企业缺乏扩张的欲望，在限制红利发放这一政策约束下，回购成为一种替代发放红利的方式。20世纪80年代，里根总统推行供给学派的改革方案，放松对市场的管制，整合兼并活动更加突出，许多公司为反击恶意收购加大对自身公司股票的回购。之后在股票期权、财务灵活性等各种激励机制作用下，回购活动持续活跃。以标普500成分股回购数据来看，自从1997年以来，美国公司回购规模持续扩张，仅在2008～2009年和2020年等少数年份规模急剧下降，股票回购收益率维持在2%左右。

10.3.3 分红：完善股东回报机制

投资者购买股票，一般期望获得两种收益：一种是卖出股票时获得的价格差，即资本利得；另一种则是持有股票期间来自公司的分红。分红是股份公司在每年按股票份额的一定比例支付给投资者的红利，是公司对股东的投资回报，是股东收益的一种方式。

回顾我国现金分红制度的改革历程，2000年起，从无到有，监管部门正在积极推动我国上市公司现金分红制度的发展。A股市场分红相关重要变化体现在两个方面：2006年，我国分红制度开始迈入量化阶段。2006年发布的《上市公司证券发行管理办法》规定：上市公司发行新股须“最近三年以现金或股票方式累计分配的利润不少于最近三年实现的年均可分配利润的百分之二十”。2008年，证监会发布《关于修改上市公司现金分红若干规定的决定》，又对再融资分红政策进行了修改：上市公司发行新股须符合“最近三年以现金方式累计分配的利润不少于最近三年实现的年均可分配利润的百分之三十”。2013年，证监会提出了差异化现金分红政策，对处于不同发展阶段的上市公司现金分红比率做了明确规定。2015年财政部等联合发布《关于上市公司股息红利差别化个人所得税政策有关问题的通知》，减少长期投资者红利税，鼓励长期价值投资。2015年，证监会、财政部、国资委、银监会⊖等四部委联合发布《关于鼓励上市公司兼并重组、现金分红及回购股份的通知》，积极鼓励上市公司现金分红，完善股东

⊖ 已于2018年3月撤销。

回报机制，引导价值投资长期投资。2017 年我国 A 股年度累计分红总额首次超过万亿元，且规模稳步增长。如图 10-8 所示，2018 年和 2019 年我国 A 股上市公司现金分红比率分别达到 34% 和 35% 的历史新高。从行业上来看，金融地产、公用事业，以及能源行业的股息率相对较高。

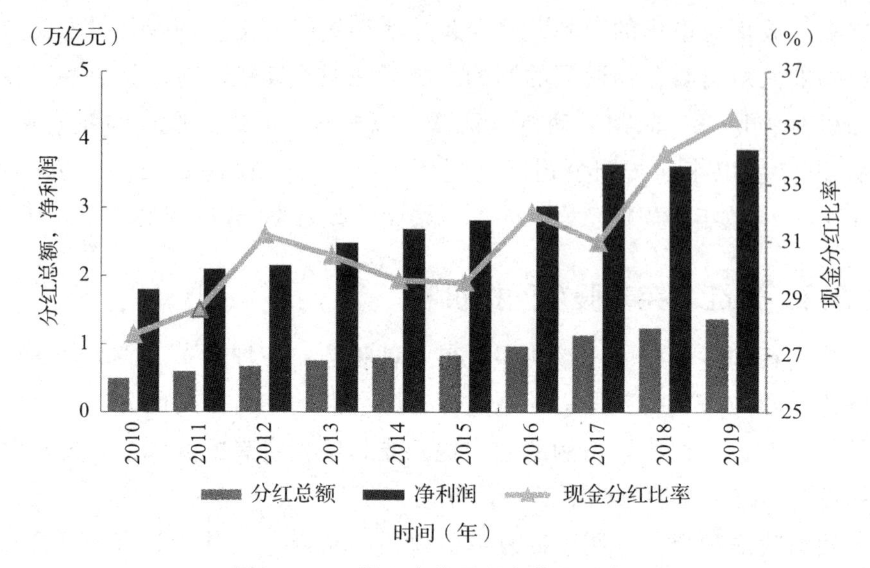

图 10-8 A 股上市公司现金分红比率

资料来源：Wind，兴业证券经济与金融研究院整理。

在分红制度的探索和进化之路上，美国等发达金融市场拥有着更丰富的经验和更先进的理念，值得 A 股学习和借鉴。对于美国大部分的上市公司来说，现金分红是需要履行的义务，需要定期或不定期地回馈股东。大部分公司按国际惯例按季分红，每年取利润中的 50% ～ 70% 用于现金分红，公司覆盖率、分红比率等均高于 A 股市场大部分公司。在分红的方式上，美国只有现金分红，没有送股分红。在投资理念和结构上，美国股票市场的机构投资者比例远大于 A 股市场，机构投资者更加理性，更加重视分红，因而投资者的分红收益更为稳定。A 股市场高股息分红的上市公司数量相对较少，投资者更注重股票买卖的资本收益。

在监管制度方面上，英国、美国、日本等先进发达国家拥有更完善的制度，可为国内现金分红的立法、监管、内部治理等提供借鉴经验。比如在信息披露方面，美国公认会计准则要求公众公司必须定期披露财务报表，即时报告进展情况，规定了具体的分红方式、比率。《日本公司法》对保护和平衡股东之间的利益有显著的效用，规定分红决议原则上由股东大会做出，列举出了股东大会决议表决权的具体限制。

受益于美股2000年以来牛市行情，美股整体分红规模快速增长。如图10-9所示，除了2008年金融危机导致2009年分红总额明显下降及2020年新冠肺炎疫情导致美国股票市场暴跌等极端因素之外，美股整体分红总额保持相对稳定的增长，分红总额增速从2000～2008年间的7.2%抬升至2009～2019年间的9.1%。

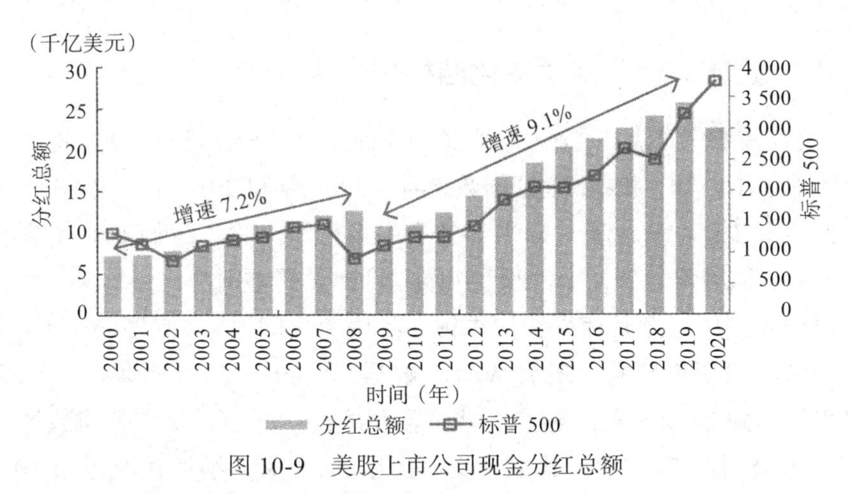

图10-9 美股上市公司现金分红总额

注：分红金额基于股息率和市值估算。

资料来源：Datastream。兴业证券经济与金融研究院整理。

从具体支持政策来看，一是布什政府曾在2001年6月、2003年5月、2008年2月三次签署减税法案，前两次减税法案中大幅削减个人所得税、遗产税、资本利得税等税种，譬如2003年以减税为核心的刺激计划是在10年内完全取消股票红利税，仅此一项减税额度就多达3000亿美元，这在一定程度上推动了2008年之前美国股票市场分红规模的快速增长。二是2008年奥巴马当选为美国总统后，一度打算将美国股票市场的红利税税率从15%提高到18%，但是整个奥巴马执政期间股票市场持续大涨，标普500涨幅超过230%，年化回报率超过16%，整体来看政策扰动并没有成为压制股票市场的负面因素。

我国股票市场可因地制宜地借鉴国外分红经验，完善上市公司内部治理机制。比如学习美国设置股利政策委员会，并规定独立董事人数应占到一半以上，建立股东强制分红诉讼和派生诉讼制度。分红制度的完善将使得资本市场理性化发展。首先，分红有助于提高投资者对 A 股市场的信心。从市盈率的现金流贴现公式来看，PE㊀的决定因素是预期利润的稳定增长率 g_n，股权成本 k_e 和红利支付率 d，更高的分红能够起到提振公司估值的作用，鼓励长期投资理念形成。其次，分红不断增加会吸引长期资金如养老金、企业年金的流入，促进投资者结构更加成熟。不仅如此，分红使得表现亮眼的成长性公司更具有吸引力，以分红吸引投资，进入良性循环。

10.3.4 退市：优胜劣汰催化结构长牛

《投资核心资产》一书中提到 2019 年底有不少人戏谑“中国股票市场十年才涨了 1 点”。如果从上证指数来看，2009 年和 2019 年都是 3000 点不到，而美股 2007 ～ 2016 年以来都处于牛市行情。除了我们能够在基本面上发现的不同因素之外，中美股票市场制度建设的差别也不可忽视。而在制度建设的差别中，尤其值得我们重视的是中美之间退市㊁制度的巨大不同。

参考美股历史经验，根据 WRDS 数据，1980 ～ 2017 年美股上市公司数量累计达到 26 505 家，退市公司数量达到 14 183 家，退市公司数量占到全部上市公司的 53.51%，其中纽交所退市 3752 家，纳斯达克退市 10 431 家。严格的退市制度使得美国股票市场保持着相应的活力从而有足够的余力接纳新公司，促进“新陈代谢”。良好的生态环境使得股票价格充分反映其价值，进一步保障了投资者进行“用脚投票”的权利，引导投资者更加重视“价值发现”。从图 10-10 和图 10-11 可以看出，美股 2007 ～ 2016 年牛市期间纳斯达克退市公司数量一直保持较高水平，并购占到退市原因的一半以上。

㊀ $PE=\frac{P_0}{EPS_0}=\frac{DPS_0(1+g_n)/(k_e-g_n)}{EPS_0}=d(1+g_n)/(k_e-g_n)$

其中，d 是红利支付率，EPS_0 是当期每股收益。从上式可知，PE 的决定因素是预期利润的稳定增长率 g_n、股权成本 k_e 和红利支付率 d。在不考虑其他因素的条件下，投资者会去寻求更高增长率（g_n）、更低风险（k_e）和更高红利支付率（d）的公司，满足这些特征的公司能够为投资者带来更高的 PE，从而使其获取更高的投资收益。

㊁ 一般来说，退市是上市公司由于未满足交易所有关财务等其他上市标准而主动或被动终止上市的情形，即由一家上市公司变为非上市公司。退市可分为主动性退市和被动性退市，并有复杂的退市程序。交易所对上市公司退市一般具有较大的自主权。

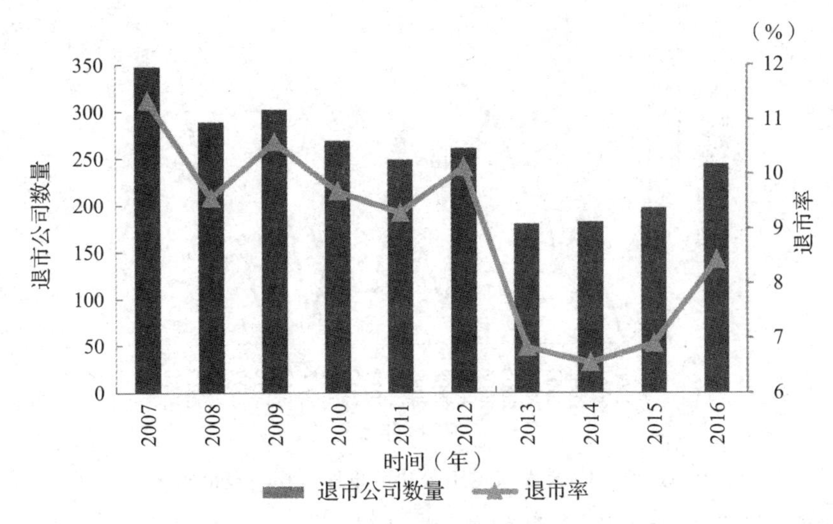

图 10-10　纳斯达克退市率保持在 6% ～ 11%

资料来源：WRDS，上交所，兴业证券经济与金融研究院整理。

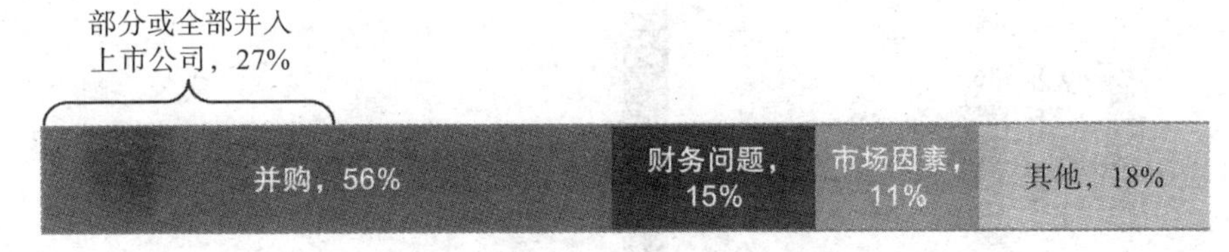

图 10-11　美股公司退市原因

资料来源：WRDS，上交所，兴业证券经济与金融研究院整理。

反观A股市场，如图10-12和图10-13所示，截至2021年2月底，A股退市公司总计128家，剔出因吸收合并等原因主动退市的36家，仅有92家为被动退市。其中，22家是由于连续三年或四年亏损而触发强制退市的；其他不符合挂牌情形的退市公司数量高达50家，并且绝大多数是“史上最严退市制度”出台之后被强制退市的。典型代表为长生公司，“假疫苗”事件16个月后，长生生物因违反社会公众安全类重大违法退市规则，依法强制退市。另外，面值不足一元退市的公司主要是由于连续三年亏损和其他不符合挂牌的情形，*ST华业、*ST雏鹰、*ST印纪为“面值退市”的典型代表。

基于上述中美之间关于上市公司退市表现的巨大差异，我们有必要对中国退市制度的变化进行深入分析。总结来看中国退市制度的四次修改如下。

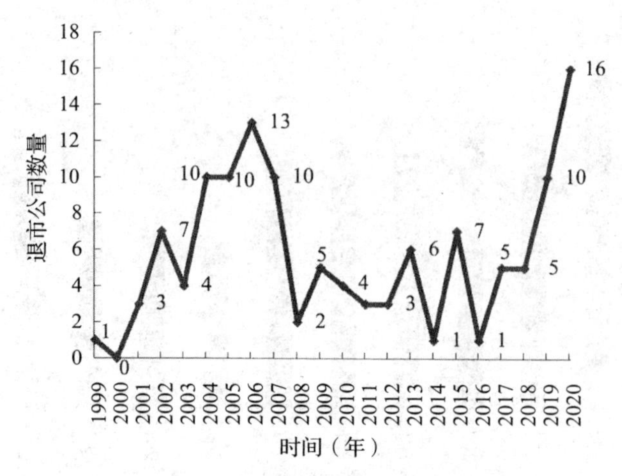

图 10-12　中国 A 股退市公司数量保持相对较低水平

资料来源：Wind，兴业证券经济与金融研究院整理。

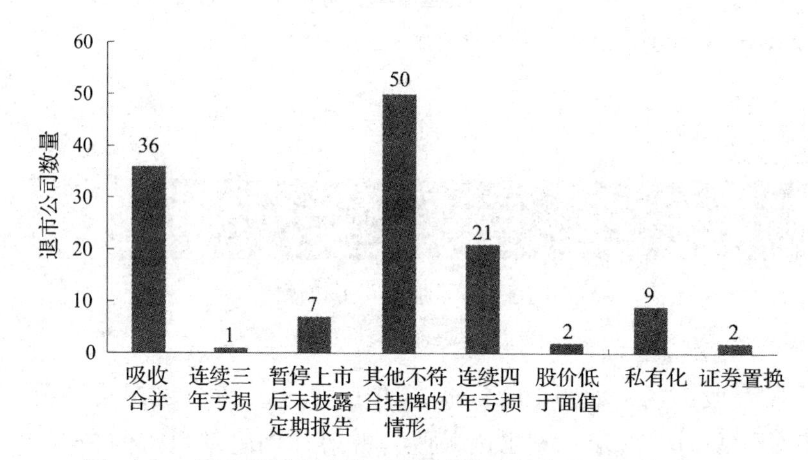

图 10-13　退市原因以连续亏损和其他不符合挂牌的情形为主

资料来源：Wind，兴业证券经济与金融研究院整理。

（一）备法待用（1994 年 7 月～ 2001 年 2 月）：1994 年 7 月 1 日生效的《公司法》和 1999 年 7 月 1 日实施的《证券法》中都规定了上市公司退市标准，但是由于实践中难以执行，在《公司法》生效后长达 7 年内，并未出现过一家退市公司。

（二）初步建立（2001 年 2 月～ 2005 年）：2001 年 2 月，经过作为过渡性措施的特别转让 (PT) 制度后，证监会发布《亏损上市公司暂行上市和终止上市实施办法》。PT 水仙因申请宽限期未获上交所批准，成为我国第一家被终止上市的上市公司，揭开了中国股票市场上市公司退市的序幕。

（三）不断完善（2005 ～ 2012 年）：随着中小企业板、创业板等多层资本市场诞生，与之而来的是多元化、完整化的退市制度。如针对创业板公司的风险特征，引入“净资产为负”和“审计报告意见为否定或无法表示意见”的退市标准，以及“股票连续一百二十个交易日累计成交量低于 100 万股”的市场类指标。

（四）逐渐成熟（2012 ～ 2020 年）：2014 年，证监会出台《关于改革完善并严格实施上市公司退市制度的若干意见》，增加了对欺诈发行、重大信息披露违法等重大违法公司强制退市制度。由此中国资本市场自动净化机制基本建立，2015 年 A 股退市公司数量达到 10 家。2018 年“史上最严退市制度”出台之后，2019 年退市公司数量增加至 12 家。

从上述四个历史阶段来看，A 股退市制度自 2012 年的改革后才开始呈现财务类、规范类、市场类等多样化趋势，但公共安全、社会安全方面的始终属于法律空白地带，是近年来上市公司侵害公共安全事件频发，助推了退市制度进一步趋严。中国股票市场“严进宽出”机制使得壳资源价格居高不下，一些劣质公司突击重组、经营行为短期化，扭曲了退市制度优胜劣汰的功能，中小投资者，甚至机构投资者大量买卖 ST 股票，个别 ST 公司的 PE 远远高于大盘蓝筹股，形成畸形的市场定价机制。在这样问题频发的背景下，退市制度重塑势在必行，“史上最严退市制度”应运而生。

从上述 A 股退市制度历史变化过程和美股历史经验可以推断，退市制度稳步推进将助推核心资产股票驱动的“长牛”行情，原因如下。

第一，退市制度完善将促进市场生态净化效率提高，上市公司整体质量将不断提高。资本市场和企业一样，都有生命周期，也适用“新陈代谢”基本规律，“有生有死”才能实现整个资本市场生态体系的健康稳定发展。监管层通过多个维度对财务违规、业绩长期亏损的企业执行严格退市，再加上持续发行新股，一改原有的上市难、退市更难的局面，提升了 A 股优胜劣汰的自我净化能力。而且合理安排上市公司退市，能够为优质企业腾出市场空间，是国家资本市场走向成熟的体现。

第二，退市压力逼迫投资者优选“长牛”个股，催化结构性长期牛市形成。退市制度完善不仅有助于保护中小投资者的利益，而且有助于规范投资者行为，防止“劣币驱逐良币”，将炒差、炒小、恶炒 ST 等扭曲资源配置的行为扼杀在摇篮中。

10.3.5 再融资：支持企业转型升级

再融资是指上市公司通过配股、增发和发行可转换债券等方式在股票市场上进行的直接融资。如图 10-14 所示，从 2006 年 A 股再融资政策出台至今，再融资政策经历了三次放松和两次收紧过程。

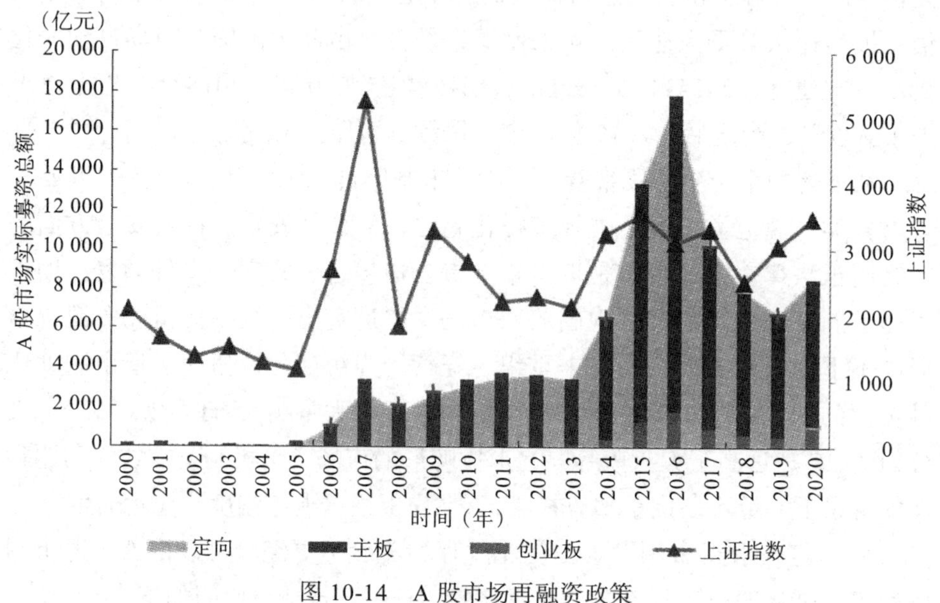

图 10-14 A 股市场再融资政策

资料来源：Wind，兴业证券经济与金融研究院整理。

考虑到主板和中小板合并，不再做区分处理。2019 年科创板开板至今再融资数据较低，不做专门列示。市场主要发行方式从公开发行转向定向发行，公开发行规模数据也未做专门列示。

第一，2006 年 5 月证监会制定《上市公司证券发行管理办法》规定了再融资的方式和基本要件，伴随着 2007 年 6124 点大牛市行情，再融资规模也快速扩张。2006 年再融资政策规定了 A 股市场再融资活动的基本限制要求，例如非公开发行股票要求“发行对象不超过 10 名”“发行价格不低于定价基准日前20个交易日公司股票均价的90%”等。值得注意的是，在2006年之前A股市场再融资基本以公开发行方式进行，而在2006年《上市公司证券发行管理办法》出台后，定向成为市场上主流的再融资方式（见表10-6）。

表10-6 A股市场再融资

增发目的	发行方式	实际募资总额（亿元）
项目融资	定向	27 481
项目融资	公开发行	2
补充流动资金	定向	9 735
补充流动资金	公开发行	0
配套融资	定向	7 879
配套融资	公开发行	0
融资收购其他资产	定向	23 163
融资收购其他资产	公开发行	0
集团公司整体上市	定向	8 842
集团公司整体上市	公开发行	0
公司间资产置换重组	定向	1 710
公司间资产置换重组	公开发行	0
引入战略投资者	定向	2 539
引入战略投资者	公开发行	0
实际控制人资产注入	定向	4 778
实际控制人资产注入	公开发行	0
壳资源重组	定向	6 895
壳资源重组	公开发行	0
未说明	定向	0
未说明	公开发行	3 402

资料来源：Wind，统计时间为2000年至2021年3月10日。

第二，6124点牛市过后，政策趋向严监管，2008年和2009年收紧的政策更加重视再融资活动规范化，上证指数从2008年10月末1664点底部上涨一倍多，至2009年8月3478点的高点。首先是2008年10月《上市公司证券发行管理办法》规定“最近三年以现金方式累计分配的利润不少于最近三年实现的年均可分配利润的百分之三十”，提高了上市公司进行再融资活动的门槛。其次是2009年7月9日，证监会要求上市公司申请非公开发行股票，不得存在“上市公司及其附属公司违规对外提供担保且尚未解除”的情形。《上市公司证券发行管理办法》涉及的“违规对外提供担保”“尚未解除”等概念，应结合行政许可审核实践理解。这一段时期正是6124点牛市结束到“四万亿”后市场小牛市行情之间的过程，资本市场大繁荣发展背景下政策相对理性，通过适当约束来促进再融资规模平稳增长。

第三，2014年创业板“小额快速”定向增发创新机制推动再融资政策走向宽松，上证指数从2014年5月1991点低点上涨至2015年6月5178点高点。2014年5月，《创业板上市公司证券发行管理暂行办法》的发布填补了创业板成立以来再融资制度的缺失，其中最值得关注的是创立了如表10-7所示的“小额快速”定向增发创新机制（这一机制可以豁免“最近一期末资产负债率高于百分之四十五”的发行条件），降低企业融资成本，提高再融资效率。2014年8月1日，深交所创业板公司管理部相应颁布了《创业板上市公司小额快速定向增发股份业务办理指南》，促进这一创新机制进一步落地。

表10-7 “小额快速”定向增发创新机制

特征	具体制度安排
小额	申请非公开发行股票融资额不超过人民币五千万元且不超过最近一年末净资产百分之十
快速	证监会自受理之日起十五个工作日内做出核准或者不予核准决定，相对于原先上市公司非公开发行6个月左右的审核、发行期，时间大大缩短
程序简化	允许上市公司在一定条件下免于聘请保荐机构，并自行销售股票，以节省保荐和承销费用

资料来源：嘉源律师事务所。

第四，2017年2月《上市公司非公开发行股票实施细则》在规模、时间和财务性投资等多个维度上收紧再融资活动，市场进入震荡上行趋势，到2017年11月达到3450点阶段性高点。再融资收紧主要体现在以下三点：一是申请非公开发行股票的，拟发行的股份数量不得超过发行前总股本的20%；二是申请增发、配股、非公开发行股票的，发行董事会决议日距离前次募集资金到位日原则上不得少于18个月；三是申请再融资时，除金融类企业外，原则上最近一期不得存在持有金额较大、期限较长的交易性金融资产和可供出售的金融资产、借予他人款项、委托理财等财务性投资的情形。

第五，从2019年末开始，伴随着政策对资本市场战略地位重视程度提升和资本市场改革逐渐深入展开，再融资政策核心条款全面放松，再次进入新一轮宽松时期。2019年11月《上市公司证券发行管理办法》《创业板上市公司证券发行管理暂行办法》《上市公司非公开发行股票实施细则》发布征求意见稿。2020年2月再融资新规正式发布，使得股票非公开发行发生重大变化。具体来看原先的核心条款得到全面放宽，体现在：①发行数量上限从10家上升为35家；②发行底价对前20日均价的折扣从90%降为80%；③对于一般的发行对象，锁定期从12个月降低为6个月；④控股股东、实际控制人及其控制的企业认购的股份，锁定期从36个月降低为18个月。

整体来看，我们可以总结出历史三轮再融资政策放松过程对市场起到的三个方面显著影响。

第一，放松再融资发行人条件，有助于企业提升盈利能力和水平，增强市场活跃度。总体来看，此前证监会放松再融资政策的相关规定，与我们此前早在2017年发布的2018年度A股策略《大创新时代》中提到的政策导向已开始从此前的管制走向放松的理念是相符的。在2020年度A股策略《拥抱权益时代》，我们再次指出经济发展新旧动能转换，新动能公司对资金的风险偏好和银行供给标准不匹配，资本市场的重要性显著提升。放松创业板企业的盈利限制和资产负债率限制，对于暂时还未实现盈利但发展前景明确或研发等投入较大的企业是直接利好，增加了这些企业通过股票市场进行直接融资的可能。这类企业能够具备更多的融资方式选项，也有助于引导市场融资成本下降。市场上优质企业的发展和增加，也有助于增强市场活跃度。

第二，放松市场资金退出机制，推动直接融资发展，助力金融支持实体。政策放松了限售期和减持规定，不仅有助于提高二级市场机构投资者参与的积极性，更好地实现合理定价，同时也有助于降低PE/VC等一级市场机构的退出成本，从而极大地增加资金供给，化解再融资风险对市场的冲击，进而更好地发挥金融支持实体的功能。

第三，放松再融资政策有利于引导经济结构转型升级。相比于主板和中小板，政策单独对创业板的发行人条件进行了放松，这与当前科创板及试点注册制支持实体经济转型升级的目标是一致的，并且有助于保证创业板上市公司与板块定位保持一致。结合前面对净利润标准认定的放松，以股票市场为代表的直接融资有望为科技创新型企业发展发挥更大的作用。长期来看，科技创新型企业受到的政策支持力度不断加大，将有助于进一步引导经济结构转型升级，实现“增强金融服务实体经济能力”这一金融供给侧改革的重要目标。

10.3.6 税收：接轨国际化成熟市场

一般来说股票市场税收可以分为交易税和所得税两种，并通过规模效应、结构效应和投资者行为来影响市场运行。

从资本市场税制的国际比较来看，征税的主要特征表现为：发行环节主要征收印花税，交易环节征收交易税，持有环节征收股息税，转让环节征收资本利得税和继承与赠予环节的财产税。从股票市场投资维度来看，如表 10-8 所示，我们重点关注交易环节相关税收政策及其对市场的影响。

表 10-8 交易环节相关税收政策（针对机构投资者）

国家和地区	税收政策
英国	单边征收印花税和印花储备税，印花税税率 0.5%，印花储备税税率与印花税一致
新加坡	对买方征收印花税，税率为 0.2%，计税依据为实际交易价格和股票市价孰高
中国香港	针对买卖双方征收印花税，税率为 0.1%
法国	同时向买卖双方征收交易税，交易非上市公司股票的税率一般为 3%，交易上市公司股票的税率为 0.1%
南非	对有价证券的买方征收 0.25% 的交易税，以股票市场价格或实际支付对价的较高者为计税依据
韩国	对股票的卖方征收 0.5% 的交易税
印度	向买方或卖方征收交易金额 0.075% 的交易税
中国台湾	向卖方征 0.3% 的交易税
中国大陆	向卖方征 0.1% 的印花税

注：对于机构投资者来说，美国股票市场交易环节无须缴纳税费，主要涉及转让环节的资本利得税和分红相关的红利税，这里不做具体展开说明。

资料来源：《境外股票市场税收政策研究》，中国证券监督管理委员会会计部课题组，兴业证券经济与金融研究院整理。

从股票交易环节来看，主要税种为印花税（交易税），目前有一半以上主要国家或地区针对股票交易环节征税。一般来说印花税针对买方或者卖方征税，但也有特例，如中国香港和法国等对交易双方征收。如表10-9所示，A股最早1990年7月在深交所开征股票交易印花税，税率从买卖双方各征千分之六快速下降到千分之三，之后经历过九次调整。

表10-9 A股股票交易印花税经历九次调整

时间	调整内容
1991年10月	鉴于股票市场持续低迷，深圳市将印花税税率下调为3‰。在随后几年的股票市场中，印花税成为最重要的市场调控工具
1997年	为抑制投机、适当调节市场供求，国务院首次做出上调印花税税率的决定，为平抑过热的股票市场，自5月10日起，印花税税率由3‰上调至5‰
1998年6月12日	为活跃市场交易，将印花税税率由5‰下调为4‰
1999年6月1日	为拯救低迷的B股市场，国家将B股印花税税率由4‰下降为3‰
2001年11月16日	财政部调整印花税税率。对买卖、继承、赠予所书立的A股、B股股权转让书据，由立据双方当事人分别按2‰的税率缴纳印花税
2005年1月24日	下调印花税税率，执行1‰税率。
2007年	经国务院批准，财政部决定从2007年5月30日起，调整印花税税率，由现行1‰调整为3‰。即对买卖、继承、赠予所书立的A股、B股股权转让书据，由立据双方当事人分别按3‰的税率缴纳印花税
2008年4月24日	调整印花税税率，由3‰调整为1‰
2008年9月19日	由双边征收改为单边征收印花税，税率保持1‰。由卖方按1‰的税率缴纳印花税，对买方不再征收

资料来源：兴业证券经济与金融研究院整理。

从A股市场印花税调整的历程来看，印花税的税率不断下调，从5‰下调到1‰。下调印花税率成了活跃市场交易的工具。在未来，印花税很可能会进一步下调税率，甚至有取消征收的可能。

从印花税发展的历史经验来看，印花税会逐渐退出历史舞台。自从印花税在1624年荷兰首次出现，在不到一个世纪的时间内就成为世界上较为普遍的一个税种。除了具有较低征税成本和财政收入功能之外，政府也可以通过印花税来进行一定程度的宏观调控，但是随着市场逐渐走向成熟，特别是随着股票市场机构化进程大大推进过后，印花税会提高市场摩擦成本，减少市场流动性的弊端被市场诟病，因而出现多国废止印花税的趋势（见图10-15）。从我国发展来看，2021年1月4日国务院常务会议通过《中华人民共和国印花税法（草案）》，此次未调整印花税，但是全国人大把调整期权限给了国务院。这表明了印花税未来变化的一个趋势——长期来看有望取消。从全球来看印花税主要是中国和印度两个国家征收，在未来无纸化的证券交易活动中，特别是随着我国股票市场走向成熟，散户成交逐渐减少的背景下，这一税项有望最终会被取消。短期来看，国务院保留调整印花税还具有一层市场调控的作用，即在市场出现不合理的大幅波动环境下，国务院可以通过调整交易成本来引导市场回归正常秩序。

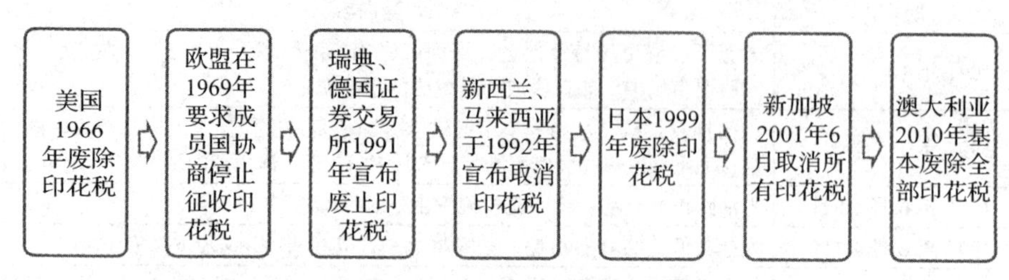

图 10-15　多国废止印花税的趋势

资料来源：兴业证券经济与金融研究院整理。

除了上文我们重点分析的交易环节税收，未来可能影响中国资本市场的税收还涉及多个方面。譬如发行环节开征的万分之五的印花税可能会取消；当前对于居民企业和非居民企业股息所得分别按 25% 的税率征收企业所得税和按 10% 税率代扣代缴企业所得税，这一差别化税率可能也会随着对外开放程度提高而逐渐拉平；为缩小贫富差距，未来将会开征的遗产税等。不管未来可能开征何种类型的税收，税收的存在都将为股票的交易增加摩擦成本，促使两极分化效应出现，即投资者更愿意持有能够走出长牛行情的核心资产股票，并减仓长期持股体验差的绩差股。

10.3.7　其他重要政策：解禁减持、中概股回归和新三板精选层

除了上文我们系统阐述的注册制、回购、分红等重要长期制度会对股票市场产生长期影响之外，我们也需要关注一些重要政策对股票市场整体和结构产生的深刻影响。本节重点分析解禁减持、中概股回归和新三板精选层等相关政策对股票市场产生的影响。

1. 解禁减持相关政策对未来股票市场供给变化的压力有望逐渐减小

股票解禁是指在股权分置改革过程中限制特定上市公司一定比例的股票上市流通日期，到期之后，这一批股票才能进入市场交易；股票减持是指上市公司重要股东卖出其持有的股票。2017 年 5 月 27 日，证监会公布

了《上市公司股东、董监高减持股份的若干规定》（证监会公告〔2017〕9号），对2016年1月7日的《上市公司股东、董监高减持股份的若干规定》（证监会公告〔2016〕1号）进行了修订。此次修订有3个方面的重要变化。首先，将持有首发限售股和非公开发行限售股的股东解禁后的减持行为纳入了监管。这使得减持监管对象从原先的大股东和董监高扩展到了一般股东。其次，对大股东通过大宗交易途径减持的行为进行了限制，并将这一监管权下放到了交易所。最后，明确了董监高通过集中竞价交易的减持行为也要进行相应的信息披露。总的来看，证监会的新规会对以下2类行为产生重要制约：①大股东通过大宗交易进行减持的行为；②持有首发限售股或非公开发行限售股的股东通过集中竞价交易、大宗交易、协议转让三者中的任何一种方式减持解禁后的限售股的行为，而这种制约此前是没有的。如图10-16所示，2017年之后解禁减持相关政策推动开始流通市值占A股市值比例稳定在10%左右。

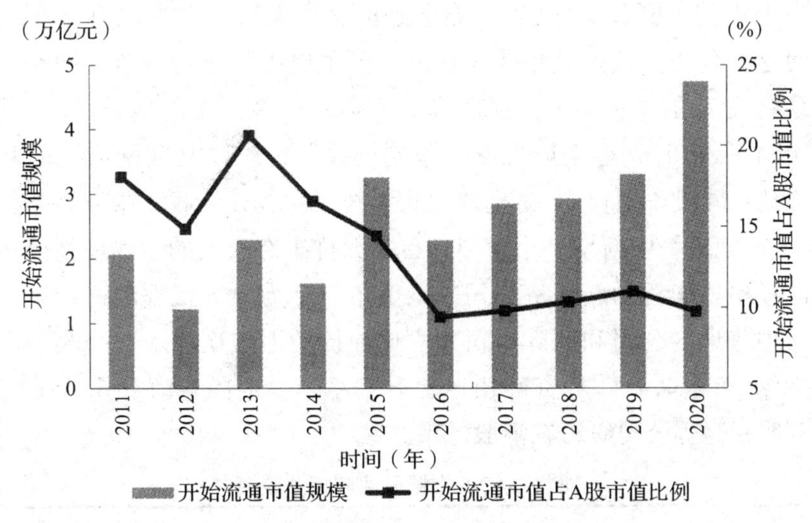

图10-16　A股开始流通市值占A股市值比例

资料来源：兴业证券经济与金融研究院整理。

2. 中概股回归相关政策吸引优质企业回归A股市场

概念股是与业绩股相对而言的。业绩股需要有良好的业绩支撑，概念股则是依靠某种概念比如资产重组等支撑价格。中概股是相对于境外市场来说的，同一个公司可以在不同的股票市场分别上市，所以某些中概股是可能在境内同时上市的。美国接受中概股的原因主要是中国庞大市场的影响，相当于投资中国公司，但这个原因主要出于资本的利益取向，是为了追求更高的投资回报，与政治无关。中概股就是在境外上市在中国注册的公司，或虽在境外注册但业务和关系在中国的公司的股票。㊀

中概股回归面临的第一个问题是回归港交所还是科创板市场，从现行制度比较优势上看，港交所在制度建设上略胜一筹。相对而言中概股回归港交所的优势在于香港股票市场相对成熟，上市制度改革成效显著，无行业准入和汇兑限制。中概股回归相关政策如表 10-10 所示，2018 年 4 月港交所推出上市制度的改革，在美上市中概股可以回香港地区二次上市。根据《战略规划 2019–2021》显示，港交所还将进一步优化首次公开招股制度安排，包括简化首次公开招股程序、缩短首次公开招股结算周期、解决微结构上的问题等。港交所前行政总裁李小加曾经信心十足地表态：许多在美股上市的中概股 2020 年可能会赴港交所上市，在港股首次或二次上市将使这些公司更接近其主要客户群。阿里巴巴已先行一步，网易、京东也确认将先后在香港上市，预期未来将会有更多公司落地香港股票市场。2018 年 4 月 30 日，港交所推出上市制度改革，对以互联网为主的新经济公司开放“同股不同权”，对全球生物科技公司放开“收入限制”条款，在《主板上市规则》中新增三个章节，首次允许未有收入的生物科技公司及采用不同投票权架构的新经济公司来港上市，且为寻求在香港进行第二次上市的大中华地区公司和国际公司建立更便捷的上市途径。这一改革助推港交所 2018 年全球 IPO 募资额快速上升。小米、美团、海底捞、平安好医生、药明康德等公司纷纷在港股上市。

表 10-10　中概股回归相关政策

时间	改革措施
2010 年	李小加上任，《战略规划 2010–2012》：核心战略是吸引更多新上市的企业，核心市场及产品的增长 改革港交所交易时间，2011 年 3 月 7 日起，港股开盘时间与 A 股同步
2011 年	宣布人民币股票在港的招股模式分为“单币单股”和“双币双股”两种

㊀ 参见《VIE 企业监管法律问题研究》(张雨颖，西南交通大学，2016)；《中国概念股》，《天津经济》2011 年 12 期等。

（续）

时间	改革措施
2012 年	收购全球最大的金属定价中心伦敦金属交易所
2013 年	成立场外结算公司
2014 年	在博鳌论坛正式公布沪港通计划，沪港通股票交易于 2014 年 11 月 17 日正式开始运行
2015 年	表示在沪港通积累一定试点经验基础上逐步开放深港通试点 拟与伦敦金属交易所筹划伦港通，伦港通备忘录签署
2016 年	深港通正式开通
2017 年	债券通启动，成立深圳前海联合交易所
2018 年	推出上市规则“新政”，对以互联网为主的新经济公司开放“同股不同权”，对全球生物科技公司放开“收入限制”条款

资料来源：兴业证券经济与金融研究院整理。

未来科创板的制度建设及未来发展潜力也值得看好，红筹企业 A 股上市的“最后一公里”被打通，正静候中概股回归。2020 年 6 月 5 日，上交所发布通知明确红筹企业申报科创板发行上市有关事项。上交所发布的《关于红筹企业申报科创板发行上市有关事项的通知》，对红筹企业申报科创板发行上市中，涉及的对赌协议处理、股本总额计算、营业收入快速增长认定、退市指标适用等事项，做出了针对性安排。这些制度快速出台，基于不同情形在制度上规定了中概股回归标准（见表 10-11）。整体来看，以科创板为代表的 A 股市场制度越来越有包容性，促进资本市场能够容纳更多的具有高度成长空间的上市公司，提高市场活力，既使成长性企业有更多融资渠道，又让投资者的资本获得更大价值。

表 10-11　中概股回归标准

企业类型	标准
已在境外上市的红筹企业	回 A 股上市市值要求：①市值不低于 2 000 亿元；②市值 200 亿元以上，且拥有自主研发、国际领先技术，科技创新能力较强，同行业竞争中处于相对优势地位
已在境外上市，存在协议控制架构（VIE）的红筹企业	申请发行股票：证监会受理相关申请后，将征求红筹企业境内实体实际从事业务的国务院行业主管部门和国家发展改革委、商务部意见，依法依规处理
尚未境外上市的红筹企业	申请在境内上市：应在申报前就存量股份减持等涉及用汇的事项形成方案，报证监会，由证监会征求相关主管部门意见

资料来源：证监会，兴业证券经济与金融研究院海外组整理。

3. 深化改革后新三板精选层为科创板和创业板培育更多优质成长公司

新三板是全国中小企业股份转让系统的简称。新三板原指中关村科技园区非上市股份有限公司进入代办股份系统进行转让试点，因挂牌企业均为高科技企业而不同于原转让系统内的退市企业及原 STAQ、NET 系统挂牌公司，故形象地被称为“新三板”。新三板的定位是全国性的非上市股份有限公司股权交易平台，主要针对的是中小微企业。证监会 2019 年 10 月 25 日宣布，将从优化发行融资制度、完善市场分层等五方面对新三板进行全面改革。改革后将允许符合条件的创新层企业向不特定合格投资者公开发行股票，同时设立精选层，在精选层挂牌一定期限，且符合交易所上市条件和相关规定的企业，可以直接转板上市。2020 年 4 月 23 日，证监会正式发布《公开募集证券投资基金投资全国中小企业股份转让系统挂牌股票指引》，允许公募基金投资新三板精选层股票，形成改革合力，改善新三板投资者结构，提升市场交易活跃度，同时拓展公募基金投资范围，帮助投资者分享优质创新创业型企业成长红利。因为历史上缺乏流动性，新三板目前估值大幅度低于科创板、创业板，未来随着公募基金介入，估值体系有望改善，向科创板和创业板靠近。这一方面能够提高新三板市场自身的融资能力，并通过市场分层来推动市场发挥优胜劣汰功能，另一方面新三板精选层更加灵活的转板制度使得新三板优质上市公司能够直接进入主板，既推动新三板自身发展，也促进更多优质公司进入沪深两市二级市场，为股票市场长牛贡献更多优质上市公司。

10.4 好制度带来“好未来”

10.4.1 完善制度打造良性自循环的资金体系

股票市场是一个不断变化的生态圈，稳定发展要求制度完善，资金供给“造血”和需求“抽血”要保持动态平衡才能行稳致远（见图 10-17）。当企业融资来扩大生产、创新活动时，会施行 IPO、配股、增发等活动，形成对股票市场的资金需求。而在资金供给端，上市公司在经营状况良好的情况下，会选择给股东分红、回购，为股票市场供给资金。

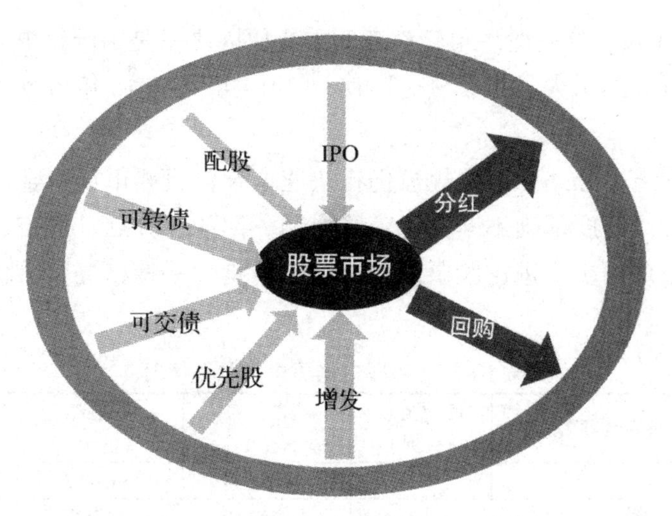

图 10-17　股票市场资金需求和供给

资料来源：Wind，兴业证券经济与金融研究院整理。

以美股为例，投资者将美股的分红和回购作为近些年来稳健上涨的基本面因素，其实 A 股市场近期也发生了这种变化。作为三千只以上的中国优秀企业的集合，A 股的头部上市公司无论从收入和利润上都能带来相比全社会更加快速的增长和丰厚的回报，因此在分红和回购方面给投资者带来的回报几乎每年均保持上涨态势。

从 A 股市场历史净融资情况来看（见表 10-12），2005 年、2008 年、2012 年、2013 年、2018 年和 2019 年均出现净融资为负的状态，这就意味着股票市场回购和分红的“造血”多于筹资的“抽血”，说明股票市场进入资金供给和需求良性循环的状态。相对应的是 2005 年股权分置改革试点启动，伴随着上证指数从 2005 年年中 998 点之后经过一轮牛市达到 2007 年 10 月 6124 点的大牛市。而这一轮牛市见顶的重要原因之一在于以中石油为代表的“巨无霸”上市导致的蓝筹泡沫破灭，对应 2007 年股票市场净融资达到 6370.62 亿元。同样，2008 年在 IPO 暂停等因素作用下股票市场净融资为负，伴随着“四万亿”政策和货币政策大幅放松，上证指数从 2008 年 10 月末 1664 点走牛，2009 年 8 月达到 3478 点。2012 年和 2013 年 A 股市场分红派息规模快速增长，市场整体融资规模相对平稳，净融资再次为负，资本市场逐渐从 2013 年的创业板牛市逐渐过渡到 2014 ～ 2015 年的 5178 点牛市。这一轮牛市转熊市的重要原因之一是中国核电、国泰君安等巨量 IPO 冻结了大量市场资金，使得 2015 年和 2016 年市场净融资大幅为正。

考虑到未来分红和回购规模仍将快速增长，股票市场资金供需有望趋向良性循环。制度基础不断完善，注册制、回购、分红、退市、再融资制度等多项改革同步推进，股票市场资金供需良性平衡格局将会极大助益 A 股走出长牛。

表 10-12 A 股市场历史净融资情况

年份	筹资金额（亿元）	回购金额（亿元）	税前派息（亿元）	净融资（亿元）	净融资占流通市值比例（%）
2005	55.35		735.93	−680.58	−6.79
2006	2 249.17	0.4	787.57	1 461.2	6.16
2007	7 641.67	0.7	1 270.35	6 370.62	7.04
2008	2 860		3 318.53	−458.53	−1.03
2009	4 541.57	0.12	3 156.2	1 385.25	0.93
2010	9 664.27		3 996.72	5 667.55	2.97
2011	6 816.81	4.44	4 965.44	1 846.93	1.13
2012	4 374.51	2.18	6 016.57	−1 644.24	−0.91
2013	4 316.33	80.36	6 730.06	−2 494.09	−1.26
2014	7 669.47	88	7 551.93	29.54	0.01
2015	13 876.17	34.93	7 876.55	5 964.69	1.43
2016	18 719.28	84.72	8 291.6	10 342.96	2.64
2017	15 470.72	52.22	9 766.31	5 652.19	1.26
2018	9 665.54	249.97	11 493.6	−2 078.03	−0.59
2019	10 703.46	1 022.86	12 215.29	−2 534.69	−0.53

注：筹资金额 = 增发 + IPO + 配股 + 可转债 /2。净融资 = 筹资金额 − 税前派息 − 回购金额。
资料来源：Wind，兴业证券经济与金融研究院整理。

10.4.2 完善制度加速股票市场成熟化进程

股票市场制度和政策改革对于市场生态演化具有深远的意义。如图 10-18 所示，我们认为股票市场制度改革主要着眼于市场供需、竞争机制和回报机制三方面，以推动资本市场生态系统不断进化，助力股票市场生态逐渐成熟。

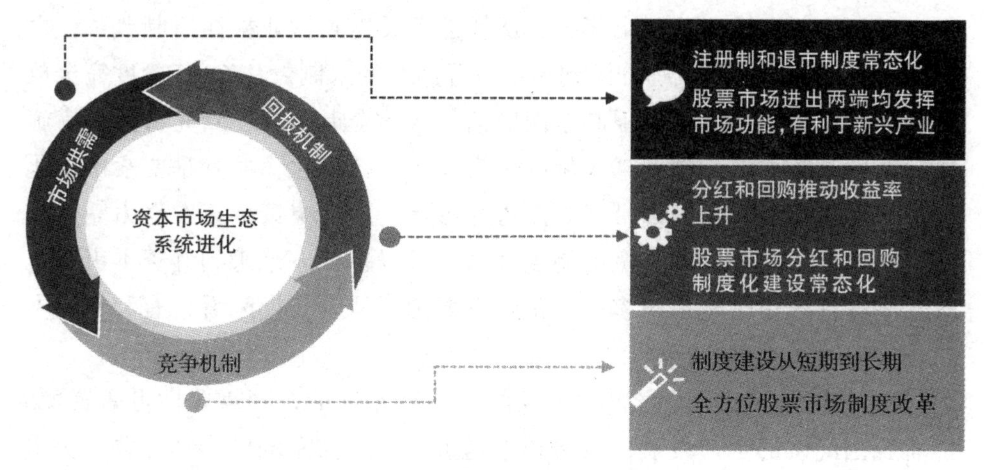

图 10-18 股票市场制度改革

资料来源：兴业证券经济与金融研究院整理。

第一，市场供需是资本市场的基础和起点，以让市场发挥融资作用。注册制和退市制度常态化给予中小微企业更多机会，加速市场更迭。

第二，竞争机制是资本市场的关键和重心，制度建设从过去的“头疼医头、脚疼医脚”转变为长期系统工程，从而实现市场的优胜劣汰功能，让市场充斥着具有活力的企业。投资者的关注点更集中于投资标的，而非投资者短期互相之间的博弈。由此，真正具有发展潜力的公司更容易受到投资者青睐，市场能发挥最大作用。

第三，回报机制是资本市场的动力和源泉，好的回报机制吸引优质资本入市，提升企业融资效率。股票市场分红和回购制度化在提高股东收益率的同时也增加了企业融资的机会，回报越高，融资越容易，企业也就运转得更好，市场更容易进入良性循环。

新的股票市场制度性改革带来的LOLLAPALOOZA效应将为A股长牛创造新的条件。LOLLAPALOOZA效应是芒格为那些相互强化并极大地放大彼此效应的因素发明的词组，出自《穷查理宝典》，一般用来说明多个互相联系的同向因素叠加后产生的极强的放大作用的效应。股票市场的表现一直离不开资本市场制度建设。在资本市场制度的探索尝试过程中，我们既有成功的案例，也有不如人意的教训。总体来看，我国资本市场制度在逐步探索、改革的过程中，不断完善基础层面制度的建设。如今，中国股票市场新的制度性改革层出不穷，从科创板设立到创业板注册制改革，再到新三板精选层，从鼓励分红到逐步放开回购的限制，从 QFII 额度完全放开到金融业外资持股比例限制全面取消，从健全退市制度到完善惩罚措施等一系列政策方针，制度越来越趋于市场化、合理化，尤其是要素市场化改革全面深化，将在长期带来更深远的影响。现在决策层正在努力完善鼓励中长期资金加大权益投资的制度体系，可以预期，未来利好资本市场长远发展的好政策会越来越多，非常值得期待。从中长期来看，有利于资本市场中长期估值中枢的提升。

总结来看，制度的完善对市场的影响是深远的，其重要性毋庸置疑。随着我国经济的迅速发展，政府越来越重视金融体系的健全和完善，资本市场改革逐渐深化。本书从 2019 年新《证券法》的修订出发，既回顾了历史上中国《证券法》的改革及其对 A 股市场的影响，也展望未来的改革发展。更重要的是，本书详细分析了中国当前在注册制、再融资制度等多个方面的改革措施，并论证出制度改革的 LOLLAPALOOZA 效应是助力 A 股市场走出长牛的关键。通过对股票市场制度改革的分析，我们可以深入了解政策导向并对未来的市场进行预判。梳理和解读制度改革的脉络，无论是对了解中国资本市场，还是指导未来投资方向都是十分有意义的。

|第11章|

估值体系变革将加速中国股票市场步入长牛

前面章节我们从多角度分析了为什么A股会迎来长牛。下面我们重点分析在变化的背景、长牛的趋势下，投资层面将会有哪些变化。如确定性溢价、成长性溢价、龙头溢价等。

2017年以来A股估值大分化，一边是“寒冰”，一边是“火焰”。A股的估值体系发生了什么样的变化？为什么部分行业、龙头白马公司的估值能够高到历史极值水平，而其他部分非成长性行业、非龙头公司的估值却低到“尘埃”之中？

估值高到历史极值水平的好公司，是否会像20世纪美股的“漂亮50”一样在之后估值大幅下降？估值较低的周期金融地产公司、非龙头公司，在央行不断放松货币政策的过程中，估值是否可能上升，最终也突破历史区间？

中国经济从高速增长向高质量增长转变，大多数行业从“做大蛋糕”转向“分蛋糕”，社会财富持续入市。我们认为稳定增长、长期成长、占据龙头地位的三种溢价目前不断改变着A股传统的估值体系。这些变化也将使得在旧估值体系向新估值体系切换的过程中，属于核心资产的公司不断成为领跑者。

11.1 解密确定性溢价、成长性溢价、龙头溢价

为什么A股公司之间的估值会分化巨大，上演“冰与火之歌”？我们将其总结为优质公司在新估值体系下三类溢价的不断扩张：确定性溢价、成长性溢价、龙头溢价。确定性强、成长性高的龙头公司估值突破历史区间，进入新高度。

我们用现金流贴现模型来简单解释一下企业价值：现金流贴现模型是指企业将未来的利润加总至现在，得到企业应该有的基本面价值。企业利润不是简单的加总，而是要扣除一定的成本，例如同样风险下每年投资平均收益率是10%，那么明年的110元，在当前的价值是110/（1+10%）=100（元）。如果一家企业今年利润100元，利润每年增长10%，大家对于这类公司回报率的要求是20%，那么：第二年企业利润为100×（1+10%）=110（元），折合到现在的价值是110/（1+20%）=91.7（元）；第三年企业利润为110×(1+10%)=121(元)，折合到现在的价值是121/(1+20%)2=84(元)……把每年利润在当前价值加总：100+91.7+84.0+……，得到企业价值1100元，折合PE为1100/100=11倍（现金流贴现模型原理见表11-1）。由此推断如下。

- 当企业的确定性较高时，投资者认为风险较低，要求的回报率会下降，例如其他公司为20%，确定性公司则为15%，可计算出目前企业价值2200元，折合PE为2200/100=22倍，高于原先11倍估值。
- 当企业的成长性较高时，利润长期增速可能是15%，超过上述案例的10%，计算出目前企业价值2300元，折合PE为2300/100=23倍，也高于原先估值。
- 当企业是龙头公司时，行业平均利润增速为10%，而其利润增速可能是12%，并且龙头公司确定性可能更高，因此其他公司要求的回报率为20%，龙头公司要求的回报率仅为18%，计算出目前企业价值1866.7元，折合PE为1866.7/100=18.7倍。

表11-1 现金流贴现模型原理

时间	第一年	第二年	第三年	第四年	…	第 n 年
利润	100	100(1+10%)	$100(1+10\%)^2$	$100(1+10\%)^3$	…	$100(1+10\%)^n$
折现率	1+20%	$(1+20\%)^2$	$(1+20\%)^3$	$(1+20\%)^4$	…	$(1+20\%)^n$

资料来源：兴业证券经济与金融研究院。

近年来A股正步入史上第一轮长牛，行业集中龙头公司优势不断巩固（见第4章），伴随着对外开放程度不断扩大（见第2章），居民、外资、机构持续加配“跑马胜出”的行业龙头（见第6～8章），投资者结构的转变推动估值体系发生深刻变化（见第9章），A股美股化特征尽显（见第11章）：①后疫情时代，全球进入低利率低增长阶段，投资者给予稀缺的成长性资产更高估值溢价；② 2016年供给侧改革后，国内众多行业从增量时代进入存量时代，龙头公司的竞争优势和资产价值更加突出，推动龙头溢价抬升；③低利率环境下，配置型资金尤其是境外资金，转向入市并加配新兴市场低估值优质股权，且更加偏好确定性资产，助力确定性资产拔高估值。

11.2　确定性溢价：稳定盈利的资产价高

11.2.1　高确定性行业高估值，高波动率行业低估值

我们统计了29个一级行业各自在2005～2019年每年营收同比增速的标准差，以行业营收增速波动率代表行业确定性，波动率小则确定性较高（见图11-1和表11-2）。

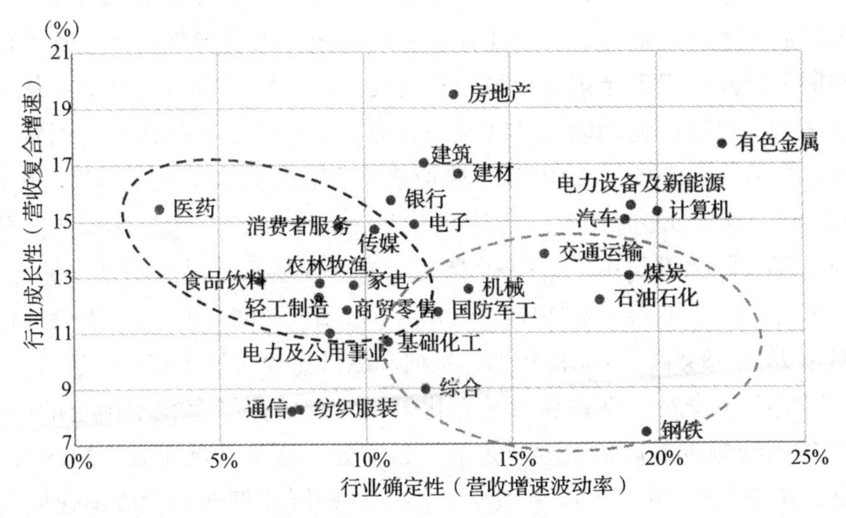

图11-1　A股行业确定性

注：非银金融由于波动率过高，未显示在图中。

表 11-2 2005 ～ 2019 年每年营收同比增速的标准差

行业	标准差	复合增速	复合增速 / 标准差	行业	标准差	复合增速	复合增速 / 标准差
医药	3%	15%	4.81	银行	13%	14%	1.11
食品饮料	7%	13%	1.95	基础化工	12%	13%	1.06
消费者服务	10%	17%	1.68	国防军工	13%	12%	0.98
传媒	10%	15%	1.55	机械	15%	14%	0.95
轻工制造	9%	13%	1.49	交通运输	18%	16%	0.89
农林牧渔	9%	13%	1.47	汽车	19%	17%	0.89
房地产	14%	20%	1.47	电力设备及新能源	20%	17%	0.84
建筑	13%	18%	1.40	有色金属	25%	21%	0.82
家电	10%	14%	1.40	计算机	21%	16%	0.77
商贸零售	10%	13%	1.37	石油石化	20%	14%	0.73
建材	14%	18%	1.26	煤炭	22%	16%	0.73
电子	12%	15%	1.25	综合	13%	8%	0.59
电力及公用事业	11%	13%	1.16	钢铁	23%	10%	0.45
通信	8%	9%	1.15	非银金融	93%	22%	0.24
纺织服装	8%	9%	1.15				

资料来源：Wind，兴业证券经济与金融研究院。

消费行业大多是业绩确定性较高的行业，如医药、食品饮料、消费者服务和商贸零售等，2017 年以来这些行业估值持续攀升，进入历史高位，当前 PE 历史分位数均在 2005 年以来 80% 之上。[⊖]医药和消费行业的确定性来自居民收入不断增长，对于品质生活的内在需求增加，促进各类消费品和服务普及，未来全国各线城市有望先后步入消费升级大趋势。从具体数据来看，典型的业绩确定性较高的行业，如医药、食品饮料、消费者服务和商贸零售，2005 ～ 2019 年营收增速波动率在 10% 以内（3.0%、6.4%、9.1% 和 9.4%），分列 29 个行业的第 1、2、8、9 位，且食品饮料和医药行业的总营收同比增长中枢维持在 15% 左右，业绩几乎是平稳地一路上行。对应来看，四个消费行业 2019 年 PE 为 69、57、302、73 倍，历史分位数分别为 90%、84%、98% 和 95%，横向和纵向比较均处于较高估值水平。

周期行业煤炭、钢铁和石油石化等是典型的业绩存在不确定的行业，2017 年供给侧改革后估值逐步走低，目前处于历史较低位置，2019 年 PE 历史分位数均在 2005 年以来 40% 之下。这些周期行业的营收增速随着经济周期起伏而波动，受基建投资、地产投资、供给侧改革等影响较大。从

⊖ 主要行业指数数据起始于 2005 年，故选择 2005 年后数据。

具体数据来看，煤炭、钢铁和石油石化 2005 ～ 2019 年营收增速波动率都在 20% 附近（19%、20%、18%），分列 29 个行业的第 24、26、22 位，行业基本面的波动率几乎是四个消费行业的两倍，确定性明显低于前者。三个典型周期行业 2019 年 PE 为 11、17、27 倍，历史分位数分别为 26%、41% 和 72%，横向和纵向比较均处于低估值水平。

我们看到，美股同样也有着与 A 股类似的规律（见图 11-2）。运用相同的统计方法，可以发现，医药科技和消费行业确定性强，无论横向比较还是纵向比较，估值均普遍较高，PE 历史分位数均在历史 90% 以上（统计区间为 2006 年 1 月 6 日至 2019 年 12 月 27 日）。从具体数据来看，典型的确定性行业，如医疗保健设备与服务、软件与服务、零售业，2006 ～ 2020 年营收增速波动率分别为 3%、4% 和 4%，分列 24 个行业的第 1、6、4 位，三个消费行业在 2019 年末的 PE 为 27、30、32 倍，历史分位数分别为 92%、92% 和 88%。周期行业如材料Ⅱ、运输和汽车与汽车零部件等是典型的不确定行业，估值普遍较低，当前 PE 历史分位数均在历史 50% 以下（统计区间为 2006 年 1 月 6 日至 2019 年 12 月 27 日）。从具体数据来看，典型周期行业，如材料Ⅱ、运输和汽车与汽车零部件，2006 ～ 2020 年营收增速波动率分别为 13%、18% 和 8%，分列 24 个行业的第 21、22、12 位，三个周期行业在 2019 年末的 PE 为 15、17、4 倍，历史分位数分别为 42%、48% 和 11%。

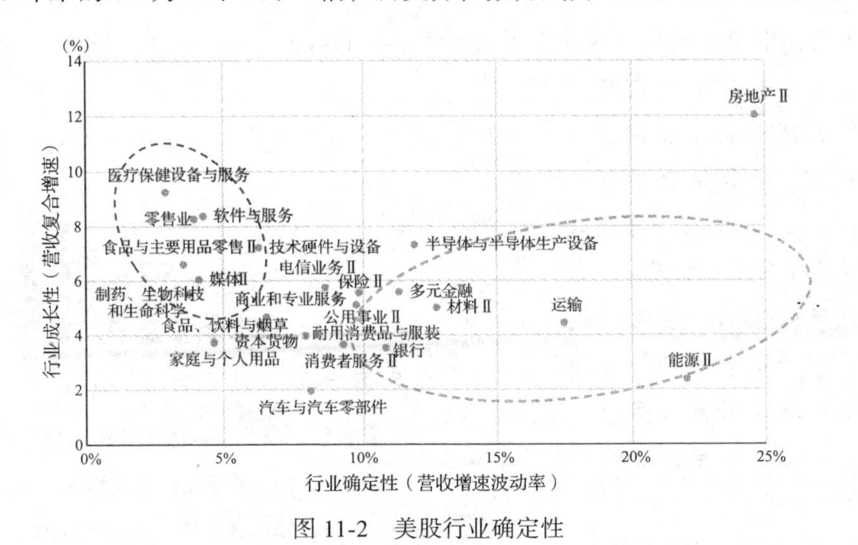

图 11-2 美股行业确定性

资料来源：Wind，兴业证券经济与金融研究院。

11.2.2 确定性增强的公司迎来盈利和估值的戴维斯双击

从现金流贴现模型来看，确定性更高的行业或公司营收增速波动性较小，预期损失的可能性较低，投资者对类风险水平公司要求的投资收益率相应更低，因此对应的估值更高。对于机构投资者，尤其养老金这类长线配置型资金而言，投资的安全性排在首位，确定性高的公司是这类资金偏好的“香饽饽”。确定性高的公司分析师覆盖多，投资者对于预期业绩的把握能力更强，投资收益率确定性更高，持股体验也更佳。我们以国内和国外案例来说明。

案例一

爱尔眼科从高波动高增速降至稳定中高增速，估值反而创新高

爱尔眼科是中国及全球范围的眼科医疗集团，业务覆盖亚洲、欧洲和北美洲，眼科医院及中心数量达600余家，中国内地年门诊量超1000万人次。公司营收增速与估值的两阶段变化展现了确定性如何带给公司带来溢价提升。第一阶段是2011年以前，公司营收增速较高，2007～2011年营收增速均在38%以上（见图11-3），但是2012年初“封刀门”事件对公司业绩造成了较为显著的影响，2012年其总营收增速迅速下台阶，这期间公司营收增速波动较大，市净率维持在8倍上下波动（见图11-4）。第二阶段是2012～2020年，公司营收增速在第一阶段的高增长之后回落保持稳定，营收增速中枢维持在30%左右，公司营收确定性提升逐步加强了公司的确定性溢价，在营收增速下台阶的背景下，公司估值不降反升，市净率估值从2012年中至2020年一直处于抬升趋势之中，从5倍左右上升到35倍左右。

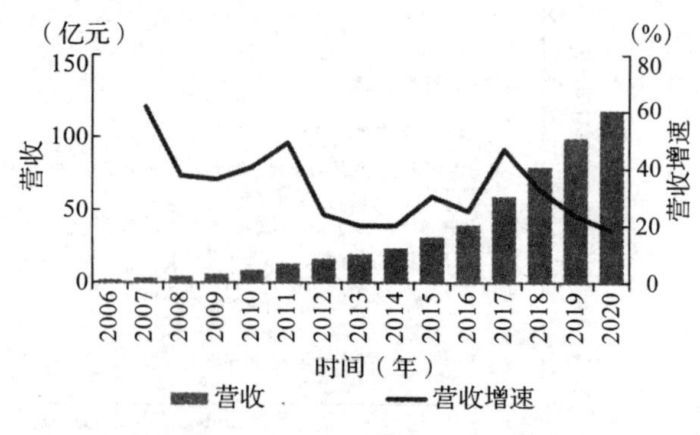

图11-3 爱尔眼科营收及营收增速

资料来源：Wind，兴业证券经济与金融研究院。

图 11-4　2009 ～ 2020 年爱尔眼科市净率

资料来源：Wind，兴业证券经济与金融研究院。

案例二

苹果从科技公司转向稳定消费公司，2016 年后巴菲特大举买入

苹果依靠强大的产品创新能力为全球用户提供具备行业领先的使用体验与功能性的产品，如今已经是一家集创新硬件产品和内容服务为一体的全球龙头公司。苹果营收在过去增长强劲，从 2005 财年的 139.3 亿美元增长至 2020 财年的 2745.2 亿美元，年均复合增速为 20%（见图 11-5）。在 2018 年以前，苹果的营收增速和市场估值会随着发布爆款产品或者新产品创新不及预期而产生较大幅度波动，如发布 iPad 的 2010 年估值大幅抬升，发布 iPhone 6S 的 2015 ～ 2016 年营收、股价走弱。每一代产品进入大众视野时，投资者都会担心产品可能没有重大创新，导致客户流失、营收增速下滑，所以二级市场并不敢给予苹果过高的确定性溢价，2010 ～ 2016 年市净率维持 4.9 倍左右（见图 11-6）。但是近年来，苹果的品牌价值日臻成熟，从产品型公司转型品牌型公司，新一代苹果产品的创新度可能不再像以往那样亮眼，然而消费者愿意为苹果品牌支付溢价，在公司的营收增速下台阶背景下，公司营收的确定性稳步上升，因此自 2017 年以来，公司 PE 突破历史范围，从 4.8 倍上升至 34.7 倍。公司估值上升期间，巴菲特这样过去极少投资科技公司的重磅价值投资者也纷纷大举买入：2016 年 5 月巴菲特购入 1000 万股苹果股票，2017 年初再次买入 7600 万股，至 2019 年持有超过 700 亿美元的苹果股票。巴菲特在采访中表示，过去的苹果与其他科技股类似，在技术不断进步的过程中企业护城河并不牢固，随时可

能丧失市场地位，投资确定性不高；而随着苹果品牌走向成熟，产生了极强的用户黏性，尽管公司增长速度下降了，但是未来确定性大幅上升，因此成了价值投资的好标的，于是大举买入、长期持有。

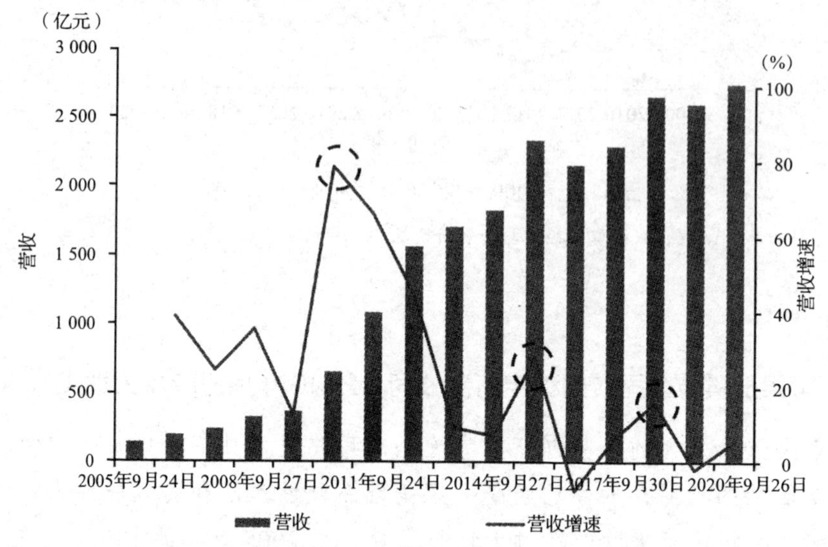

图 11-5 苹果营收及营收增速

资料来源：Wind，兴业证券经济与金融研究院。

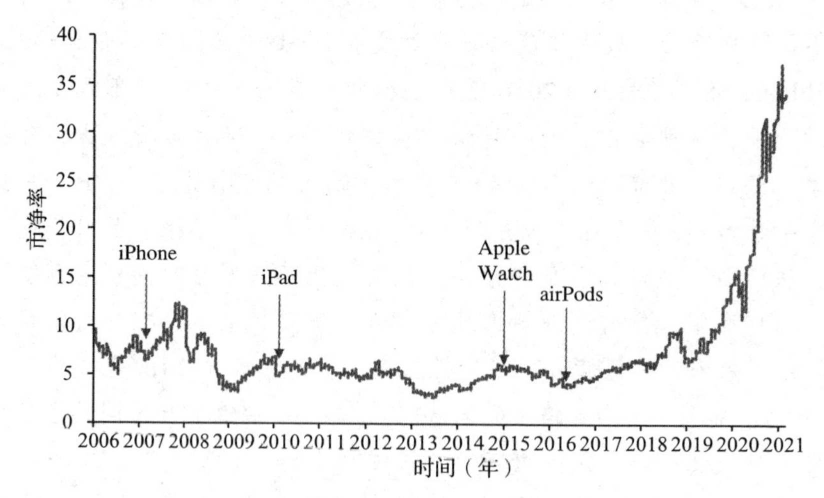

图 11-6 苹果市净率

资料来源：Wind，兴业证券经济与金融研究院。

案例三

中低增速稳定增长公司也有高估值，伊利股份估值创史上新高

有读者会认为，爱尔眼科、苹果的高估值和其较高的业绩增速也有密切关系，但当我们转向中低增速稳定增长的部分消费公司时，也能够看到估值持续创新高的过程，国内乳制品龙头伊利股份就是典型。2014年以前，乳制品行业以每年超过10%的复合增速不断扩张，渗透率快速提升；2014年后，行业进入整合期，整体增速下降、集中度上升，乳制品市场增速维持在5%附近，伊利股份作为乳制品龙头，营收增速略微高于行业增速，稳定地维持在10%左右。尽管乳制品行业逐步走向成熟，但受益于中国庞大的内需市场，仍然具备持续稳定增长的潜力，其中伊利股份凭借其强大的产品力、品牌力和渠道力，构建极强的护城河，进一步保障其业绩的确定性。2001～2020年伊利股份复权后股价上涨近50倍，市净率估值屡屡创新高：① 2001～2008年营收增速40%，市净率平均3倍；② 2009～2014年营收增速17%，市净率平均5.8倍；③ 2015～2019年营收增速10%，市净率平均6.8倍（见图11-7）。

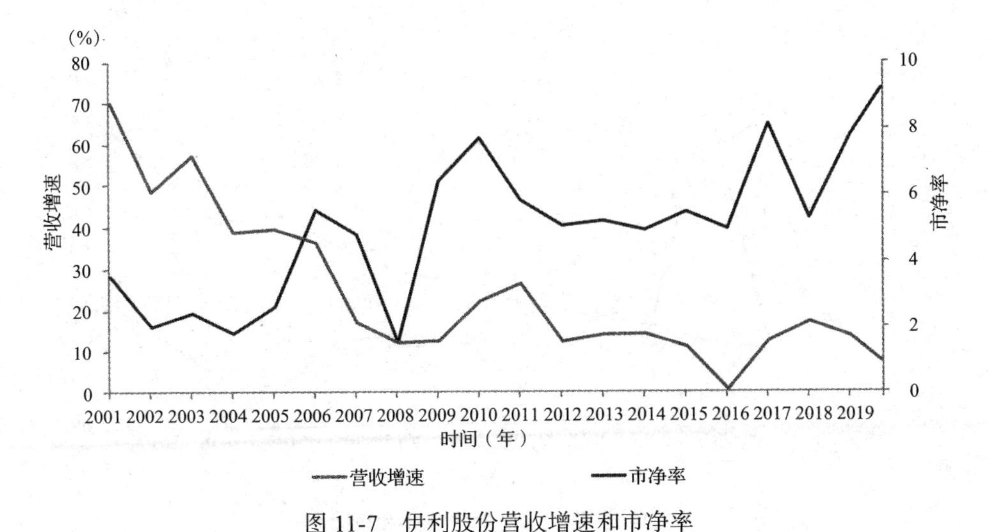

图11-7　伊利股份营收增速和市净率

资料来源：Wind，兴业证券经济与金融研究院。

案例四

美国水业低于10%的稳定增速，仍有超过40倍的估值

低增速但具备确定性的公司，在美股也被给予高估值，例如美国水业。水务行业包括供水市场和污水处理市场，美国水业的主要业务为供水，业务占比94%，公司为46个州的1500万人提供受监管的和基于市场的饮用水、污水处理及其他相关服务。供水业务是一个稳定的业务，除去2008年金融危机，2007～2019年美国水业的营收增速平均4.5%，几乎没有波动，而公司市净率估值却从0.8倍升至3.4倍，PE估值超过40倍（见图11-8）。对于部分经验老到的A股投资者而言，很难想象长期增速仅有5%的公司，估值能够达到40倍以上，但美股作为较为成熟的市场，也是A股未来发展的方向，能够给予稳定型公司极高的确定性溢价，美国水业近90%的股份为机构投资者持有，养老金和保险资金等长线资金愿意给予公司较高估值，买入并长期持有，获得确定性回报。其实除了美国水业之外，美股还有大量低增速但是高估值的消费公司，如投资者较为熟悉的有可口可乐、耐克公司、劳氏公司、雅诗兰黛、好市多等（见表11-3）。

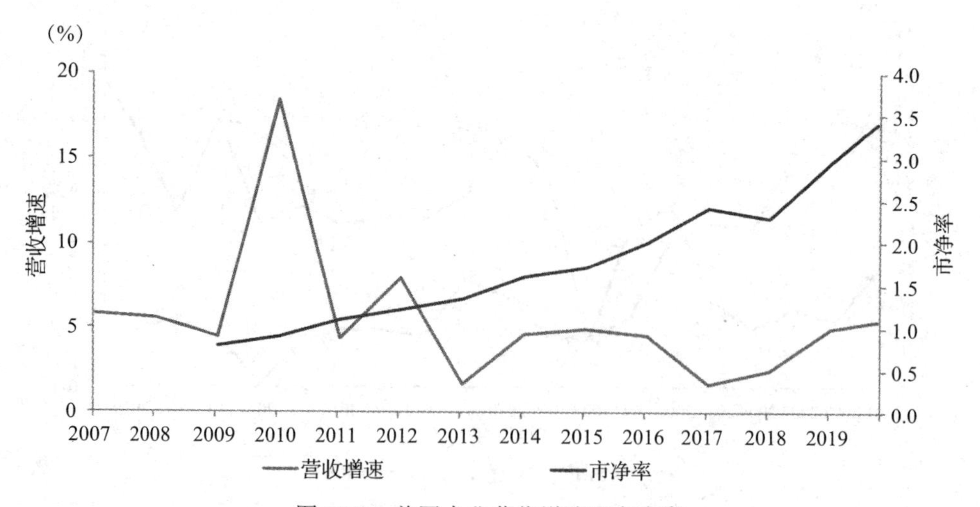

图11-8 美国水业营收增速和市净率

资料来源：Wind，兴业证券经济与金融研究院。

表 11-3 2019 年美股低增速高估值消费公司

证券简称	PE	10 年营收复合增速	行业	市值（亿美元）	净资产收益率	股息率	证券简称	PE	10 年营收复合增速	行业	市值（亿美元）	净资产收益率	股息率
可口可乐	30.6	1.9%	日常消费	2 371	49.6%	2.9%	芝加哥交易所	35.4	6.4%	金融	719	8.1%	2.7%
耐克公司	34.6	7.0%	可选消费	1 582	29.7%	0.9%	道明尼资源	69.4	1.1%	公用事业	682	5.2%	4.3%
雅培制药	46.7	0.4%	医疗保健	1 536	12.0%	1.5%	标普全球	31.9	1.3%	金融	667	383.6%	0.8%
美敦力	32.6	6.5%	医疗保健	1 521	9.5%	1.9%	硕腾公司	43.1	8.5%	医疗保健	630	61.3%	0.5%
艾伯维	40.5	8.9%	医疗保健	1 309		4.8%	波士顿科学	57.8	2.7%	医疗保健	630	41.6%	0.0%
赛默飞世尔科技	36.3	9.9%	医疗保健	1 303	12.9%	0.2%	万豪国际	37.8	6.8%	可选消费	495	87.0%	1.3%
好市多	34.8	7.9%	日常消费	1 298	26.1%	0.9%	怡安保险	32.4	3.8%	金融	488	40.7%	0.8%
新纪元能源	36.8	2.1%	公用事业	1 184	10.6%	2.0%	KEURIG	36.6	7.2%	日常消费	407	5.5%	2.1%
高特利	53.0	0.6%	日常消费	932		6.6%	威富公司	30.8	3.8%	可选消费	398	17.7%	7.3%
劳氏公司	31.2	4.3%	可选消费	918	152.5%	1.8%	星座品牌	46.9	9.5%	日常消费	362	−0.1%	1.6%
雅诗兰黛	39.5	7.3%	日常消费	743	39.3%	0.9%	百富门	35.1	3.1%	日常消费	300	45.7%	1.1%
碧迪	68.0	9.5%	医疗保健	736	5.9%	1.1%							

资料来源：Wind，兴业证券经济与金融研究院。

11.2.3 未来资金将持续流入确定性资产助力估值溢价

全球步入低利率、低增长的环境后，大量配置型资金将离开接近“零收益”的债券市场，寻找收益更高的资产，此时确定性更强的优质股权成为被追逐的标的。兴证策略团队曾在 2019 年提出外资买卖中国核心资产的框架，外资偏好确定性资产，即 ROE 稳定型公司。这些优质资产的 ROE 长期稳定且高于 20%，是大多数投资者心中的“白马”股，如大家熟知的美的集团、贵州茅台、上海机场等。外资对于 ROE 稳定型股票持股周期达 3～4 年，比如贵州茅台和上海机场，自 2016 年 6 月陆股通持股至今。具有长期投资特征和稳定收益需求的资金，不仅仅局限于外资，国内的长钱也处在加速入市的过程中（见第 9 章），进一步强化确定性溢价。

另外，当配置型资金买入确定性高的优质权益资产后，也将对这类资产进行价值重估，帮助其拔高估值。原先这类确定性资产由股票投资者持有定价，股票投资者对于投资回报率要求较高，在当期会给予股票较低估值；配置型资金持有定价后，更关注确定性和低风险，对于投资回报率要求较低，所以会在当期将给予更高的估值。随着配置型资金持股比例持续提升，这类确定性资产的估值定价权将会转移，从而完成价值重估。我们从韩国的三星公司、印度的 HUL、中国台湾的台积电、A 股的长江电力四个案例就能够看出来。

三星公司：在 2009 年之后，外资对于确定性较高的三星公司配置型需求提升，开始震荡加仓三星公司，外资持股比例从 5% 逐渐提升到 15% 以上，同时三星公司相对科技行业也出现持续估值溢价，从 2～6 倍 PE 相对值逐渐增长到 3～9 倍的 PE 相对值（见图 11-9）。

图 11-9　三星公司 PE 相对值

资料来源：Wind，兴业证券经济与金融研究院。

HUL：印度HUL是联合利华的子公司，也是印度最大的快速消费品公司。该公司拥有超过35个品牌，涵盖20个不同的类别。HUL股价从2004年8月2.325美元持续上涨，至2019年9月达到25.7美元，涨幅达到11倍（见图11-10）。2007～2012年，HUL吸引外资持续流入，外资持股比例从2007年12.0%上升至2012年末21.7%（见图11-11），其间PE处于低于40倍且持续、缓慢提升的阶段。HUL长期持续走牛受益于PE和每股盈利双重提升，公司PE从2004年8月的13.8倍到2019年2月76倍，每股盈利从2014年0.12美元上升至2018年0.4美元。整体来看，估值和盈利贡献五五开，较为均衡。

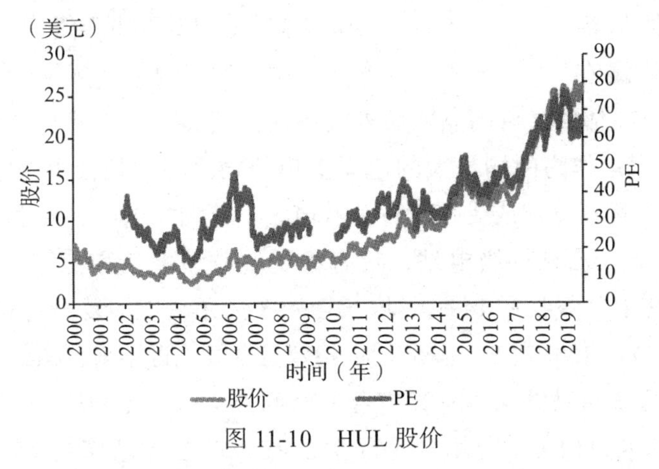

图11-10　HUL股价

资料来源：Wind，兴业证券经济与金融研究院。

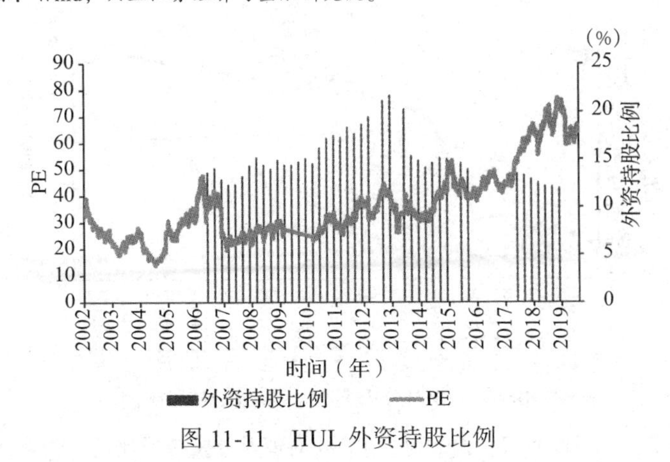

图11-11　HUL外资持股比例

资料来源：Wind，兴业证券经济与金融研究院。

台积电：自2005年以来，境外投资者对台积电持股比例从2005年10%左右逐渐提升到2020年20%以上，公司PE相对其所在科技行业一直保持相对较高的估值溢价，PE相对值在4倍以上，且在估值溢价高点之后外资还在持续加仓（见图11-12）。

图11-12　台积电PE相对值

资料来源：Wind，兴业证券经济与金融研究院。

长江电力：作为中国最大的电力上市公司之一，长江电力主要从事水力发电业务，运营管理或受托管理三峡电站、葛洲坝电站、溪洛渡电站、向家坝电站等长江流域梯级电站，具有稳定的业绩增长和稳定的盈利能力，2001～2019年总营收从14亿元增长至498亿元，年均复合增速为20.6%，ROE常年维持在15%左右，盈利能力稳定且持续。近年来公司的高确定性吸引外资配置型资金持续买入，2017年6月起外资持股比例从3%逐渐提升到近6%，长江电力相对于公用事业行业的PE水平也不断修复（见图11-13）。

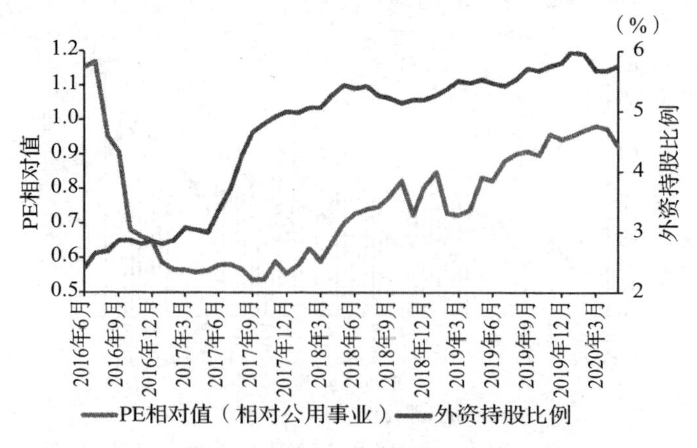

图11-13　长江电力PE相对值及外资持股比例

资料来源：Wind，兴业证券经济与金融研究院。

11.3　成长性溢价：盈利不断增长的资产更贵

11.3.1　成长性行业高估值，旧经济行业低估值

我们统计了 29 个一级行业在 2005 ～ 2019 年间的营收增速，以这个行业的营收增速代表行业成长性，增速高则成长性高。

长期以来，消费和医药科技行业的成长性较高，如医药、消费者服务、食品饮料等，目前估值普遍较高，当前 PE 历史分位数均在 2005 年以来 80% 之上。消费的长期成长性来自我国庞大的人口基数和内需市场，随着收入水平提升，消费升级趋势将不断增强。从具体数据来看，医药、消费者服务和食品饮料在 2005 ～ 2019 年间的营收增速分别为 16%、15% 和 13%，分列 29 个行业的第 8、12、16 位，其当前 PE 分别为 69、302、58 倍，历史分位数分别为 90%、98% 和 84%，行业处于高估值水平（见图 11-14）。

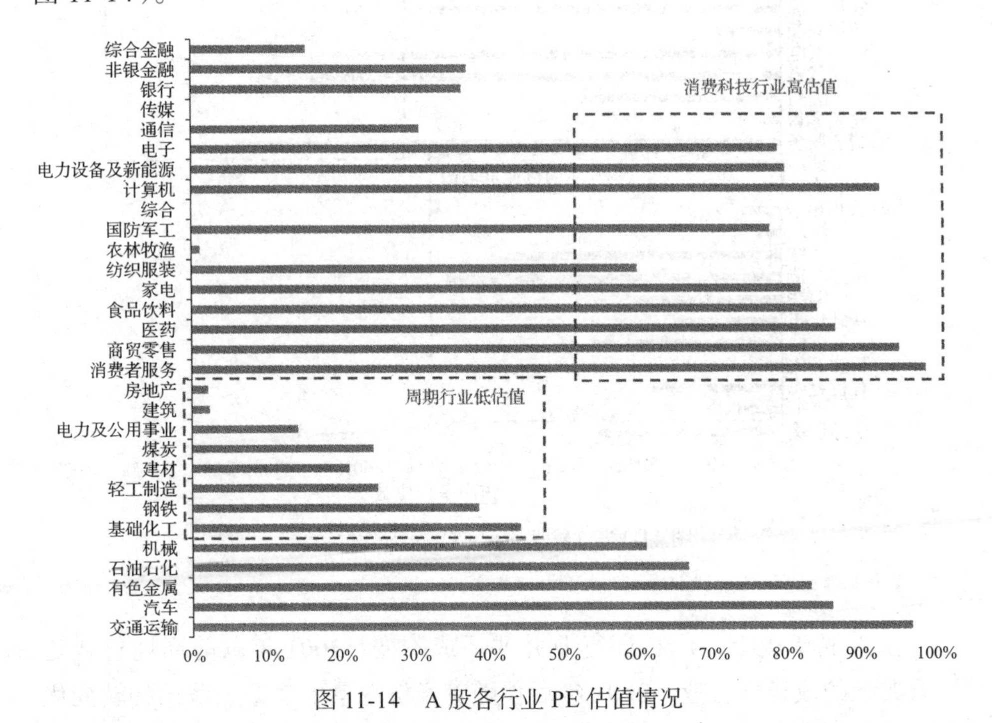

图 11-14　A 股各行业 PE 估值情况

资料来源：Wind，兴业证券经济与金融研究院。

2011年后，钢铁、基础化工等周期行业逐步进入成熟期和衰退期，成长性偏低，目前PE均位于2005年以来55%历史分位数之下。当前我国经济增长动能从传统的“投资、出口”转向“消费”，随着经济增长对于投资的依赖减小，周期行业营收在2010年以后发生明显中枢下移，整体进入成熟期。从具体数据来看，钢铁、基础化工在2005～2019年间的营收增速分别为7%、11%，分列29个行业的第29、25位，行业成长性相对较低，而当前PE分别为17、48倍，历史分位数分别为41%和55%。A股各行业市净率分位数如图11-15所示。

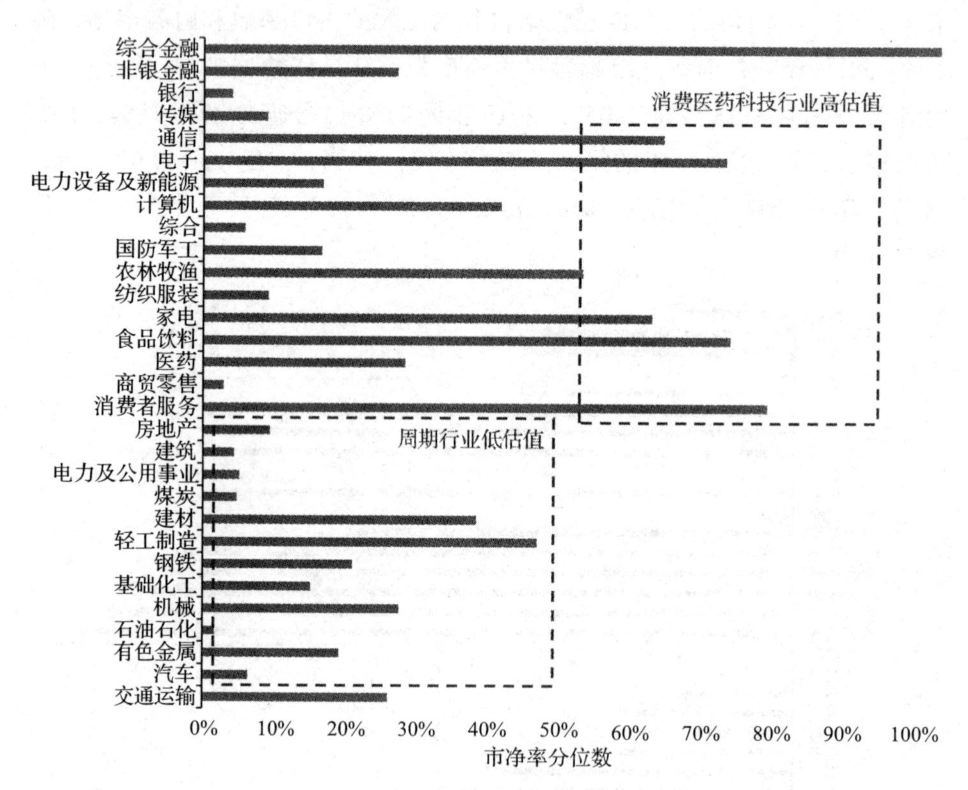

图11-15　A股各行业市净率分位数

资料来源：Wind，兴业证券经济与金融研究院。

在A股历史上，成长性行业并非一成不变。2001年以前周期行业是最为典型的成长性行业，2001年后伴随经济总量下滑，经济结构转变优化，消费医药科技成为市场新聚焦的成长方向。2001年以前，中国是投资驱动型经济体。自加入WTO后，全国从沿海到内地展开大规模城镇化和工业化；2003年房地产调控框架雏形确定，房地产周期随之启动。2006年A股行业中，金融、房地产、能源市净率排名前列，分别为4.09、3.50、3.19倍，估值水平和2020年信息技术行业相当，且高于彼时的信息技术、医疗保健、可选消费。2011年后，中国经济从投资驱动转向消费驱动，第三产业占比快速提升（见图11-16），实现经济结构的转变，消费医药科技成为投资者最为确定的长期投资机会之一。截至2020年，日常消费、医疗保健、信息技术、可选消费市净率估值位列前四，远超旧经济周期行业。

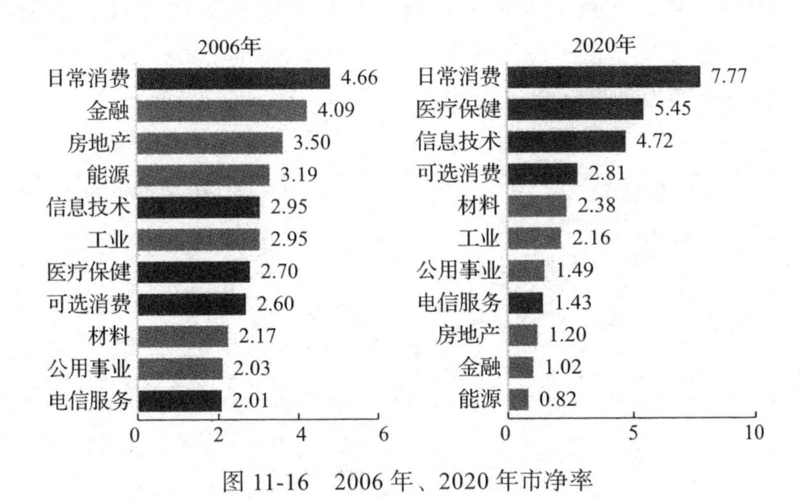

图 11-16 2006年、2020年市净率

资料来源：Wind，兴业证券经济与金融研究院。

就过去经验来看，A股投资者从不吝啬对当前阶段被认为具备成长性的行业给予高溢价，即便未来成长性可能没有兑现。2013～2015年，国家全力支持“大众创业、万众创新”，全球科技产业进入移动互联网时代，“互联网+”成为最为热门的话题。借彼时政策东风，中国众多锐意创新的企业通过资本市场融资，在各个细分领域进行试错创新，也推动市场给予其极高的成长性溢价。截至2015年3月31日，创业板指、电子、计算机、传媒、通信的PE达到82、71、103、80、59倍，市净率则达到了8.7、4.6、9.4、7.7、4.1倍。后续来看，众多细分领域的“成长性”被证伪，但是也培育了一批优质公司。

11.3.2 成长性得到市场认可的公司历来获得高估值溢价

从现金流贴现模型来看，成长性更强的行业或公司未来盈利增长可能显著高于同行业和全社会，在全社会财富以固定速度增长的过程中，持有这类资产的投资者有可能跑赢社会财富增长速度。因此成长性资产是极度稀缺的，也是投资者梦寐以求、愿意付出更高成本获得的。在A股历史上，并非只有消费医药科技才是成长性行业，2011年以前，中国处在高速城镇化和房地产上升趋势之中，围绕投资品的周期行业是彼时最具成长性的行业，前文我们也看到，2006年金融、房地产、能源市净率排名前列。对于投资者而言，寻找成长性溢价需要保持终身学习的习惯，不断地去探寻发生裂变的行业。我们以国内和国外案例来说明。2005～2021年，周期、消费、科技市净率如图11-17所示。

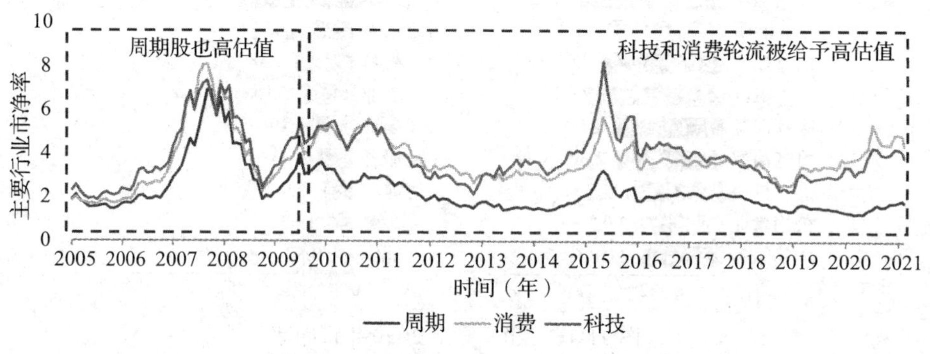

图11-17　周期、消费、科技市净率

资料来源：Wind，兴业证券经济与金融研究院。

案例一

2012年前高成长的煤业巨头兖州煤业市净率超过4倍

2011年以前，中国是投资驱动型经济体，投资占GDP比重从2000年的34%最高上升至2011年的47%，大量投资推动了大宗商品、投资品的需求扩张。中国原煤产量从2000年的13.8万吨上升至2012年的39.5万吨，随后开始回落，至2020年，总产量已经降至38.4万吨。对应兖州煤业，2012年前公司营收增速25%（见图11-18），是过去中国市场高成长的典型代表，投资者给予市净率3倍，顶峰期的市净率则超过5倍。作为对照参考，5倍市净率已经超过了目前电子、计算机等主要科技股的估值水平。2012年后公司营业增速降至18%，2020年第三季度营收增速2.3%，市净率1.1倍，估值下降近三分之二。

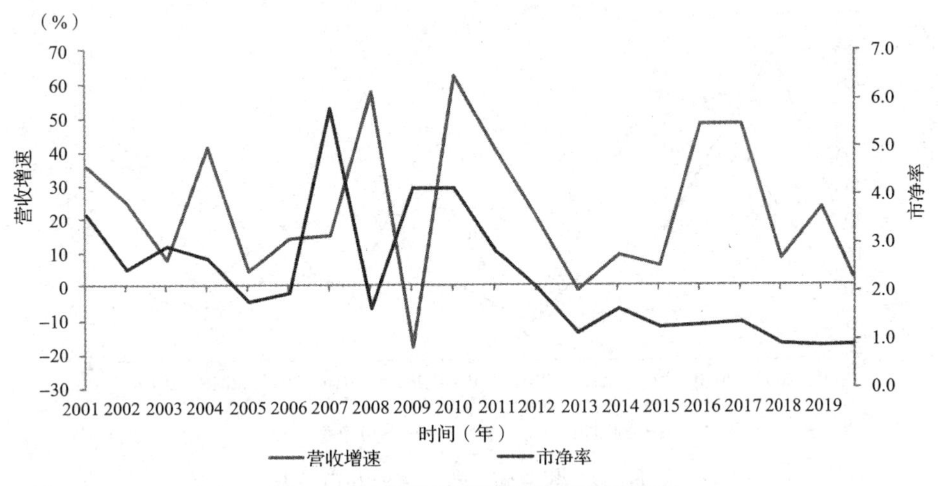

图11-18 兖州煤业营收增速和市净率

资料来源：Wind，兴业证券经济与金融研究院。

案例二

紫金矿业多轮成长，每轮成长都被给予高估值

旧经济周期股在过去高增长环境下是典型的成长股，而近年来整体归于平静，但部分周期行业的龙头公司凭借自身资金、技术、管理等优势，摆脱了行业束缚，实现了突破，依旧维持较高营收增速，被市场给予较高成长性溢价，紫金矿业就是其中的经典案例。铜作为最重要的工业大宗商品之一，每轮周期中波动较大，在2008年后大放水和“四万亿”刺激的推动下，不断暴涨。对应紫金矿业，公司2009～2012营收增速达30%，市净率估值也达到5倍左右。2013年周期退潮，紫金矿业营收增速降至2.8%，市净率估值也降至1.8倍。但是公司在经济的收缩期仍然不断开展铜矿并购，利用资金、技术、管理等优势，逆势加大资本开支，实现超越行业的增长。2014年至2020年三季度，公司营收增速达20%（见图11-19），

市净率估值再次回到3倍以上。2021年开年后，美国1.9万亿美元刺激计划即将落地，疫苗接种加快疫情影响褪去，中美房地产周期共振，美联储维持史诗级量化宽松，铜价再次进入高速上行周期，推动紫金矿业股价大幅上涨，当前公司市净率估值达到7倍，接近历史成长性溢价的顶峰。

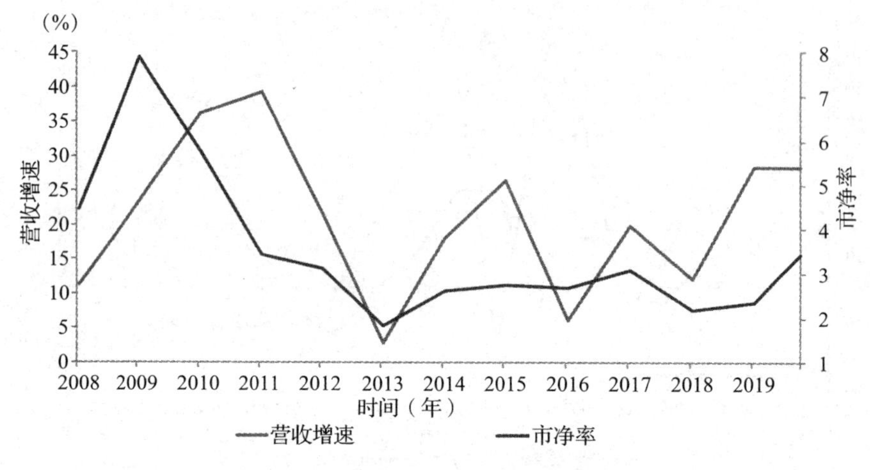

图 11-19 紫金矿业营收增速和市净率

资料来源：Wind，兴业证券经济与金融研究院。

案例三

新能源汽车趋势确立，2020年宁德时代估值突破历史区间范围

宁德时代是全球领先的锂离子电池研发制造公司，创立于2011年的宁德时代营收增长迅速，至2015年动力电池系统使用量已经进入全球前三，2017～2019年公司动力电池系统使用量连续三年排名全球第一。公司营收从2014年的8.7亿元迅速增长到2019年的457.9亿元（见图11-20），增长了接近53倍。上市以来，宁德时代的成长性溢价是逐步被市场认知和提升的，其市净率估值从上市初期的3.8倍持续上升至2020年底的14.1倍（见图11-21）。2018年上市初期，新能源汽车在政策补贴的支持下，销量增速维持在60%，成长性溢价将公司市净率估值从4倍左右推升至最高6.5倍。2019年新能源补贴减少，此前政策短期透支了行业需求，部分骗补行为曝光，外加彼时新能源汽车技术尚未成熟，性能上无法与传统燃油车抗衡，导

致销量大减，公司的成长性溢价全面下降。2020年后，特斯拉等新能源汽车厂商实现产品迭代、技术升级，续航、操控性、整体设计等各方面不断完善，新能源汽车可以媲美甚至优于传统燃油车，中美欧新能源汽车开始放量替代传统燃油车。与此同时，二级市场也快速认可新能源汽车赛道的长期空间，宁德时代市净率估值突破历史区间范围，最高达到15倍以上。

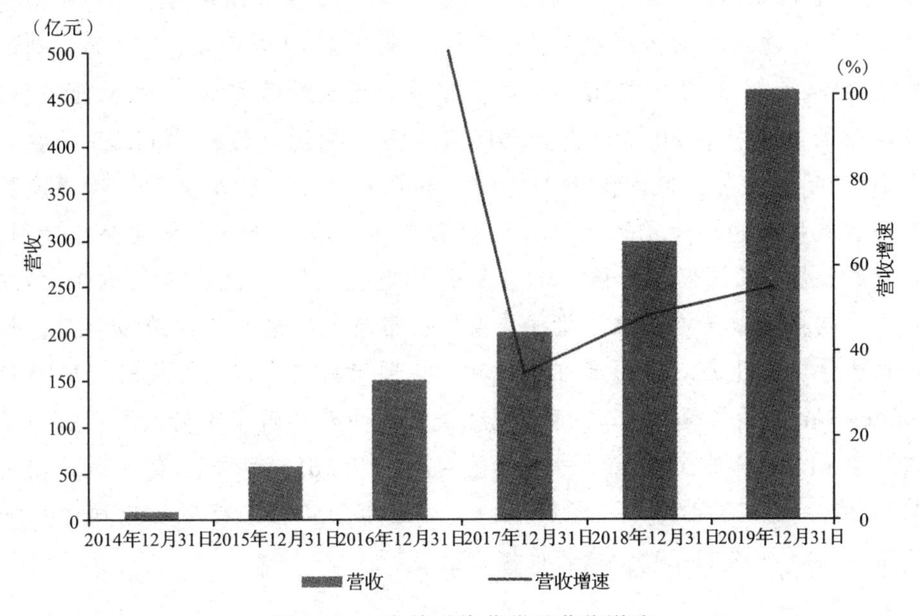

图 11-20 宁德时代营收及营收增速

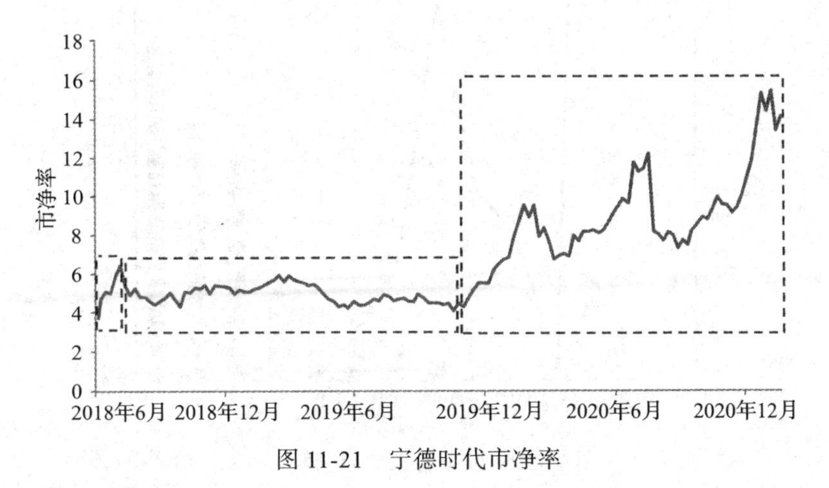

图 11-21 宁德时代市净率

资料来源：Wind，兴业证券经济与金融研究院。

案例四

特斯拉的成长性经受多轮考验，最终实现涅槃

以高端小众电动跑车切入汽车行业的特斯拉，与宁德时代的估值走势较为类似，市场对于其成长性溢价的认可经历了“从有到无再到有”的过程。2012年6月，特斯拉交付第一款爆款量产车型Model S，改变了消费者对于新能源汽车的传统印象，公司营收也从2012年的4.1亿美元迅速增长至2014年的32.0亿美元，公司估值被市场给予了极高的成长性溢价，市净率长期保持在30倍以上。2016年3月，特斯拉公布Model 3并宣布于2017年底交付，但受限于工业经验和量产能力，新车交付持续不及预期，营收增长也逐步陷入疲态，让投资者对于公司未来成长性存在疑问，公司成长性溢价不断下台阶，市净率从30倍附近降至2018年底的10倍左右，机构持续做空特斯拉，并和马斯克在推特上唇枪舌剑。2019年后，特斯拉产量扩张开来，2020年在中国建厂，逐步兑现公司成长预期。2019年Model 3全美销量超过16万辆，成为美国中型豪华轿车市场冠军，公司营收随着Model 3的交付上了一个新的台阶，从2016年的70亿元迅速增长至2020年的315亿元（见图11-22）。对应市场估值，特斯拉市净率回归30倍以上（见图11-23），成长性溢价凸显。

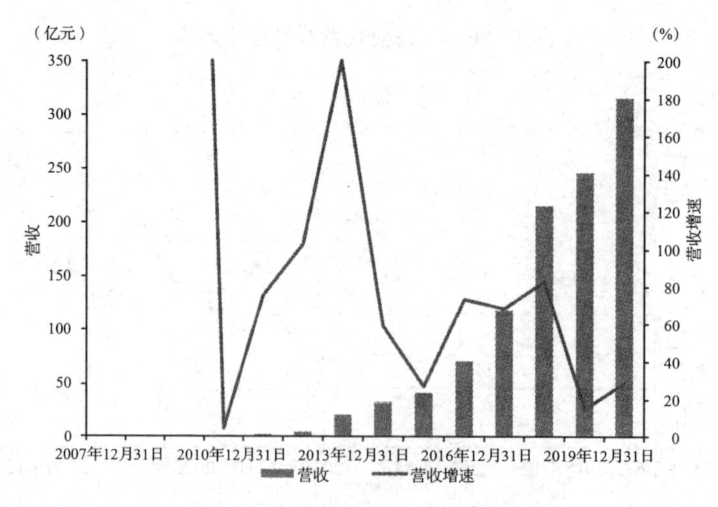

图11-22 特斯拉营收及营收增速

资料来源：Wind，兴业证券经济与金融研究院。

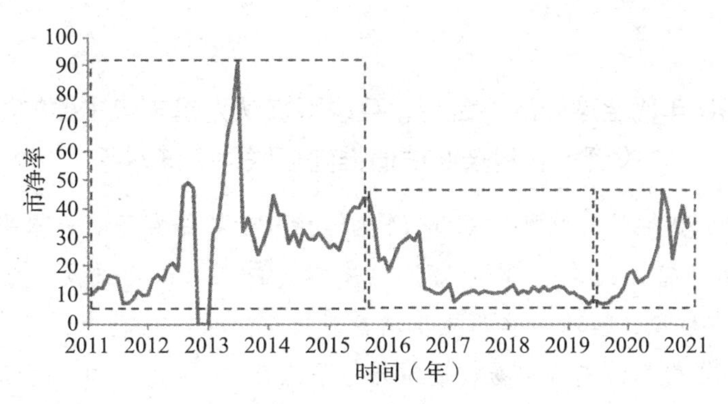

图 11-23 特斯拉市净率

资料来源：Wind，兴业证券经济与金融研究院。

11.3.3 成长性资产将更加稀缺、溢价更为明显

历次全球进入低增长时代之后，凡是被投资者确定为未来方向的成长性资产，成长性溢价大多都被阶段性推高至近乎泡沫的高度。此轮2020年疫情之后，全球经济增长中枢再次下移，大放水让主要国家和地区进入低利率甚至零利率时代（见图11-24），全球资金都在寻找未来还能够保持成长性或者提供相对高收益的资产。因为成长性资产的稀缺性，投资者对于有成长预期的公司给予了超乎历史经验的高估值，我们在这里回顾20世纪90年代全球经济下滑的科网泡沫和2008年后金融危机时代FANNG抱团的经验。

图 11-24 全球利率下行

资料来源：Wind，兴业证券经济与金融研究院。

案例一

20世纪90年代全球经济下台阶，互联网被认为是未来主要的成长方向，投资者将科技股估值推向互联网泡沫水平

20世纪80年代美国实际GDP增速维持8%左右的高增长水平，90年代海湾战争后，整体经济下降至5.5%的中枢，进入二战后的历史低点。20世纪80年代中后期，全球经济明显从增量时代向存量时代转变，日本企业冲击美国企业市场份额，美日贸易较量拉开序幕，日本、韩国、中国台湾半导体产业争夺战激烈，最终导致日本陷入失去的十年。虽然20世纪90年代全球经济增长下台阶，但是科技产业出现技术拐点，克林顿推出信息高速公路计划，信息及通信革命全面展开，移动电话和互联网的渗透率迅速上升，互联网和通信行业的科技股也成为投资者最为确信的未来成长方向，被给予厚望。2000年，美国每百人移动电话使用量为39部，美国互联网用户占总人口比重为43%。

聚焦二级市场，20世纪80年代末至90年代初期，美国投资者一度陷入低增长的恐慌之中，1987年7月至1994年的90个月内（7.5年），标普500总回报率仅有51%，年化复合收益率5.6%，而年CPI通胀率平均为3.84%。1991年1G技术出炉，1993年英特尔个人计算机芯片迎来“奔腾时代”，1990年后互联网高速普及等，都在刺激着投资者的神经，随后投资者一致涌入科技股，给这类公司超高的成长性溢价，从市场表现来看：①1990年1月至2000年3月，通信行业的爱立信上涨了28倍。②1990年1月至2000年1月，个人计算机行业的微软公司上涨了96倍。③1996年4月至1999年12月，互联网行业的雅虎上涨了105倍。在1999年10月至2000年3月科网泡沫最巅峰时期，纳斯达克指数6个月内上涨84.8%，PE估值由39.8倍上涨74.4%至69.4倍，信息技术行业整体估值73.8倍，估值水平是其他行业的2～3倍。

案例二

2008年金融危机后，全球经济再次下台阶，FAANG成为投资者抱团对象，估值不断提升

2008年金融危机以后，美股经济增速相比之前再次下台阶，GDP同

比增速在2010年9月迅速反弹到3.18%后，增长中枢回落到2%左右。主要产业如信息技术、医疗保健等行业盈利状况下行，信息技术行业ROE从2010年的20.8%回落到2012年的16.9%，医疗保健行业ROE从2009年的20.3%回落到2013年的13.9%。在经济增速和主要行业盈利水平都下降的情况下，移动互联新媒体是投资者最为确定的成长方向，2012年脸书用户数量激增至10亿，并于2012年5月上市，自此FAANG全部登陆资本市场，成为投资者抱团的对象。每轮美联储量化宽松之后，大量流动性均从债券市场转向股票市场，居民和机构加配ETF促使巨量资金流入上述五家公司。2012～2019年，FAANG在标普500中的市值占比从6.9%上升至13.3%，盈利占比从6.4%上升至10.4%，脸书市净率从4.1倍升至6.6倍，苹果市净率从4.2倍升至34.5倍，亚马逊市净率从15.0倍升至19.7倍，奈飞市净率从7.2倍升至23.1倍，谷歌市净率从3.4倍升至5.6倍。

11.4 龙头溢价：从龙头折价到龙头溢价

11.4.1 新旧经济的龙头公司估值均较高

确定性、成长性低的公司，估值往往会低于确定性、成长性高的公司，那么是不是营收增速波动率较高的旧经济行业如建材、化工，稳定型行业如公用事业、银行，所有公司估值都处于较低水平？其实不然，我们看到，无论是新旧经济行业，龙头公司都取得了超越行业平均的估值水平（见图11-25）。

具体主要分为两种情况：第一种是成长性和确定性均较高的行业，这些行业本身就具有高估值的特点，而其中的龙头公司估值更高；第二种是在成长性和确定性两方面都不占优势的行业，行业整体估值偏低，但是其中龙头公司优秀的基本面能够帮助其脱离行业平均估值区间的“地心引力”，甚至达到部分新经济行业龙头公司的估值水平。

我们选取了A股消费、医药和周期行业的各5家代表性龙头公司，行业PE历史分位数统计时间为2005年12月31日～2019年12月31日，公司 PE 和市净率历史分位数统计时间为上市时间至 2019 年 12 月 31 日。可以发现，在确定性和成长性均较高的行业如食品饮料、家电和医药，平均行业 PE 为 33、21、41 倍。其中的龙头公司海天味业、贵州茅台、美的集团、片仔癀、恒瑞医药的 PE 分别为 57、36、17、50、79 倍，历史分位数均明显高于行业 PE 历史分位数。在确定性和成长性偏低的周期行业如基础化工、交通运输，其中龙头公司 PE 历史分位数也显著高于行业 PE 历史分位数。如万华化学、上海机场、晨光文具、恩捷股份、长城汽车的 PE 分别为 19、30、46、49、19 倍，而其行业 PE 则低得多，基础化工、交通运输、轻工制造和汽车的 PE 分别为 29、19、31、31、27 倍，历史分位数分别为 18%、35%、21%、21%、75%，显著低于行业内部龙头公司估值水平。这说明龙头公司作为核心资产不管是在新经济行业还是老经济行业，都能享受一个相对较高的估值。我们还汇总了 A 股全行业龙头公司估值和行业估值的情况（见表 11-4）。总体而言，龙头公司在 PE 和市净率估值方面往往取得较高的龙头溢价。

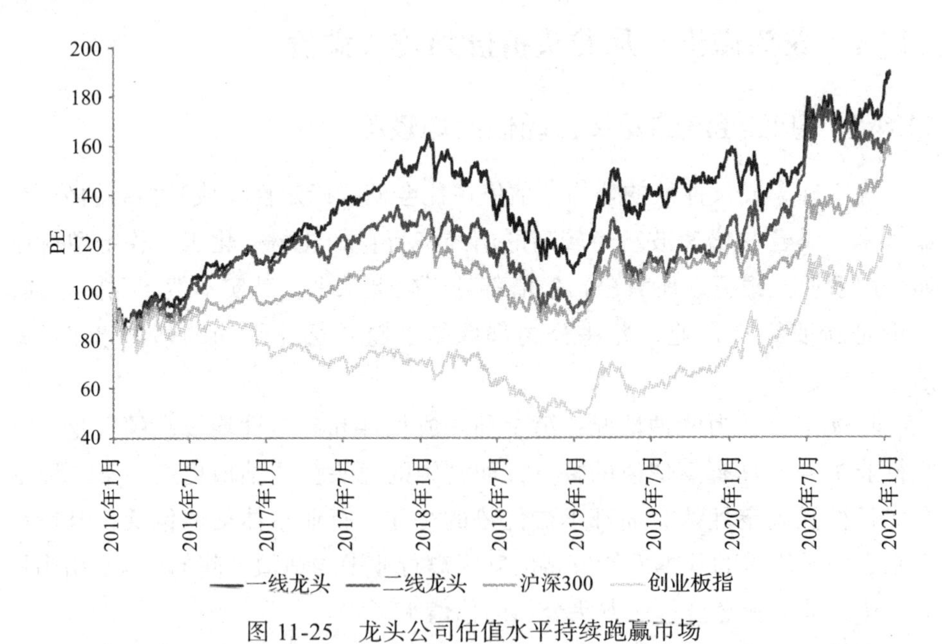

图 11-25　龙头公司估值水平持续跑赢市场

资料来源：Wind，兴业证券经济与金融研究院。

表 11-4　A 股全行业龙头公司估值和行业估值

证券简称	所属行业	市值（亿元）	行业排名	PE	市净率	证券简称	所属行业	市值（亿元）	行业排名	PE	市净率
采掘				13.1	1.1	**医药生物**				36.4	3.4
中国石油	采掘	10 670	1	25.6	0.9	恒瑞医药	医药生物	3 871	1	79.2	16.7
中海油服	采掘	916	3	37.1	2.5	迈瑞医疗	医药生物	2 211	2	49.2	12.6
有色金属				38.3	2.1	药明康德	医药生物	1 509	3	72.0	8.8
紫金矿业	有色金属	1 165	1	31.1	2.4	爱尔眼科	医药生物	1 225	4	91.1	19.0
洛阳钼业	有色金属	942	3	54.0	2.3	长春高新	医药生物	905	6	64.2	7.2
天齐锂业	有色金属	345	9	53.0	3.4	**休闲服务**				34.3	3.7
化工				21.6	1.9	中国中免	休闲服务	1 737	1	37.9	8.9
万华化学	化工	1 764	2	18.6	4.4	宋城演艺	休闲服务	449	2	31.8	4.5
荣盛石化	化工	779	4	46.3	3.5	**食品饮料**				32.6	6.6
恩捷股份	化工	407	8	49.1	9.4	贵州茅台	食品饮料	14 861	1	36.3	11.9
钢铁				9.8	0.9	五粮液	食品饮料	5 163	2	31.4	7.4
中信特钢	钢铁	681	2	17.9	2.8	海天味业	食品饮料	2 903	3	57.3	19.3
包钢股份	钢铁	602	3	27.2	1.1	伊利股份	食品饮料	1 886	4	26.9	7.7
鞍钢股份	钢铁	315	4	11.2	0.6	绝味食品	食品饮料	283	16	36.8	6.5
建筑装饰				9.5	1.0	**商业贸易**				14.8	1.4
中国化学	建筑装饰	318	7	11.5	1.0	永辉超市	商业贸易	722	2	36.1	3.5
金螳螂	建筑装饰	236	10	10.3	1.6	居然之家	商业贸易	600	3	557.9	1.6
建筑材料				13.0	1.9	南极电商	商业贸易	268	6	25.8	6.3
海螺水泥	建筑材料	2 904	1	8.8	2.3	**汽车**				19.5	1.6
东方雨虹	建筑材料	391	5	20.0	4.5	比亚迪	汽车	1 301	2	46.0	2.5
福莱特	建筑材料	237	6	37.8	5.5	农林牧渔				32.0	3.5
伟星新材	建筑材料	207	8	20.4	5.8	牧原股份	农林牧渔	1 920	1	123.3	11.9
交通运输				17.6	1.5	海大集团	农林牧渔	569	4	36.0	6.4
顺丰控股	交通运输	1 642	1	28.1	4.1	隆平高科	农林牧渔	194	12	43.5	3.1
上海机场	交通运输	1 517	2	29.8	4.9	**家用电器**				17.1	3.4
中国国航	交通运输	1 407	3	19.7	1.5	美的集团	家用电器	4 042	1	17.1	4.1
公用事业				19.0	1.4	苏泊尔	家用电器	630	4	34.8	10.2
长江电力	公用事业	4 044	1	18.0	2.8	三花智控	家用电器	479	5	36.2	5.3
联美控股	公用事业	301	13	18.9	4.5	老板电器	家用电器	321	6	20.7	5.0
机械设备				26.8	2.1	九阳股份	家用电器	193	7	24.0	5.5
三一重工	机械设备	1 436	2	13.8	3.4	**纺织服装**				25.3	1.8
中微公司	机械设备	494	5	248.7	13.4	海澜之家	纺织服装	339	1	9.9	2.7

（续）

证券简称	所属行业	市值（亿元）	行业排名	PE	市净率	证券简称	所属行业	市值（亿元）	行业排名	PE	市净率
恒立液压	机械设备	439	6	42.4	8.4	森马服饰	纺织服装	266	2	15.4	2.3
电气设备				32.3	2.2	**传媒**				41.7	2.4
宁德时代	电气设备	2 350	1	52.5	6.4	中公教育	传媒	1 103	1	53.2	43.5
隆基股份	电气设备	937	3	21.5	3.6	分众传媒	传媒	919	2	38.7	6.8
汇川技术	电气设备	531	6	52.1	6.4	芒果超媒	传媒	622	4	60.6	7.2
亿纬锂能	电气设备	486	9	36.0	6.8	完美世界	传媒	571	5	30.6	6.0
璞泰来	电气设备	371	10	59.4	11.5	**计算机**				58.1	3.8
国防军工				58.0	2.4	科大讯飞	计算机	758	2	108.8	6.8
航发动力	国防军工	488	2	59.0	1.7	金山办公	计算机	756	3	247.4	12.9
中航西飞	国防军工	454	3	67.8	2.8	用友网络	计算机	711	4	78.3	11.1
中国卫通	国防军工	453	4	95.5	4.0	恒生电子	计算机	624	6	57.4	16.4
中航沈飞	国防军工	443	5	42.1	5.2	同花顺	计算机	587	7	75.8	16.5
中航光电	国防军工	418	6	38.4	5.3	**电子**				42.9	3.4
轻工制造				24.3	1.8	立讯精密	电子	1 952	3	49.4	10.7
欧派家居	轻工制造	492	1	28.1	5.6	京东方A	电子	1 580	4	82.8	1.8
晨光文具	轻工制造	448	2	45.6	11.4	韦尔股份	电子	1 238	5	4 422	16.2
顾家家居	轻工制造	275	3	24.6	5.4	闻泰科技	电子	1 040	6	136.6	5.1
银行				7.0	0.8	**通信**				37.7	2.7
招商银行	银行	9 478	5	10.5	1.7	中兴通讯	通信	1 496	2	34.0	6.9
邮储银行	银行	5 097	6	8.5	1.0	亿联网络	通信	434	3	37.1	10.5
平安银行	银行	3 192	10	11.4	1.2	中际旭创	通信	372	4	74.5	5.5
宁波银行	银行	1 584	14	12.2	1.9	烽火通信	通信	321	5	38.6	3.1
非银金融				15.9	1.9	光环新网	通信	310	6	38.5	3.8
中国人寿	非银金融	9 856	2	20.0	2.6	**综合**				32.5	1.8
中信证券	非银金融	3 066	5	24.3	1.9	华测检测	综合	247	1	52.7	8.2
中信建投	非银金融	2 325	6	49.2	5.1	广电计量	综合	105	5	79.0	7.3
华泰证券	非银金融	1 843	7	26.4	1.5						
房地产				9.9	1.4						
万科A	房地产	3 637	1	9.6	2.2						
招商蛇口	房地产	1 573	3	13.0	2.4						

注：行业排名指市值排名。

资料来源：Wind，兴业证券经济与金融研究院。

11.4.2 龙头公司兼具确定性和成长性估值溢价

龙头公司兼具确定性和成长性双重优势，公司的营收增速更高、更加稳定，投资者对于风险补偿要求的收益率较低，确定性溢价和成长性溢价促使公司估值加速扩张，远超同行业平均水平。过去中国各个行业处在快速“做大蛋糕”的过程，许多新兴行业诞生一批“小巨人”企业，因此A股更多地给予小盘股溢价，而对于部分缺乏成长性的大盘股公司给予相对折价。随着中国经济从“做大蛋糕”转向“分蛋糕”，“小巨人”企业脱颖而出，成长为大盘股龙头公司，投资者转而给予这些优质的龙头公司溢价，而多年过去仍然未成长为大盘股的“小巨人”可能逐步被行业优胜劣汰，被投资者给予估值折价。从2013年至今，A股大盘股的市净率估值折价已经大幅收缩，大盘股中的龙头公司从过去的估值折价，逐步变为估值溢价，在我们前文中也有所体现。参考美国经验，未来A股进一步走向成熟后，龙头公司和非龙头公司的估值分化将越来越大。我们以国内外经典案例来说明（见表11-5）。

表 11-5 A股龙头公司估值分化

行业	2019年A股			2013年A股			美股		
	前20%	后20%	溢价	前20%	后20%	溢价	前20%	后20%	溢价
能源	1.0	1.8	−44%	1.2	2.3	−48%	1.6	0.6	167%
材料	1.8	2.2	−18%	1.5	2.2	−32%	2.0	0.7	186%
工业	1.7	2.2	−23%	1.6	2.4	−33%	5.0	1.0	400%
可选消费	2.1	2.3	−9%	2.5	2.8	−11%	4.2	0.9	367%
日常消费	7.2	2.1	243%	3.6	2.6	38%	4.3	1.2	258%
医疗保健	5.0	2.4	108%	4.5	2.8	61%	5.0	1.6	213%
金融	1.0	1.7	−41%	1.0	3.3	−70%	1.2	1.1	9%
信息技术	4.7	3.2	47%	4.2	3.0	40%	6.5	1.5	333%
公用事业	1.6	1.5	7%	1.3	2.4	−46%	2.2	3.9	−44%
房地产	1.7	1.4	21%	1.5	1.8	−17%	3.4	1.2	183%

资料来源：Wind，兴业证券经济与金融研究院。

案例一

贵州茅台穿越白酒周期

就投资者心中地位而言，贵州茅台可以说是白酒第一股甚至A股第一股。公司成立于1999年底，2001年在上交所上市，主营白酒业务，初期盈利水平低，经历了近5年较长时间的导入期。2005年起公司正式步入成长期，业绩开始高速爆发，市场关注度提升。在这个阶段中，多起假酒事件，都在不同程度上对公司产生了负面影响，让市场对其发展前景产生过质疑。但最终公司仍然向市场证明了自己，通过独一无二的生产工艺、企业标准和绝对高的品牌价值等，逐渐成为酱香型白酒的代表性企业，不仅在各个层次的白酒行业占有一定地位，还让蕴含于产品中的酒文化深入人心。贵州茅台销售毛利率如图11-26所示。2007年贵州茅台营业额超过五粮液等竞争对手，奠定了在白酒行业龙头的地位。

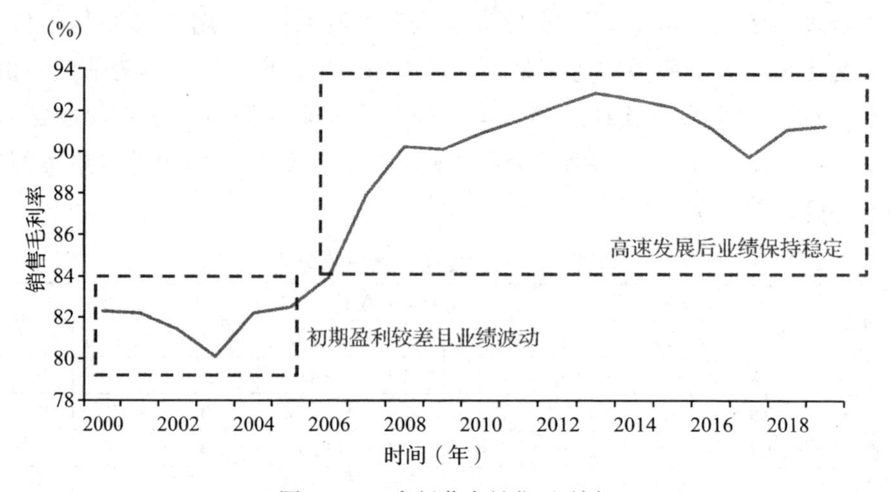

图11-26　贵州茅台销售毛利率

资料来源：Wind，兴业证券经济与金融研究院。

从股价角度来看，公司上市后经历了近4年的导入期，从2005年步入成长期之后一直处于上涨通道，股价（不复权）从36.9元（2005年1月7日）涨到2080元（2021年1月22日），翻了近56倍（见图11-27）。尽管期间公司股价因为假酒事件、金融危机、股灾等影响而有所波动，但公司高成长性及高确定性最终支持公司股价一路向上。在2010年经济下滑造成的整个白酒行业景气度下降、2008年金融危机和股灾等系统性风险影响下，贵州茅台股价仍能不改向上的大趋势。作为白酒行业龙头公司，贵州茅台估值水平不断提升，龙头溢价显著（见图11-28）。

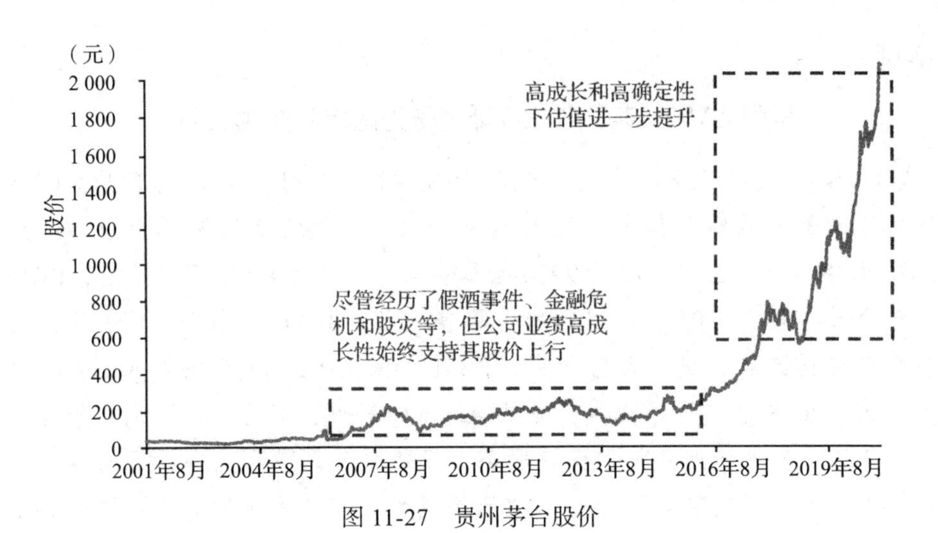

图 11-27　贵州茅台股价

资料来源：Wind，兴业证券经济与金融研究院。

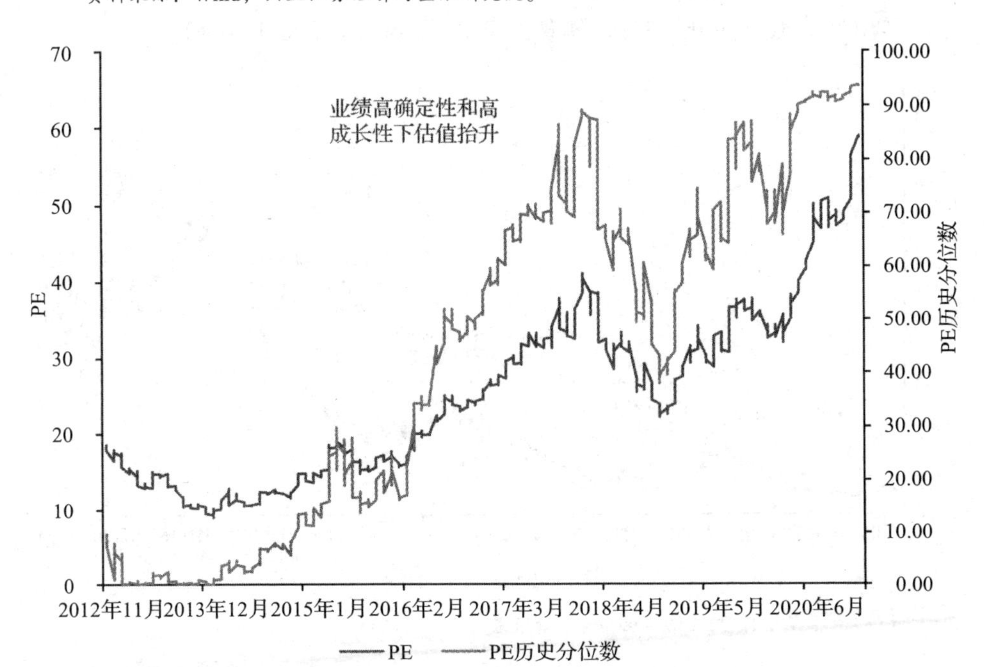

图 11-28　贵州茅台 PE 和 PE 历史分位数

资料来源：Wind，兴业证券经济与金融研究院。

案例二

美国 CVS：兼并收购逐渐成长为医疗服务龙头公司

CVS 在 1964 年第一次对外使用 CVS 名称，当时仅有 17 家门店。CVS 通过不断对外收购，如今已发展成为一家多元化的健康服务企业。截至 2020 财年，公司已经有超过 9900 家零售点，大约 1100 家医疗诊所，PBM 业务会员数接近 1.05 亿，保险服务覆盖人数约 0.34 亿。CVS 通过并购实现全产业链扩张，进入医疗服务、PBM 和保险（2009 年并购 Accendo 保险公司，2018 年并购保险服务龙头 Aetna）等业务领域，其具体业务包括零售药店、便民诊所、社区医疗服务、保险服务等多种业态，面向各类人群提供全生命周期管理。CVS 目前已经成为一家多元化的综合医疗服务龙头公司，而不是简单的医疗零售企业，其 2020 财年营收达 2687.06 亿美元，其中医疗服务占比 53%，零售业务占比 34%（见图 11-29）。

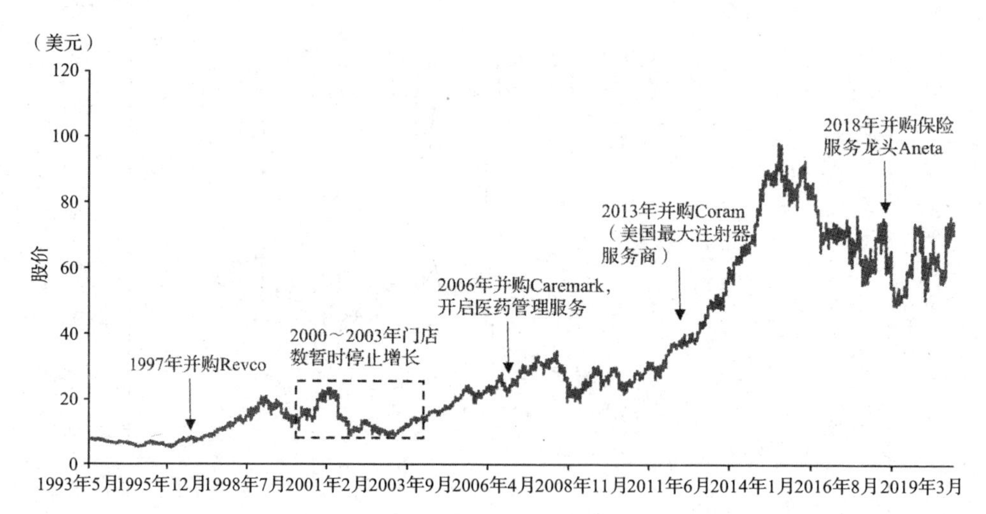

图 11-29　CVS 股价

资料来源：Wind，兴业证券经济与金融研究院。

从公司股价走势来看，1997 年之前公司股价表现平稳，1997 ～ 1998 年公司开始通过并购增加门店数量，1997 年公司以小吞大并购了拥有 2500 家门店的 Revco，股价迎来第一波上涨。2000 ～ 2003 年间公司门店数量停止增长，股价进入震荡期。后续公司一方面继续通过并购增加门店数量，另一方面通过并购产业链上下游企业进入 PBM 等新业务领域，在逐渐成长为一家综合性医疗服务龙头公司的过程中，公司股价不断走高。近年来由于公司较大的并购规模导致公司资产负债率逐渐上升（2020 财年资产负债率为 69.79%，相比于 2019 财年下降约 1.5 个百分点），营收波动增大，ROE 波动增大等，且在部分新进入领域出现亏损，公司股价进入震荡区间（见图 11-30）。

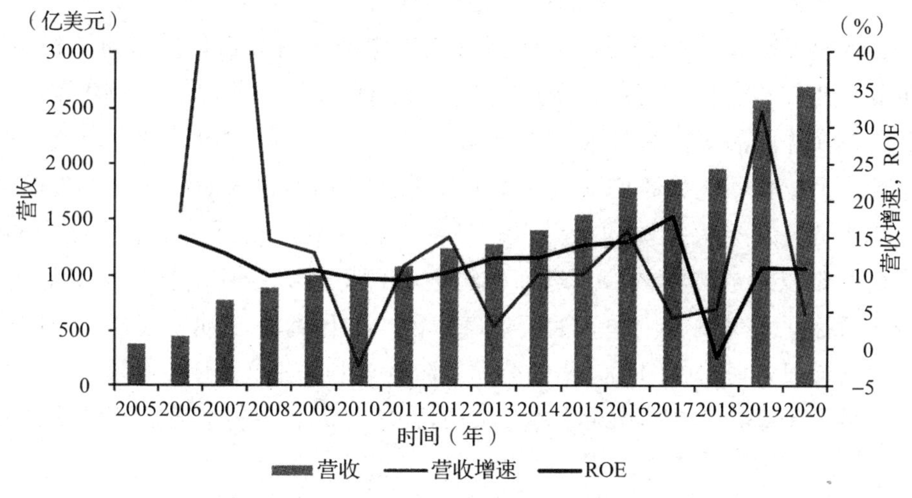

图 11-30　CVS 营收、营收增速及 ROE 变化情况

资料来源：Wind，兴业证券经济与金融研究院。

11.4.3　龙头公司的市场表现和估值仍将持续占优

2011 年后，中国逐步进入经济新常态，众多行业的长期增速逐步下台阶，从增量时代进入存量时代。2017 年供给侧改革开启，龙头公司的优势一时间大幅提高，各个行业都出现了明显的龙头集中现象，带动龙头溢价的升高（见第 4 章）。存量时代龙头公司持续占优，表现为两方面：①龙头公司业绩的确定性高于行业整体。行业周期波动影响行业内绝大部分公司，但龙头公司对于上下游企业可能具备一定话语权，同时具备较强的技术、管理等竞争优势，行业下行期反而可逆势扩张，使业绩保持稳定。②龙头公司业绩的成长性高于行业整体。因为龙头公司除了享受行业发展的红利外，还通过扩大存量市场份额实现增长，在部分周期行业甚至出现行业零增长，龙头公司仍然保持中高增长的现象。确定性、成长性均高于可比公司的龙头公司，随着国内从增量时代逐步步入存量时代，优势更加凸显，因此在市场上取得了更多投资者给予的龙头溢价。

龙头公司能够维持竞争优势，提升行业集中度，主要有三方面因素：①规模经济；②市场需求黏性；③进入壁垒。这与巴菲特对于优质企业“护城河”的定义基本一致。随着近年来我国进入存量时代，这三方面因素对行业的影响也更加凸显，我们逐个进行解析。

规模经济是龙头公司能够提高行业集中度并持续占优的最重要因素。许多行业具备这样的特征：企业生产10件商品时，每件成本是10元，而生产100件商品时，每件成本是5元，即商品和服务的规模越大，成本越低廉，企业竞争优势越明显。对于先发龙头公司而言，如果取得了规模经济的优势，那么大企业的市场占有率会加速提升。以石油化工行业为例，小企业难以形成规模效应，进而被行业淘汰，而大企业的竞争优势显著。中国石油化工集团、中国石油天然气集团、中国海洋石油总公司、中国中化集团有限公司、中国化工集团公司及陕西延长石油（集团）有限责任公司六家特大型企业2018年的营收为62 217.43亿元，占行业营收百分比达到45.15%。

市场需求黏性是指消费者对于某类商品有更强的喜好，长期较难改变。行业需求增速较高时，有许多小企业有机会进入行业占据一定市场份额；而当需求增速下行后，市场需求黏性的影响就愈发重要，具备品牌和产品优势的龙头公司会逐步领先竞争比赛，推动行业集中度提升。以白酒市场为例，白酒行业2016年产量与销量均达到顶点，分别为1358.36万千升和1305.71万千升，此后便开始下滑，需求呈收缩态势。然而，中高端白酒企业实现了营收的大幅提升。2018年，白酒行业销量下滑26.43%，但贵州茅台、五粮液、泸州老窖、洋河股份的市场份额却分别上涨了26.43%、32.61%、25.60%、21.30%。

进入壁垒主要包括技术壁垒、资金壁垒、资源壁垒和政策壁垒等。进入壁垒越高，市场参与者越少，行业集中度也越高。以化工行业为例，自2017年环保监管趋严以来，环保不达标企业相继被关停。同时对新进入企业来说，环保合规要求也提高了行业的进入壁垒。化工行业“二八”分化的现象越来越明显，2015～2018年间，化工行业营收前十家公司的在建工程支出占比从55%左右逐渐提升到近70%，而营收前三家的在建工程支出占比一直维持在50%左右，行业内现存的龙头公司持续进行资本扩张，提高行业集中度。㊀

我们以海螺水泥为例，说明龙头溢价的变化过程。海螺水泥从事水泥及商品熟料的生产和销售，公司2019年熟料产能规模达到全国第二，仅次于中国建材集团。公司过去二十年营收增长迅速，从2001年的20.6亿元增长至2019年的1570.3亿元，年均复合增速为27.2%。公司净利润从2001年的2.6亿元增长至2019年的343.5亿元，年均复合增速为31.1%，近年来公司营收和净利润增速都趋于稳定，波动减小。2017年供给侧改革后，海螺水泥作为水泥行业的龙头公司，具备较强的成长性和较高的业绩确定性，销售毛利率和ROE中枢分别为30%和20%（见图11-31），优于行业水平，因此海螺水泥股价与全行业走势分离，市净率从2016年低点的1倍左右升至2017年末的2倍（见图11-32）。

本章开篇我们提出了两个问题，经过前文对A股新旧估值体系从现象到机理的探究，我们在此已经可以回答。

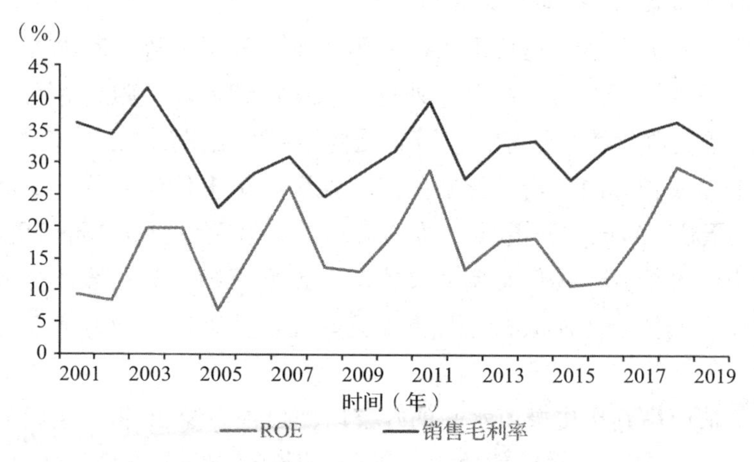

图11-31　海螺水泥销售毛利率和ROE

资料来源：Wind，兴业证券经济与金融研究院。

㊀ 在建工程衡量企业的产能投资，当期投资多的企业未来产能更高。目前企业投资高度集中，意味着未来行业产能也将更加集中，市场格局也就更加集中。

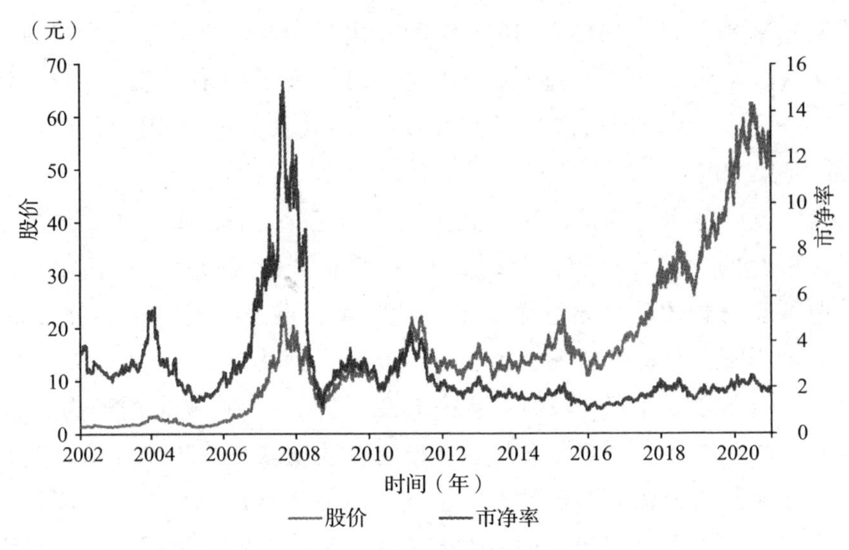

图 11-32　海螺水泥股价和市净率

资料来源：Wind，兴业证券经济与金融研究院。

（1）A 股的估值体系发生了什么样的变化？为什么部分行业、龙头白马公司的估值能够高到历史极值水平，而其他部分非成长性行业、非龙头公司的估值却低到“尘埃”之中？

A 股步入史上第一轮长牛，行业集中龙头公司优势不断巩固，伴随着对外开放程度不断扩大，居民、外资、机构持续加配“跑马胜出”的行业龙头，A 股美股化特征尽显，投资者结构转变的结果如下：①低利率阶段，投资者追逐成长方向，给予稀缺的成长性资产更多估值溢价；②众多行业从“做大蛋糕”转向“分蛋糕”，龙头公司的竞争优势和资产价值更加突出，推动龙头溢价抬升；③低利率环境推动配置型资金尤其是境外资金，转向入市并加仓低估值优质股权，且更加偏好确定性资产，助力确定性资产拔高估值。

（2）估值高到历史极值水平的好公司，是否会像 20 世纪美股的“漂亮 50”一样在一定时期之后估值大幅下降？估值较低的周期金融地产公司、非龙头公司，在央行不断放松货币政策的过程中，估值是否可能上升，最终也突破历史区间？

从确定性溢价、成长性溢价、龙头溢价出发，我们认为 A 股将迎来史上第一轮长牛，在宏观基本面和流动性没有大幅转向的背景下，核心资产有望持续维持较高估值，脱离过去的估值区间。对于估值较低的周期金融地产等行业，不能一概而论，而是要关注优质个股是否能够利用自身优势取得确定性、成长性、龙头溢价，实现自身价值重估。

回归到投资策略上，A股史上第一轮长牛之中，投资者一方面可以寻找和挖掘核心资产由旧估值体系切换向新估值体系的机会，另一方面可以重点把握未来登陆资本市场、逐步脱颖而出的新兴公司，这些潜在核心资产有望在A股新估值体系下迎来溢价提升。

| 第 12 章 |

“三十而立”，长牛已来

A 股成立至今已经发展了 30 多年，不断发展壮大，从体量上已经成为全球范围内影响力居前的资本市场。从前几章的探讨中，我们可以看到随着投资者结构的不断丰富，市场体制的不断完善，“三十而立”的 A 股在走向成熟，表现出来的特征也越来越接近美股等成熟市场。我们认为，相比于过去，当前 A 股已经开始显现出牛长熊短、龙头驱动、机构化、夏普比率提升等成熟市场所具有的特点，我们称之为“美股化”。展望未来，制度因素、监管因素、公司因素、投资者结构和决策思路五大因素将推动 A 股美股化特征持续显现，A 股未来将有望继续迎来更多的长线资金和优质公司，进而形成正向循环。A 股当前正处于新一轮长牛的起点，A 股美股化是长牛的直接表现。

12.1 中国股票市场成熟的四大特征

成熟市场的长牛特征明显。当前世界主要发达国家和地区的资本市场大多已经发展成了成熟市场，并且能够给投资者带来持续的回报。图 12-1 展示了上证指数与标普 500 的走势对比。以最为典型的美国股票市场为例，从 2009 年金融危机时美股的低点（2009 年 3 月 9 日，标普 500 为 676.53 点）起算，到 2021 年 3 月 10 日，标普 500 累计涨幅达 476%。相比之下，A 股从 2008 年的最低点至今，累计涨幅只有 100%。我们分析了美国、英国、法国、德国、日本和中国香港的股票市场，发现这些股票市场具有许多共性。在这些共性中，牛长熊短、龙头驱动、机构化和夏普比率提升这四个特点较为突出，而在前述 6 个国家和地区的股票市场中，美国股票市场的这些特征最为明显。因此，我们用“A 股美股化”来概括 A 股未来将会更加显著地呈现出来的长牛特征。

12.1.1 特征 1：从“牛短熊长”到“牛长熊短”

表 12-1 展示了 A 股与 6 个国家和地区资本市场的牛熊市表现对比。从表中不难看出，6 个国家和地区的资本市场的牛市持续时间都要大幅高于熊市持续时间，6 个国家和地区平均每轮牛市大约能持续 3 年，而熊市大约只持续 1 年。相比之下，A 股的熊市平均持续时间高于牛市时间，熊市期间的平均跌幅较大，显示出 A 股牛短熊长、大涨大跌的特点。不过近年来，在五大因素的持续推动下，A 股的牛市持续时间正在增长，“牛短熊长”开始向“牛长熊短”转变。

表 12-1 A 股与 6 个国家和地区资本市场的牛熊市表现对比

	美国	英国	法国	德国	日本	中国香港	6 个国家和地区平均	A 股
牛市平均天数（天）	697	1 027	721	517	595	511	678	210
熊市平均天数（天）	244	295	254	290	333	247	277	249
牛市平均涨幅	116%	98%	99%	102%	138%	220%	129%	197%
熊市平均涨幅	−34%	−34%	−41%	−36%	−35%	−45%	−38%	−43%

资料来源：Wind，兴业证券经济与金融研究院整理。

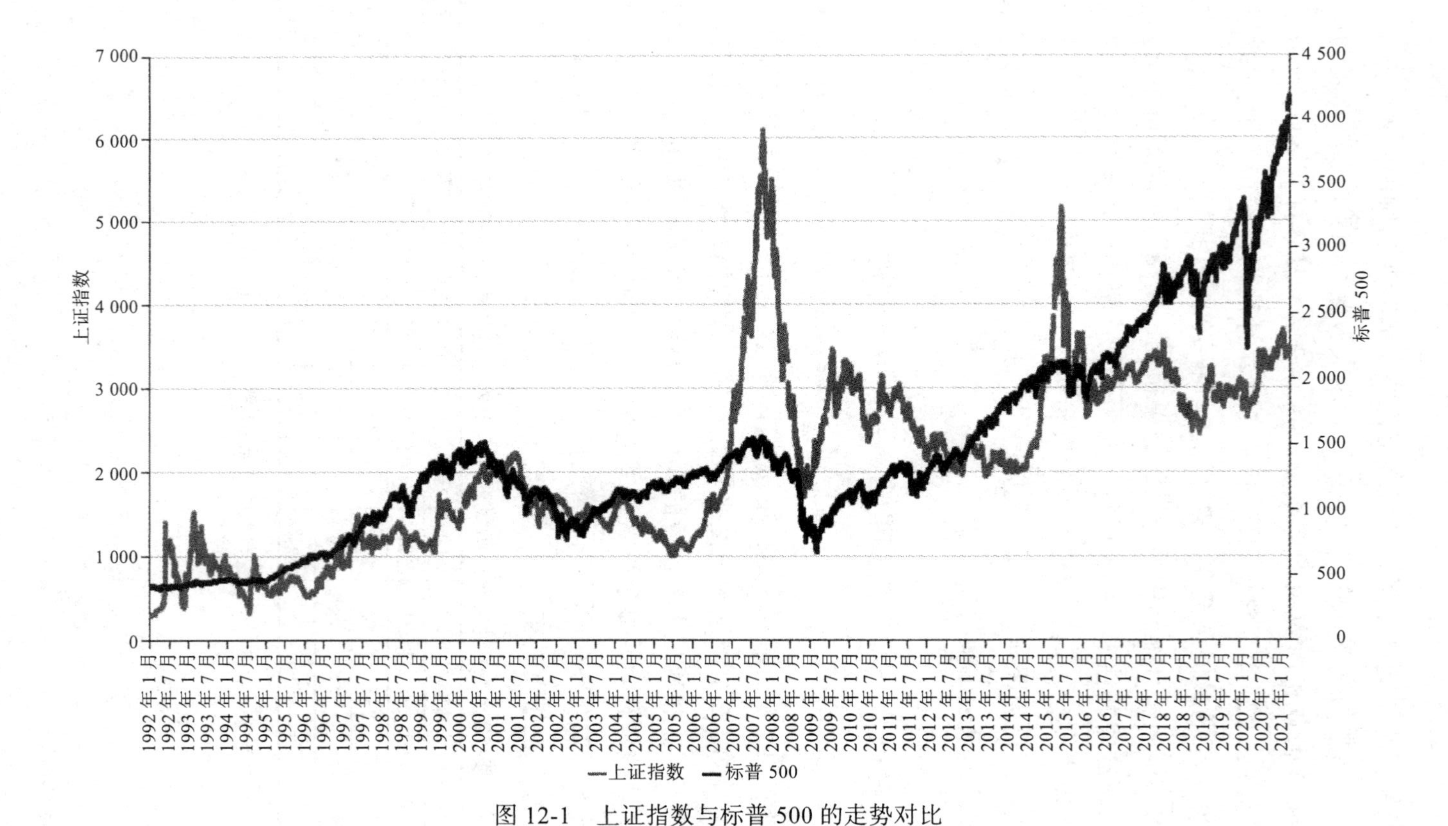

图 12-1 上证指数与标普 500 的走势对比

资料来源：Wind，兴业证券经济与金融研究院整理。

1. 美国股票市场：1980年以来40多年间经历了2次超过10年的牛市、2次超过5年的牛市

美股很早就经历了由牛短熊长向牛长熊短的演变过程。以标普500为例，标普500是根据美国股票市场中市值居前500的标的编制的市场指数，在20世纪20年代就已经发布。表12-2展示了标普500的牛熊市持续时间和涨跌幅情况。1942年之前，美股牛熊切换较为频繁，多数情况下熊市时间要长于牛市时间。1942年之后，随着经济波动下降、龙头公司显现、养老金和公募基金的大发展，美国股票市场的牛市时间开始长于熊市时间，并且在熊市期间的调整幅度也比1942年的多有降低。20世纪80年代之后，美股牛市持续时间更是远高于熊市持续时间，牛市期间取得的累计收益率也远大于1980年以前牛市的累计收益率。1980年至今，美股出现了4次长牛，有2次牛市超过10年，2次牛市超过5年，平均每次持续时间2107天，每次平均涨幅328%。而相应的4次熊市平均每次持续时间只有263天，持续时间都在3年以下，每次平均跌幅43%。细分来看，这4次熊市分别是1987年的股灾、2000年科网泡沫破灭、2008年金融危机和2020年的新冠肺炎疫情等事件冲击导致的。但即使是如此大规模的事件冲击，美股熊市的持续时间仍然较短，没有改变美股长期上行的大趋势，股指在后续行情中都回到熊市前的点位并且创出了历史新高。此外，在几次长牛中，美国还涌现出了巴菲特、彼得·林奇、米勒等多个家喻户晓的投资大师，美国居民财富在股票市场中的配置也上升到了32%的高位，相比之下我国居民在股票市场中的财富配置只有10%左右。

表12-2 标普500牛熊市

牛市开始	牛市结束	持续交易日（天）	涨幅	熊市开始	熊市结束	持续交易日（天）	涨幅
1927/12/30	1929/9/16	429	80%	1929/9/17	1929/11/13	40	−45%
1929/11/14	1930/4/10	101	47%	1930/4/11	1932/6/1	537	−83%
1932/6/2	1932/9/7	68	112%	1932/9/8	1933/2/27	116	−41%
1933/2/28	1933/7/18	91	121%	1933/7/19	1933/10/19	65	−29%
1933/10/20	1934/2/6	74	37%	1934/2/7	1934/7/26	117	−29%
1935/3/14	1937/3/10	500	128%	1937/3/11	1938/3/1	245	−39%
1938/4/1	1938/11/9	153	62%	1939/10/26	1940/6/10	155	−32%

（续）

牛市开始	牛市结束	持续交易日（天）	涨幅	熊市开始	熊市结束	持续交易日（天）	涨幅
1940/6/11	1940/11/7	105	27%	1940/11/8	1942/4/28	365	−34%
1942/4/29	1943/7/14	304	69%	1943/7/15	1943/11/29	93	−13%
1943/11/30	1946/5/29	624	75%	1946/5/31	1946/11/22	122	−27%
1949/6/14	1953/1/5	887	97%	1953/1/6	1953/9/14	176	−15%
1953/9/15	1956/8/2	728	119%	1956/8/3	1957/10/21	306	−21%
1957/10/23	1959/8/3	449	56%	1959/8/4	1960/10/26	312	−13%
1960/10/27	1961/12/12	282	37%	1961/12/13	1962/6/26	135	−28%
1962/6/27	1966/2/9	913	80%	1966/2/10	1966/10/7	167	−22%
1966/10/10	1968/11/29	516	48%	1968/12/2	1970/5/25	368	−35%
1970/5/26	1973/1/11	666	71%	1973/1/12	1974/10/3	436	−48%
1974/10/4	1976/9/21	497	73%	1976/9/22	1978/3/1	363	−19%
1978/3/1	1980/11/28	696	61%	1980/12/1	1982/8/12	430	−27%
1982/8/13	1987/8/25	1 274	229%	1987/8/26	1987/10/19	38	−33%
1987/10/20	2000/3/24	3 142	579%	2000/3/27	2002/10/9	637	−49%
2002/10/10	2007/10/9	1 258	101%	2007/10/10	2009/3/9	355	−57%
2009/3/10	2020/2/19	2 756	401%	2020/2/20	2020/3/23	23	−34%
2020/3/24							

资料来源：Wind，兴业证券经济与金融研究院整理，2020 年 3 月 24 日牛市至 2021 年 2 月 21 日还未结束。

2. 英国股票市场：20 世纪 80 年代以来的绝大部分牛市持续时间都远超熊市

根据英国富时 100 划分的英国股票市场牛熊市区间如表 12-3 所示。英国富时 100 是根据伦敦证券交易所市值前 100 名的个股编制的市场指数，该指数从 1984 年开始发布。从表 12-3 可以看出，1984 年以来，英国一共经历了 6 轮完整的牛熊市切换。与美国股票市场类似，英国股票市场在 1990 年之后也经历了 3 次持续时间较长的牛市，2 次牛市持续天数超过 2300 天，一次超过 1000 天，平均 1921 天。与此同时，牛市之后的熊市却很短，平均 422 天。英国股票市场与美国股票市场类似，几乎只有出现 1987 年股灾、科网泡沫破灭、次贷危机等级别的重大冲击时，才会进入熊市。但熊市持续时间并不会很长，股指最慢也能在 3 年内止跌企稳，并且在后续创出新高。英国股票市场同样呈现“牛长熊短”的格局。

表 12-3 英国富时 100 牛熊市

牛市开始	牛市结束	持续交易日（天）	涨幅	熊市开始	熊市结束	持续交易日（天）	涨幅
1984/8/13	1987/7/16	743	123%	1987/7/17	1987/11/9	80	−36%
1988/12/12	1989/9/5	185	39%	1989/9/6	1990/9/28	270	−18%
1990/10/1	1999/12/30	2 339	248%	2000/1/4	2003/3/12	807	−53%
2003/3/13	2007/7/13	1 096	104%	2007/7/16	2009/3/3	415	−48%
2009/3/4	2018/5/22	2 328	124%	2018/5/23	2018/12/27	153	−16%
2018/12/28	2020/1/17	267	17%	2020/1/20	2020/3/23	46	−35%
2020/3/24							

资料来源：Wind，兴业证券经济与金融研究院整理，2020 年 3 月 24 日起的牛市至 2021 年 2 月 24 日还未结束。

3. 法国股票市场：大部分牛市的持续时间至少长于熊市一倍

根据法国 CAC40 划分的法国股票市场牛熊市区间如表 12-4 所示。法国 CAC40 是根据巴黎证券交易所市值前 40 名的个股编制的市场指数，该指数从 1987 年开始发布。从表 12-4 可以看出，1987 年以来，法国一共经历了 7 轮涨幅在 30% 以上的牛市和 7 轮跌幅在 30% 以上的熊市。在 7 次完整的牛熊市组合中，只有 2000 ～ 2003 年科网泡沫破灭导致的那次熊市持续时间超过了牛市，其余 6 次牛熊市组合中，牛市的持续时间至少都长于熊市的持续时间一倍。在 2020 年新冠肺炎疫情冲击前，法国股票市场刚刚经历了一轮持续时间超过 8 年的牛市，之后，法国股票市场再一次走出了至今持续 1 年多的牛市。法国股票市场也显示出了明显的"牛长熊短"格局。

表 12-4 法国 CAC40 牛熊市

牛市开始	牛市结束	持续时间（天）	涨幅	熊市开始	熊市结束	持续时间（天）	涨幅
1987/7/9	1987/9/4	39	5%	1987/9/7	1988/1/29	100	−43%
1988/2/1	1990/4/20	556	138%	1990/4/23	1991/1/14	182	−32%
1991/1/15	1994/2/2	764	63%	1994/2/3	1995/10/23	428	−27%
1995/10/24	1998/7/17	680	155%	1998/7/20	1998/10/8	59	−33%
1998/10/9	2000/9/4	482	134%	2000/9/5	2003/3/12	640	−65%
2003/3/13	2007/6/1	1 082	157%	2007/6/4	2009/3/9	452	−59%
2009/3/10	2011/2/16	500	65%	2011/2/18	2011/9/22	153	−33%

（续）

牛市开始	牛市结束	持续时间（天）	涨幅	熊市开始	熊市结束	持续时间（天）	涨幅
2011/9/26	2020/2/19	2 760	117%	2020/2/20	2020/3/18	40	−39%
2020/3/19							

资料来源：Wind，兴业证券经济与金融研究院整理，2020 年 3 月 19 日开始的牛市至 2021 年 2 月 24 日还未结束。

4. 德国股票市场：完成了从“牛短熊长”向“牛长熊短”的转变

根据德国 DAX 划分的德国股票市场牛熊市区间如表 12-5 所示。德国 DAX 是根据德国法兰克福证券交易所市值前 30 名的个股编制的市场指数，该指数从 1988 年开始发布，但是数据可以追溯到 1959 年。从表 12-5 可以看出，1987 年以来，德国一共经历了 11 轮牛熊市组合。与美国股票市场类似，在 20 世纪 90 年代之前，德国股票市场熊市的持续时间大多要长于牛市的持续时间。在从 1959 年开始的前 7 次牛熊市组合中，只有 2 次牛市持续时间长于熊市。20 世纪 90 年代后，由于东德和西德的统一、第三次经济转型，以及欧洲共同体的成立，德国经济进入持续增长阶段，经济和政策波动性开始下降，牛市持续时间开始增长。2003 年后的 5 轮牛熊市组合中，牛市的持续时间都大幅长于熊市。从时间上来看，虽然德国股票市场持续超过 3 年的牛市次数不如美国、英国、法国多，只有 20 世纪 90 年代和 2003 ～ 2007 年间的 2 次，但德国股票市场熊市的持续时间和调整幅度都不高，使得其能够从 2008 年金融危机之后接近 3000 点的低点，持续走高至接近 15 000 点的历史新高。德国股票市场经历了从“牛短熊长”向“牛长熊短”的演变。

表 12-5　德国 DAX 牛熊市

牛市开始	牛市结束	持续交易日（天）	涨幅	熊市开始	熊市结束	持续交易日（天）	涨幅
1959/10/1	1960/9/6	227	65%	1960/9/7	1962/10/24	532	−48%
1962/10/25	1964/9/2	461	67%	1964/9/3	1967/1/18	601	−39%
1967/1/19	1969/11/17	709	106%	1969/11/18	1971/11/5	492	−36%
1971/11/8	1972/8/10	192	41%	1972/8/11	1974/11/6	562	−38%
1976/10/29	1978/10/19	497	26%	1978/10/20	1981/2/9	569	−23%
1982/8/18	1986/4/17	912	233%	1986/4/18	1987/3/19	229	−26%

（续）

牛市开始	牛市结束	持续交易日（天）	涨幅	熊市开始	熊市结束	持续交易日（天）	涨幅
1987/3/20	1987/8/17	100	33%	1987/8/18	1988/1/28	113	−41%
1988/1/29	1990/3/30	549	111%	1990/4/2	1991/1/15	194	−33%
1991/1/17	1992/5/25	337	37%	1992/5/26	1992/10/6	93	−22%
1992/10/7	1998/7/20	1 449	335%	1998/7/21	1998/10/8	58	−37%
1998/10/9	2000/3/7	357	107%	2000/3/8	2001/9/21	393	−53%
2001/9/24	2002/3/19	122	44%	2002/3/20	2003/3/12	248	−60%
2003/3/13	2007/7/16	1 108	268%	2007/7/17	2009/3/6	416	−55%
2009/3/9	2011/5/2	548	105%	2011/5/3	2011/9/12	95	−33%
2011/9/13	2015/4/10	906	144%	2015/4/13	2016/2/11	213	−29%
2016/2/12	2018/1/23	494	55%	2018/1/24	2018/12/27	234	−23%
2019/1/4	2020/2/17	282	32%	2020/2/18	2020/3/18	22	−39%
2020/3/19							

资料来源：Wind，兴业证券经济与金融研究院整理，2020 年 3 月 19 日开始的牛市至 2021 年 2 月 22 日还未结束。

5. 日本股票市场：经济“失去十年”不改股票市场“牛长熊短”

根据日本东京证券交易所指数划分的日本股票市场牛熊市区间如表 12-6 所示。东京证券交易所指数是根据日本东京证券交易所上市市场一部全部挂牌股票计算的市场指数，该指数从 1968 年开始发布，但是数据可以追溯到 1949 年 5 月 16 日。从表 12-6 可以看出，日本股票市场在大部分时间都处于牛长熊短的状态。在 18 次完整的牛熊市组合中，有 11 次牛市持续时间是超过熊市的。即便除去 1967 年和 1974 年两次持续时间超过 1000 个交易日的大牛市，日本牛市平均时长仍有 429 个交易日，而熊市平均时长只有 315 个交易日。此外，虽然日本股票市场在 20 世纪 90 年代经历了泡沫破灭时期，但在 1992 年股票市场见底之后，指数进入了宽幅震荡的区间，并没有进入持续的单边下行或者底部盘整的格局，每轮牛市持续时间仍然高于熊市时间，体现出了牛长熊短的特征。尤其是 2012 年以来，日本股票市场的牛市使得指数突破了 1700 点这一 1992 年泡沫破灭之后的震荡箱体上沿，并且有进一步上行的趋势，目前已经接近 2000 点，较 700 点的底部上涨了 185.71%。

表 12-6　东京证券交易所指数牛熊市

牛市开始	牛市结束	持续交易日（天）	涨幅	熊市开始	熊市结束	持续交易日（天）	涨幅
				1949/5/16	1950/7/3	286	−57%
1950/7/4	1953/2/4	651	340%	1953/2/5	1953/4/1	39	−33%
1953/4/2	1953/10/2	129	38%	1953/10/5	1954/11/15	279	−31%
1954/11/16	1957/1/21	550	104%	1957/1/22	1957/12/31	241	−21%
1958/1/6	1961/7/14	888	193%	1961/7/17	1962/10/30	329	−34%
1962/10/31	1963/5/10	130	47%	1963/5/13	1965/7/15	550	−34%
1965/7/13	1966/3/24	176	41%	1966/3/25	1967/12/11	429	−13%
1967/12/12	1973/1/24	1 274	326%	1973/1/25	1974/10/9	428	−40%
1974/10/11	1987/6/11	3 131	796%	1987/6/12	1988/1/4	139	−25%
1988/1/5	1989/12/18	484	71%	1989/12/19	1990/10/1	195	−47%
1990/10/2	1991/3/18	110	33%	1991/3/19	1992/8/18	352	−46%
1992/8/19	1994/6/13	446	55%	1994/6/14	1995/6/13	248	−30%
1995/6/14	1996/6/26	258	44%	1996/6/27	1998/10/25	575	−38%
1998/10/16	2000/2/7	320	79%	2000/2/8	2003/3/11	761	−56%
2003/3/12	2007/2/26	975	136%	2007/2/27	2009/3/12	501	−61%
2009/3/13	2010/4/15	267	43%	2010/4/16	2012/6/4	523	−30%
2012/11/14	2015/8/10	669	134%	2015/8/11	2016/2/12	123	−29%
2016/6/27	2018/1/23	387	59%	2018/1/24	2018/12/25	229	−26%
2018/12/26	2019/12/17	236	23%	2019/12/18	2020/3/16	57	−29%
2020/3/17							

资料来源：Wind，兴业证券经济与金融研究院整理，2020 年 3 月 17 日开始的牛市至 2021 年 2 月 24 日还未结束。

6. 中国香港股票市场：1967 年以来的 16 次牛熊市组合中 13 次牛市长于熊市

根据恒生指数划分的中国香港股票市场牛熊市区间如表 12-7 所示。恒生指数是根据中国香港交易所上市的股票中市值居前的 35 只标的计算的市场指数，该指数从 1969 年开始发布，但是数据可以追溯到 1964 年。从表 12-7 可以看出，自有数据以来，中国香港股票市场牛长熊短的特征非常明显，在 1990 年之前的 9 次牛市中，熊市中只有 1 次时长低于 100 天。在 1989 年之后的牛熊市组合中，牛市平均持续 735 天，熊市平均持续 351

天，能够对中国香港股票市场产生重大冲击的只有科网泡沫破灭、次贷危机等级别的事件。牛长熊短特征一直都比较明显。

表 12-7 恒生指数牛熊市

牛市开始	牛市结束	持续交易日（天）	涨幅	熊市开始	熊市结束	持续交易日（天）	涨幅
				1964/7/31	1967/8/31	29	−41%
1967/10/31	1971/9/20	461	593%	1971/9/21	1971/11/22	43	−31%
1971/11/23	1973/3/9	320	536%	1973/3/12	1974/12/10	430	−92%
1974/12/11	1976/3/17	310	210%	1976/3/18	1978/1/12	450	−17%
1978/1/13	1978/9/4	156	84%	1978/9/5	1978/11/20	53	−34%
1978/11/21	1981/7/17	650	286%	1981/7/20	1982/12/2	339	−63%
1982/12/3	1983/7/21	157	63%	1983/7/22	1983/10/4	50	−37%
1983/10/5	1984/3/19	113	70%	1984/3/20	1984/7/13	79	−36%
1984/7/16	1987/10/1	796	429%	1987/10/2	1987/12/7	42	−52%
1987/12/8	1989/5/15	354	75%	1989/5/16	1989/6/5	15	−37%
1989/6/6	1994/1/4	1 139	483%	1994/1/5	1995/1/23	261	−43%
1995/1/24	1997/8/7	629	139%	1997/8/8	1998/8/13	250	−60%
1998/8/14	2000/3/28	401	175%	2000/3/29	2003/4/25	755	−54%
2003/4/28	2007/10/30	1 117	276%	2007/10/31	2008/10/27	242	−65%
2008/10/28	2010/11/8	505	127%	2010/11/9	2011/10/4	224	−35%
2011/10/6	2015/4/28	876	75%	2015/4/29	2016/2/12	196	−36%
2016/2/15	2018/1/26	483	81%	2018/1/29	2020/3/19	527	−35%
2020/3/20							

资料来源：Wind，兴业证券经济与金融研究院整理，2020 年 3 月 20 日开始的牛市至 2021 年 2 月 21 日还未结束。

7. 中国内地 A 股：2014 年以来牛市的持续时间开始长于熊市

我们使用上证指数作为 A 股市场的代表。如表 12-8 所示，A 股已经经历过 14 次涨跌幅接近或超过 30% 的牛熊市组合。在 2014 年之前的 12 次牛熊市组合中，有 9 次牛市的持续时间短于熊市，例外的 3 次分别是 A 股刚成立时期 1990 年的牛市、1996 年的牛市和 2005 年的大牛市，其他时期“牛短熊长”特征明显。不过，2014 年以来的 3 轮牛熊市组合中，2 轮牛市持续时间都较长，并且开始长于熊市的持续时间，2019年的牛市之后并未进入熊市，而是转入震荡市。这些显示出A股正在积极变化。展望未来，我们认为存在五大因素推动A股牛长熊短的特征进一步强化，这也是本章后续部分将会重点讲述的内容。

表12-8 A股牛熊市

牛市开始	牛市结束	持续交易日（天）	涨幅	熊市开始	熊市结束	持续交易日（天）	涨幅
1990/12/20	1992/5/25	362	1 322%	1992/5/26	1992/11/17	124	−72%
1992/11/18	1993/2/15	61	291%	1993/2/16	1994/7/28	371	−78%
1994/7/29	1994/9/13	33	204%	1994/9/14	1995/2/7	97	−48%
1995/5/18	1995/5/22	3	54%	1995/5/23	1995/7/3	30	−32%
1995/7/4	1995/8/14	30	27%	1995/8/15	1996/1/22	112	−33%
1996/1/23	1996/12/11	218	141%	1996/12/12	1996/12/24	9	−30%
1996/12/25	1997/5/12	86	73%	1997/5/13	1997/9/23	94	−31%
1997/9/24	1998/6/3	165	36%	1998/6/4	1999/5/18	232	−25%
1999/5/19	2001/6/13	497	112%	2001/6/14	2003/11/18	585	−41%
2003/11/19	2004/4/6	91	35%	2004/4/7	2005/6/3	280	−43%
2005/6/6	2007/10/16	575	501%	2007/10/17	2008/11/4	258	−72%
2008/11/5	2009/8/4	184	103%	2009/8/5	2013/6/27	942	−44%
2014/4/29	2015/6/12	276	158%	2015/6/13	2016/1/28	155	−49%
2016/1/29	2018/1/24	486	34%	2018/1/25	2019/1/3	228	−31%
2019/1/7	2019/4/19	69	30%	2019/4/22	2020/3/22	223	−16%
2020/3/24							

资料来源：Wind，兴业证券经济与金融研究院整理，2020年3月24日开始的牛市至2021年2月19日还未结束。

12.1.2 特征2：从“鸡犬升天”到“二八分化”

各个股票市场都是龙头公司驱动股指上涨（见图12-2）。2017年以来全球股指上涨并不是所谓新繁荣周期启动，而是依靠核心资产龙头的力量。不论是标普500的六大科技股还是新兴市场的阿里巴巴、腾讯等，背后的逻辑都是龙头公司具有盈利的确定性，所以出现胜者为王、赢家通吃的局面（见图12-3）。市场对此类确定性的龙头公司给予确定性溢价的行为，带动股票市场实现长牛。

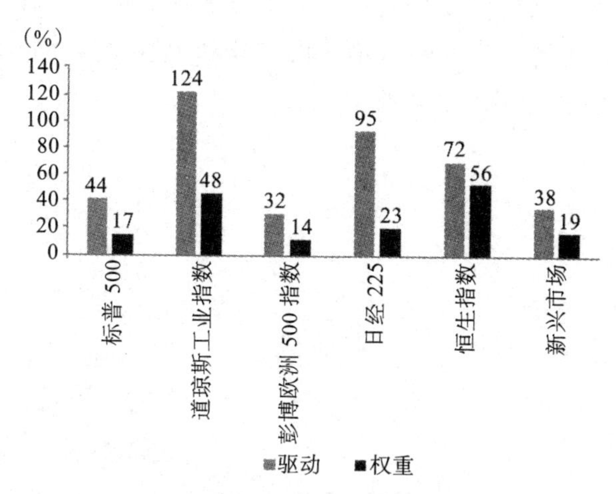

图 12-2 龙头公司驱动股指上涨

资料来源：Bloomberg，兴业证券经济与金融研究院。

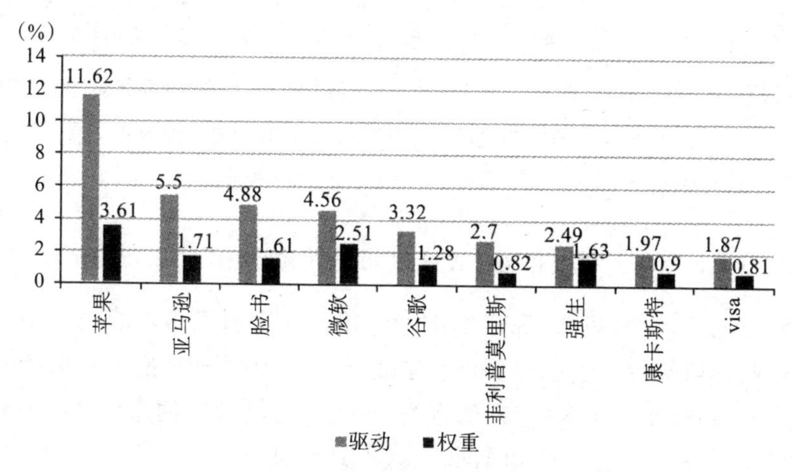

图 12-3 标普 500 的驱动分析

资料来源：Bloomberg，兴业证券经济与金融研究院。

1. 美国：从 20 世纪七八十年代的“漂亮 50”到如今的“FAANG”都由龙头公司带动

20 世纪七八十年代表现优异的龙头是“漂亮 50”。从 1982 年到 20 世纪 90 年代初，美国经济持续低位徘徊，通胀不温不火，货币环境偏紧。但是，可口可乐等一批优质龙头公司，凭借商业模式创新、技术优势、品牌优势等取得了远远超过当时经济增速的增长和远胜于整体指数的回报，成为当时市场的中心，如图 12-4 所示。

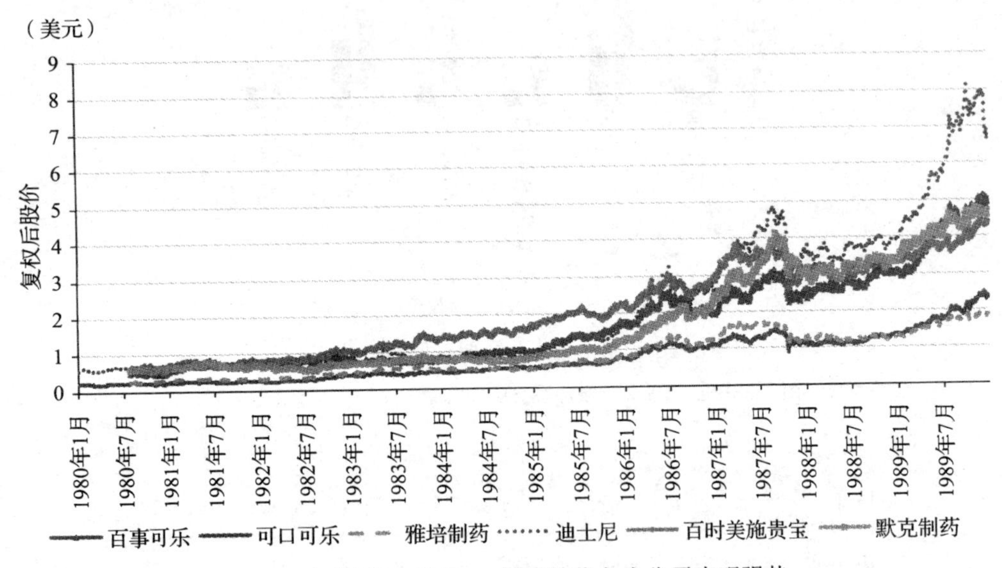

图 12-4　美国 20 世纪 80 年代绩优龙头公司表现强势

资料来源：Wind，Bloomberg，兴业证券经济与金融研究院整理。

2. 日本：汽车、科技和医疗龙头带动股票市场走出“失去的十年”

经济泡沫破裂以后，在失去的十年里，日本股票市场整体下滑，仅有汽车行业、科技行业、医疗保健行业上涨。其中汽车行业从 1990 年的 650 点上涨至 2006 年的 1383 点，涨幅为 113%，紧随其后的是科技行业和医疗保健行业，分别上涨 17% 和 10%，如图 12-5 所示。

20 世纪 90 年代表现优异的汽车龙头

本田成立于 1948 年 9 月，主要生产摩托车、汽车。1948 年，本田从生产自行车助力发动机起步，2012 年已经发展成为在小型通用发动机、踏板摩托车乃至跑车等各领域都拥有独创技术，并不断研发、生产新产品的企业。2012 年除日本之外，本田在全世界 29 个国家拥有 120 个以上的生产基地，产品涵盖摩托车、汽车和通用产品，年客户量达1700万以上。与此同时，本田还积极地履行作为企业公民的社会义务，积极探索环保和安全的解决方案。从市场表现来看，1990～2006年，本田股价累计涨幅499%，如图12-6所示。

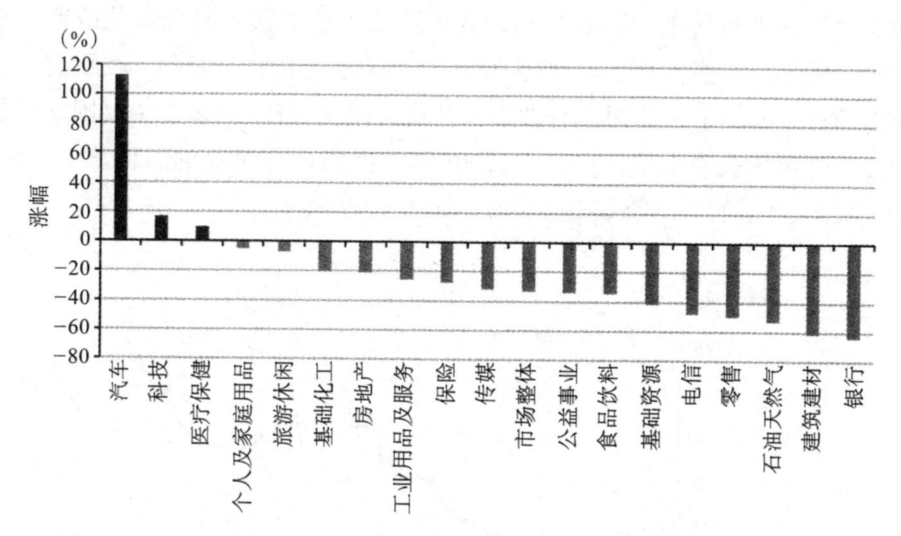

图12-5 1990～2006年，汽车行业、科技行业、医疗保健行业表现突出

资料来源：Datastream，兴业证券经济与金融研究院整理。

图12-6 本田股价

资料来源：Bloomberg，兴业证券经济与金融研究院整理。

2000 年之后表现强劲的医药龙头

成立于 1781 年的武田药品工业是一家自主研发，已在全球制药行业居于领先地位的跨国集团。自成立以来，武田药品工业一直从事药品的研究开发，先后在日本、美国、欧洲和新加坡设立研发中心。20 世纪 90 年代，为应对泡沫破裂带来的不利影响，武田药品工业加速了其全球化战略，在日本、爱尔兰、意大利、印度尼西亚、中国建立了生产工厂；在欧美、亚洲各国分别成立了子公司，与被授权公司共同在全球 90 多个主要国家销售产品。从市场表现来看，1990 ～ 2006 年，武田药品工业的股价从 1232 日元上涨至 5015 日元，涨幅达 307%，如图 12-7 所示。

图 12-7　武田药品工业股价

资料来源：Bloomberg，兴业证券经济与金融研究院整理。

3. 中国 A 股市场：由“炒壳、炒小、炒概念”转向“核心资产”

过去“炒壳、炒小、炒概念”是主流。A 股炒壳行情由来已久。2011 年下半年流行的是以 ST 蓝光、ST 金叶等 ST 公司为代表的炒壳行情，这些公司为避免退市，将希望寄托在资产重组上。后来为应对这种炒作，监管部门出台了“完善退市制度、遏制壳资源炒作”的监管新政。2012 年的 IPO 暂停导致市场再次炒壳，随后证监会规定“并购重组需要与 IPO 标准等同”。2016 年初，中概股回归概念兴起，壳资源行情再起，最终导致证监会修改《上市公司重大资产重组管理办法》。

此外，在很长一段时间里，A 股中“讲故事”的公司反而能比专心经营主业的公司获得更高的市场关注度。以 2014 ～ 2015 年间的牛市强势股为例，从 2014 年 6 月 1 日至 2015 年 5 月 12 日，暴风影视、安硕信息、全通教育、乐视网分别实现了 2136%、1166%、1009%、333% 的涨幅，但这些标的的 A 股流通市值都在 30 亿元之下，业绩的增长基本是靠外延并购实现的。

核心资产开始进入舞台中央，带动市场转入长牛。随着我国经济增长动力及发展模式的改变，我国逐渐步入经济平稳增长和企业盈利能力稳步提升阶段。长期来看，我国经济基本面稳中向好。在产业结构不断调整、供给侧结构性改革和高质量发展实体经济等背景下，A 股上市公司聚焦主业发展和转型升级，能够充分享受国家发展红利，持续稳健经营，实现长期良好发展，盈利能力提升情况有望继续。同时，在 A 股盈利能力整体上升的背景下，由于各行业逐渐步入高质量发展阶段，上市公司基本面分化，行业集中度提升，净利润不断向各行业头部公司集中。以创业板权重股为例，我们选取创业板指权重前 10 名的个股，计算其当年 ROE 的中位数。如图 12-8 所示，在 2015 年之前权重股和创业板指或创业板整体的 ROE 差距是在缩小的，2015 年之后，创业板权重股的 ROE 中位数与整体水平的差距拉大，显示龙头公司确实表现出了更强的盈利能力。

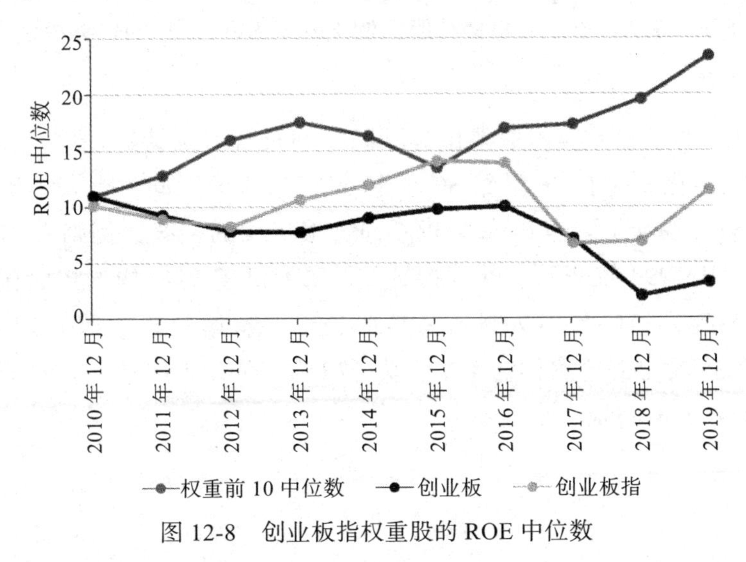

图 12-8　创业板指权重股的 ROE 中位数

资料来源：Wind，兴业证券经济与金融研究院整理。

12.1.3 特征 3：从散户化到机构化、国际化

1. 美国：养老金和共同基金先后发挥股票市场的主导作用

虽然美国股票市场发展较早，成熟度较高，但交易所并没有公布单独统计的各类投资者持股比例或交易占比的详细数据。目前国内外文献中普遍使用的、衡量美国投资者结构的资料源于美联储每个季度公布的美国国家金融账户统计表。本书将住户和非营利组织近似看成“个人投资者”。美联储的这一统计表中，不将非金融企业直接的相互持股视作股权类金融资产，因此机构投资者中不会包含 A 股的“企业法人”类型的投资者。

图 12-9 显示了美国股票市场不同类型投资者的持股比例，机构投资者的占比出现了 2 次较为明显增长的期间。第一次是 1950 ～ 1985 年，私人养老金持股比例从 0% 上升至 21%。第二次是 1990 ～ 2007 年，私人养老金持股比例由 7% 提高至 26%。在这一期间，还伴随着外国部门持股比例的上升。1993 年外国部门持股比例只有 5.42%，到 2020 年第三季度这一比例已经上升至 15.86%。

2. 英国：1990 年之后机构持股比例上升至 80%，目前境外投资者持股比例超过 50%

图 12-10 显示了英国股票市场不同类型投资者的持股比例。英国股票市场的机构化发生在 20 世纪 60 ～ 80 年代。这一期间，个人投资者持股比例由 54% 快速下降至 20% 附近，而金融机构的持股比例则由 30% 上升至 60%。从 1994 年开始，外资持续流入并挤占金融机构的持股比例。与 2016 年相比，2018 年海外投资者持股比例略有增长，达到了 54.9%。金融机构的持股比例仍然排在第二，为 27.6%。个人持股比例排在第三，从 12.3% 上升至 13.5%。

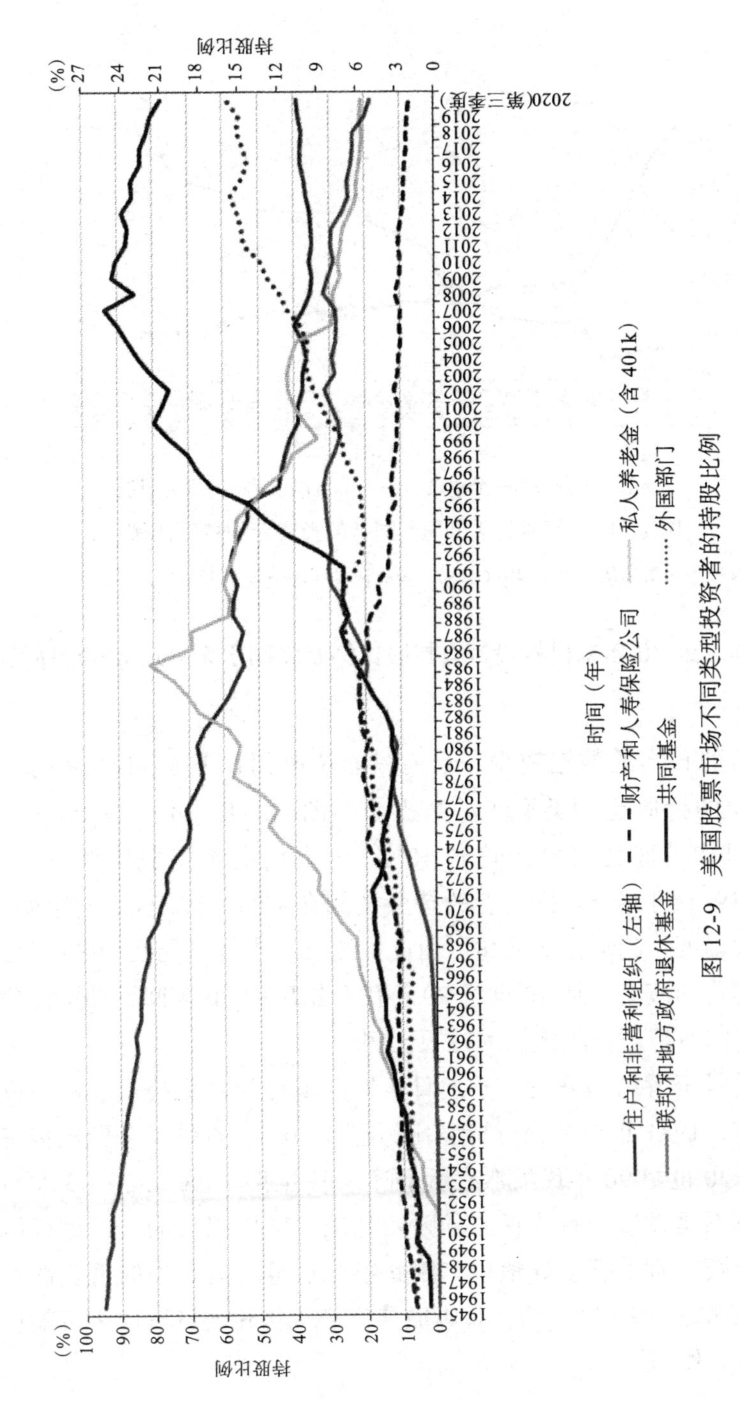

图 12-9　美国股票市场不同类型投资者的持股比例

资料来源：美联储，兴业证券经济与金融研究院。

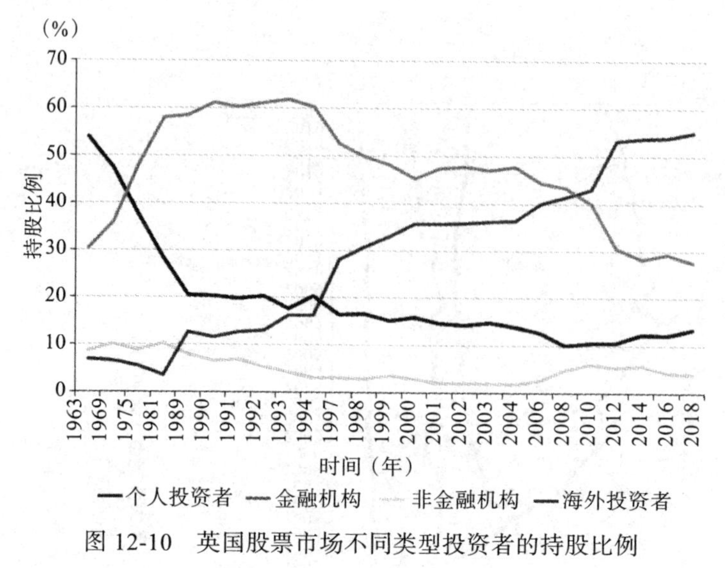

图 12-10 英国股票市场不同类型投资者的持股比例

资料来源：英国国家统计办公室（ONS），兴业证券经济与金融研究院。

3. 日本：近 30 年来机构投资者持股比例始终高于 80%，外资持股比例持续提升

可获得的日本的数据较少，目前只能获取到自 1986 年以来的日本证券交易集团的持股比例类型年度数据。如图 12-11 所示，在 1986 年时日本的金融机构持股比例已经达到 40%，个人投资者持股比例仅为 22%。1986 ～ 2019 年间，个人投资者的持股比例在 17% ～ 22% 之间窄幅波动，没有发生大幅度、趋势性的变化。由此推测日本市场可能在 1986 年之前就完成了机构化的演变。从 20 世纪 90 年代开始后的 30 年间，外资持股比例持续上升，同时挤压金融机构的持股比例。

从机构投资者结构来看，早期日本地区银行和寿险公司在机构投资者中占比居前，1981 年地区银行持股比例超过 20%，贡献了金融机构持股总量的一半，20 世纪 90 年代虽然有所下降，但贡献率也稳定在 1/3 左右。日本的金融体系是在以银行为核心的财团基础上发展而来的，以银行信贷为主的间接融资一直占据主导地位，因此银行在金融体系中的重要性不言而喻。由此推测在 1986 年之前，日本股票市场机构化的进程中很可能也是银行在起着主导作用。

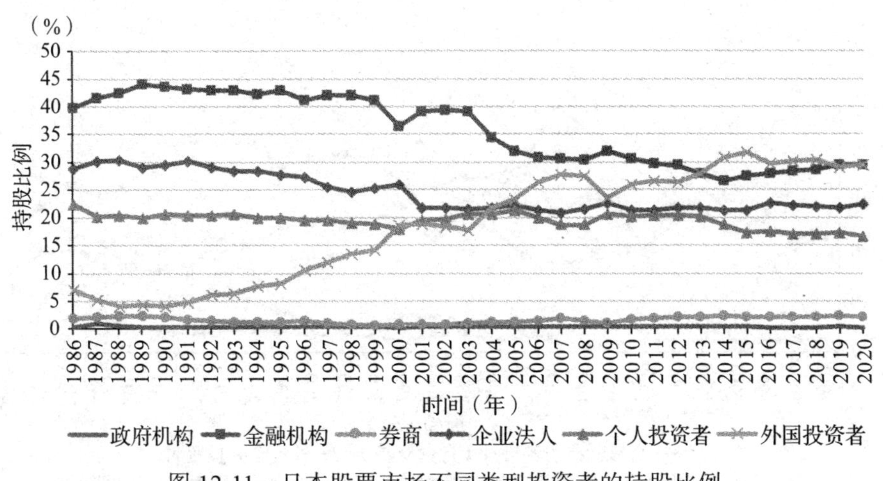

图 12-11　日本股票市场不同类型投资者的持股比例

资料来源：CEIC，兴业证券经济与金融研究院。

4. 中国香港：个人投资者占比仅为10%左右，外资是机构化的主要力量

中国香港的数据虽然只涵盖1991年至今，但投资者结构却发生了比较明显的变化。如图12-12所示，在2000年之前，中国香港个人投资者的成交额比例基本都在40%以上，最高甚至超过了50%。不过，在经历了亚洲金融危机和科网泡沫破裂之后，个人投资者的成交额比例逐渐下降。2015年已降至20%以下。相应地，外资机构投资者的成交额比例不断提升，2012年最高超过42%，较20世纪90年代提升了20多个百分点。

外资机构投资者成交额比例的提升，主要推动因素是中国香港股票市场建立的良好的监管制度和市场环境。中国香港股票市场具有资本自由流动、币值稳定、股票价格较低、佣金低等优势，特区政府对股票市场活动也不加限制，股利及资本收益无须纳税，对投资者具有强大的吸引力。同时，2003年股票交易所、期货交易所和结算公司合并成立港交所后，中国香港形成了特区政府、证监会和港交所构成的三层监管架构，交易所负责管理股票、期货风险，金融管理局负责管理利率、汇率及金融政策风险，证监会负责管理中介机构风险，从而形成了较为立体、全面的风险管理体系，为机构投资者的发展壮大提供了有利的环境。

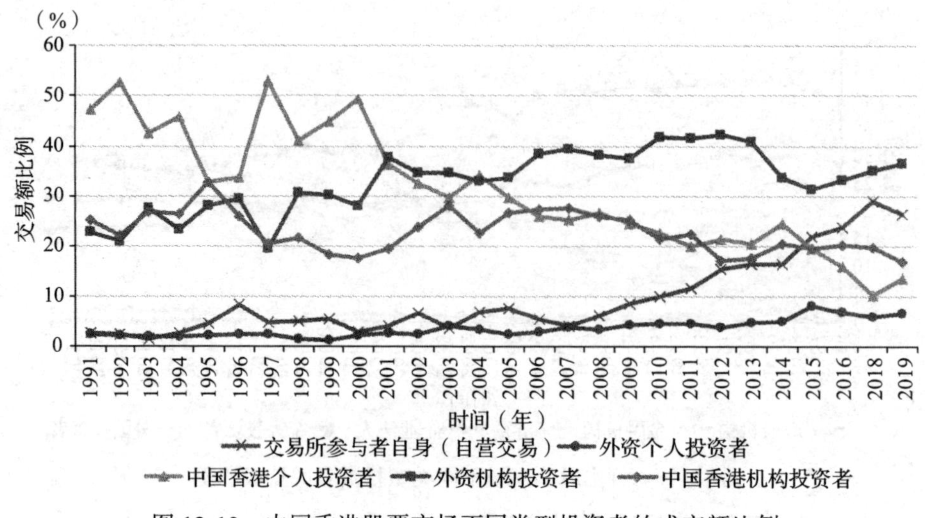

图 12-12 中国香港股票市场不同类型投资者的成交额比例

资料来源：香港联交所，兴业证券经济与金融研究院整理。

5. 中国台湾：个人投资者持股比例低于 40%，机构持股比例仍在上升

中国台湾公布的历史数据较为丰富，持股比例和交易占比都有涉及。图 12-13 显示了中国台湾股票市场的投资者持股比例。1967 年以来的个人投资者持股比例变化波动很大，在 40% ～ 60% 的区间波动。但即使在 2019 年，中国台湾股票市场上个人投资者的持股比例仍然达到了 35%，如果剔除中国台湾内外法人，约为 60%。而从机构投资者持股比例来看，近年来唯一呈现比较明显增长的机构投资者是中国台湾外证券投资信托基金，2019 年末的占比已经提升至 15%。

图 12-14 显示了中国台湾股票市场不同类型投资者的成交额占比。如果从成交额来看，个人投资者的占比更高，达 60%。不过个人投资者的成交额占比自 1990 年以来呈现出稳步下降的趋势。1990 年个人投资者的成交额占比接近 100%，之后在 29 年间下降了 30%，平均每年下降约 1 个百分点。中国台湾外机构投资者的成交额占比则从 0% 开始持续上升，已经提升到了 26% 左右。中国台湾内机构投资者的成交额占比则相对稳定，提升较慢。考虑到中国台湾 QFII 的实施与发展，可以认为中国台湾股票市场的机构化过程主要是由中国台湾外机构推动的。

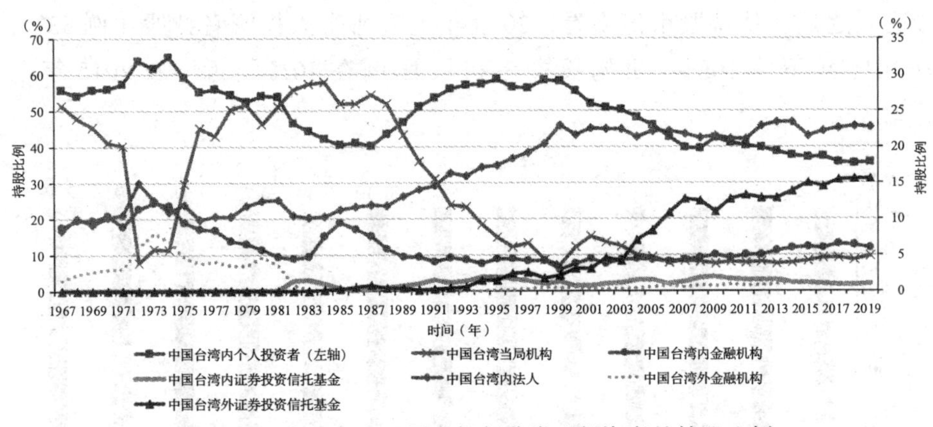

图 12-13　中国台湾股票市场部分类型投资者的持股比例

资料来源：台湾证券交易所，兴业证券经济与金融研究院整理。

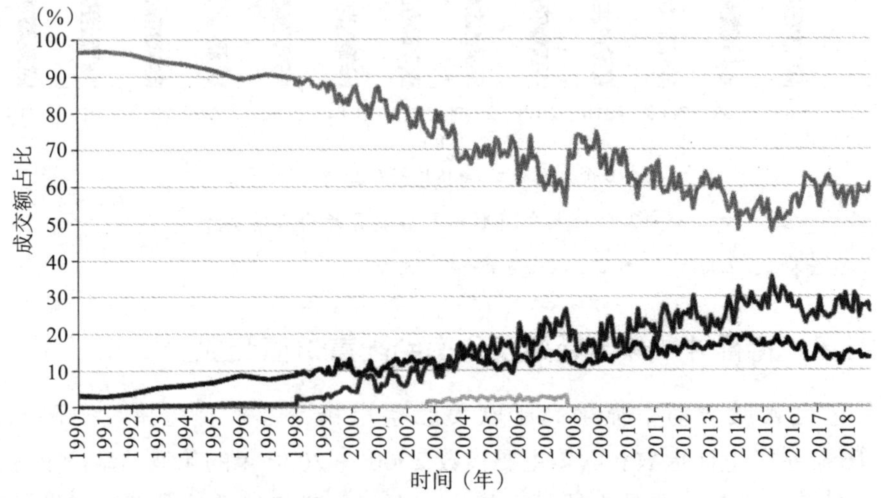

图 12-14　中国台湾股票市场不同类型投资者的成交额占比

资料来源：台湾证券交易所，兴业证券经济与金融研究院整理。

6. 中国A股市场：机构投资者占比快速上升趋势，机构化、国际化趋势明显

我国A股市场的机构化程度虽然还有待提升，但已经呈现出了快速上升的趋势。图12-15显示了上交所不同类型投资者的持股比例。剔除一

般法人之后，从持股市值来看，2019 年上交所个人投资者持股比例 53%，较 2015 年下降 10bp，机构投资者持股比例在 40% 附近，较 2015 年上升 4bp。

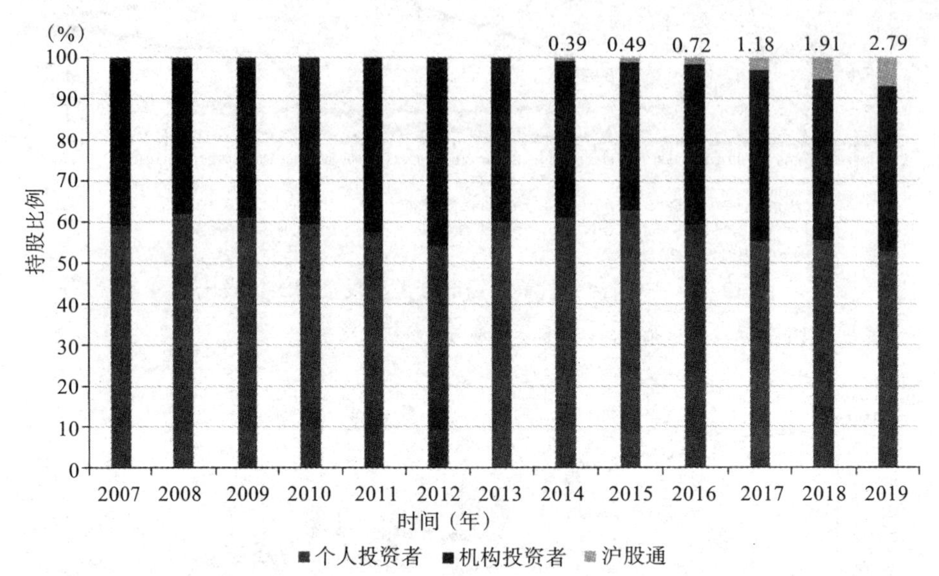

图 12-15 上交所不同类型投资者的持股比例

资料来源：上交所，兴业证券经济与金融研究院整理。

12.1.4 特征 4：从市场高波动率到配置价值凸显

过去 A 股波动率显著高于欧美股票市场，未来有望持续下降。图 12-16 显示了上证指数和欧美主要指数 2000 ～ 2020 年的年波动率。上证指数已过而立之年，在过去的三十年中，大部分时间里波动率要高于欧美主要指数的波动率。在上市初期的 1990 ～ 1999 年，上证指数年波动率显著较高，平均波动率为 47%。相比之下，标普 500 为 12%，英国富时 100 为 13%，德国 DAX 和法国 CAC40 均为 18%。2000 年之后，上证指数波动率有一定下降，并与标普 500 波动率走势类似，但是大部分时间仍高于标普 500 等指数。不过，与 A 股历史波动率相比，当前 A 股已经呈现出了波动率下降的趋势。并且值得注意的是，2020 年受新冠肺炎疫情影响，欧美股票市场同样出现了大幅波动，但是以波动率来衡量，A 股的波动程度要远小于欧美股票市场。这一方面体现出了我国抗疫的优秀成绩，另一方面则印证了A股的波动率确实有下降的趋势。

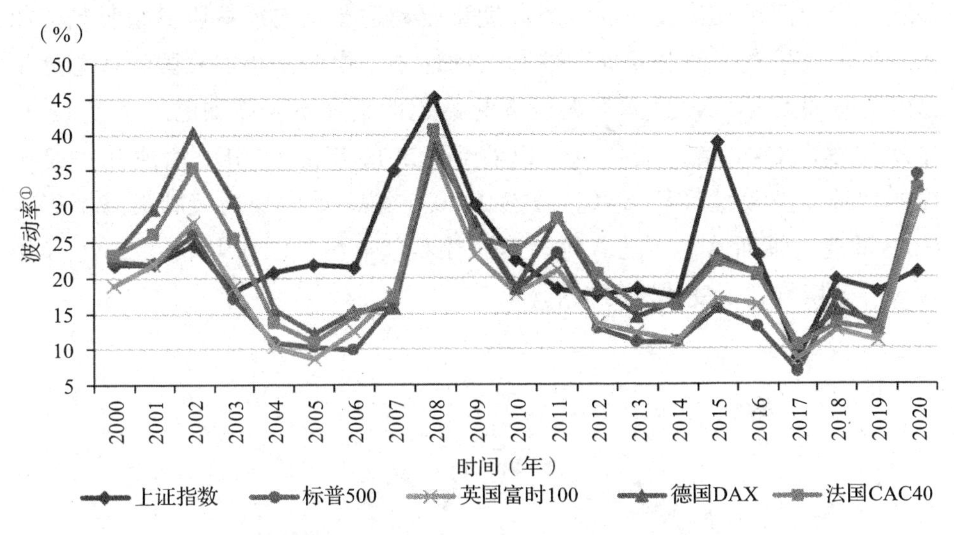

图 12-16　上证指数和欧美主要指数波动率

①波动率是计算一年内每日收益率的标准差再年化后得到的。

资料来源：Wind，兴业证券经济与金融研究院整理。

展望未来，五大因素有望继续降低A股波动率，从而持续提升夏普比率。夏普比率是资产收益率减去无风险收益率之后，与收益率的波动率的比值。夏普比率越高的资产，在承担相同风险的情况下，能够带来越高的超额收益。站在当前时间点，宏观经济波动性下降、货币和财政政策的波动下降、产业格局优化及投资者结构的演变，将推动A股的波动率趋势性下行。叠加本书第3章关于未来无风险收益率长期下行的判断，以及第4章关于龙头公司盈利能力持续提升的判断，A股收益率提升、波动率下降将是长期趋势性表现，综合来看就是夏普比率在提升。

1. 经济转向消费服务型，宏观波动性下降

在2010年之前，我国经济主要驱动力来自工业和投资。2010年，工业对GDP的贡献率达57%，投资对GDP的贡献率达63%，而服务和消费对GDP的贡献率只有39%、47%。随着我国经济结构转型升级，经济增长从高速增长转向高质量增长，消费和服务对GDP的贡献率在持续上升。2019年，服务和消费对GDP的贡献率已经分别上升至63.5%、58.6%。这显示中国经济正在从过去的生产周期型驱动逐步走向消费服务型驱动。相比于生产及投资，消费的周期性和波动性要小得多。叠加我国经济总体量已经位居世界第二，总体宏观经济的稳定性是在不断增加的。从图12-17显示的季度GDP增速变化也可以看到，2010年之后GDP增速几乎是平缓的斜线，波动性显著下降。虽然2020年第一季度受新冠肺炎疫情影响GDP增速大幅回落，但随着我国迅速控制住疫情，GDP增速在2020年第四季度就恢复到了疫情前的水平。

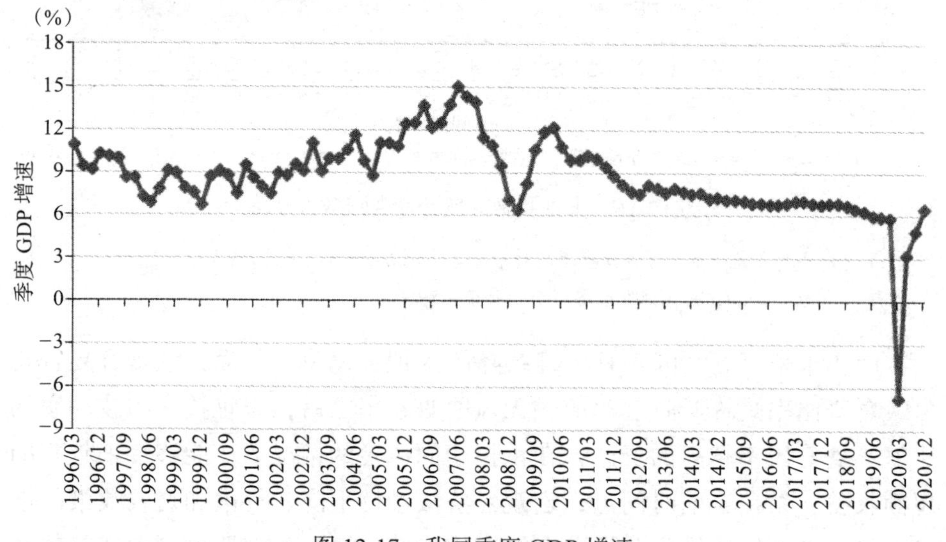

图12-17 我国季度GDP增速

资料来源：Wind，兴业证券经济与金融研究院整理。

2. 政策波动性大幅下降

在2016年以前，我国宏观经济政策尤其是货币政策经常出现频繁的、转向性的调整，在一定程度上给市场带来了较大的波动。例如，我国存贷款基准利率水平变化情况如图12-18所示，在2007年股票市场持续上行区间，我国连续提高存贷款基准利率。但当2008年次贷危机发生，市场大幅调整时，我国在半年内就将存贷款基准利率降到2006年时的水平，调整迅速、幅度很大，没有足够的预期引导。在2014年股票市场从底部上升的过程中，证监会、人民日报等机构和媒体持续发声支持股市上涨，但当场外融资问题凸显，2015年市场出现大幅波动之时，监管层突然开始出手整治场外融资问题，造成市场波动进一步加大。财政政策也是类似的，从1991～2008年的近20年间，印花税经历了10次调整，基本每次都和抑制市场或促进市场交易有关。频繁大幅转向的政策会使得参与者缺乏长期稳定的预期，进而导致投资决策短期化，加剧市场波动。

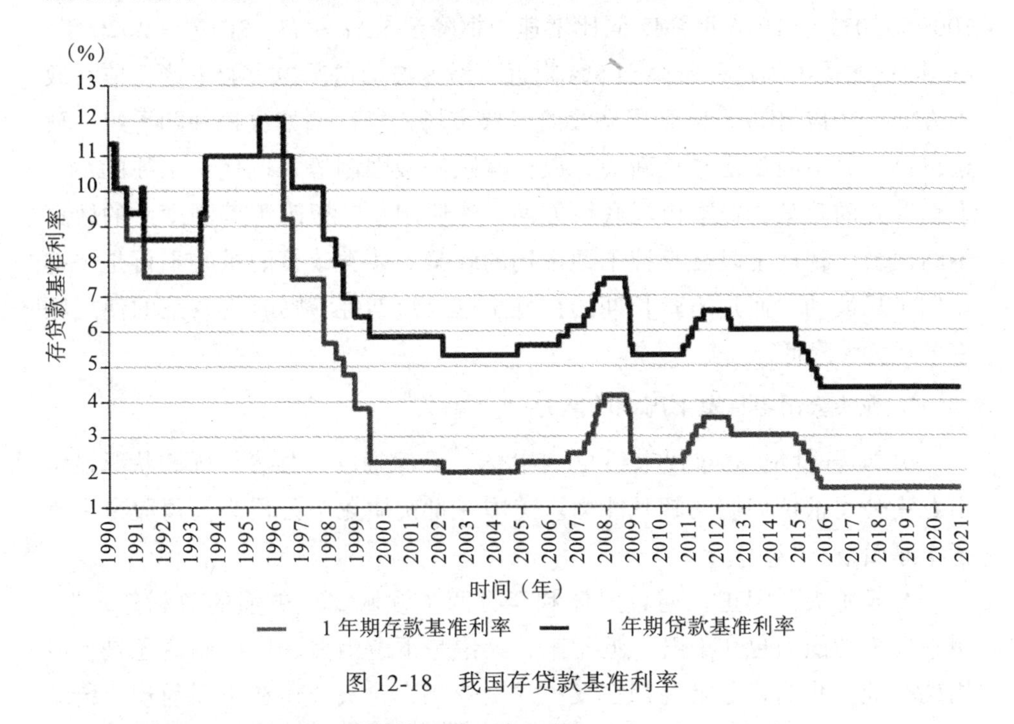

图 12-18　我国存贷款基准利率

资料来源：Wind，兴业证券经济与金融研究院整理。

相比之下，美股波动率较低在很大程度上得益于美国政府部门的政策预期管理，政策调整是透明、渐进的。以美联储调整货币政策为例，美联储每年都有十余次的议息会议来讨论是否将在未来进行加息或降息。一般来说，除非市场或宏观经济出现短期内的剧烈变动（如2020年的新冠肺炎疫情），美联储在调整货币政策时基本都是“渐进式调整”。在每次会议结束之后，美联储都会发表会议纪要与市场充分沟通，同时还会披露参会者对未来加息或降息水平的预期分布（即"利率点阵图"），随后随着货币政策调整时点的临近，美联储官员会在各种场合加大表态力度以提前引导市场预期。当最终调整来临时，市场已经对这一政策有了比较充分的预期，股价一般也不会出现较为剧烈的波动。

最近几年，我国政策的波动性已经大幅下降。货币政策方面，存贷款基准利率已经有 5 年没有调整。代表流动性的广义货币供应量（M2）同比增速中枢和波动率都在下降，2005 ～ 2010 年，M2 同比增速中枢超过 100%。2011 ～ 2016 年,M2 同比增速中枢降至 12% 左右。2017 ～ 2020 年，M2 同比增速中枢进一步降至 8% 附近，增速波动情况也大幅下降。监管政策方面，2017 年以来监管层持续给股票市场松绑，例如放松并购重组、放松再融资、定向放松减持新规、放松涨跌停板限制等，取代了以往的"一刀切"式的政策。资本市场政策方面，注册制、三板改革等制度性的政策不断出台，替代了以往直接干预市场的政策。各类政策的重心不再是平抑短期市场波动，而是培育长期的良好土壤。短期性、临时性政策的使用频率已经大大降低。

3. 龙头公司更具熨平周期的能力

美国 20 世纪 70 年代末到 80 年代末，赢家通吃、强者恒强的状况显示出龙头公司抵抗周期的超凡能力。美国一批优质龙头公司为公司股东带来了丰厚回报。

A 股龙头公司正在通过实体和金融两个领域实现更强的盈利稳定性，熨平周期的能力也在上升。近年来，无论是下游消费、中游制造还是上游周期行业，我国行业格局都在发生深刻变化，龙头公司在不断涌现。传统周期行业的龙头公司，受益于供给侧结构性改革带来的市占率提升；消费类行业的龙头公司，受益于消费升级；新经济的龙头公司则受益于 5G、云技术等带来的商业模式的创新。通过行业整合，龙头公司将拥有更强的竞争力，从而推动盈利改善。一方面，优势企业市占率不断上升，定价权更强，研发能力和效率提升；另一方面，龙头公司可以比行业内多数企业更容易获得银行或其他融资渠道、人才、财政等的支持。所以，在中国经济转型新阶段，不断涌现的龙头公司业绩优于行业及经济增速，核心竞争力不断提升，价值将持续被重估。如图12-19所示，贵州茅台、腾讯、三一重工、万华化学等标的在2017年以来持续上涨，ROE持续提升或保持高位，虽然中途也会跟随市场出现波动，但无论是波动幅度还是恢复速度，都要远好于市场整体水平，这背后正是盈利和收入水平波动性下降在支撑。

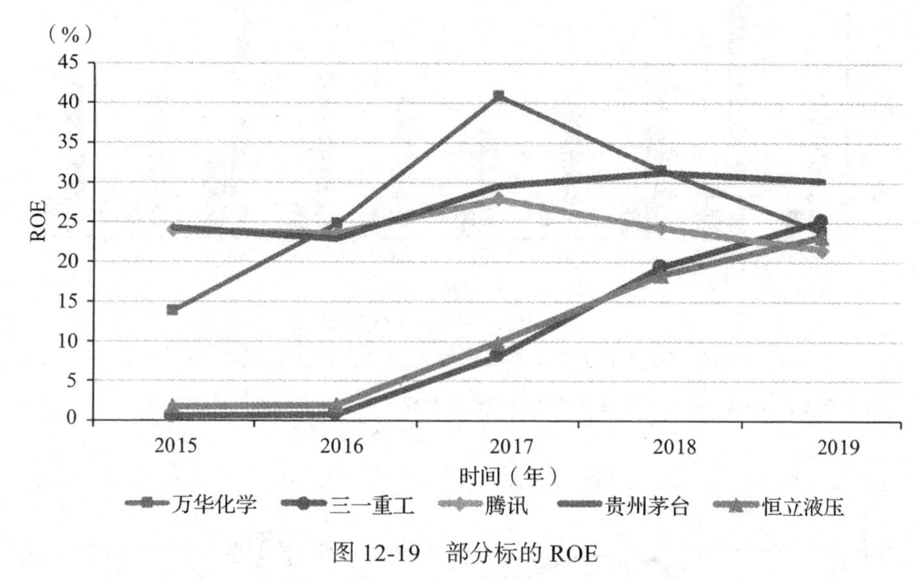

图12-19　部分标的的ROE

资料来源：Wind，兴业证券经济与金融研究院。

4. 投资者结构改变驱动波动率下降，提升配置性价比

长钱和机构化的钱配置到股票以后，股票换手率、波动率都是在下降的。这背后的原因在于机构投资者的投资周期较长，对股票的短期波动容忍度更高，抗风险能力更强，从而持股相对更加稳定。图12-20展示了2008～2017年间上交所机构投资者和个人投资者的换手率数据，个人投资者换手率远高于机构投资者。

A股市场投资者结构与换手率和波动率存在密切的关系，波动率的降低为股票带来了确定性溢价，从而使其步入“长牛”。个人投资者持股比例和成交额占比上升时，A股波动率也随之上升，反之则相反。沪深300的年波动率从2015年的40%附近下降到近期的20%附近，而同期沪深300则上涨超过60%（见图12-21）。

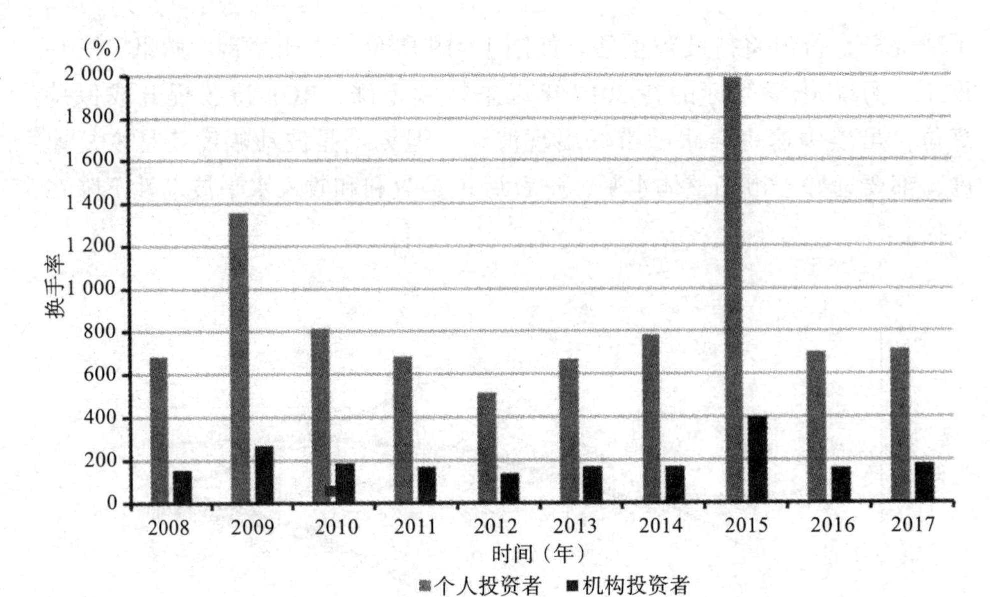

图 12-20 机构投资者换手率约为个人投资者的 1/4

资料来源：Wind，兴业证券经济与金融研究院整理。

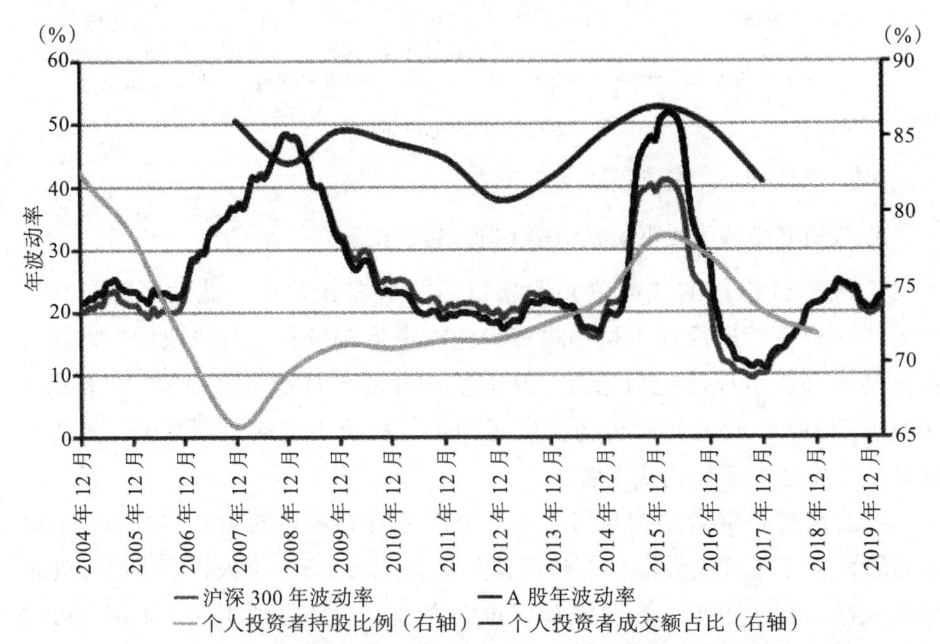

图 12-21 个人投资者交易占比提升对波动率提升有较大影响

资料来源：Wind，兴业证券经济与金融研究院整理。

12.2 五大因素正在改变A股

纵观前文列出的发达国家和地区的资本市场，可以发现虽然当前这些市场普遍都呈现出“牛长熊短”的格局，但它们是经历了几十年甚至上百年的发展，逐渐走向成熟的。A股成立至今只有30余年，相比于成熟市场还有一定差距。不过，当前我们已经能看到有五大因素在持续推动A股美股化，A股长牛可期。

12.2.1 制度因素：新《证券法》和金融开放持续落地

A股新《证券法》极大完善了我国的股票市场基础制度。回顾我国资本市场的发展历程，自1990年上交所开业以来，中国资本市场不断发展壮大，股票市场如今已陆续成立了主板、中小板、创业板、新三板和科创板交易市场，上市公司近3900家，总市值超59万亿元。一系列制度设计使得我国资本市场基础制度体系不断完善，朝着越来越规范、越来越透明的方向迈进，为A股美股化趋势的确定提供了优良的政策土壤。

2019年12月28日，第十三届全国人大常委会第十五次会议审议通过了修订后的《中华人民共和国证券法》，并已于2020年3月1日起正式施行。新《证券法》按照顶层制度设计要求，将“深改十二条”规划落地，重塑了我国资本市场监管体系。

金融开放持续推进，QFII和陆港通吸引外资不断流入，改变A股投资氛围和估值中枢。2002年11月7日，《合格境外机构投资者境内证券投资管理暂行办法》出台。2019年全面取消了QFII和RQFII投资额度限制。陆股通在2014年开通，助力A股开启了纳入MSCI进程。截至2020年12月，外资持有的境内股票资产规模已达3.4万亿元，国内公募基金持有的A股资产规模为4.8万亿元，两者相差已经不大。外资的流入对A股市场最直接的影响就是投资氛围的改变和价值重估，以核心资产为代表的A股优质权益资产受到资金的持续青睐。本书的第10章对股票市场制度变革有详细论述。

12.2.2 监管因素："宽进严出"时代，良币驱逐劣币

过去监管重心在于交易，对公司严进宽出。当前监管重心在公司，对公司宽进严出，良币开始驱逐劣币，宽进严出也是注册制的最大特点。监管重心的变化促进了市场优胜劣汰，好公司可以得到股票市场的持续正反馈，进而得到更多的资源，差公司则需要面临退市的风险。过去，监管主要针对大散户操纵市场的市场交易行为，所以容易"头痛医头，脚痛医脚"，没有从根本上解决问题产生的根源。现在的监管重心则是上市公司。2016年，"依法监管、全面监管、从严监管"的理念开始作用于市场，资本市场逐渐回归"初心"，上市公司套现、圈钱、造假上市等都将受到严厉的处罚，使得股票市场跟风炒作博短期超额收益的难度越来越高，市场行为逐渐走向理性。良币驱逐劣币的环境正在形成。

退市制度改革破除了以往"炒小、炒新、炒炫、炒妖"的投资风气，催化结构性长期牛市形成。2018年7月，被称为"史上最严退市制度"的《关于修改〈关于改革完善并严格实施上市公司退市制度的若干意见〉的决定》发布，要求完善重大违法强制退市的主要情形。2019年1月，证监会发布《关于在上海证券交易所设立科创板并试点注册制的实施意见》，明确规定科创板严格实施退市制度。2020年4月创业板退市改革，简化了退市程序。未来随着A股市场退市制度进一步完善，市场生态净化效率提高，整体质量将不断提高。

12.2.3 公司因素：各行业不断涌现"核心资产"

我国巨大的经济体量为培育优质龙头公司创造了土壤。中国市场已经成为全球最大的消费市场。2020年中国大陆人口突破14亿，人均GDP已突破1万美元，中产阶级的规模不断扩大，消费力强大。根据统计局数据口径，中国约有4亿中等收入人口，规模世界最大。如图12-22所示，我国的零售总额已经与美国相差不到1万亿美元。

广阔的市场机会和从中成长起来的完备的供应链体系，推动当下中国制造业和服务业开始涌现核心资产。凭借中国这个庞大的消费市场，中国

制造业形成了完备的产业链和产业集群优势，这是其他劳动力成本较低的落后经济体所不具备的。中国是全球产业结构最为完备的经济体之一。如图 12-23 所示，在 18 个制造业行业中，中国在 17 个行业中产出排名第一。我们的产业链完善程度是其他新兴经济体没有办法比拟的，企业可以在更短的时间内找到原材料、配套设施。依托庞大而完善的制造业体系，配套服务业同样也能获得极大的发展。

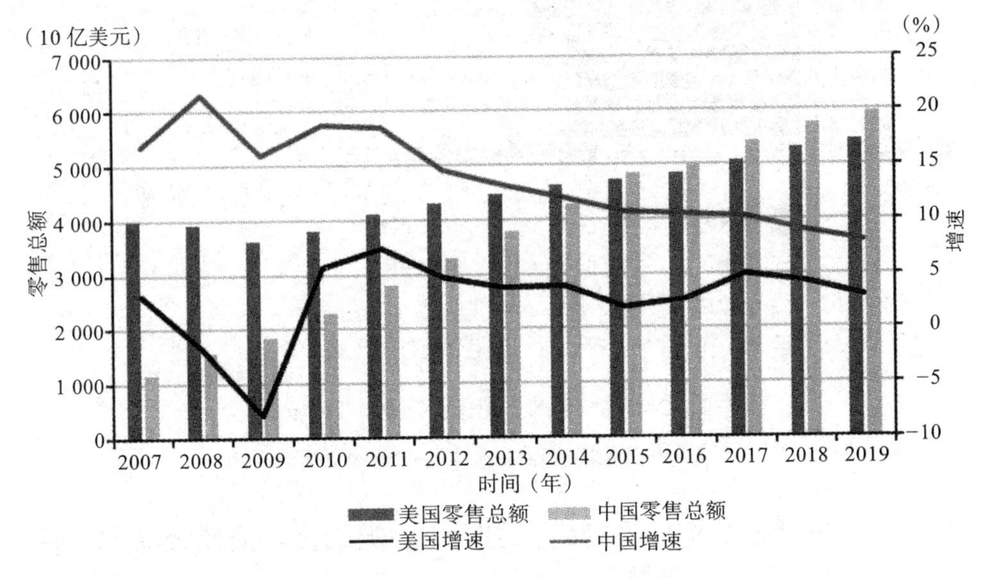

图 12-22 中美零售总额及增速

资料来源：Wind，兴业证券经济与金融研究院整理。

整个核心资产脱颖而出的过程犹如赛马，过去还处在选哪些马跑得快的过程，现在“好马”已经逐渐明晰。在我国经济高速增长阶段，大多数行业都处于快速增长的阶段，行业蛋糕不断做大，此时小市值公司的发展前景巨大，弹性高。这些增长迅速的公司成为资本市场追逐的对象。但随着我国经济进入高质量增长，多数前期高速发展行业的增速开始下降，行业进入分蛋糕的阶段，龙头公司有着更大的优势。这时行业进入集中度提升、龙头公司赢家通吃的阶段。因此资本市场的目光也转向了这些能够实现持续稳定增长的核心资产身上，“好马”开始逐渐稳定下来。

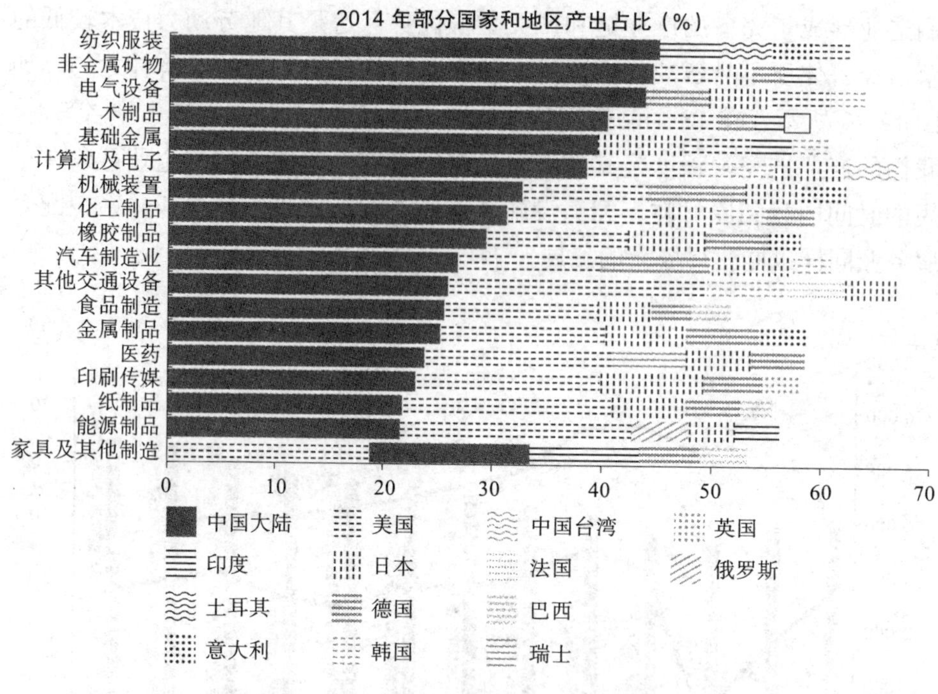

图 12-23　全球部分制造业行业产出占比

资料来源：世界投入产出表 WIOD，兴业证券经济与金融研究院整理。

12.2.4　投资者结构：机构化、国际化、被动化，交易波动率下降

我国投资者结构失衡在一定程度上使得我国股票市场处于长期波动状态。中小散户的非理性因素助推了股票市场的波动，而机构投资者的投资行为相对理性化，投资规模相对较大，投资周期相对较长，从而有利于股票市场的持续稳定发展。

A 股投资者结构有望持续机构化。在较长一段时间内，我国股票市场一直以中小投资者为主，与美国股票市场相比，存在规模小型化、投资散户化等一系列问题。投资者结构失衡是我国股票市场长期震荡的重要原因之一。近年来，我国投资者结构逐渐优化，机构投资者发展较快，交易量不断扩大，持股比例逐年上升，呈现出机构化趋势。

长远来看，五大机构资金正在持续成为A股市场的重要力量：公募基金已持有A股5.2万亿元市值，占A股流通市值的8.1%；保险从2004年获准入市，目前权益投资约3万亿元，占资金运用余额的13.8%；社会保障基金资产总规模超过2.6万亿元，投资权益资产的比例上限为40%，投资组合年均收益率保持在8%以上。银行理财子公司是居民理财配置权益市场的重要抓手，已有11家银行理财子公司开业，非保本浮动收益类理财产品的规模在20万亿元的数量级，未来几年银行理财有望成为A股市场中最重要的增量资金来源之一。随着我国对外开放持续，QFII+陆股通是外资投资A股的重要通道。沪深股通累计净流入额已经突破1万亿元的大关，持股规模超过2万亿元。本书的第9章对A股投资者机构化历程、展望及其对长牛的影响等做了具体分析。

被动化投资占比提升驱动长牛行稳致远。被动化投资，指的是根据重要市场指数的成分和权重来构建投资组合，以此复制指数收益。观察美股可以发现，2000年以来国际投资者和以ETF为代表的被动化投资，在美股牛市中发挥了类似稳定器的重要作用。

在A股过去几轮牛市过程中，个人投资者对自身能力比较自信，往往希望亲自参与，但结果反而很容易出现“赚了指数没赚钱”的情况。同时散户的高换手也在一定程度上放大了A股波动。近年来，随着人们对指数型基金的逐渐认可，A股市场上的被动化投资也越来越受市场关注。如图12-24所示，截至2020年第一季度指数型基金持股市值占A股总市值比例已经超过1%。被动化投资的主要方向是市场重点指数成分股，而市场重点指数成分股往往大多由市场龙头公司构成并且占据较高的权重。被动化投资占比提升，将进一步强化这些龙头公司的资本市场表现，从而形成正向循环，推动市场走出长牛行情。

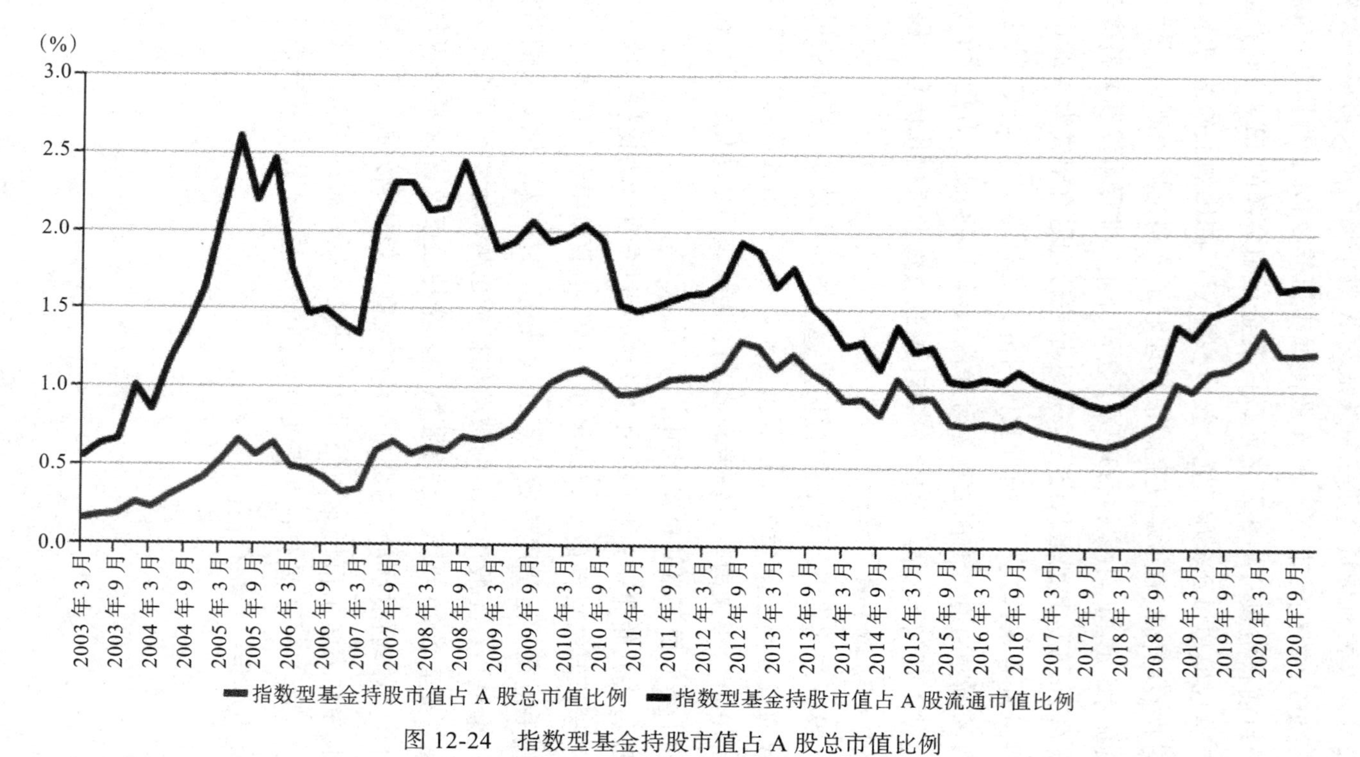

图12-24 指数型基金持股市值占A股总市值比例

资料来源：Wind，兴业证券经济与金融研究院整理。

12.2.5 决策思路：从“有利好才涨”向“有利空才跌”转变

A股过去“有利好才涨”，牛市多因受特定因素刺激而产生，因素消退后牛短熊长。长期以来，A股市场的驱动因素主要是宏观和股票市场政策，股票市场对政策的敏感度极高。在表12-8中A股的几次大牛市中，由特定利好驱动这一特征尤为明显。例如，1990～1992年的牛市是市场建立初期标的不足、供需失衡导致的。1994年的牛市是上个熊市末期暂停新股发行、限制企业配股带来的。1995年的3天牛市是国债期货暂停带来的。1999～2001的牛市是科网泡沫带动的。2005～2007年的牛市是股权分置制度改革带动的。2008～2009年的牛市是“四万亿”政策刺激的。2014～2015年的牛市则是货币政策及资本市场政策大幅放松带动的。相比之下，虽然1996～1998年两轮牛市是绩优股业绩推动的，出现了四川长虹、深发展等行业龙头，但由于当时市场还不完善，市场投机氛围浓重，出现了四川长虹PE从5倍炒至30倍等情形。过热的市场导致证监会在1996年连发“十二道金牌”，1997年提高印花税来调控市场，这两轮牛市加起来仅仅持续了1年多就结束了。

美国股票市场底层制度成熟，只有重大利空出现才会导致市场大幅调整，出现“牛长熊短”。美国股票市场长期上涨主要得益于其市场上有一批世界级的行业龙头，短期内的地位也不易被撼动，能够持续获得高于行业整体水平的稳定收益。同时美股已有100多年的历史，运转比较成熟，机构投资者占比较高，对一般负面冲击承受能力也较强，因此能够走出长期慢牛的行情。在这种情况下，相比于政策因素，美股对其国内的经济数据及未来展望更加敏感，如美国公布的国民收入和生产、工业生产和订单、就业与失业、国内贸易和商品库存、综合商品价格等这些主要的经济指标。只有在基本面出现重大利空，影响到未来长期增长前景的情况下，美股才倾向于出现熊市。表12-2中美股1980年以来的熊市，1980～1982年是因为滞胀带来的经济增长停滞，1987年是因为股票市场闪崩，2000年是因为“9·11”叠加科网泡沫破灭带来的经济下行，2007年是次贷危机，2020年是新冠肺炎疫情，基本都是由于经济或金融基本面的因素。

A股生态及土壤的改善使得市场由“有利好才涨”向“有利空才跌”

转变。A 股过去之所以大部分时间呈现出“有利好才涨”的状态，主要原因还是基础制度的不完善。例如，对上市公司缺乏规范，使得讲概念、讲故事的公司比认真发展主业的公司得到了更多关注；上市制度和监管制度的不完善，使得壳资源一直存在炒作空间；对投资者的引导不足，使得市场投机氛围和炒短线的风气较重。这些因素的存在使得 A 股牛短熊长，易跌难涨。但是，近几年来，随着宏观波动下降、上市公司质量、监管制度、投资者结构等的变化，A 股的生态和土壤已经发生了极大的改善，开始进入长牛阶段。2016 ～ 2018 年在外资流入影响下，A 股走出了 2 年的牛市。但在 2018 年由于中美贸易摩擦叠加金融去杠杆，A 股再次出现了 1 年跌幅较大的熊市。2019 年，虽然上证指数在 4 月之后转入震荡市，但以沪深 300 和创业板指为代表的龙头公司则趋势性上行，即便 2020 年初因新冠肺炎疫情因素有所调整，也没有产生跌幅在 30% 以上的熊市，并且在 2020 年 3 月之后再次进入了持续上行阶段。正是 A 股整体环境改善带来的投资决策思路的转变，带来了有利空才跌的长牛。

12.3 长牛助力中国股票市场收益率领跑全球

长牛对收益增速的要求并不高，短期取得较高的收益率可能较难，但在一个较长的时间段内获得较高的收益率相对容易很多，可以小博大，四两拨千斤。最直观的例子是，10 年取得 10 倍收益，年均复合增速仅需要约 26%；30 年取得 300 倍收益，年均复合增速仅需要 21% 左右；50 年取得 30 000 倍的收益，年均复合增速也只要 23% 左右。

这一现象在美国股票市场也比较明显。美股经过了主动管理人超额收益率持续下降的历程。20 世纪 80 年代，富达基金的传奇管理人彼得·林奇的年化收益率在 40% 附近。20 世纪 90 年代美国公募快速发展，美盛基金的著名基金经理比尔·米勒的年化收益率在 25% 左右。2000 年之后，ETF+ 外资快速发展，随着被动化投资逐渐兴起，基金管理人的超额收益率也在向 0% 靠拢。绝对和超额收益率长期来看都在下行，但美国的公募基金净值仍然能取得不错的增长，并且在大部分年份都能带来正回报。

长牛中，投资者不一定需要每年盈利。在股票市场长牛中，投资者应当着眼于更长的时间范围，允许出现负回报，选择适当的投资策略，通过较长时间的积累分享股票市场长期牛市带来的回报。以巴菲特为例，整体来看，巴菲特的年化收益率高于标普 500，虽然在个别年份，如 2001 和 2008 年，巴菲特的年化收益率也出现负值，但这并不影响巴菲特取得显著高于市场指数的收益（见图 12-25）。1957 年以来，巴菲特的累计收益率为 115 800 倍，标普 500 的累计收益率为 5270 倍，巴菲特的累计收益率比标普 500 高 20.97 倍。

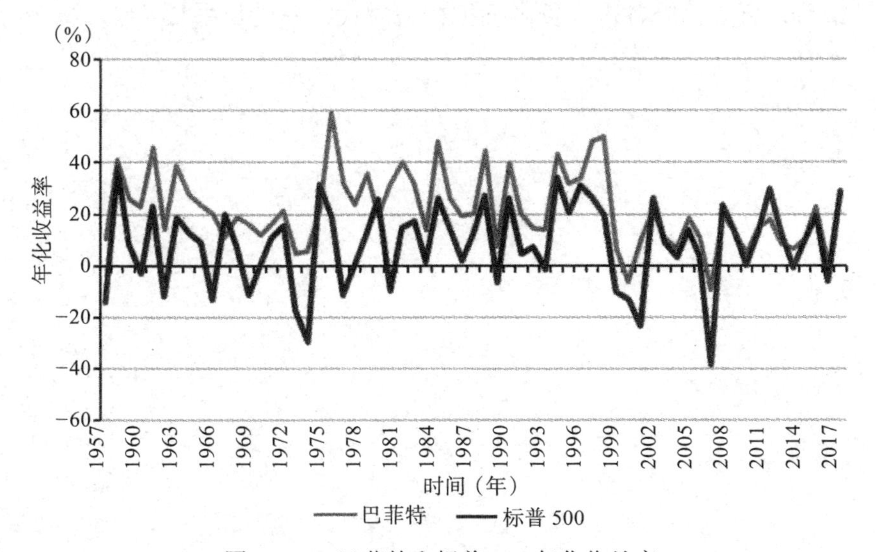

图 12-25 巴菲特和标普 500 年化收益率

资料来源：《巴菲特致股东的公开信》，Bloomberg，兴业证券经济与金融研究院整理。

伟大的国家孕育伟大的公司，伟大的公司构建伟大的市场，伟大的市场诞生伟大的投资者。各位投资者朋友身处权益时代，坚持价值投资，做时间的朋友，与中国的核心资产相伴，即可静待复利的玫瑰绽开。

二战后，美国涌现出一批优质公司（如可口可乐、英特尔、苹果），令投资者如数家珍。这些公司促使美国股票市场成为过去半个多世纪最为成功的资本市场，为全球投资者提供了丰厚的回报。经历半个多世纪的洗礼，美国出现了众多投资者耳熟能详的投资大师，这些大师的思想和著作成为许多投资者朋友对股票市场的启蒙。而今，经济开放与金融开放下的中国，一跃成为世界大国，消费、科技、周期、制造、金融等领域发展和竞争出许多中国的核心资产。过去20多年国内基金的平均收益率在全球市场中领先，也从侧面反映了中国经济总量和结构的奇迹、A股市场的结构性牛市。向未来看，全球最好的资产在中国，中国最好的资产在股票市场。20世纪的巴菲特、彼得·林奇们诞生在美国，21世纪的巴菲特、彼得·林奇们可能已经在中国市场、在各位投资者身边生根萌芽，为属于中国投资者的传奇而奋笔疾书。

最后，衷心祝愿各位投资者拥抱权益时代，享受长牛！